深圳律师实务丛书

金融诈骗罪疑难问题研究

理论分析与实践展开

主 编 马 成
副主编 张自柱

JINRONG ZHAPIANZUI
YINAN WENTI YANJIU
LILUN FENXI YU SHIJIAN ZHANKAI

法律出版社
LAW PRESS · CHINA
北京

图书在版编目(CIP)数据

金融诈骗罪疑难问题研究 : 理论分析与实践展开 / 马成主编 ; 张自柱副主编. -- 北京 : 法律出版社, 2023
(深圳律师实务丛书)
ISBN 978-7-5197-7565-0

Ⅰ. ①金… Ⅱ. ①马… ②张… Ⅲ. ①金融诈骗罪-研究-中国 Ⅳ. ①D924.334

中国国家版本馆 CIP 数据核字(2023)第 027619 号

金融诈骗罪疑难问题研究:理论分析与实践展开
JINRONG ZHAPIANZUI YINAN WENTI YANJIU: LILUN FENXI YU SHIJIAN ZHANKAI

马 成 主 编
张自柱 副主编

责任编辑 朱轶佳
装帧设计 汪奇峰 鲍龙卉

出版发行 法律出版社
编辑统筹 司法实务出版分社
责任校对 王 丰 李景美
责任印制 胡晓雅
经 销 新华书店

开本 710 毫米×1000 毫米 1/16
印张 20.25 **字数** 352 千
版本 2023 年 3 月第 1 版
印次 2023 年 3 月第 1 次印刷
印刷 三河市龙大印装有限公司

地址:北京市丰台区莲花池西里 7 号(100073)
网址:www.lawpress.com.cn
投稿邮箱:info@lawpress.com.cn
举报盗版邮箱:jbwq@lawpress.com.cn
销售电话:010-83938349
客服电话:010-83938350
咨询电话:010-63939796

书号:ISBN 978-7-5197-7565-0
定价:76.00 元
凡购买本社图书,如有印装错误,我社负责退换。电话:010-83938349

深圳律师实务丛书
编委会

本书编委会

主　　编：马　成

副 主 编：张自柱

编委会成员：任　伟　董国强　赖佳文

马光远　温久远

本书编委会成员介绍

任　伟

西南政法大学诉讼法学硕士，北京大成（深圳）律师事务所律师，大成中国区“优秀青年刑辩律师”。诉讼法与证据法理论功底深厚，专注刑事辩护，办理了大量具有重大社会影响的经济犯罪案件，如涉案金额高达2200亿元的即时通讯软件涉赌第一案，涉农业银行、平安信托14.5亿元诈骗案，新加坡某上市公司涉嫌骗取广东省经信委、东莞市政府10亿元补贴案，利民网P2P平台非法吸收公众存款案，张某某4300万元假冒注册商标缓刑案，某央企二级企业负责人挪用公款案，某证券公司高管非国家工作人员受贿案等。其中，所办理的深圳市某公司1700万元票据诈骗案、惠州市某知名企业负责人聚众斗殴案，均获无罪判决。

董国强

西南政法大学法律硕士，广东晟典律师事务所合伙人。专注于刑事辩护和企业刑事法律风险防范，参与了众多疑难复杂经济金融类犯罪案件的辩护，曾担任深圳体育馆坍塌重大责任事故案、深圳涉案金额最大黑社会性质组织案、某证券公司副总内幕交易案、涉澳门“太阳城”赌博集团开设赌场案，以及多家P2P网贷平台非法集资案等社会影响重大的刑事案件的辩护人。

赖佳文

海南大学刑法学博士研究生、海南大学金融刑法研究中心研究员、广东华商律师事务所律师。在《中国刑事法杂志》《刑事法评论》《研究生法学》等期刊发表学术论文二十余篇。出版独著《变迁时代的刑法笃思——从概念诠释到坚守责任主义》（武汉大学出版社2023年版）；副主编《金融警戒线：证券刑事法律实务探析》（法律出版社2018年版）；参著《刑法修改的当代使命：聚焦修正案（九）》（法律出版社2015年版）、《刑事辩护：策略、技术与案例》（法律出版社2017年版）、《法的实践与思辨》（武汉大学出版社2021年版）。曾担任“12·20”深圳光明滑坡案、e租宝系列案、海浪1号虚开增值税专用发票专案等案件的辩护人。

本书编委会成员介绍

马光远

海南大学刑法学博士研究生，中国政法大学刑法学硕士、德国汉堡大学国际法学硕士。在《南昌大学学报（人文与社会科学版）》《河南财经政法大学学报》《研究生法学》等期刊发表学术论文六篇。独著的《刑法教义学的沿革及本土化》曾获中国政法大学第十七届“学术新人奖”，独著的《刑法解释的立场偏颇与匡正：从语言到目的的公众面向》获华东政法大学“博和杯”立格研究生学术论文竞赛一等奖。先后获2020学年研究生国家奖学金、中国政法大学2021届优秀硕士学位论文奖。

温久远

吉林大学法律硕士，北京市通商（深圳）律师事务所律师。拥有十余年的刑事领域从业经验，曾在检察系统从事审查逮捕工作多年，办理大量刑事案件，后辞去公职专司刑事辩护。参与编著《刑事辩护：策略、技术与案例（二）：经济犯罪辩护特辑》（法律出版社2020年版）。经办的典型案例包括：深圳某区查违办主任受贿、滥用职权案，小牛资本非法集资案，萧某等人组织领导黑社会性质组织案，江西樟树兰某等人组织领导黑社会性质组织案，公安部督办某金融集团特大现金贷诈骗案，红岭创投高管钟某挪用资金案，“使命2018-14”李某等人特大名表走私案等。

践行初心使命　回归专业发展

律师行业如何专业化发展是个常谈常新的问题。作为社会分工精细化的必然产物,律师业务专业化发展是法律服务适应市场发展的内在要求,也是一种国际趋势。随着新技术、新模式、新业态的快速发展,律师从业环境不断变化,法律服务市场的竞争日益激烈,只有走专业化发展道路,才可能提高服务质量,寻求更好发展。专业化道路的探索不易,必将经历一些困局,那么如何打破这些困局,摸索破局之道呢?呈现在眼前的这套“深圳律师实务丛书”为我们提供了重要的世界观与方法论,这其中记载的逻辑思路、办案细则,为提供高质量专业法律服务创造了可能。

律师行业的专业化首先需要律师个人花费更多的心血研读专业书籍,花费更多的精力掌握本专业的实践知识。本套丛书大量采用以案释法的方式,锁定实务中存在的痛点,运用综合的法律视野,结合实际办案经验,精准实现了理论与实践的融合,知行合一,极大地提高了律师个人提升专业素养的效率,为实现律师行业专业化发展奠定了广泛的人才基础。

律师行业专业化还需要创新业务领域,追求多方面发展。开放的市场经济需要律师行业的专业化发展,但同时也会带来新的问题,产生实务领域上的法律业务空白,制约律师行业的专业化发展。本套丛书先行先试,勇于破冰探路,在前人著书立说尚少之处积极探索,紧密结合理论与实践需求,有针对性地阐明各类实务问题,通过全面深入地论证分析,在一定程度上填补了相关领域实务方面的空白。

深圳目前正处于“双区”驱动、“双区”叠加、“双改”示范及建设中国特色社会主义法治先行示范城市的重大历史时期,深圳律师应当树立终身学习理念，实现专业知识与市场需求相匹配；紧握行业动向，创新法律服务领域及模式；抢抓历史机遇，充分了解法治环境政策，实现专业化深耕，为深圳社会主义法治建设做贡献。

蒋小文

深圳市司法局党委书记、局长

2023 年 1 月 9 日

回归专业　潜心钻研
促进高质量发展

斗转星移，继往开来。深圳市律师协会自2012年启动“深圳律师实务丛书”（以下简称丛书）出版工作以来，至今已出版实务专著37部，内容涵盖诸多专业领域，全面展现了深圳律师业务的研究成果和实务经验，已成为深圳市律师协会推进行业专业化建设的品牌项目。

鼓励和引导律师著书立说是深圳市律师协会推动律师专业化的一项长期性的重点工作。丛书旨在充分发挥深圳市律师协会的业务指导作用，通过鼓励深圳律师和深圳市律师协会各专业委员会撰写实务专著，可以有效提升律师业务水平，增强律师业务能力，保证律师服务质量，以专业引领和成果共享助推深圳律师行业高质量发展。

本套丛书凝集着深圳律师的心血与经验，展现了深圳律师的专业水平。本套丛书在律师业务的众多领域，汇集了深圳律师的业务成果，总结了深圳律师的执业经验，体现了深圳律师的专业能力，彰显了深圳律师的职业精神。这一本本专著必将成为深圳律师专业化发展史上一颗颗璀璨的明珠，永远镶嵌在深圳律师专业化发展的史册上。

2023年是全面贯彻落实党的二十大精神的开局之年，深圳律师要深学细悟笃行党的二十大精神，让党的二十大精神在深圳律师行业落地生花，要以习近平法治思想为指引，大兴专业研究之风，切实回归专业，潜心研究，深挖专业和实务问题，以高品质的法律服务保障行业的高质量发展。开展业务和实务研究不能脱离实际，必须密切关注经济社会发展和法治建设，聚焦其中的热点、难点、堵点问题，深入开展有针对性的研究，进而提出应用对策与实践指引，也期待深圳律师能输出更多的法律实务研究成果，并能形成专著与同行共享，这本身也是律师业务领域的一种先行示范。

希望本套丛书成为广大实习人员、执业律师期待、必备的好工具，也希望未来能够出版更多、更好的供律师们学习提高、掌握律师实务知识与技能的好专著！

张 斌

深圳市律师协会会长

2023 年 1 月 9 日

本书序：愿刑法之土生出正义之花

刑法是把“双刃剑”，用之得当，则国泰民安，用之不当，则两受其害。如何正确运用刑法之剑，使其起于惩恶，止于至善，是摆在所有法律人面前的难题。只有准确理解犯罪的理论构造和实践运行，精确定罪处刑，才能真正实现良法善治。然而，这从来都不是易事。

特别是在物欲横流、经济飞速发展的当下，各种法律关系层出不穷、变化多样，金融领域的法律问题更是纷繁复杂、盘根错节，这对法律从业人员尤其是刑事律师，无疑提出了更高的挑战和更严格的要求。其中尤以诈骗类犯罪最为典型，诈骗罪是智能犯，是基于被害人瑕疵意思处分财产的犯罪，而金融诈骗罪脱胎于普通诈骗罪，除具有普通诈骗罪的共性之外，更具有法律关系复杂、识别难度大、隐秘性高、社会危害性强等特点。或许正是因为金融诈骗罪的专业性和复杂性，对其的准确识别、定性、处刑、辩护等都十分不易。然而，即便不易，也不能轻易言弃，因为如果对相关犯罪的疑难问题都不能准确解读，意欲寻求刑罚之恶和刑罚之善的最佳平衡，几乎不可能。

有鉴于此，深圳市律师协会金融犯罪辩护法律专业委员会（以下简称金辩委）针对金融诈骗罪的相关疑难问题进行详细梳理、探析，试图抽丁拔楔、条分缕析，以刑法理论为基石，结合实践经验，谈谈金融诈骗罪的那些事儿，期待回馈社会、答疑解惑，这也是本书出版之初衷。

《金融诈骗罪疑难问题研究：理论分析与实践展开》一书抛开以往法律丛书的桎梏，具有以下三个特点：

第一，既重理论，更重实践。法律的生命在于实践，对于我们刑事法律人来说,要运用好法律、处理好社会矛盾,仅凭经验不够,仅凭理论知识也不够,而是需要将二者结合起来,共同发挥作用。有学者提出,“学术人常常过于高高在上,而执业者已经倾向于过于世俗”,学术和实践的脱离导致司法处断的偏差,归根结底还是专业不够精深,或许是理论不精,或许是经验不足。

第二,既关注共性,更关注个性。本书分8个章节分述金融诈骗罪,不免会涉及对诈骗罪共性问题的讨论,如法益、形态、要件、共犯、罪数等。但在具体行文与布局方面,我们尽量做了较为妥当的安排,努力避免叠床架屋、重复累牍,在分析具体罪名的时候,更多的是注重运用刑法理论对具体罪名展开刑法教义学解读。

第三,既讲究体例,更讲究效力。本书在体例编排上依据刑法罪名规范顺序列排,具体章节也基本围绕犯罪构成要件展开,提炼常见疑难问题,运用案例方式分析、佐证,既能详明事理,也为实践中办理类似案件提供案例支撑,提高办案效率。

其实,著书写作是我们刑事法律人总结自身、回馈行业的一个最好途径,也是证明自己深耕专业、用心办案的最佳渠道。我在许多场合都提到,专业和敬业是我们法律人,尤其是律师不可或缺的优秀品质,是我们赢得信任、获得成功的两个重要法宝。

专业是我们安身立命之本,也是我们制胜的秘密武器,专业可以让我们在竞争中获得优势、立于不败之地;在实战中得心应手、应对自如。十年磨一剑,成为某个领域的专家,才能赢得他人的信任与尊重。真正的专业让我们有底气、有分量、有话语权,让我们在面对疑难案件时,多了一份自信与从容。因此,只要还在路上,我们就应当精研专业、苦练内功,就需要多读书、多学习、多办案、多总结。

敬业应当成为一种习惯,一方面,是对契约精神的遵守,是职业道德的基本要求;另一方面,是因为我们办理的案件可能决定了他人的财产、自由甚至生命。只有敬业,才能对得起那份嘱托和信任,才能让我们赢得客户、同行,及社会的认可和尊重。为人不敬业,做事不尽责,无论技能多么厉害,无论有多少成就,无论地位有多高,都可能会栽跟头、吃苦头。因此,敬业应当成为一种习惯,律师应当把敬业刻在生命里。

同时,我们也要明白,专业是一个长期积累的过程,敬业是成熟心态的转变,都需要花时间、花精力去总结、沉淀,这是一个慢慢积累的过程,是一场持久战,不能贪快、求速。在人生这场马拉松中,我们要保持好的心态,要有滴水穿石、磨杵成针的毅力,终生践行专业和敬业两大准则!

当然,除了专业、敬业之外,律师也应当在情商、经验、智慧、视野、格局等方面精进,培养超强的综合能力。在办理大案、要案的时候,我们需要具备一双“慧眼”去看到案件背后的东西,需要审时度势、纵横捭阖,需要结合时势和背景来深度思考和判断。因此,我们在埋头赶路时,也要抬头看路、仰望星空,也要定时复盘、及时总结。我们既要苦练内功,也要感受外界的风雨;既要一心只读圣贤书,又要两耳兼闻窗外事;既要智商在线,更要情商在线;既要学习知识、方法和技能,又要学习理念、视野和格局。这样才能遇见更好的自己,才能把律师这个职业做好。

人们常说,刑事辩护是法律职业王冠上最闪亮的一颗明珠,也是法律行业中最为复杂的一门技艺。这就要求我们具备专业、敬业的精神和出色的综合能力。作为实现社会公平、正义的重要一环,刑事律师是法治队伍当中的重要角色,对此,我们要有高度的自觉性。面对任何刑事法律问题,应当始终保持如履薄冰、如临深渊的审慎态度,谨慎、妥善地办理每一起刑事案件。须知,每一份法律文书上都刻有我们的名字,我们既是在书写他人的人生,也是在书写我们自己的历史。全力以赴、不留遗憾、用心办案、专业制胜,争取为法治社会、法治中国贡献我们的力量,在刑法的厚重之土中栽下良善公允的种子,愿其生出正义之花,灿烂盛开,这才是刑事律师正确的姿态!

尽管本书希望尽可能深入探讨金融诈骗罪中的疑难问题,力图以案说法,结合实践,服务实战,就金融诈骗罪的诸多问题提出一些解决方案,期望为司法实务人员提供些许帮助。但是,限于篇幅,恕于能力,囿于时间,仓促付梓,许多问题或许思虑不全,或许体例不调,或许观点冲突,等等,仍有许多不周之处,期望见谅!

马　成

2023 年 1 月于深圳

目录

第一章 集资诈骗罪

第一节 集资诈骗罪概述

一、本罪的立法沿革

集资诈骗罪并非1979年《刑法》的原生罪名，而是1995年全国人民代表大会常务委员会《关于惩治破坏金融秩序犯罪的决定》（以下简称《惩治金融犯罪的决定》）对1979年《刑法》补充规定的一种犯罪。《惩治金融犯罪的决定》第8条规定："以非法占有为目的，使用诈骗方法非法集资的，处三年以下有期徒刑或者拘役，并处二万元以上二十万元以下罚金；数额巨大或者有其他严重情节的，处三年以上十年以下有期徒刑，并处五万元以上五十万元以下罚金；数额特别巨大或者有其他特别严重情节的，处十年以上有期徒刑、无期徒刑或者死刑，并处没收财产。单位犯前款罪的，对单位判处罚金，并对直接负责的主管人员和其他直接责任人员，依照前款的规定处罚。"

《惩治金融犯罪的决定》的出台可追溯到当时新中国成立以来最大的非法集资案——"江苏无锡邓斌非法集资案"。从1989年开始，邓斌以江苏省原无锡县金城湾工贸公司、中光公司驻无锡办事处等单位的名义，以联合经营和做外贸生意为由，大肆非法集资，共计32亿余元。全案涉及江苏、广东、北京、上海、浙江、湖北、山西等7省市。但在1995年案发当时，由于我国《刑法》中还没有非法集资类的罪名，邓斌因犯受贿罪、贪污罪、投机倒把罪、挪用公款罪、行贿罪被判处死刑。

"江苏无锡邓斌非法集资案"中暴露的民间资本流动缺乏监管的社会现象及由此引发的社会危害,引起了社会高度关注。1995 年 6 月,全国人大常委会专门出台了《惩治金融犯罪的决定》,正式确定了集资诈骗罪。由此,集资诈骗罪以单行刑法的方式问世,成为我国刑法中金融诈骗罪的重要部分。

二、本罪的修法演变

1997 年对 1979 年《刑法》进行了全面修订,移植了上述《惩治金融犯罪的决定》的相关规定,将集资诈骗罪正式纳入《刑法》。当然,移植并非全盘照搬,而是根据实际情况进行了部分调整。具体表现在以下三个方面:(1)在犯罪构成情节中加入了"数额较大的"规定。(2)将第一档刑罚中的主刑由"三年以下有期徒刑或者拘役"调整为"五年以下有期徒刑或者拘役";第二档主刑由"三年以上十年以下有期徒刑"修改为"五年以上十年以下有期徒刑";在第三档附加刑中增加了"并处五万元以上五十万元以下罚金"的规定。(3)将死刑和单位犯罪的规定移出,与其他金融诈骗罪的死刑和单位犯罪规定在一起。最终,形成了 1997 年《刑法》关于集资诈骗罪的完整规定。

随着"适当减少死刑罪名"司法改革任务的持续推进,以及轰动一时的"吴英集资诈骗案"等个案因素的推动,2015 年《刑法修正案(九)》取消了集资诈骗罪的死刑规定。进入新时期后,为了应对互联网时代非法集资案件的新特征,平衡个案中的罪责刑,集资诈骗罪再次迎来大修。2020 年《刑法修正案(十一)》对集资诈骗罪做出修订,本次修订也体现在三个方面:(1)将本罪的法定刑由三档调整为两档;(2)删除了罚金刑的具体数额;(3)恢复了《惩治金融犯罪的决定》第 8 条关于单位犯罪的规定,单列为一款,不再与其他金融诈骗中的单位犯罪统一规定在一起。

新修后的集资诈骗罪被规定在《刑法》第 192 条:"以非法占有为目的,使用诈骗方法非法集资,数额较大的,处三年以上七年以下有期徒刑,并处罚金;数额巨大或者有其他严重情节的,处七年以上有期徒刑或者无期徒刑,并处罚金或者没收财产。单位犯前款罪的,对单位判处罚金,并对其直接负责的主管人员和其他直接责任人员,依照前款的规定处罚。"

集资诈骗罪从创设至今,为适应社会经济生活的不断发展变化,进行了多番修订,最终形成了今天更加精密化、科学化的刑罚体系。这为打击金融诈骗、维护金融管理秩序和广大人民群众的财产安全提供了基本的法律依据。了解集资诈骗罪的前世今生,对法律工作者更准确地理解该罪名和办理该类案件也多有助益。

第二节　非法集资的规范认定

集资诈骗是“以非法占有为目的,使用诈骗方法非法集资”的行为。从“集资”的角度看,集资诈骗属于非法集资犯罪,应符合非法集资的基本特征。根据最高人民法院《关于审理非法集资刑事案件具体应用法律若干问题的解释》(以下简称《非法集资案件解释》)的相关规定,非法集资具有“非法性、公开性、利诱性和社会性”四个特征,即:(1)未经有关部门依法许可或者借用合法经营的形式吸收资金;(2)通过媒体、推介会、传单、手机信息等途径向社会公开宣传;(3)承诺在一定期限内以货币、实物、股权等方式还本付息或者给付回报;(4)向社会公众即社会不特定对象吸收资金。

虽然司法解释对非法集资的特征作出了具体说明,但社会现实纷繁复杂,导致非法集资的具体形式在实际生活中的表现变化万千。由此产生的问题在于,如何将复杂、紊乱的表现形式与非法集资的四个特征进行对应认定?因此,有必要对非法集资的四个特征展开阐述,以便解决实务中对非法集资特征的认定问题。

一、非法性特征:集资的含义

(一)集资是否仅限于募集金钱、货币

根据《非法集资案件解释》的规定,非法集资的“非法性”表现为“未经有关部门依法许可或者借用合法经营的形式吸收资金”。一直以来,理论和实践中针对集资的“非法性”的争议主要集中在集资行为“有无违反国家金融法律”或者“是否经过有关部门批准许可”,但随着比特币等虚拟货币的兴起,集资的标的开始出现了虚拟货币,如前些年比较火的首次代币发行(Initial Coin Offering,ICO)。ICO募集的是比特币、以太坊等主流虚拟货币,并不是法定货币。而上述司法解释关于集资的“非法性”特征表明吸收、募集的标的应是“资金”。那么,此处的“资金”应作何理解?虚拟货币是否

等同于"资金"呢?

【案例1-1】李某(美籍华人)于2017年年初成立某科技公司,主要是为数字资产投资者提供专业的资讯推送、中介服务和理财服务。于2018年年初向自己的"币圈"好友发行未来的平台代币以募集以太坊作为项目启动资本。后来,李某发行的代币在某第三方交易所上线时,突遇全球代币行情大跌,价值严重缩水,投资人损失惨重。后公安机关立案侦查,认定涉案金额近亿元,李某因涉嫌集资诈骗罪被刑事拘留。

如何理解"资金"的含义?首先,人们对"资金"的理解一般就是金钱、货币。如果扩大到金钱、货币之外的其他资产则很难为一般民众所接受。其次,集资诈骗罪是金融诈骗犯罪,非法集资也属于非法金融行为,而金融是指货币的发行、流通和回笼,贷款的发放和收回,存款的存入和提取,汇兑的往来等经济活动,金融的对象就是货币。因此,非法集资和集资诈骗的集资标的应是货币、金钱,如果骗取的是金钱之外的其他财物则应以普通诈骗罪论。张明楷教授也持相同的观点,其认为,"如果行为人非法聚集货币以外的实物的,不属于金融法所调整的范围,因而,也没有侵犯融资秩序。既然如此,就不能认定为集资诈骗罪"。[1] 因此,集资仅限于募集货币,而不能是货币以外的其他资产。

基于上述结论,也不难得出第二个问题的答案。虚拟货币显然不能等同于资金,因为虚拟货币在法律上并不具有货币属性。2013年12月,中国人民银行、工业和信息化部、原中国银监会、中国证监会和原中国保监会联合印发了《关于防范比特币风险的通知》,其中对比特币的性质作出了认定:虽然比特币被称为"货币",但由于其不是由货币当局发行,不具有法偿性与强制性等货币属性,并不是真正意义的货币。从性质上看,比特币应当是一种特定的虚拟商品,不具有与货币等同的法律地位,不能且不应作为货币在市场上流通使用。可见,虚拟货币不是法律上的货币,也就不能等同于"资金",不应成为非法集资的标的。

综上所述,集资诈骗罪中的集资标的仅限于法定货币,募集虚拟货币的行为并不具有刑事非法性。令人欣慰的是,司法机关否定了案例1-1的犯罪性质,审查逮捕的检察院作出不批捕决定,公安机关也以撤案告终。

---

[1] 张明楷:《诈骗犯罪论》,法律出版社2021年版,第635页。

2017年9月4日，中国人民银行、原中央网信办、工业和信息化部、原国家工商总局、原中国银监会、中国证监会、原中国保监会联合发布的《关于防范代币发行融资风险的公告》明确指出：代币发行融资涉嫌非法发售代币票券、非法发行证券以及非法集资、金融诈骗、传销等违法犯罪活动。该公告从国家行政监管层面直接叫停了ICO，同时指出了其中可能涉嫌非法集资、金融诈骗违法犯罪活动。但这并不是对上述结论的否定，实践中确实存在打着ICO的幌子吸收法定货币，或进行诈骗和传销的现象，这些行为是可能构成相关犯罪的。但是，在新的法律和司法解释对集资标的扩大到非货币资产前，仅募集虚拟货币未吸收法定货币的行为不能被认定为非法集资，这是罪刑法定原则的基本要求。

（二）对价交换是否属于集资行为

集资是募集资金，是资金的单向流动。如果吸收资金的同时支付了对价，并且有真实的交易内容，还能认定为集资行为吗？

【案例1－2】陈某的公司在我国香港特别行政区上市后，陈某手上握有大量香港上市公司股票，因融资需要，其与多名投资者签订了投资协议，约定以当时股价的30%～50%出售部分股票，投资者在收到股票后6个月封闭期内不交易，6个月后如果股票价格低于买入时的价格，则由陈某补足亏损部分。陈某实际交付了股票，后股票价格一路下跌，投资者损失惨重，遂报案，公安机关以非法吸收公众存款罪立案，后变更为集资诈骗罪。陈某的行为是否属于集资行为，是该案的主要争议问题。

集资是单向吸收资金，与对价交换的双方交易行为在本质上是相悖的。除非交易的内容是虚假的，双方并不以交易为目的，可以认为是以交易的形式掩盖集资的目的。《非法集资案件解释》第2条中列举的几项与交易相关的集资形式，均不具有真实的交易内容或交易目的，如“不具有房产销售的真实内容或者不以房产销售为主要目的，以返本销售、售后包租、约定回购、销售房产份额等方式非法吸收资金的”“不具有销售商品、提供服务的真实内容或者不以销售商品、提供服务为主要目的，以商品回购、寄存代售等方式非法吸收资金的”“不具有发行股票、债券的真实内容，以虚假转让股权、发售虚构债券等方式非法吸收资金的”“不具有募集基金的真实内容，以假借境外基金、发售虚构基金等方式非法吸收资金的”“不具有销售保险的真实内容，以假冒保险公司、伪造保险单据等方式非法吸收资金的”。由此，具有真实交易内容和交易目的的行为,即便存在吸收资金的情形,也不能认定为单方集资行为。

最高人民法院对此也有明确释义:"吸收公众存款行为属于融资行为。生产经营、商品交易活动也向社会公开出售商品获取资金,但购买者支付价款即可获得商品或者服务作为对价,《合同法》《产品质量法》《消费者权益保护法》对此即可提供充分保护。融投资行为则不同,资金提供者以获取未来收益为目的,并无实质意义的商品或者服务作为对价,加之信息不对称等因素,蕴藏着巨大的风险,所以法律从信息披露、准入条件、审批程序等方面规定了诸多监管措施。区分界定正常经营活动与变相吸收公众存款行为,必须由此入手,关键在于两个方面:一是有无真实的商品或者服务内容;二是是否以未来的回报为目的。"〔1〕

案例 1 -2 中陈某出售的香港上市公司的股票是真实的、有实际价值的,投资者也从香港证券公司实际拿到了纸质股票。在此过程中,陈某与投资者以一定对价实现钱股交换,本质上是"一手交钱,一手交货"的双向交易行为,而非单向集资行为,自然也不应认定为集资诈骗行为。

二、公开性特征:"口口相传"是否属于公开宣传

根据《非法集资案件解释》第 2 条的规定,非法集资的"公开性",表现为通过媒体、推介会、传单、手机信息等途径向社会公开宣传。

虽然"口口相传"的宣传方式并没有被规定在司法解释中,但是司法实践中常常将此认定为公开宣传的一种方式。特别是在以前网络不发达的年代,这种传播方式比较常见,如前文提到的"吴英集资诈骗案",一审法院认定吴英直接集资的对象也就 11 人,实际上也是通过熟人之间口口相传来宣传的。

近些年,"口口相传"的宣传方式较多出现在私募基金涉非法集资案件中,毕竟私募融资根据规定必须以非公开的方式宣传,禁止公开推介或者变相公开推介。如在"张某等人非法吸收公众存款案"中,审理法院认为,"本案上诉人采取的主要是口口相传的方式放任吸收资金的信息在不特定的范

〔1〕 人民法院出版社编:《解读最高人民法院司法解释(含指导性案例)·刑事卷》(上),人民法院出版社 2019 年版,第 433 页。

围内传播,明显具有公开性”。[1]

虽然“口口相传”已然成为司法实践中公认的非法集资宣传方式,但是并不是只要出现“口口相传”的传播模式就应认定为公开宣传,仍然需要区分不同情况。目前形成的共识是,要坚持主客观相统一的原则,如果行为人主观上对这种“口口相传”的信息扩散方式是知情的,并且希望或者放任相关信息的传播,就应当认为是公开宣传。

2014 年,时任最高人民法院刑三庭副庭长罗国良在介绍防范打击非法集资有关工作情况新闻发布会上的发言中曾提到:“实践中,有些行为人采取口口相传的方式非法吸收资金,通常是承诺在一定期限内以货币、实物、股权等方式还本付息或者给付回报,这些相关信息非常容易在社会公众中大范围地快速扩散。如果行为人明知吸收资金的信息向社会公众扩散,并未设法加以阻止,而是放任甚至是积极推动相关信息传播,这在实际效果上与主动向社会公众传播吸收资金信息并无差异,因此,这类行为也应当被认定为‘向社会公开宣传’。”[2]

在一些地方性的司法文件中则进一步细化了“口口相传”的认定规则。例如,2011 年浙江省高级人民法院、浙江省人民检察院、浙江省公安厅发布的《关于当前办理集资类刑事案件适用法律若干问题的会议纪要(二)》中提到:“对于以口头等方式发布、传播集资信息是否属于公开宣传,能否将口口相传的效果归责于集资行为人,应根据主客观相统一的原则,结合行为人对此是否知情、态度如何、有无具体参与、是否设法加以阻止等主客观因素具体认定。”2015 年安徽省高级人民法院、安徽省人民检察院发布的《关于办理非法集资刑事案件若干问题的意见》第 3 条“‘口口相传’的认定问题”规定:“‘口口相传’一般是指行为人通过亲朋好友或相关集资户,将集资信息传播给社会上不特定人员,以扩大集资范围。‘口口相传’的认定应坚持主客观相一致原则,从该行为是否系集资者以明示或暗示的方式主动授意,获悉存在‘口口相传’现象时是否进行控制或排斥,对闻讯而来的集资参与者是否加以甄别,是否设法加以阻止等主客观因素进行全面分析,查明行为人吸收

---

〔1〕 上海市第一中级人民法院刑事裁定书,(2017)沪 01 刑终 1025 号。

〔2〕《中国银监会举行防范打击非法集资有关工作情况新闻发布会》,载国务院新闻办公室网 2014 年 4 月 22 日,http://www.scio.gov.cn/xwfbh/gbwxwfbh/fbh/Document/1368639/1368639.htm。

资金的行为有无针对性,是否属于只问资金不问来源。对于那些以吸收资金为目的,明知存在'口口相传'现象仍持放任甚至鼓励态度,对参与集资者所提供资金均予吸收的,应认定为以'口口相传'的方式向社会公开宣传。”2016 年四川省高级人民法院、四川省人民检察院、四川省公安厅发布的《关于我省办理非法集资刑事案件若干问题的会议纪要》也提到:“关于'口口相传'是否属于公开宣传,能否将'口口相传'的效果归责于集资人,要根据主客观相一致的原则进行具体分析,区别对待。实践中,可以结合集资人对此是否知情、对此态度如何,有无具体参与、是否设法加以阻止等主客观因素综合认定。如果集资人明知吸收资金的信息向社会公众扩散,未设法加以阻止,而是放任甚至积极推动信息传播,可以认定为向社会公开宣传,具有'公开性'。”

实际上,2014 年最高人民法院、最高人民检察院、公安部发布的《关于办理非法集资刑事案件适用法律若干问题的意见》(以下简称《2014 年非法集资案件意见》)对“向社会公开宣传”作出过解释,即“包括以各种途径向社会公众传播吸收资金的信息,以及明知吸收资金的信息向社会公众扩散而予以放任等情形。”虽然没有明确提到“口口相传”的概念,但是其精神与上述地方性文件的认定规则显然一致,主观上支持、放任的,应将“口口相传”的效果归责于行为人,认定为“公开宣传”。

三、利诱性特征:仅承诺保本是否属于利诱性

根据《非法集资案件解释》第 2 条的规定,“利诱性”,是指集资人向集资群众承诺在一定期限内以货币、实物、股权等方式还本付息或者给付回报。“利诱性”包含有偿性和承诺性两方面的内容:(1)保本的同时还要求保收益,非法集资是有偿集资,集资参与人正是因为本金之外有利可图才会参与,如果只承诺保本,没有本金之外的利益诱惑,没有人愿意无偿把自己的资金交给素不相识的集资人。(2)集资人对收益回报有承诺、有保证,使得投资人愿意投资也放心投资。当然,在集资诈骗案中这种承诺显然是虚假承诺。

在前面的案例 1 -2 中,陈某与投资者签订的协议中约定:“乙方特此不可撤销地保证与承诺:自股票锁定期届满时(包括届满日)的连续五个交易日的收盘价的算术平均价不低于本协议中的每股价格。如果该均价低于每

股价格,则乙方将对该部分损失以向甲方转让额外的股票的形式进行补偿。”由此可见,陈某在协议中确实对投资者曾做出过承诺,但也仅是针对本金的承诺,如果投资本金亏损的话,会对投资者损失的部分进行补偿,对于投资收益没有约定。

资本是趋利的,案例1－2的投资者明知陈某不保收益、不保回报,为什么仍然愿意投资?其实投资者做的就是“低买高卖”的买卖,收益点在于预期将来股票价格上涨,然后抛出获利。而陈某也确实曾向投资者宣称股票价格会上涨,但这不构成承诺。人们都知道投资有风险,但是如果集资人向投资者保证了投资的收益,对投资者来讲就相当于回避了投资风险,因为有集资人兜底,这对集资人来讲就构成了承诺,无论这种承诺是真实的还是虚假的。如果陈某只是宣称或鼓吹投资收益,但未就收益做出过具体约定,那么,这种“宣称和鼓吹”就不具有承诺性质,就不属于“承诺保本付息或给付回报”,即不具有非法集资的“利诱性”。

四、社会性特征:不特定对象的认定与私募基金的异化

非法集资的“社会性”特征,是指向社会公众即社会不特定对象吸收资金。“社会性”又称公众性,是非法集资的本质特征,禁止非法集资的重要目的在于保护公众投资者的利益。“社会性”特征也包含两个层面的内容:(1)指向对象的广泛性;(2)指向对象的不特定性。

(一)不特定对象的认定标准

关于非法集资的各项司法解释未就社会不特定对象的认定标准作出过规定或解释,但在一些投资者人数不多且相互间多为亲友关系的普通集资诈骗案中,集资对象的不特定性的界定显然需要明晰。结合最高人民法院的相关释义,笔者认为,对社会不特定对象的界定应当通过以下几个标准来把握。

1.外观标准:宣传方式是否具有公开性

非法集资的“社会性”往往与公开性相辅相成、密不可分。宣传方式、宣传范围的公开性往往导致集资参与者的广泛性和不确定性,而想要更多不特定投资人参与集资,必然需要通过公开宣传才能达到效果。因此,从宣传方式的公开性往往可以判断集资对象具有不特定性。

当然,这只是一般判断标准。特殊情况下,公开宣传的对象也可以是特定的。例如,根据中国基金行业协会《私募投资基金募集行为管理办法》的

规定,私募基金的募集机构可以通过合法途径公开宣传。一是在初始宣传阶段,可以公开介绍私募基金管理人的品牌、发展战略、投资策略、管理团队、高管信息。二是在履行特定对象确定程序之后,可向特定对象宣传推介中国基金业协会公示的已备案具体私募基金的基本信息。因此,虽然大多数情况下宣传的公开性意味着对象的不特定性,但这只是一种外观标准,还应结合其他标准进行综合判断。

2. 类型标准:是否为亲友或单位内部人员

《非法集资案件解释》第 1 条第 2 款规定:"未向社会公开宣传,在亲友或者单位内部针对特定对象吸收资金的,不属于非法吸收或者变相吸收公众存款。"

一般而言,亲友和单位内部人员可视为特定对象,当然,对这类人员的范围应做限定理解。亲友即亲属、朋友,亲属除了刑事法律中所讲的近亲属,即配偶、父母、子女、同胞兄弟姐妹之外,还应包含其他亲属,但又不能过度扩张,应综合考察双方之间的关系亲密程度、日常往来情况等因素。朋友以及单位内部人员也应限定于往来密切的熟人之间。除这类亲友和单位内部人员之外的其他人员,即可归属于社会不特定对象。这是根据人员类型进行判断的一个标准。

3. 核心标准:集资行为人集资意图是否特定,具体行为是否可控

禁止非法集资的目的在于保护社会公众投资者的利益,不让投资风险向社会扩散。因此,集资人对于自身集资行为辐射范围的意图和实际控制能力成为决定对象特定与否的核心因素。换言之,如果集资对象是特定的,既要求集资人的主观意图是特定的,通常还要求客观上其具体实施的行为是可控的。集资人不仅只有向特定人员吸收资金的目的,还要有能力、有把握把辐射范围控制在自己的目的范围内。如果集资人所实施行为的辐射面连集资人自己都难以预料、控制,或者集资人在该行为蔓延至社会后听之任之,不设法加以阻止的,同样应当认定为向社会不特定对象进行非法集资。

因此,集资人的行为能同时满足上述主客观两方面要求的,集资对象基本就是特定的。这是检验集资对象是否具有不特定性、集资行为是否具有社会性的核心标准。虽然从逻辑上来看,对某一事物的判断和认定应聚焦于事物本身,从该事物身上寻找差异化特征,进而归纳出该事物区别于其他事物的标准。然而,这里对于社会不特定对象的认定,是从集资人的视角来

进行考察的，而不是从“集资对象”身上找标准，似乎有违认识规律。其实不然，事物的外观特征以及类型化划分确实具有一定的界分功能，但是只有透过现象观察到核心要素，才能真正揭示事物的本质。从根本上来看，集资对象特定与否不是集资对象本身的特征决定的，而是集资人对集资行为社会辐射力的主观态度和客观控制力决定的。

发现了这一本质，就不难理解《2014 年非法集资案件意见》中关于“社会公众”的认定所规定的两种情形：第一，在向亲友或者单位内部人员吸收资金的过程中，明知亲友或者单位内部人员向不特定对象吸收资金而予以放任的，应当认定为向社会公众吸收资金；第二，以吸收资金为目的，将社会人员吸收为单位内部人员，并向其吸收资金的，应当认定为向社会公众吸收资金。因为在上述两种情形下，集资人主观上的目的已经不再是仅向亲友或单位内部特定对象集资，集资对象已经扩散至社会面，应当认定为社会不特定对象。将社会人员吸收为单位内部人员的做法也不过是为了掩盖此非法目的而已。

2019 年最高人民法院、最高人民检察院、公安部《关于办理非法集资刑事案件若干问题的意见》（以下简称《2019 年非法集资案件意见》）又增加了一种情形：向社会公开宣传，同时向不特定对象、亲友或者单位内部人员吸收资金的，向亲友或者单位内部人员吸收的资金应当与向不特定对象吸收的资金一并计入犯罪数额。有人会有异议，亲友和单位内部人员不是特定对象吗？为什么向他们吸收的资金也计入犯罪数额？这是因为集资人同时也在向亲友和单位内部人员之外的社会不特定对象吸收资金，并且进行公开宣传，显然其主观上对集资行为的辐射力并无范围限定，亲友和单位内部人员只是恰好包含在其广泛的集资对象之内而已，已然成为社会公众的一部分，在这种“概括目的”之下吸收的资金自然应当计入犯罪数额。

不过，也应注意时间节点的问题，这里规定应计入犯罪数额的是“同时”向社会不特定对象、亲友或者单位内部人员吸收的资金。换言之，如果向亲友等特定对象吸收资金在前，向社会公众公开宣传吸收资金在后，则向亲友吸收的资金不应计入犯罪数额。

（二）私募基金的异化表现

1. 私募基金募集对象的特别限定

非法集资的社会性特征在私募基金异化为非法集资时表现得尤为明

显。私募基金的“私”性决定了其募集方式的非公开性和募集对象的特定性，这被认为是私募基金的底线要求。主要表现在三个方面，一是不得向合格投资者之外的单位和个人募集资金；二是单只私募基金的投资者人数有限定，不得超过《证券投资基金法》《公司法》《合伙企业法》等法律规定的特定人数；三是不得通过报刊、电台、电视、互联网等公众传播媒体，或者讲座、报告会、分析会和布告、传单、手机短信、微信、博客和电子邮件等方式，向不特定对象宣传推介。

2019年5月10日，公安部召开新闻发布会通报打击和防范非法集资等涉众型经济犯罪工作情况，公安部经济犯罪侦查局巡视员刘冬指出，当前私募基金领域突出的经济犯罪有四类，其中前两类均为非法集资犯罪。其并特别提到，个别的私募机构突破私募基金行业最重要的合格投资者底线，采取公开宣传的方式，从事非法集资犯罪活动。[1]

2020年6月10日，深圳证监局对辖区首批重大违规私募基金管理人进行通报，事涉131家私募基金管理人，其中，13家私募基金管理人涉嫌犯罪进入刑事追责程序。而这当中，又有6家明确是因为“存在向非合格投资者募集资金”“向社会不特定对象宣传推介”等触碰监管底线的情形。[2]

上述提到的“合格投资者”，就是对私募基金特定的募集对象做出的约束。中国证监会《私募投资基金监督管理暂行办法》对合格投资者的要求是，具备相应风险识别能力和风险承担能力，主要表现在对投资者投资金额、资产规模和收入水平的限制。投资于单只私募基金的金额不低于100万元且符合下列相关标准的个人：(1)净资产不低于1000万元的单位；(2)金融资产不低于300万元或者最近三年个人年均收入不低于50万元的个人。

通过法律法规对投资对象的明确限定，可以将私募基金与非法集资进行有效区分，再加上私募基金对投资者人数的特别限制，那些异化了的私募基金在司法实践中非常容易现出原形。

---

〔1〕 参见《公安部举行打击和防范非法集资等涉众型经济犯罪情况发布会》，载国务院新闻办公室网2019年5月10日，http://www.scio.gov.cn/XWFBH/gbwxwfbh/xwfbh/gab/Document/1654281/1654281.htm。

〔2〕 参见《深圳证监局关于辖区重大违规私募基金管理人相关情况的通报（第一批）》，载中国证券监督管理委员会网2020年6月10日，http://www.csrc.gov.cn/shenzhen/c104305/c1582189/content.shtml。

2."代持股"的刑事风险

所谓"代持股",是指受托的投资人以本人名义代多名投资人出资,一名显名投资人背后可能存在多名隐名投资人。[1] 这些隐名投资人通常不具备"合格投资者"资格,通过代持的方式实质上规避了法律法规关于私募基金对投资人数的上限和投资数额的最低门槛限制,导致募集对象的不特定性和小额资金参与私募投资,私募基金公募化。

私募机构如果对代持股现象是默许的,或者明示不合格的投资者通过代持方式参与私募投资,也是以合法的外观形式掩盖向社会不特定对象集资的目的,应认定为非法集资。《私募投资基金监督管理暂行办法》也明确规定,以合伙企业、契约等非法人形式,通过汇集多数投资者的资金直接或者间接投资私募基金的,私募基金管理人或者私募基金销售机构应当穿透核查最终投资者是否为合格投资者,并合并计算投资者人数。

第三节　集资诈骗罪与非法吸收公众存款罪的实质差异

前文从"集资"的角度对集资诈骗罪中的非法集资要件进行了规范分析,讨论的也是非法集资犯罪的共通问题。而从"诈骗"的角度看,集资诈骗又属于金融诈骗罪,诈骗犯罪中的"非法占有目的"要件又将其与其他非法集资犯罪区别开来,特别是司法实践中经常与集资诈骗罪相伴而发的非法吸收公众存款罪,非法占有目的之有无,构成了两罪的实质差异,这已成为刑法理论和司法实践的共识。最高人民法院 2001 年 1 月 21 日发布的《全国法院审理金融犯罪案件工作座谈会纪要》(以下简称《法院金融犯罪座谈会纪要》)指出,集资诈骗罪和非法吸收公众存款罪在客观上均表现为向社会公众非法募集资金,区别的关键在于行为人是否具有非法占有目的。最高人民检察院 2017 年 6 月 2 日发布的《关于办理涉互联网金融犯罪案件有关问题座谈会纪要》(以下简称《检察院互联网金融犯罪座谈会纪要》)也指出,

---

〔1〕 参见谢杰、朱以林:《金融市场刑事法律适用与风险防控》,上海人民出版社 2020 年版,第 45 页。

是否具有非法占有目的,是区分非法吸收公众存款罪和集资诈骗罪的关键要件。

一、非法占有目的之一般认定标准

非法占有目的作为主观方面的要素,如何认定和证明一直是理论和实践中的难题。刑事实务中一般采取推定的方式进行认定,即只要某前提事实已经被认知或证实,则可直接认定非法占有目的的存在。在上述《法院金融犯罪座谈会纪要》《检察院互联网金融犯罪座谈会纪要》《非法集资案件解释》中均明确列举了多项可以推定非法占有目的的事项。综合而言,在非法集资案件中,行为人具有下列情形之一的,原则上可以认定具有非法占有目的:

(1)明知没有归还能力而大量骗取资金的。

(2)携带集资款逃匿的。

(3)肆意挥霍集资款,致使集资款不能返还的。

(4)将集资款用于违法犯罪活动的。

(5)抽逃、转移资金、隐匿财产,以逃避返还资金的。

(6)隐匿、销毁账目,或者搞假破产、假倒闭,以逃避返还资金的。

(7)拒不交代资金去向,逃避返还资金的。

(8)集资后不用于生产经营活动或者用于生产经营活动与筹集资金规模明显不成比例,致使集资款不能返还的。

(9)大部分资金未用于生产经营活动,或名义上投入生产经营但又通过各种方式抽逃转移资金的。

(10)资金使用成本过高,生产经营活动的盈利能力不具有支付全部本息的现实可能性的。

(11)对资金使用的决策极度不负责任或肆意挥霍造成资金缺口较大的。

(12)归还本息主要通过"借新还旧"来实现的。

最高司法机关通过这种列举式的释法,为刑事实务中识别、认定非法占有目的提供了最为直接有效的标准,大大减轻了证明难度,很大程度上解决了司法机关在办理集资诈骗案件时的一大痛点问题。但这种方式的弊端也很明显,即容易导致机械执法。根据刑事证明规则,推定是可以被其他证据反驳推翻的，上述规定也基本上是以事后事实推定行为当时的主观心态，是可能被相反证据推翻的。因此，在处理具体案件时，如果无视案件中的具体问题，一味简单套用上述规定，则未必能得出正确结论，而这往往也是司法实践中比较容易出现的问题。

二、非法占有目的之认定难题：以 P2P 案件为例

（一）巨额资金不能兑付可否一律认定行为人具有"非法占有目的"

P2P 网贷平台非法集资案件具有特殊性，符合监管规定的 P2P 网贷平台其实只是一个中介，撮合借款人向投资人借钱。资金逾期不能归还，其实是借款人逾期，而非平台逾期，只是平台上的项目发生逾期会对平台的信用产生影响，会导致投资人不再信任该平台，甚至要求提前兑付，从而给平台造成压力，甚至会引发连锁反应。在互联网和自媒体高度发达的今天，上述消息会在短时间内广泛传播，一旦出现这种情况几乎等于宣告平台破产。所以，不到万不得已，平台经营者都会极力避免或阻止这种情况发生，这也是大部分平台对于逾期的项目自己垫资还款，进行刚性兑付的主要原因。

如果平台经营规范，恪守中介职责，不越雷池，不设资金池，不做出保本付息承诺，即便发生了项目逾期的现象，平台也不会构成集资诈骗罪，甚至连非法吸收公众存款罪也不构成。可见，在 P2P 网贷平台非法集资案件中，仅凭巨额资金不能兑付不能认定行为人具有非法占有目的。因此，《法院金融犯罪座谈会纪要》专门指出，不能仅凭较大数额的非法集资款不能返还的结果，推定行为人具有非法占有目的。

（二）"借新还旧"可否一律认定行为人具有"非法占有目的"

为什么很多 P2P 平台会出现"借新还旧"的问题？现有关于借款标的大小的监管规定要求，P2P 平台发布的个人标的借款金额不得高于 20 万元，单位标的借款金额不能高于 100 万元，相当于把 P2P 网贷平台定位为小微企业融资服务机构。但是这个规定能否有效地分散和规避 P2P 平台的风险？实践中，严格按照规定执行的平台少之又少，主要原因有以下两点：第一，给企业放贷几十万元的成本很高，需要做完整的尽职调查，这种资产的开发模式和效率与互联网的资金撮合速度严重不匹配；第二，平台之间竞争激烈，平台运营成本、获客成本非常高，许多平台为了做大，会花钱找"羊头"购买用户流量，相当于让"羊头"带着"羊毛"来平台进行投资，要支付额外的成本。

因此许多平台真实借款人的实际借款都是几百万元上千万元,甚至更多,基于上述原因,在监管规定出台前,平台都是直接发布这些大额标的,而监管规定出台后,为了规避监管,平台就把这些标的进行拆分发布。为了缓解兑付逾期大标的及平台运营的资金压力,许多平台会采取同时混合发假标的方式渡过难关,这无疑是饮鸩止渴。因为平台发布的真实标的是靠收取借款人利率与投资人收益率的差价获利,而平台发假标的资金,不仅不能获取利润,还需支付投资人的收益,长此以往,就会累积风险,埋下隐患。

笔者认为,不能仅凭存在"借新还旧"的行为就认定存在非法占有目的。在企业经营亏损的情况下借入资金,试图改善经营状况,获取更多的利润,扭亏为盈,是多数企业家的惯常思维,出发点是好的。在企业确实有盈利机会的情况下,采用"借新还旧"的方式维持经营,也说明经营者在为完成兑付而努力。如果款项用于平台的经营而没有挪作他用,"借新还旧"仅是为了填补借款人逾期或平台经营产生的窟窿,随着行业的回暖、平台规模的扩大和信誉度的提升、真实用户数量的增加,原本亏损的平台也有可能会扭亏为盈,完成对客户的兑付,最终并未造成严重后果,也不宜认定具有非法占有目的。只有在企业生产经营状况严重恶化,难以维持,新债务产生速度远超过旧债务归还速度时,方宜认定行为人具有非法占有目的。

(三)将集资款用于违法犯罪活动,可否一律认定具有"非法占有目的"

P2P 平台逐渐脱离信息中介角色走向非法集资道路,往往是从自行归集资金设立资金池"自融"开始的。资金沉淀下来,平台就会拿这笔钱进行投资,很多平台也会用于线下放款,来收取高额的利息,相当于非法发放高利贷。根据最高人民法院、最高人民检察院、公安部、司法部联合印发的《关于办理非法放贷刑事案件适用法律若干问题的意见》的相关规定,2019 年 10 月 21 日起非法发放高利贷的行为可能涉嫌非法经营罪,上述行为即属于"将集资款用于违法犯罪活动"。

此处的违法犯罪活动应当有所区分,不能一概而论。非法占有目的是对投资人的资金据为己有,不再归还的意图,如果行为人将集资款用于可以产生利润回报的生产经营活动,本意是通过由此产生的较大收益来返还投资者,那么即便这种生产经营活动涉嫌违法犯罪,也不能以此来否定行为人具有返还集资款的主观目的。也许有人认为,将集资款用于违法犯罪活动会导致集资款被司法机关依法处置,造成无法返还投资人的后果,因此,可以反推行为人本来没有返还的意图。但这其实是行为人对集资款的使用是否负责的问题,况且根据上述规定,即便对资金的使用决策极度不负责任,也还要看有无造成较大资金缺口的后果。不考虑任何后果,只要将集资款用于违法犯罪活动就认定行为人具有非法占有目的,显然是不适当的。只有将集资款用于不能产生直接经济收益的违法犯罪活动,如行贿、嫖娼、赌博等时,才能认定行为人具有非法占有目的。

有人担心这会导致鼓励行为人将集资款用于违法犯罪活动的后果,其实不然。毕竟如果行为人触犯了其他法律规定,自然需要承担相应的法律责任,但这不是在非法集资中需要评价的问题。P2P平台将集资款用于非法发放高利贷,涉嫌非法经营,可以追究其非法经营的刑事责任,但是如果平台将经营所得资金返还投资人而没有肆意挥霍或者逃避返还资金的话,不能认定其对集资款具有非法占有的目的。

(四)出现逃匿行为可否一律认定行为人具有非法占有目的

根据《非法集资案件解释》的规定,携带集资款逃跑的,可以认定行为人具有非法占有目的。实践中的情况多种多样,无法一概而论。有些平台负责人是出于躲债、筹资等正当合理的原因而逃匿的。特别是一些案件中平台老板虽然跑路了,但是并没有卷走款项,而是及时发布了公告,制定了还款计划,或委托律师处理债务事宜,确实在积极筹款、兑付,就不能断然认定行为人具有非法占有目的。

综上可知,关于非法占有目的的认定,尽管司法解释列举了很多种情形,其实每种情形可能都存在可以反驳的例外。司法实践纷繁复杂,很难通过某种情形就能直接认定行为人具有非法占有目的。在处理具体案件时,不能机械套用法律规定简单推定,而应重点围绕融资项目的真实性、资金去向、归还能力等事实进行综合判断。办案,有时需要一双慧眼,拨开层层迷雾,方能看到真相。

三、犯罪转化问题:从非法吸收公众存款到集资诈骗

非法占有目的构成了非法吸收公众存款罪和集资诈骗罪的区分要件,而在有些案件中,行为人的犯罪目的往往是动态变化的,或者不同主体之间的犯罪目的明显不同。因此,对于集资诈骗罪中的非法占有目的,应当区分情形进行具体认定。

根据《非法集资案件解释》第7条第3款的规定,行为人部分非法集资行为具有非法占有目的的,对该部分非法集资行为所涉集资款以集资诈骗罪定罪处罚;非法集资共同犯罪中部分行为人具有非法占有目的,其他行为人没有非法占有集资款的共同故意和行为的,对具有非法占有目的的行为人以集资诈骗罪定罪处罚。

具体而言,需要注意两方面的内容:(1)同一行为主体犯罪目的发生转化的时间节点;(2)同一案件中不同主体犯罪目的的差异。

(一)犯罪目的发生转化的时间节点

"时间节点"在具体案件中通常表现为"事件节点",主观心态的变化需要通过客观事实来反映。具体而言,就是要结合上述12种法定非法占有目的的识别标准,对行为人的主观心态进行动态考察。

如《检察院互联网金融犯罪座谈会纪要》中所提到的,"犯罪嫌疑人在初始阶段仅具有非法吸收公众存款的故意,不具有非法占有目的,但在发生经营失败、资金链断裂等问题后,明知没有归还能力仍然继续吸收公众存款的,这一时间节点之后的行为应当认定为集资诈骗罪,此前的行为应当认定为非法吸收公众存款罪"。

需要注意的是,这里因犯罪目的不同而发生的罪名定性的转化,不同于刑法理论中通常所讲的"转化犯"。转化犯是在特定条件下,行为定性由一罪名转化为另一罪名,最终只按转化后的罪名来处理。例如,聚众斗殴过程中如果出现致人重伤、死亡结果的,不再以聚众斗殴罪定罪处罚,而是以故意伤害罪或故意杀人罪论处。在非法集资案件中,虽然也会因为非法占有目的这一特定条件的出现使得罪名由非法吸收公众存款罪转化为集资诈骗罪,但是,在案件的最终处理上却不是以转化后的集资诈骗罪一罪论,而是以非法占有目的出现的时间节点为界,对前后的行为分别认定为非法吸收公众存款罪和集资诈骗罪,两罪并罚。

在笔者曾经办理的"纪某非法集资案"中,纪某为某私募公司总裁(非股东),公司股东更换后,在出现资金缺口难以兑付的情况下,新股东提出要新发行基金,纪某签字同意了,新募集的资金大部分都用来向此前的投资人兑付了,没有投入约定的项目,也就是"以新养旧"。虽然在侦查阶段和审查起诉的大部分时间里罪名一直是非法吸收公众存款,但笔者一直担心司法机关会追加罪名,在客户第一次咨询的时候笔者就做了预判和预案,检察机关在移送法院起诉的最后一刻，还是针对后期发行的三只基金新增了集资诈骗罪的指控，最终法院也是两罪并罚。

（二）共同犯罪中不同人员犯罪目的之差异

《检察院互联网金融犯罪座谈会纪要》指出，“在共同犯罪或单位犯罪中，犯罪嫌疑人由于层级、职责分工、获取收益方式、对全部犯罪事实的知情程度等不同，其犯罪目的也存在不同。在非法集资犯罪中，有的犯罪嫌疑人具有非法占有的目的，有的则不具有非法占有目的，对此，应当分别认定为集资诈骗罪和非法吸收公众存款罪”。

而实务难题依然是，同一案件中如何区分不同人员的犯罪目的，特别是对于非股东、实际控制人、高级管理人员一类的人员，集资款并没有被他们占有、挥霍，他们的获利来源仅是工资、奖金，他们对集资款是否具有非法占有目的呢？

实践中一般还是结合上述12种情形，以主客观相一致的原则来进行判断。例如，上述提到的“纪某非法集资案”中，针对辩护方提出的主观上没有非法占有目的的意见，法院认为，被告人纪某在明知公司2018年9月出现资金缺口难以兑付的情况下，仍然参与2018年9～11月继续发行的三只基金，该三只基金没有在中国基金业协会备案，募集的2290万元用于其他投资者本金和利息的兑付，没有投入约定投资项目。根据相关法律规定，集资后不用于生产经营活动，或者用于生产经营活动与筹集资金规模明显不成比例，致使集资款不能返还的，依法可认定非法占有的主观目的。非法占有的目的不单指行为人占为己有，若行为人控制资金肆意挥霍，没有投资到项目中，没有收益，无法支付募集的本金和利息，属于以诈骗的方法非法占有投资者的财产。综上，被告人在明知出现资金缺口难以兑付的情况下，仍然参与发行新基金募集资金，且未用于投资项目，其行为符合集资诈骗罪的犯罪构成。

由此可见，法院对被告人非法占有目的的认定，首先，是看被告人主观上对案件中出现的可以推定非法占有目的的法定事由是否明知；其次，是看被告人在明知的情况下有无积极参与。客观上的参与属于客观事实，在实践中比较好认定，而主观是否明知，往往会成为各方争议的焦点，这就需要结合行为人的职位层级、职责分工等方式来判定，不能仅靠言词证据予以认定。

(三)对刑事辩护工作的启示

1. 提前预判,做好预案

刑事辩护工作中有很多要点需要关注,有些是进攻性的,有些是防守性的,不少人重进攻而轻防守,事实上,有些案件没有办好往往是因为防守出现了问题。因主观目的的不同引起的非法吸收公众存款罪与集资诈骗罪的转化问题,对辩护律师来讲,就是一个不得不予高度重视的防守点。

即便当事人开始是被以非法吸收公众存款罪立案、拘留、批捕,并且当事人除了工资、奖金外没有拿任何来历不明的钱,也不能轻易判定案件后续定性没有变更或新增集资诈骗罪的可能。非法吸收公众存款和集资诈骗罪这两个罪名可能在一个案件中转化,也可能同时存在,对此要特别关注、保持警惕,不能只关注立案、批捕罪名和起诉罪名,而应该从整体着眼,结合全案证据对当事人的行为定性进预判,并做好对应方案。

2. 充分利用自首情节,争取最大从宽可能

自首是刑法中的法定从轻、减轻情节,在罪轻辩护中至关重要,在具体案件中,已经确定罪轻辩护策略的情况下,应抓住一切机会充分利用自首的量刑价值,争取当事人利益最大化。

具体到非法集资案中,在非法吸收公众存款罪的基础上可能发生转化、增加集资诈骗罪的情况下,当事人在主动投案之时可对自己所知道的和参与的事实依法如实供述。律师进则可以就非法占有目的问题做法律上的定性之辩,退则可以争取司法机关对新增或转化后的集资诈骗罪亦以自首论。特别是在非法吸收公众存款和集资诈骗两罪并存的情况下,同一自首情节,应对两罪分别作出量刑评价,这样即可降低并罚前确定的各罪名的刑期,进而也就减轻了并罚后实际决定执行的刑期。

还有一种情形,当事人错过了自动投案的机会,被办案机关以非法吸收公众存款罪采取强制措施之后,对自己的罪行做了如实供述。如果后续增加集资诈骗罪也可尝试争取集资诈骗罪的自首,即《刑法》第 67 条第 2 款所规定的"余罪自首":"被采取强制措施的犯罪嫌疑人、被告人和正在服刑的罪犯,如实供述司法机关还未掌握的本人其他罪行的,以自首论。"

虽然有人认为,非法吸收公众存款罪与集资诈骗罪属于同种罪行,不属于司法机关还未掌握的其他罪行,不符合"余罪自首"的条件。因为根据最高人民法院《关于处理自首和立功具体应用法律若干问题的解释》(以下简

称《自首立功解释》)第2条的规定,被采取强制措施后,如实供述司法机关尚未掌握的罪行,只有与司法机关已掌握的或者判决确定的罪行属不同种罪行的,才以自首论。

是否属于同种罪行,最高人民法院《关于处理自首和立功若干具体问题的意见》指出,一般应以罪名进行区分。换言之,原则上罪名不同即属于不同种罪行,但是也有例外情况,即"虽然如实供述的其他罪行的罪名与司法机关已掌握犯罪的罪名不同,但如实供述的其他犯罪与司法机关已掌握的犯罪属选择性罪名或者在法律、事实上密切关联,如因受贿被采取强制措施后,又交代因受贿为他人谋取利益行为,构成滥用职权罪的,应认定为同种罪行"。

据此,非法吸收公众存款罪和集资诈骗罪,虽然罪名不同,但会因法律或事实上的密切关联,而被认定为同种罪行。但是毕竟法律没有明确规定,司法实践中对此也没有统一的裁判规则。例如,在"赵某集资诈骗罪案"中,审理法院认为,上海某公司的非法集资行为与赵某在济南市长清区的非法集资行为在事实上密切关联,故赵某在济南羁押期间对本案事实的供述不属于如实供述司法机关还未掌握的本人其他罪行,依法不构成自首。[1] 而在"洪某侃集资诈骗罪案"中,审理法院则认为,被告人洪某侃虽是被抓获归案,但其之前在向临安公安机关投案时已交代了参与诸暨地区集资的事实,依法可以认定为自首。[2] 退一步讲,即便司法机关因同种罪行的关系不予认定自首,但是根据《自首立功解释》第4条的规定,也可以酌情从轻处罚,如实供述的同种罪行较重的,一般应当从轻处罚。

◇ 第四节　集资诈骗罪的主体界定与责任区分

近年来,随着P2P的全面覆灭和私募基金的频频爆雷,这两个领域的相关案件已经成为司法实践中集资诈骗案的主流类型。而这些案件基本上是以公司、企业的形式组织实施的,所涉单位和人数众多、层级复杂,一个案件

〔1〕 参见上海市第一中级人民法院刑事裁定书,(2019)沪01刑终110号。

〔2〕 参见浙江省诸暨市人民法院刑事判决书,(2018)浙0681刑初1125号。

中动辄几十人被追责已不是什么新鲜事,有些案件案发之初公安机关一次性抓捕上百号人的情况也屡上新闻。有的案件中定单位犯罪,有的案件中定自然人共同犯罪。虽然法律和司法解释对单位犯罪的认定标准有明确规定,但是在具体案件中,司法机关对此问题的认定仍然带有一定的随意性。而在单位内部对非核心层、管理层人员的追责标准也不清晰,特别是大量年轻大学毕业生因刚出社会的第一份工作而被追责判刑的情况也时有发生。笔者认为,有必要厘清标准,对不同主体区别对待,做到罚当其罪、罪刑均衡。

一、单位犯罪与自然人犯罪的界分

《非法集资案件解释》在 2022 年新修正之后,统一了集资诈骗罪单位犯罪和自然人犯罪的入刑标准。在此之前因为单位犯罪的入刑起点较高,所以,辩护律师往往会将单位犯罪作为重要辩点,特别是涉案金额不大的一些案件,单位犯罪和自然人犯罪的量刑差别就很容易体现出来。虽然现在入刑和量刑标准统一了,但是单位犯罪中对自然人的处罚仅限于直接负责的主管人员和其他直接责任人员,而自然人犯罪的处罚范围并不受此限制。因此,单位犯罪辩护的价值依然存在,这也是站在辩护的角度区分单位犯罪和自然人犯罪的意义所在。

(一)形式判断

根据《2019 年非法集资案件意见》的规定,单位实施非法集资犯罪活动,全部或者大部分违法所得归单位所有的,应当认定为单位犯罪。《检察院互联网金融犯罪座谈会纪要》也从犯罪行为决策、实施和利益归属等方面作出了认定:(1)犯罪活动经单位决策实施;(2)单位的员工主要按照单位的决策实施具体犯罪活动;(3)违法所得归单位所有,经单位决策使用,收益亦归单位所有。这是从形式外观上看集资诈骗罪行为是否以单位为主体实施,如果没有单位的形式和名义,则为自然人犯罪。

(二)实质判断

根据《刑法》和上述司法解释及政策文件的规定,个人为进行非法集资犯罪活动而设立的单位实施犯罪的,或者单位设立后,以实施非法集资犯罪活动为主要活动的,不以单位犯罪论处,对单位中组织、策划、实施非法集资犯罪活动的人员应当以自然人犯罪依法追究刑事责任。

这是从实质上进行判断，需要刺破单位面纱，进行穿透式审查，看是否系借单位名义实施个人犯罪。重点审查两点：一是单位是否系专门设立的犯罪工具；二是单位设立后是否主要实施非法集资活动。关于单位是否以实施非法集资犯罪活动为主要活动，《2019 年非法集资案件意见》指出："应当根据单位实施非法集资的次数、频度、持续时间、资金规模、资金流向、投入人力物力情况、单位进行正当经营的状况以及犯罪活动的影响、后果等因素综合考虑认定。"例如，最高人民检察院第十批指导性案例之一，"周辉集资诈骗案"（检例第 40 号）中，法院就是进行穿透式审查之后，未予采纳单位犯罪的辩护意见。浙江省高级人民法院指出："中宝投资咨询公司及变更后的中宝投资公司均为一人公司，公司增资后即抽逃出资，公司没有经营任何实体，所有资金进出均由周辉控制。公司不具备法人意志和财产独立性，是周辉实施犯罪的工具，依据相关法律的规定，周辉的行为不构成单位犯罪。"

综上所述，区分单位犯罪与自然人犯罪的通常标准简单来讲有两点标准：（1）有无单位的形式；（2）有无单位的实质。形式判断比较简单，比较复杂的是实质判断。关于实质判断，实践中一般就是看公司除了涉案的非法集资业务之外还有无其他合法业务，如果没有，那就排除了单位犯罪，直接认定自然人犯罪，如果还有其他业务，则要进一步看涉案业务是否为主要业务。

二、单位内部一般受雇员工的责任界定

在互联网金融时代，集资诈骗活动基本上是以公司、企业的形式组织实施的，虽然根据上述标准，不一定都会被认定为单位犯罪，但实际承担刑事责任的都是公司、企业内部人员，其中不乏大量既非股东也非高管的普通员工。他们只是受雇于公司、企业，是否应当为正常的业务行为承担刑事责任？司法实践存在界定基准混乱、打击面大小不一的问题。笔者认为，单位一般受雇员工的行为属中立帮助行为，刑事追责应当准确把握共犯的成立范围，按照刑法理论中"中立帮助行为"的处罚规则，区别对待涉案人员，做到罚当其罪、罪责刑相适应。

（一）中立帮助行为的处罚规则

"中立帮助行为"，是指从表面看通常与犯罪无关，客观上却又对他人实施犯罪起到了帮助、促进作用的行为。典型的如菜刀店的老板将菜刀卖给

某人，被某人拿去杀人，卖菜刀只是菜刀店老板的日常职业行为，本身无害，但是菜刀卖给某人却对其实施杀人的犯罪行为起到了帮助作用。“中立的帮助行为”由于其在外观上显示无害，但客观上对正犯行为、危害结果都起到了一定的促进作用，似乎也应受处罚。但是主流的刑法理论和实践都认可，并不是所有“中立的帮助行为”都具有可罚性。真正构成犯罪的“中立的帮助行为”须受主客观两方面条件的限制。

1. 处罚“中立帮助行为”主观方面的限制条件

对于“中立帮助行为”的处罚，在主观方面要看行为人是否对他人可能实行犯罪有明确认识，是否知道实行者的犯罪决定，即是否存在片面的帮助故意。

首先，从正面来讲，提供帮助者必须对他人可能实行犯罪有明确的认识。例如，卖菜刀的老板知道甲立即要实施杀人的犯罪行为，此时老板对于正犯的犯罪意图和计划在主观上有着明确的认知，那么老板向甲出售菜刀的帮助行为就具有可罚性。又如，出租车司机明知道乙要前往某地实施杀人行为，在没有共谋或胁迫的情况下，仍然将其运往该地，出租车司机对自己帮助乙杀人的行为有直接或者间接故意，应当成立故意杀人罪的共犯。

其次，反过来讲，提供帮助的人并不明知行为人的犯罪意图，仅仅估计到自己的帮助行为可能被用于实现犯罪则不应当以共犯论处。法律是良善公允之术，刑法也不例外，除了要惩治犯罪之外，也要保护人们日常交易、日常行为的安全性以及受处罚的可预测性。因此，仅仅单纯怀疑自己的某一日常行为有被犯罪利用的可能性，还不能成立共犯，只有主观上可靠地知道被犯罪利用的可能性才成立共犯。我国的刑事立法也采用这种观点。如《刑法》第287条之二的“帮助信息网络犯罪活动罪”就是典型。即“明知他人利用信息网络实施犯罪，为其犯罪提供互联网接入、服务器托管、网络存储、通讯传输等技术支持，或者提供广告推广、支付结算等帮助，情节严重的，处三年以下有期徒刑或者拘役，并处或者单处罚金”。虽然该条文已不在共同犯罪框架中讨论了，但只是帮助犯的直接正犯化，本质上仍然是帮助共犯，其构成犯罪的前提是“明知他人……实施犯罪”，而不是单纯地猜测、怀疑他人可能实施犯罪。

2. 处罚“中立帮助行为”客观方面的限制条件

客观方面，要考察实行行为对法益侵害的紧迫性及帮助行为对实行行为所起作用的唯一性来进行判断。

首先,要看实行行为是否具有侵害法益的紧迫性。在上述“菜刀案”中,如果正犯的犯罪行为并不紧迫,即便将菜刀卖给甲不会导致犯罪后果发生,或者菜刀店老板只是大体上怀疑甲将来可能实施犯罪,对于什么时间实施犯罪、实施何种犯罪并不明知,对于菜刀店老板的行为就不宜认定为帮助犯。

其次,要看帮助行为是否导致了正犯结果的重大变更,正犯利用帮助行为的唯一目的是否就是实现犯罪。如上述“出租车司机案”中,除非乘客乙在乘车当时只有这一辆出租车,没有其他选择,乙乘坐出租车的唯一目的就是赶赴杀人现场,而不是邀约同伙或其他可能性,这种情况下才可以说出租车司机的运送行为客观上起到了实质性的帮助作用,是应受处罚的。

(二)单位集资诈骗案中“中立帮助行为”的处罚规则

刑法中的中立帮助行为在生活中普遍存在,以上所举日常行为、职业行即属于其中的典型表现。陈洪兵教授认为,在企业中受雇干活的一般从业人员的工作行为也属于中立帮助行为,并将其分类定性为“企业从业人员协力型的中立帮助行为”。[1] 在单位实施的集资诈骗案中,这样的情形普遍存在,单位一般财务、技术人员被追究刑事责任的并不鲜见,笔者认为,对这些人员的追责也应当遵循上述对“中立帮助行为”的处罚规则。

首先,要看一般员工对企业的非法集资行为是否明知。如前所述,这里的“明知”应当是“确切地知道或者有可靠根据地知道”,而不是单纯地、泛泛地知道非法集资的可能性。具体而言,根据《2019 年非法集资案件意见》的相关规定,应当依据犯罪嫌疑人、被告人的任职情况、职业经历、专业背景、培训经历、本人因同类行为受到行政处罚或者刑事追究情况以及吸收资金方式、宣传推广、合同资料、业务流程等证据,结合其供述,进行综合分析判断。

其次,要看一般员工的行为对整体犯罪事实是否具有支配和控制力,是否引起了法益现实、紧迫的侵害危险。陈洪兵教授认为,企业中的一般从业人员只是领取工资,受领导指派从事具体工作,犹如机器的零部件随时可以被替换,对犯罪事实不具有支配性,对犯罪的进程不起关键性作用,不应追

〔1〕 陈洪兵:《论中立帮助行为的处罚边界》,载《中国法学》2017 年第 1 期。

究刑事责任。[1] 如2013年11月14日最高人民法院、最高人民检察院、公安部联合发布的《关于办理组织领导传销活动刑事案件适用法律若干问题的意见》就指出,“以单位名义实施组织、领导传销活动犯罪的,对于受单位指派,仅从事劳务性工作的人员,一般不予追究刑事责任”。

对于一般员工行为的作用大小,可以通过以下几个方面来判断:

第一,看其工作性质是事务性的还是业务性的,事务性工作仅对维护企业正常运转产生直接作用,对于非法集资业务并无直接影响。如负责报销、报税的一般财务人员,看似与财务相关,其实本质上仍是从事事务性工作,不会对非法集资业务产生直接影响。

第二,看其工作内容是完全受指派被动作为,还是积极主动作为。如笔者曾办理的一起P2P案件,当事人在公司只是兼职,在老家有自己的工作,长年不在深圳公司,只有接到领导安排的任务时才会来深圳公司处理交办事务,其对公司非法集资所起的作用显然是微弱的。

第三,看其收入是否合理,有无业绩提成。如果行为人只是每月领取合理的固定工资,没有收取代理费、好处费、返点费、佣金、提成等高额费用,说明其在一般劳动付出之外,没有从公司的非法集资行为中获益,这也可以反映其在非法集资犯罪中所起作用较小。

综上所述,在单位实施的集资诈骗案中,对于“企业从业人员协力型的中立帮助行为”,如果行为人对单位非法集资不明知,仅仅是受雇履行职责,从事事务性工作,本身没有决定、批准、指挥非法集资活动的职权和行为,即便取消了该环节也不影响整个非法集资活动的进行,那么,即使其职务行为客观上对法益侵害有帮助作用,也不应对其进行刑事处罚。

事实上,关于非法集资案件中的“中立帮助行为”处罚边界的讨论并不只存在于刑法理论中,上文提到的主客观两方面的处罚限制,其实在“立法层面”已多有体现,例如:

《2019年非法集资案件意见》规定:“要根据行为人的客观行为、主观恶性、犯罪情节及其地位、作用、层级、职务等情况,综合判断行为人的责任轻重和刑事追究的必要性,按照区别对待原则分类处理涉案人员,做到罚当其罪、罪责刑相适应。”

---

〔1〕 参见陈洪兵:《论中立帮助行为的处罚边界》,载《中国法学》2017年第1期。

《检察院互联网金融犯罪座谈会纪要》规定:"对于无相关职业经历、专业背景,且从业时间短暂,在单位犯罪中层级较低,纯属执行单位领导指令的犯罪嫌疑人提出辩解的,如确实无其他证据证明其具有主观故意的,可以不作为犯罪处理。"

河南省高级人民法院、河南省人民检察院、河南省公安厅2015年发布的《关于办理非法集资刑事案件适用法律若干问题的指导意见》规定:"对于仅是提供劳务,定期领取固定数额工资(工资不是按照集资数额比例提成且没有明显高于当地平均工资水平),对非法集资情况不知情,没有直接参与非法集资业务的工作人员,包括仅从事记账业务的财务人员等一般不宜按犯罪处理。"

上海市高级人民法院、上海市人民检察院、上海市公安局2018年发布的《关于办理涉众型非法集资犯罪案件的指导意见》规定:"对于被告单位中层级较低的管理人员或者普通职员,如果确有证据或理由表明其并不知晓非法集资性质,而是当作正常经营业务参与实施了非法集资行为的,一般不宜作为犯罪处理。"

然而,徒法不足以自行,理论和立法再完备,仍然离不开执法者去施行。执法者、司法者手握国家重器,应当以悲天悯人之心怀去推动良法落地,将这些纸面逻辑赋予实践生命力,将刑事处罚权严格限定在法律划定的边界内,不仅要让民众在个案中感受到公平和正义,也要让他们在日常生活、工作中感受到安全与安宁。

三、单位与自然人共同犯罪的责任划分

实践中还有一种情形也值得讨论,就是单位和自然人共同犯罪的情况下,如何区分主从犯及相关人员的责任大小。

【案例1-3】程某实际控制的A公司拟在我国香港特别行政区上市,聘请郑某为公司上市顾问,郑某提出"借壳上市"计划。A公司为筹集"买壳"的资金,以出售公司原始股权以及"壳公司"部分股票的方式对外集资。A公司上市后股价一路下跌,投资人遭受巨额损失。审理法院认定,A公司与郑某共同谋划,以出售公司股权、股票的方式非法集资。虽然本案中集资需求、集资主体都是A公司,集资行为也是A公司实施的,募集的资金也进入A公司账户,公诉机关的起诉书和法院的判决书也都将A公司列为第一被

告人,但是在确定具体人员的责任时,法院却认定郑某的作用大于A公司的实际控制人程某,对郑某的刑罚也远重于程某。[1]

对于该案,笔者认为,这种责任划分是不符合单位犯罪和共同犯罪的刑法原理的。

首先,该案从检察院到法院都是将A公司与郑某作为共同犯罪来处理的,因为郑某不是A公司的员工,不属于单位内部人员,不能作为单一的单位犯罪来追究程某和郑某的共同责任,只能作为单位与单位以外的自然人共同犯罪来处理。而且,从认定的事实来看,检察院、法院都认为在该共同犯罪中,单位主体(A公司)的责任大于单位以外的自然人(郑某),都将A公司作为第一被告人排在郑某个人的前面。

其次,单位内部的直接责任人员的犯罪地位应与单位的犯罪地位保持一致。因为单位犯罪中的自然人对单位犯罪负刑事责任的原因,在于他们是单位的罪过的肇始者和犯罪行为的实行者,离开这些人的意志和行为,单位就不可能产生罪过,也不可能实施犯罪行为。因此,单位内部相关人员的责任与单位责任具有从属性,犯罪地位具有一致性。在单位犯罪中,单位刑罚责任的体现就是对直接责任人员的处罚和对单位的罚金,特别是在单罚制中只体现为对直接责任人员的处罚,因此单位的刑罚责任应与其直接责任人员的处罚保持一致,这样才能体现罪责刑相适应的原则。基于此,在单位共同犯罪中,对于主犯单位的内部人员原则上认定为主犯,从犯单位的内部人员一律认定从犯。在"普宁市流沙经济发展公司等单位虚开增值税专用发票案"(《刑事审判参考》第232号案例)中,最高人民法院相关业务庭的工作人员指出:"在两个以上单位的共同犯罪的案件中,一般情况下,各单位直接责任人员的犯罪地位应与本单位的犯罪地位一致。"

同理,在单位与单位以外的自然人共同犯罪的案件中,单位中直接负责的主管人员和其他直接责任人员的犯罪地位同样也应与单位的犯罪地位一致。具体到上述案例1-3中,程某作为A公司直接负责的主管人员,其犯罪地位应与A公司的犯罪地位一致。既然检察院和法院都认为A公司的犯罪地位高于郑某,那么,程某的犯罪地位自然也应高于郑某,其应承担的刑

---

[1] 参见郑某集资诈骗案,广东省深圳市南山区人民法院(2020)粤0305刑初497号之一刑事判决书。

事责任也应重于郑某。

笔者认为,案例 1 – 3 中的审理法院将 A 公司与郑某的犯罪地位和责任分开来认定,A 公司的犯罪地位高于郑某,A 公司的实际控制人程某的责任反而小于郑某,显然自相矛盾,也有违刑法罪责刑相适应原则。

◇ 第五节　集资诈骗数额的认定

集资诈骗罪是数额犯,根据《刑法》第 192 条的规定,集资诈骗"数额较大"的构成犯罪,"数额巨大"的法定刑升格。因此,犯罪数额既是定罪标准也是量刑标准,在司法实践中,围绕数额认定产生的各种问题也是各方争议的焦点。

一、实际骗取数额为计算基础

关于诈骗数额的理解,实践中存在两种观点。

一种观点认为,诈骗数额,是指犯罪行为获取的全部数额。张明楷教授即持此种观点,其认为,对集资诈骗数额的认定应采取总数额说,行为人骗取资金后返还给被害人的财产数额、司法机关事后追缴的数额,都应当计算在集资诈骗数额之内。主要理由在于,行为人骗取、控制集资款后,在刑法上已经成立犯罪既遂,之后返还的资金也属于既遂数额,不应排除在犯罪数额之外。[1]

另一种观点认为,集资诈骗罪属于目的犯,应当从非法占有目的实现的角度来认定诈骗数额。司法实践中,非法集资的规模或者非法集资的标的数额可以作为量刑情节适当予以考虑,但是,"诈骗数额"应以行为人实际骗取的数额计算。据此,集资诈骗犯罪当中已返还部分不应计入诈骗数额。[2]

后者的主张显然有利于鼓励行为人积极主动偿还非法集资款,故司法实务中最高司法机关也是采取了这种观点。根据《非法集资案件解释》的规

---

〔1〕 参见张明楷:《诈骗犯罪论》,法律出版社 2021 年版,第 643 页。

〔2〕 人民法院出版社编:《解读最高人民法院司法解释(含指导性案例)·刑事卷》(上),人民法院出版社 2019 年版,第 438 页。

定，集资诈骗的数额以行为人实际骗取的数额计算。不过，如何认定实际骗取的数额，或者说具体哪些数额应当从诈骗数额中扣除，司法实践中的理解和把握并不统一，基于司法实践的复杂性，需要分情况予以讨论。

二、实际骗取数额的规范理解

（一）向投资人支付的返利可否扣除

实际骗取的数额，最基本的理解就是已经归还的数额不计入诈骗数额。《非法集资案件解释》对此也有明确规定："在案发前已归还的数额应予扣除。"问题是，这里已经归还的数额是否包含对投资人的返利数额？例如，行为人向甲骗取资金 10 万元，利息 2 万元，在案发前全部归还本息 12 万元，是不是这 12 万元都应当从犯罪数额中扣除？

根据《非法集资案件解释》的规定，行为人为实施集资诈骗活动而支付的利息，除本金未归还可予折抵本金以外，应当计入诈骗数额。《2014 年非法集资案件意见》也规定，向社会公众非法吸收的资金属于违法所得。以吸收的资金向集资参与人支付的利息、分红等回报应当依法追缴。集资参与人本金尚未归还的，所支付的回报可予折抵本金。

其实这两个规定表达的意思一致，具体理解时需要分两种情况进行讨论：

第一种，本金已经归还的情况下，已归还的本金数额可以从集资诈骗数额中扣除，但是对投资人多支付的返利数额不予扣除，依然计入诈骗数额。

第二种，本金没有归还或尚未完全归还的情况下，向投资人支付的返利可以折抵本金，当作已归还的本金从诈骗数额中扣除。

回到前文所举案例，行为人已经归还的 12 万元中，10 万元本金应从诈骗数额当中扣除，但是 2 万元利息则不予扣除，实际骗取的数额为 2 万元。假设本金 10 万元分文未还，只支付了 2 万元利息，则该 2 万元可以折抵本金并予扣除，实际骗取的数额为 8 万元。再假设本金归还了 5 万元，利息支付了 1 万元，则 1 万元可折抵未归还的本金，可扣除的数额为 6 万元，实际骗取的数额即为 4 万元。

之所以如此规定，原因在于与返还本金不同，支付利息本质上属于对其实际骗取资金的处分，而且，利息是否计入诈骗数额还涉及赃款的认定、追缴以及其他受害人的公平受偿问题，故原则上应当计入诈骗数额。同时规定"本金未归还可予折抵本金",主要是出于实践可操作性和避免矛盾激化的考虑。因为,集资诈骗案发后能够追回的案款毕竟有限,很难要求本金尚未得到偿付的集资群众先将利息退出后再按比例统一偿付。[1]

(二)行为人自己的资金可否扣除

既然是以实际骗取的数额来计算,行为人自己投入的资金自然不能算作骗取的资金,是否也应当从犯罪数额中予以扣除?这一问题在实践中也多有争议。从逻辑上来讲,上述理解似乎并无不妥,但是这里其实涉及另外一个问题,即自己投入的合法财产可能会被认为是为实施集资诈骗活动而付出的成本,那么,犯罪成本应否扣除?

有观点认为,不应扣除。原因在于集资诈骗活动本身具有诱骗性,行为人以自有资金投资的行为既可以掩盖犯罪,又可以欺骗更多的被害人,属于诈骗手段的一种,如果可以从犯罪数额中扣除,无异于承认其合法性。《非法集资案件解释》也规定:"行为人为实施集资诈骗活动而支付的广告费、中介费、手续费、回扣,或者用于行贿、赠与等费用,不予扣除。"由此可见,为实施集资诈骗犯罪而付出的成本是应计入犯罪数额的。也有观点认为,行为人的自有资金并不在上述司法解释规定之列,不能类推适用。诈骗罪的结果是被害人遭受了财产损失,诈骗罪中的犯罪数额应系被害人的财产损失,集资诈骗罪也是如此,而行为人自有资金并不属于被害人的损失,自然不应计入犯罪数额。

笔者倾向于认同第二种观点。首先,集资诈骗罪的犯罪数额是行为人实际骗取的资金数额,行为人自有资金不属于骗取的资金,不是源于被害人,计入犯罪数额显然与集资诈骗罪的数额认定标准不符。如果认为以自有资金投资具有手段上的非法性,可以另行评价处理(追缴、没收),但不应计入诈骗数额,这样才不至于破坏集资诈骗罪的数额认定标准和认定逻辑。其次,《非法集资案件解释》所列举的广告费、中介费、手续费、回扣,或者用于行贿、赠与等费用,在性质上不同于行为人的自有资金,这些费用的资金来源归根结底还是在于被害人,本质上是对所骗取资金的处分,这些费用支出计入诈骗数额并不违反集资诈骗罪犯罪数额的认定标准。

---

[1] 人民法院出版社编:《解读最高人民法院司法解释(含指导性案例)· 刑事卷》(上),人民法院出版社2019年版,第438页。

综上所述，虽然司法实践中实务部门普遍认为犯罪成本应当计入犯罪数额，但是细究起来其实并无明确的法律依据。具体到集资诈骗罪中，行为人的自有资金即便理解成犯罪成本，也不属于实际骗取的资金，不应计入犯罪数额。

（三）向亲友募集的资金可否扣除

根据《检察院互联网金融犯罪座谈会纪要》第 11 条的规定，负责或从事吸收资金行为的犯罪嫌疑人自身及近亲属所投资的资金金额不计入犯罪嫌疑人的吸收金额。这一规定是否适用于集资诈骗罪？笔者认为，不能完全适用。

首先，这一规定并不是说自身及近亲属投资的资金金额不计入非法集资总数额，只是不计入具体负责或从事吸收资金的行为人名下，“仍应计入相对应的上一级负责人及单位的吸收金额”。

其次，集资诈骗罪的数额，是指实际骗取的资金，也就是具有非法占有目的的资金。对于自己亲友的资金，如果行为人是为了制造投资活跃的假象、诱使他人投资而借用的亲友资金，亲友对此也知情，不能认定行为人对此部分资金具有非法占有目的，则不应计入集资诈骗数额。但如果行为人对亲友的资金是通过与其他社会公众无差别的欺骗手段骗取来的，案发前仍未归还，则显然不应扣除。

集资诈骗罪犯罪数额的认定应始终把握“实际骗取数额”的本质，从资金的来源、集资的目的来考察哪些数额应予扣除，哪些数额应予计入。虽然司法实践纷繁复杂，不可能在此一一分析殆尽，但只要牢牢把握这个审查标准和原则，相信在具体的案件中能够得到正确的认定。

三、对刑事辩护工作的启示

数额之辩始终是集资诈骗罪的重要辩点之一，无论是从单位角度做整体辩护，还是自然人角度的个别辩护，辩护律师都会将“把数额打下来”作为重要的目标。笔者认为，基于上述对集资诈骗罪数额的理解，如果要实现数额上的辩护目标，至少有以下几个方面值得重点关注。

（一）数额辩护应以获取量刑优惠为目的

在投资人人数众多的案件中，辩护人即便明确指出了哪些资金应当依法扣除，但如果其自身不能提供全面完整的数据，办案机关逐个去核算的可能性很小,一是工作量巨大,二是数据不全面,极有可能也算不清楚。例如,投资人收到的哪些利息可以折抵本金、是否超过本金数额,有时候可能就是一本糊涂账。此时应根据具体情况,选择以下两种方式处理:一是申请办案机关对此情况予以审计,根据审计情况予以扣减;二是如果审计工作量巨大难以实现,无法进行扣减,应要求办案机关根据存疑有利被告人的原则在量刑时重点予以考虑。

进行数额辩护不是简单地为了扣减而扣减,而是为了从数额扣减中获得量刑上的从轻考量,在应扣减数额确实难以查清的情况下,该部分事实存疑,这就成为辩护的重要筹码,无论是在认罪认罚量刑协商中,还是在法庭辩护中,都应借此为当事人争取更多的量刑优惠,如果在此问题上揪着不放,跟办案机关一直纠缠,可能会起到反作用,反而不利于当事人利益的最大化。

(二)重视对审计报告或司法会计鉴定报告的质证

集资诈骗案对数额认定的证据依据一般就是审计报告或司法会计鉴定报告,办案机关对案件中所有相关数额的认定皆源于此,当然,所有问题也都由此而出,因此也成为辩护律师数额之辩中的重点研究对象。

1. 要注意审计报告与司法会计鉴定报告的区别

第一,司法会计鉴定报告属于鉴定意见,是法定证据种类;审计报告则非鉴定意见,是否属于书证也存疑。书证,是指用文字、符号或图画所表达的思想内容来证明案件事实的证据,属于实物证据。而审计报告是会计专业人员运用专业知识和专业技能得出的专业意见,与鉴定意见一样,是人的主观意见的书面表述,本质上仍然是言词证据。因此,审计报告不属于《刑事诉讼法》规定的八大证据种类,不具有法定的证据形式。

第二,审计报告依据的是《中国注册会计师审计准则》,是审计人员运用审计的技术方法与程序形成的,而司法会计鉴定报告是按照司法会计鉴定的程序和技术规范形成的。

第三,审计与司法会计鉴定是两种不同的业务种类,实施主体也不同。司法会计鉴定必须由具备司法鉴定资质的鉴定机构和鉴定人员接受委托实施,而审计则不受此限制,一般的会计师事务所和注册会计师都可以实施。

审计报告和司法会计鉴定报告存在重大区别,但在司法实践中有时会出现以审计代替司法会计鉴定的情形,这其实是不符合法律规定的。

2. 要重视对审计或鉴定报告内容的分析研究

不能忽视对审计或鉴定报告实体内容的分析,对之分析研究或许能有所发现。因为审计机构或鉴定机构往往都是将服务器或电脑数据全部导出后,用固定的程序、步骤进行分析,实践中曾出现公司运营过程中因系统升级而进行数据迁移的情况,审计、鉴定人员对某些特殊情况所导致的变化无法识别,最终的数据便可能存在问题。例如,平台已经关闭资金通道,审计报告却显示此后的时间还存在吸收资金的情况,以及待偿还总本金和待偿还人数的真实数据与审计报告存在差异的情况。对此,应认真研究比对,并且能够从中发现真实存在的问题。如果发现在案件中确实存在这些情况,而审计或鉴定报告中没有反映的,也应及时与办案机关沟通,争取有利于辩护的认定。

第六节 追赃挽损的实务疑难问题

近年来的非法集资案件往往呈现涉案金额大、受害人数多、范围广、资金返还率低、集资群众损失惨重等特点,不仅对我国金融市场秩序造成严重影响,同时也严重侵害了广大人民群众的财产安全,影响社会稳定。特别是集资诈骗为祸尤烈,频频引发聚众上访等大规模群体性事件和受害群众自杀等恶性事件。因此,国家采取持续打击犯罪与追赃挽损并重的刑事司法政策,追赃挽损是办理非法集资犯罪案件的一个重要目的。

一、追赃挽损的实务状况

司法实践中,绝大多数案件的追缴金额远低于投资人实际损失数额,相当数量的投资人血本无归。集资诈骗案追赃挽损难度大的问题由来已久,主要原因在于投资人数多、作案时间长、涉案金额大、资金流向面广,追缴难度极大。从宏观上来看,实务中对此问题的应对主要体现在三个方面。

(一)鼓励主动退赃退赔

2021 年《刑法修正案(十一)》从加大追赃挽损力度、维护集资参与人合法权益的角度出发,在非法吸收公众存款罪中增加一款,明确将犯罪嫌疑人在提起公诉前积极退赃退赔的,规定为法定从轻、减轻处罚情节,有利于促使犯罪嫌疑人退赃退赔,最大限度挽回集资参与人的损失,也有利于消弭社会矛盾和维护社会稳定。虽然对集资诈骗罪未作此规定,但是积极退赃退赔对集资诈骗案量刑的影响无疑也是极为重要的。

鼓励主动退赃退赔的思路在一些地方的司法政策文件中也有体现。如上海市高级人民法院、上海市人民检察院、上海市公安局《关于办理涉众型非法集资犯罪案件的指导意见》规定:"对于非法集资犯罪活动中的组织、策划、指挥者和主要实施者以外的人,虽然犯罪数额巨大或数额特别巨大,但到案后积极(全部)退缴违法所得,尽力弥补本人行为造成的他人财产损失的,应当依法予以从轻、减轻或者免除处罚。"

立法和政策层面的从宽处罚规定,对于鼓励集资人主动退赃退赔显然是具有一定吸引力的。实践中有的办案部门还发明了一种"休克疗法",就是对相关人员采取附条件的非羁押强制措施,鼓励或要求相关人员积极筹款、全力退赔。

(二)办案机关主动查冻追缴相关资产

虽然根据《刑事诉讼法》的规定,查封、冻结应限于与案件有关的财物。不过,在司法实践中,案发之后侦查机关往往会把犯罪嫌疑人名下的相关资产先行查封、冻结,即便是与案件无关的财物。这么做有其合理之处,因为案件走到法院审判阶段之后,法院也基本上会责令被告人继续退赔被害人,而责令退赔的财产范围就不限于赃款赃物了,违法所得追缴不足的部分应以被告人的合法财产退赔被害人。所以,侦查机关在案发之初查封、冻结犯罪嫌疑人的合法财产也为将来责令退赔被害人判项的顺利执行提供了保障。

除此之外,根据《2014 年非法集资案件意见》的规定,向帮助吸收资金人员支付的代理费、好处费、返点费、佣金、提成等费用,应当依法追缴。在公安机关对外发布的一些案情通报中,经常可以看到公安机关敦促相关人员主动退还返点、提成等相关费用,否则将会追究刑事责任的声明。

根据上述司法解释的规定,犯罪嫌疑人、被告人将非法吸收的资金及其转换财物用于清偿债务或者转让给他人的,有下列情形之一的,也应当依法追缴:(1)他人明知是上述资金及财物而收取的;(2)他人无偿取得上述资金及财物的;(3)他人以明显低于市场的价格取得上述资金及财物的;(4)他人取得上述资金及财物系源于非法债务或者违法犯罪活动的;(5)其他依法应当追缴的情形。

从这一规定表达的意思来看,除善意取得之外,司法机关可以对集资款一追到底,这在很大程度上也增强了追赃力度。

(三)犯罪嫌疑人、被告人与投资人协商和解

对于投资人而言,退赔比例肯定是越高越好,最好能全额退赔,但在不能足额赔付已成事实的情况下,如果能通过协商、谈判获得部分赔偿款,总好过血本无归。因此,一部分投资人会与犯罪嫌疑人、被告人协商,按一定比例打折兑付,在收到部分赔偿款后放弃对剩余金额的追偿。司法机关往往也乐见其成,并且愿意充当调解角色,这样既可减轻办案压力,同时也有利于平复社会矛盾,追赃挽损的目的也就达成了。

追赃挽损是集资诈骗案中司法机关办案的主要目的之一,也是难点之一,案件过程及结果在一定程度上会受投资人的影响。从大的方面来看,实务中主要是朝着以上三个方向来推进解决追赃挽损难题的,只是实际获得的效果不一。在结果不如人意的情况下,司法机关往往也只能通过加重被告人的刑罚来向投资人作出交代,以“追责”来平衡“挽损”,不得不说这也是司法现实中的无奈之举。

二、追赃挽损实务的难题

(一)集资诈骗罪从犯是否需要对全案金额承担连带退赔责任

司法实践中的集资诈骗案,出现了部分法院对财产性判项的全体连带化,即判令全体被告人对未赔付部分承担退赔责任,相当于是连带责任。而这些被告人中多数只是打工的从犯,不仅被判刑坐牢,还要背负十几亿元的债务,如此判罚是否合适?笔者认为,对该问题的讨论还得从“追缴”、“责令退赔”和“违法所得”这些基本概念说起。

《刑法》第64条规定,犯罪分子违法所得的一切财物,应当予以追缴或者责令退赔。对于“追缴”和“责令退赔”,人大常务委员会法工委的解释为:所谓追缴,是指将犯罪分子的违法所得强制收缴。如在刑事诉讼过程中,对犯罪分子的违法所得进行追查、收缴;对于在办案过程中发现的犯罪分子已转移、隐藏的赃物追查下落,予以收缴。责令退赔,是指犯罪分子已将违法

所得使用、挥霍或者毁坏的，也要责令其按违法所得财物的价值退赔。[1] 最高人民法院在《全国法院维护农村稳定刑事审判工作座谈会纪要》中关于刑事附带民事诉讼的问题中提到："如赃款赃物尚在的，应一律追缴；已被用掉、毁坏或挥霍的，应责令退赔。"

由此可见，追缴只是对违法所得的暂时性处理措施，至于违法所得的最终处理结果如何，还要根据违法所得的性质来决定，或没收或返还被害人。而责令退赔是实体性措施，是在追缴无果的情况下对被害人损失的弥补方式。

从上述解释来看，追缴的对象只能是违法所得，即便违法所得与其他财产发生了转化、混同，也只应当对违法所得对应的份额及其收益进行追缴。[2] 对于与违法所得无关的财产，一般不得进行追缴，只有在涉黑涉恶案件中才可以"追缴、没收其他等值财产"。[3] 对于责令退赔的范围也应以被告人的违法所得为限，只是在违法所得的赃款赃物灭失或无法追回的情况下，可以在等价范围内执行被告人的合法财产，也就是其他等值财产。

那么，在集资诈骗单位犯罪或自然人共同犯罪案件中，法院在判决追缴或责令退赔时，是只针对个人违法所得的部分，还是每个人要对全案的违法所得承担连带责任呢？笔者认为，对集资款没有控制、支配权的个人只需对自己违法所得即个人获利的部分承担退赔责任，无须对全案金额承担连带责任。假如某单位非法集资总金额为1000万元，其中张三分得业务提成10万元，显然张三的违法所得是10万元，全案的违法所得是1000万元。不能将全案违法所得等同于个人违法所得。如果张三的老板李四对全部集资款具有支配权，那么李四的违法所得就是1000万元，分给张三的10万元不过

---

[1] 郎胜主编：《中华人民共和国刑法释义》（第6版），法律出版社2015年版，第66页。

[2] 如最高人民法院《关于适用〈中华人民共和国刑事诉讼法〉的解释》第443条规定："被告人将依法应当追缴的涉案财物用于投资或者置业的，对因此形成的财产及其收益，应当追缴。被告人将依法应当追缴的涉案财物与其他合法财产共同用于投资或者置业的，对因此形成的财产中与涉案财物对应的份额及其收益，应当追缴。"最高人民法院《关于刑事裁判涉财产部分执行的若干规定》中也有类似规定。

[3] 最高人民法院、最高人民检察院、公安部、司法部《关于办理黑恶势力刑事案件中财产处置若干问题的意见》第19条第1款规定："有证据证明依法应当追缴、没收的涉案财产无法找到、被他人善意取得、价值灭失或者与其他合法财产混合且不可分割的，可以追缴、没收其他等值财产。"

是李四对这1000万元的再分配。法院通过对各被告人个人的违法所得追缴和责令退赔后仍不足返还投资人时，李四需要承担兜底责任。

罪责刑相适应是刑法的一条基本原则。一个刚毕业的大学生，因为初入社会的第一份工作，卷入了涉案金额几十亿元的集资诈骗案而被追究刑事责任，如果其需要对这几十亿元承担连带退赔责任的话，罪责显然严重不符。也许有人会问，共同犯罪不是“一人既遂，全体既遂”，从犯也要对全案金额承担责任吗？其实，在定罪量刑的时候，个人已经对全案金额承担过责任了（如从犯个人的基准刑就是在全案金额的基础上确定的）。而对财产的追缴和责令退赔只能以个人的违法所得或违法所得的等值财产为限，不得随意扩大，这同时也是刑法谦抑精神的体现。

（二）在P2P和私募基金集资诈骗案中，投资人签署打折兑付谅解书的效力

前文提到，不少案件中集资人和投资人会协商打折兑付，打折兑付一般都会签署和解协议书。那么，在集资人履行完毕且投资人出具谅解书之后，投资人能否反悔要求继续足额退赔？笔者认为，投资人的反悔是无效的。

首先，反悔不属于民事法律规定的合同无效事由。投资人与被告人签署的打折兑付谅解书，本质上是双方就退赔内容达成的一致意思表示，应适用民事法律的相关规定。而根据《民法典》的相关规定，只有存在欺诈、胁迫、恶意串通、合法形式掩盖非法目的、损害社会公共利益、违反强制性规定等情况下，才能认定合同无效，单纯的反悔显然不属于上述情况。

其次，实务中也有相关案例认定非法集资案件中双方达成的打折兑付协议有效。如《人民法院报》2012年5月10日刊登的文章《民事审判中刑事和解协议效力的认定》，讨论的也是非法集资案件中和解协议的效力问题。该文认为：“1. 刑事和解协议的主体。签订刑事和解协议的主体应具有理性表达意志的自由，对和解后果有清醒的认识，具有履行和解协议的能力并能承担相应的责任……2. 刑事和解协议的真实自愿。在主观方面，签订刑事和解协议应当是当事人自愿、真实的意思表示……3. 双方达成的合意不违反法律强制性规定和不损害社会公共利益。”〔1〕从这三个方面进行审查，认定刑事和解协议对双方均有效，应予履行。此外，深圳市中级人民法院在

〔1〕 广东省深圳市中级人民法院民事判决书，（2019）粤03民终20327号。

"宋某深圳石油化工交易所有限公司买卖合同纠纷案"中也认定:"虽然各方没有签订正式的和解协议,而且不能排除签订该《声明书》作为付款的前提的可能,宋某出于减少损失,也可能并非心甘情愿。但是,上述《声明书》的内容及其后各方的履行行为,可以视为各方就纠纷的处理达成了一致,本案并不足以认定构成民法意义上的胁迫行为而可以撤销。宋某接受相关条件属于对于自己民事权利的处分行为,其在获得相关补偿后,再行提起本案诉讼,一审不予支持,本院予以维持。"〔1〕

最后,参考公诉案件当事人和解程序的规定,和解协议不违反自愿、合法原则的情况下,不可反悔。如最高人民法院《关于适用〈中华人民共和国刑事诉讼法〉的解释》第593条第2款规定:"和解协议已经全部履行,当事人反悔的,人民法院不予支持,但有证据证明和解违反自愿、合法原则的除外。"第594条规定:"双方当事人在侦查、审查起诉期间已经达成和解协议并全部履行,被害人或者其法定代理人、近亲属又提起附带民事诉讼的,人民法院不予受理,但有证据证明和解违反自愿、合法原则的除外。"参考上述规定,只要双方达成的合意不违反法律强制性规定且不损害社会公共利益,应认定双方达成的协议合法有效,不可反悔。

三、对刑事辩护工作的启示

(一)准确预判案件走向,提前做好应对方案

集资诈骗案件的典型特点是,被害人是众多的投资人,司法机关办理案件的过程中,不得不面对来自众多投资人的压力,这种压力可谓无时不在、无处不在。追赃挽损,及时化解社会矛盾,避免群体性事件的发生,就成了办案机关工作的另一个重心,在某些地方、某些时刻甚至是重中之重。

案件的退赃情况以及投资人的舆论压力,很大程度上会影响案件的判决结果。笔者在办理案件的实务中也出现过因为投资人施加压力过大,检察院已经出具了量刑建议后又撤回,并追加罪名的情况,好在笔者对此有预判,也有预案,最终的结果相对而言还是比较理想的。这充分反映了追赃挽损的压力已经在一定程度上影响了案件走向,甚至影响到案件的定性与量刑,这是非法集资类案件的特色,因而辩护律师在办理案件时必须特别注

〔1〕 刘丽:《民事审判中刑事和解协议效力的认定》,载《人民法院报》2012年5月10日,第6版。

意，提前预判、提前规划，做好应对。

（二）审时度势灵活把握案件节奏

要高度重视案件的背景，密切关注局势的变化，结合具体案情，找准机会，抓住有效辩点，扭转被动局面，尽力争取理想的结果。有些案件，该快的时候要快，该慢的时候要慢，要根据具体形势和背景来判断、决定。快，不仅是为了追求相对理想的结果，有时是为了避免夜长梦多，出现更坏的情况和更坏的局面；慢，不是为了拖延时间，有时是为了等待有利的证据、有利的情节、有利的局面，有时是为了躲风暴、避风头。

总之，这要求辩护律师不仅需要审时度势，认真研判、周密计划，而且需要拥有精湛的专业、丰富的经验，同时也需要开阔的视野、宏大的格局。

第二章 贷款诈骗罪

◇ 第一节 贷款诈骗罪概述

一、本罪的立法沿革

新中国成立初期,我国实行的是计划经济,银行基本上没有独立的资产和经济收益,也没有自主经营的决定权和经营能力,整个金融调控体系非常简单。因此,在当时的环境下,将贷款诈骗罪专门入刑的必要性并不强烈,我国在很长一段时间并无单独针对贷款诈骗行为的刑法规制,对于诈骗银行以及其他金融机构贷款的行为,通常以普通诈骗罪或者民事欺诈行为处理。

彼时,金融刑事法律规范极不完备,相关法律规范少之又少。在 1951 年,出台了一部关于货币治理规范的条例——《妨害国家货币治罪暂行条例》(已失效)。到 1970 年,我国准备制定一部完整的刑法典,其间经历了 33 次草案修改,最终形成了 1979 年《刑法》。遗憾的是,这一次立法仍然没有将贷款诈骗罪予以单独规制,对于金融领域犯罪只设定了两个罪名——伪造有价证券罪和伪造国家货币罪,金融犯罪体系的刑法规制宽松且尚不成体系。由此可见,虽然经济体制正在不断改革,但是仍处于“浅水区”,市场经济制度雏形尚未形成,金融机构单一所有的局面尚未改善。所以,对于金融犯罪的关注度和打击力度都远远不够。

直到 1997 年,经济体制改革初见成效,改革开放也进入了比较关键的时期,金融机构的种类也开始多样化,国家信贷体制的进步和发展催生了信贷领域的刑事立法,加之类型化的贷款诈骗行为也越来越猖獗,不仅严重侵犯了银行以及其他金融机构的财产所有权,还破坏了基本的金融市场信贷秩序,这与当时以经济建设为中心的基本国策背道而驰。因此,刑法规范对于贷款诈骗行为的立法缺位已经不合时宜,面对金融体制改革的新问题和新局面,刑法作为打击犯罪的依据,也需与之回应。

随着各种金融法规的相继出台,如1995年的《银行法》、1995年的《惩治金融犯罪的决定》等,金融法制体系逐渐形成。在1997年《刑法》全面修订之时,最终将贷款诈骗罪从普通诈骗罪中抽离出来,作为独立的刑法罪名予以规制。至此,贷款诈骗罪的立法格局初显,作为金融犯罪领域中的特殊罪名专项打击诈骗金融机构贷款的犯罪行为,是对此前贷款诈骗行为以诈骗罪或者民间纠纷处置的行为的纠偏,也是对贷款诈骗罪特殊法益保护的立法归正,是金融刑事领域的一大进步。

二、本罪的概念和基本构成特征

(一)贷款诈骗罪的概念

关于贷款诈骗罪的概念,学界莫衷一是,未成定论,法律和司法解释也没有直接作出规定。因此,关于本罪的概念认定,有多种不同的表述。例如,有学者认为,贷款诈骗罪是指以非法占有为目的,采用欺骗手段骗取银行或者其他金融机构的贷款,数额较大的行为。[1] 也有学者认为,贷款诈骗罪是指以非法占有为目的,违反有关金融法规,采取欺诈手段骗取银行或者其他金融机构的、本人无偿还能力或者超过本人偿还能力的贷款的行为。[2] 还有学者认为,贷款诈骗罪是指行为人以非法占有为目的,用虚构事实或隐瞒真相的方法,使与其金融交易地位相对的银行或者其他金融机构陷于认识错误或持续陷于认识错误,因而自动地向行为人或其指定的第三人交付数额较大的贷款,从而主要侵犯了信贷秩序并同时侵犯了公私财产所有权,触犯刑法并应当负刑事责任的行为。[3]

---

〔1〕 参见张明楷:《刑法学》(第6版),法律出版社2021年版,第1028页。

〔2〕 参见秦醒民主编:《金融犯罪的惩治与预防》,中国检察出版社1996年版,第83页。

〔3〕 参见刘远:《金融诈骗罪研究》,中国检察出版社2002年版,第349页。

以上几种观点都明确了贷款诈骗罪"非法占有目的"的主观要素,但是对于本罪客体保护和诈骗手段的描述各有侧重。笔者认为,要给贷款诈骗罪下定义,至少需要关注三点:第一,本罪和诈骗类犯罪的共性要抽象出来;第二,本罪和其他诈骗类犯罪的个性要凸显出来;第三,需对本罪构成要件的高度概括,不失之过严,也不至于放纵犯罪。遵循这个思路,笔者认为,第一种观点更具合理性,其他几种观点都存在偏颇之处。例如,第二种观点将违反金融法规作为本罪的前提条件,是自行添加要件的结果,不当缩小了本罪的打击范围,与政策不符。第三种观点表述全面,兼顾客体保护和手段描述,但是其将"骗取"的标准限定为"银行交付",不利于对"贷后诈骗"行为的认定,不免失之过严,同样不利于国家信贷秩序的保护。

(二)贷款诈骗罪的特征

所谓贷款诈骗罪的特征,就是贷款诈骗行为成立犯罪所必须具备的、有别于其他犯罪行为的主客观要件的集合。从这个角度来看,贷款诈骗罪的特征就是贷款诈骗犯罪构成的拆解。

1. 犯罪客体

本罪侵犯的客体是国家对银行贷款的管理制度和银行或其他金融机构的财产所有权。犯罪对象是银行或者其他金融机构的贷款。

2. 客观方面

本罪在客观方面表现为用虚构事实或者隐瞒真相的方法,骗取银行或者其他金融机构的贷款,数额较大的行为。"其他金融机构",主要是指除银行以外的信托投资公司、城市信用社、农村信用社等具有信贷业务的非银行金融机构。《刑法》规定了五种诈骗贷款的方法:(1)编造引进资金、项目等虚假理由。主要是指行为人编造根本不存在或者情况不实的所谓会产生良好社会效益和经济效益的投资项目,或者以引入外资需要配套资金等理由。(2)使用虚假的经济合同。主要是指行为人使用虚假的出口合同或者其他所谓在短期内能够产生很好经济效益的合同。(3)使用虚假的证明文件。主要是指使用伪造或者变造的银行存款证明、公司或者金融机构的担保函、划款证明等在向银行或者其他金融机构申请贷款时所需要的文件。(4)使用虚假的产权证明作担保或者超出抵押物价值重复担保。主要是指使用伪造、变造的,能证明行为人对房屋、设备等不动产或者汽车、货币等可即时兑付的票据等动产具有所有权的一切文件或者超出抵押物价值重复担保。

(5)以其他方法诈骗贷款。主要是指伪造单位公章、印鉴骗取贷款,或者以假货币为抵押骗取贷款等方法。

3. 犯罪主体

本罪的犯罪主体为一般主体,单位不能成为本罪的主体。

4. 主观方面

本罪的主观方面由故意构成且必须具备非法占有目的。

第二节 贷款的认定范围和疑难问题

贷款诈骗罪的对象是银行或者其他金融机构的“贷款”,客体是银行和其他金融机构的财产所有权和国家信贷管理制度。由于对象和客体在学理上有千丝万缕的联系,对进一步理解贷款诈骗罪中的对象和客体含义具有重要的指导意义。因此,必须先明确客体与对象之间的关系。

客体和对象在汉语语义上本无太大差异,都是基于主体的认识活动所产生的行为,进而作用的人或者物。法理学上也没有专门区分二者,如法理学将客体理解为“权利主体的权利和义务所指向的对象”,包括行为、结果、精神产品、事物等,德、日刑法也没有刻意区分客体和对象,而是将二者统一称为客体,只不过前者为保护客体,后者是行为客体。[1] 我国刑法没有保护客体之称,所以对于客体和对象须存在其他的区分标准,以便正确认识二者。简单来说,对象是指犯罪行为直接或者间接作用的人和事物,而客体是由刑法所保护而为犯罪行为所侵犯的社会关系。[2] 二者的主要区别在于:

第一,对象是客体的物质表现形式,不直接反应行为的社会危害性,客体决定犯罪的性质,而对象不能。

第二,对象不是成立犯罪的必要构成要件,而客体是每一个行为成立犯罪所必需的构成要件。一些犯罪并没有犯罪对象,如逃税罪、偷越国边境罪等。

第三,任何行为成立犯罪,犯罪客体都会受到侵害,而犯罪对象则不然,

---

〔1〕 参见张文显主编:《法理学》,高等教育出版社 1999 年版,第 116 ~ 117 页。

〔2〕 参见齐文远主编:《刑法学》(第 3 版),北京大学出版社 2016 年版,第 62 页。

例如，抢夺罪、盗窃罪中，被犯罪行为作用的对象可能不会受到损害，但是权利人对财物的合法占有权利肯定受到了侵害。

第四，犯罪客体是刑法分则不同种类罪名类型化区分的基础，而犯罪对象则不然。

一、信贷秩序应为贷款诈骗罪的主要客体

犯罪客体在犯罪构成理论中处于统领地位，根据实现的功能不同，犯罪客体可以分为一般客体、同类客体和直接客体，直接客体又可以分为简单客体和复杂客体。根据通说的观点，复杂客体内部须有主次之分，各犯罪客体不能等量齐观，它们在犯罪中所起的作用并不相同，根据直接客体在犯罪行为中受到侵犯的程度和刑法保护的力度等情况，确定主要客体和次要客体。[1] 如今，对于贷款诈骗罪的客体为复杂客体没有争议，即同时侵犯国家信贷管理制度和银行及其他金融机构的财产所有权；而对于复杂客体内部而言，孰主孰次尚需明晰。笔者认为，信贷秩序应为本罪的主要客体，理由如下：

第一，从历史沿革来看，贷款诈骗罪的新设离不开国家对信贷秩序的保护和重视。贷款诈骗罪从无到有，从一般到特殊见证了我国金融法制的逐步完善，金融是现代经济的压舱石，也是流动在经济脉络中的血液，其中，信用是金融秩序的基础。从经济学的角度来说，信用是被赋予某种特殊性质的价值运动，是商品货币经济条件下的借贷行为，也是权利人对义务偿还债务之信心，对改善经济发展，促进经济流通而言至关重要，简单说，现代经济的本质就是信用经济。我国从计划经济到市场经济的腾飞，本质上是以来自经济市场领域的信贷基础自发地运行，而设定相关的金融犯罪等禁止性规范，则是保证这种信贷关系稳步、良好发展的法律手段。[2]

第二，从犯罪行为侵犯客体的重要性来看，国家信贷秩序相较于银行和其他金融机构的财产所有权而言更具优先性。金融犯罪区别于其他犯罪的关键在于，侵犯的客体是金融秩序。而在金融犯罪内部，金融秩序又可以进

---

〔1〕 参见张明楷：《构建犯罪论体系的方法论》，载《中外法学》2010 年第 1 期。

〔2〕 参见张成思编著：《现代金融学——货币银行、金融市场与金融定价》，中国金融出版社 2019 年版，第 43 页。

行细分，金融诈骗罪和其他金融犯罪的区别主要在于客体结构不同，在金融诈骗罪内部，贷款诈骗之所以为贷款诈骗罪也在于它所保护的客体不是票据、信用卡、信用证等其他金融秩序，而是借贷双方之间的信用秩序。所以将国家信贷秩序作为优先客体是本罪的身份性所决定的。举个例子，20 世纪 20 年代，媒体报道了一个案例，在美国的一个小镇上，有一家银行突遭强盗抢劫，抢走了 3000 美元，本来事情不大，这点钱对于银行来说不是什么大损失，然而，意外发生了，大量储户听说银行被抢，纷纷前来取款，于是发生了大规模的挤兑风波，银行因此破产。按常理来说，一次 3000 美元的抢盗事件远不足以使一个公司破产，但是此事背后的逻辑告诉我们，是银行信用出现了问题，人们不相信银行能合法、安全地守护自己的财产，才最终导致信任崩塌，银行破产。可想而知，在市场经济条件下，国家不会为银行等金融机构的信用风险买单，连抢劫、盗窃几千元都会引发如此信用危机，何况是动辄上百万元上千万元的贷款诈骗行为呢？

第三，从《刑法》分则章节的划分来看，信贷秩序也应为主要客体。众所周知，主要客体具有《刑法》分则罪名的界分功能，贷款诈骗罪没有安排在侵犯财产类章节，而是安排在破坏社会主义市场经济秩序类章节中，也可见得本罪的主要客体是国家信贷秩序。

二、诈骗“类贷款”行为的刑法认定

根据《现代汉语词典》的解释，“贷款”的意思是银行、信用合作社等机构借钱给用钱的单位或个人，一般规定利息、偿还日期的资金形式。换言之，“贷款”涉及的主体为借贷双方，是发生在二者之间的，按约定的利率和期限还本付息的一种货币资金。贷款诈骗罪中的“贷款”具有一定的特殊性，是金融贷款的范畴，其不同于普通平等主体之间的民间借贷和银行之间的同业拆借，金融贷款具有放贷主体的特殊性，是由商业银行和其他金融机构专门针对法人、非法人组织和自然人投放的贷款。

依据不同的标准，“贷款”可以分为不同的类型。按照贷款期限不同，“贷款”可以分为中长期贷款（贷款期限超过 5 年）、中期贷款（贷款期限超过 1 年但在 5 年以内）、短期贷款（贷款期限在 1 年以内）、透支（没有固定期限的贷款）；按照币种不同，“贷款”可以分为本币贷款和外币贷款；按照贷款人的性质不同，“贷款”可以分为银行贷款、银团贷款、委托贷款和特定贷款；按照贷款风险程度,“贷款”可以分为正常、关注、次级、可疑和损失五种风险级别;按照贷款对象不同,“贷款”可以分为工商业贷款、农业贷款、消费贷款等。

对于贷款诈骗罪对象的常规界定一般不存在争议,对于“贷款”的理解也比较明晰,但是,我国系成文法律国家,成文法的局限性不可避免地会导致法律滞后于市场经济的发展,文字的形式不可能事无巨细地规定每一种破坏信贷秩序、侵犯银行及其他金融机构财产所有权的行为。针对贷款诈骗罪的对象,司法实践中出现的一些诈骗银行及其他金融机构委托贷款、授信款、缺乏放贷资格机构的贷款、贷款担保人的财产等“类贷款”行为是否属于本罪中的“贷款”,值得讨论。

(一)诈骗“委托贷款”

【案例2-1】2012年12月18日,武投公司与国家开发银行股份有限公司签订了借款合同,由武投公司从国家开发银行股份有限公司统一借款510万元,借款期限从2012年12月18日起至2014年12月17日止。该借款由松桃武陵山生态养殖专业合作社等合作社用于肥育肉牛、养殖肉猪等产业。其中50万元由松桃武陵山生态养殖专业合作社用于肥育肉牛。2013年2月26日,被告人杨某学的松桃武陵山生态养殖专业合作社与武投公司、松桃苗族自治县农村信用合作联社签订了委托贷款合同,委托人武投公司委托信用社向借款人松桃武陵山生态养殖专业合作社发放贷款及回收本金,规定借款人于2013年12月18日偿还借款15万元,2014年12月17日偿还借款35万元。贷款全部到账后,被告人杨某学并未按照合同约定将贷款用于新建圈舍、养殖肥牛,而是将其中的15万元借给涂某平,支付宏辉担保有限公司担保费2万元,偿还个人借款等开支。第一笔贷款15万元期限到期后,被告人杨某学经武投公司多次催收都以各种理由拒不还款,最后失去联系并潜逃外地。[1]

本案中,杨某学使用虚假证明文件骗取委托贷款,却未按照合同约定的规范用途使用资金,造成贷款损失,对于这种诈骗委托贷款的行为应当如何定性?

---

〔1〕 参见杨某学贷款诈骗案,贵州省松桃苗族自治县人民法院(2015)松刑初字第00124号刑事判决书。

委托贷款，是指由政府部门、企事业单位及个人等委托人提供资金，由受托人根据委托人确定的贷款对象、用途、金额、期限、利率等代为发放、监督使用并协助收回的贷款。受托人（银行等机构）只收取手续费，不承担贷款风险。对于委托贷款而言，实际上是委托人将资金交给受托人（银行等机构）依据约定的方式行使、支配的行为，银行只是一个中间人的角色，只收取手续费，本质上不拥有委托贷款的财产所有权，也不承担委托贷款的信用风险。

所以，诈骗委托贷款的行为，其实是行为人在签订、履行委托贷款协议或者其他借款协议的过程中，采取虚构事实、隐瞒真相的手段，非法占有委托人财物的行为，而不是侵犯银行或者其他金融机构的财产所有权的行为。在此情况下，是否应以合同诈骗罪论处更为合适？值得探讨。

（二）诈骗“授信款”

【案例 2－2】2012 年 8 月 1 日，福立公司向兰州市某信用社提交福立公司的虚假财务资料及伪造的该公司与甘肃省某公司的分公司工程部签署的总价 6.6 亿元的虚假协议等，被某信用社初评为 AAA 级信用等级。次日，某信用社风险委员会作出《关于向福立公司授信银行承兑汇票 6 亿元的批复》。2012 年 9 月，被告人王某平、郭某以某信用社授信 6 亿元的批复为诱饵，隐瞒所属公司真实经营状况，与宁夏某公司法定代表人林某某协商借款事宜，后又提出收购林某某、支某某在某公司的股权及宁夏某酒店的资产。最终造成他人财产损失。[1]

银行授信，是指商业银行在审查客户信用后为其提供资金的行为，银行客户可据此向第三方证明其履约能力。需要声明的是，授信款不是“贷款”，而是一种肯定贷款的资格和预贷款的额度，不一定能实际转化为贷款，更不能等同于贷款损失。笔者认为，诈骗银行授信款能否构成贷款诈骗罪，需分不同情况进行讨论：

第一种情况，行为人骗取银行授信款之后，其目的是想进一步获得银行贷款，但是尚未着手实行的，可以认定为贷款诈骗罪的预备。

第二种情况，行为人获得银行授信款的目的是想利用银行的授信资格

---

〔1〕 参见王某平、郭某合同诈骗案，宁夏回族自治区银川市中级人民法院（2015）银刑初字第 35 号刑事判决书。

充当诈骗行为的筹码，以使他人产生错误认识，达到非法占有他人财产的目的，应当以合同诈骗罪或者诈骗罪处理。

本案中，福立公司虚构财物资料、伪造虚假协议，隐瞒公司实际经营情况，获得某信用社6亿元的银行承兑汇票，并以此为由骗取宁夏某公司的信任，导致宁夏某公司财产损失，认定为合同诈骗罪更加合适。

（三）诈骗"缺乏放贷资格机构的贷款"

准确来说，贷款诈骗罪的对象是银行及其他金融机构的贷款，银行和其他金融机构是本罪的被害人。银行，是指根据国家规定，从事贷款、存款和兑付等货币资金业务，充当支付和信用媒介的金融机构。随着经济的发展，国际金融业务日趋频繁，国内银行的触角向国外蔓延，外国银行在我国也会设立分支机构，这些银行也属于贷款诈骗罪中的被害人。其他金融机构，是指在银行之外，不冠以银行之名，但从事与银行类似业务的金融机构，如信用社、邮政储蓄机构、典当行、保险公司、证券公司等。值得说明的是，并非以上所有的金融机构都可以成为贷款诈骗罪的被害人，本罪的对象是"贷款"，故只有在上述金融机构依法能从事贷款业务，并且因贷款而受骗遭受损失时，才有可能成立贷款诈骗罪。换言之，如果以上农村信用社、邮政储蓄银行没有经中国人民银行批准经营贷款业务，那么其只能开展信用贷款之外的其他金融业务，可能被骗取同业拆借款、购货款、自用办公款等，而不可能成为本罪的被害人，行为人也不可能成立贷款诈骗罪。因此，即便被害人是银行和其他金融机构，但是如果其不具有从事贷款业务的资格，或者被骗的款项不是"贷款"的，不能按本罪处理，视情况可以认定为诈骗罪或者合同诈骗罪。

另外，以非法占有为目的，骗取非金融机构或者不具有依法从事贷款业务的机构的货币资金，应该如何定性？例如，骗取各种基金会违规发放的贷款，骗取"企业""抬会""地下银行"等非法从事金融业务组织的"贷款"等。根据《基金会管理条例》的规定，基金会的性质是非金融机构，而当前其存在的主要问题是向金融机构演变，发放贷款是这一演变的表现之一。笔者认为，这些行为都不构成贷款诈骗罪，因为本罪的对象只能是银行和其他金融机构的合法贷款，只要不是金融机构，或者不是合法贷款，都不能认定为贷款诈骗罪。

此外，司法实践中，多有以虚构事实、隐瞒真相手段骗取小额公司贷款的行为,小额贷款公司所发放的贷款能否成为本罪的犯罪对象?

小额贷款公司,是指由自然人、企业法人与其他社会组织投资设立,不吸收公众存款,经营小额贷款业务的有限责任公司或股份有限公司。与一般金融机构的吸储特性不同,小额贷款公司的主要业务是小额放贷。

【案例 2-3】被告人吴某兰通过冒用他人身份证的方式,在度小满科技(北京)有限公司(住所地位于北京市海淀区)运营的"有钱花"App 上,恶意骗取被害单位重庆度小满小额贷款有限公司、浙商银行股份有限公司重庆分行、重庆富民银行股份有限公司贷款后失联,造成上述三被害单位经济损失 61,068.05 元。法院最终判决吴某兰冒用他人名义,以虚假手段骗取度小满小额贷款有限公司的财产,数额较大,构成贷款诈骗罪。[1]

笔者认为,以上判决具有合理性。小额贷款公司是市场经济条件下,为促进经济流通,激活市场活力的一种新金融模式。就贷款诈骗罪而言,应将小额贷款公司作为其他金融机构对待,将诈骗小额贷款公司贷款的行为,认定为贷款诈骗罪。原因如下:第一,小额贷款公司是依法从事贷款业务的机构,从事的是获得国家许可的正当业务,经过了相关部门的批准。第二,小额贷款公司属于其他金融机构。其实,判断是否为金融机构,除了相关法律明确规定的种类之外,还要从功能和业务内容出发进行实质解释,如果该机构从事的是贷款、存款和兑付等货币资金业务,就应当认定为金融机构。这样的思维逻辑在我国刑法中并不罕见,例如,在认定何为司法人员时,《刑法》第 94 条就从职务内容作出了界定,"司法工作人员,是指有侦查、检察、审判、监管职责的工作人员"。第三,虽然小额贷款公司不具有存储业务,性质上属于有限责任公司和股份有限公司,但是并无法律规定金融机构必须经营存储业务,这并不是成为金融机构的必备要件,而公司形式也与金融机构并不冲突,法律要平等保护市场主体的经济利益,更加包容、客观、平等地规范破坏国家信贷秩序的行为。因此,以非法占有目的骗取小额贷款公司贷款的行为,可以认定为贷款诈骗罪。

(四)诈骗"贷款担保人的财产"

司法实践中,有些行为人本身资信不佳,为了达到骗取银行或者其他金融机构贷款的目的,会欺骗他人为其提供担保,担保的形式包括保证、抵押

---

〔1〕 参见吴某兰贷款诈骗案,北京市海淀区人民法院(2021)京 0108 刑初 1863 号刑事判决书。

和质押。在这种情况下，银行等金融机构最终不会受到财产损失，贷款灭失的风险在提供担保的时候已经转嫁或者部分转嫁给了担保人，对于行为人以非法占有为目的，骗取他人为其提供担保以获得银行或者其他金融机构贷款的行为，应当如何处置？

【案例 2－4】卢某甲为骗取银行贷款，欺骗卢某乙为其向银行提供不动产抵押，谎称获得贷款后共同使用。卢某乙信以为真，同意提供担保，卢某甲获得银行贷款 5000 万元之后，并没有履行诺言与卢某乙共同使用，而是全部用于还债和个人挥霍。贷款到期未还，卢某乙作为贷款担保人向银行赔付了 100 万元，剩余贷款一直未还。最终法院判处卢某甲犯合同诈骗罪，判处无期徒刑，剥夺政治权利终身。[1]

这种情况应当如何定性？需要先明确被害人是谁。如果贷款担保人是唯一的被害人，那应当认定为诈骗罪或者合同诈骗罪；如果银行和其他金融机构是唯一的被害人，那应当认定为贷款诈骗罪；如果被害人中既有银行等金融机构，又有贷款担保人，应当视情况认定为贷款诈骗罪和诈骗罪数罪并罚，或者按照牵连犯处置。

首先，可以明确的是，贷款担保人肯定是受害人。行为人隐瞒自己非法占有银行或者其他金融机构贷款的目的，欺骗贷款担保人为其提供担保，导致承担担保责任，造成财产损失，是第一直接受害人。其次，银行和其他金融机构也是受害人。因为银行和其他金融机构也受骗了，并且基于认识错误处分了财产（贷款），至于是否受到财产损失，则存在不同的理解。有学者认为，银行没有受到财产损失，贷款风险有担保人承担，金融机构可以通过行使抵押权实现权利救济。也有学者认为，以上观点混淆了财产损失和财产追回保障机制的概念，会将财产损失的认定节点不正当延迟，延后诈骗罪既遂的认定。根据实质的个别财产损失说，金融机构发放贷款的目的本来就不是实现担保权，而是通过放贷行为实现资金增值、回流，既然无法实现这个目的，还要通过其他途径追回自己的财产损失，就已经表明金融机构早就受到了财产损失。[2]

笔者认为，银行和其他金融机构肯定也属于被害人，原因在于，只有承

---

〔1〕 参见卢某甲合同诈骗案，浙江省杭州市中级人民法院（2013）浙杭刑初字第 2 号刑事判决书。

〔2〕 参见张明楷：《诈骗犯罪论》，法律出版社 2021 年版，第 691 页。

认银行受到了财产损失,才会有后续的权利救济,既然是救济,就意味着损失在前。更明显的情况是,甲欺骗乙为其提供担保,以便于甲非法占有银行贷款,但是,乙提供的并非足额担保,贷款到期后,银行无法通过担保人实现全部债权或者只实现了少量债权,这种情况下银行势必会因为甲的欺骗行为而遭受财产损失的直接后果。

但是,如果严格按照罪数论来说,通过欺骗贷款担保人,以达到骗取银行和其他金融机构贷款目的的行为,这种情况下行为人实施了两个欺骗行为,侵犯了两个不同的法益,按理来说,应当以贷款诈骗罪和(合同)诈骗罪数罪并罚,但是,如此论定,是否会导致量刑畸重?妥善的处理方法是,认定诈骗贷款担保人的行为和骗取银行和其他金融机构贷款行为之间的牵连关系,承认手段行为和目的行为的类型性,以牵连犯理论从一重罪处罚,如此,可以兼顾银行和其他金融机构也属于被害人的事实,以及诈骗类犯罪中"财产损失"的理解,也不会导致认为银行毫无损失以致诈骗类犯罪既遂标准延后的不正当做法。[1]

第三节 贷款诈骗罪实行行为的规范判断

诈骗罪中实行行为的类型通常表现为"虚构事实、隐瞒真相"。虚构事实包括部分虚构和全部虚构,隐瞒真相也包括隐瞒部分真相和隐瞒全部真相,一般为向受骗者表示虚假的事项,或者向受骗人传递不真实的资讯,这种信息与客观真实不符。通俗而言,贷款诈骗罪中的虚构事实,就是杜撰、编造、引用、捏造不存在的事实,以达到使得银行和其他金融机构产生错误认识并且自愿处分贷款的程度,并因此而非法占有贷款的行为,例如,行为人根本没有可供抵押的资产,却伪造相关的证明材料,向银行和其他金融机构提供假担保的行为。隐瞒真相就是无视告知义务,刻意隐瞒对自己不利的事实因素,意图使对方产生错误认识的行为,例如,行为人隐瞒自己早已经资不抵债,没有履约能力的事实,仍然意图非法占有他人贷款的行为。

《刑法》第193条对贷款诈骗罪行为方式进行了叙明,以列举的方式类

---

[1] 参见钱叶六:《担保贷款双重诈骗案刑民交叉实体问题研究》,载《法商研究》2018年第5期。

型化了四种常见的贷款诈骗行为，并增加了“以其他方式骗取贷款”的兜底行为，以适应刑法规范的滞后性。

如前所述，对于贷款诈骗行为的打击力度受国家经济、金融制度的影响，从无到有、从疏到密、从宽松到严格，逐渐织密了一张严密打击贷款诈骗行为的法网。然而，刑法乃规范之作，是特定时代、特定场域下人们须共同遵守并维护的规则，其内容、范围、严厉程度都与特定的时代环境相关联。起初，贷款诈骗频生，市场经济秩序被严重破坏，饮鸩止渴，断腕治疮，只能治乱世用重典，对于贷款诈骗等类似行为从严处理，以肃风气。而市场经济发展至今，规模效应已经形成，国家信贷秩序已经建立，明目张胆的贷款诈骗行为鲜见，那么，刑法关于贷款诈骗行为的规定如果仍然失之过严，势必会影响市场经济的繁荣与发展。因此，对于贷款诈骗行为的认定须紧扣犯罪构成，依据罪刑法定原则谨慎认定罪与非罪、此罪与彼罪。

一、“贷后诈骗”能否认定为贷款诈骗

一般来说，贷款诈骗罪的非法占有目的和故意应当产生于申请贷款的过程中，正式实施《刑法》第 193 条规定的五种行为方式为本罪的着手，银行及其他金融机构处分贷款则为既遂。但是，现实生活中，有些行为人在以合法手段取得贷款之时并无非法占有目的，系在取得贷款之后产生了非法占有目的，遂转移财产、虚假破产、虚假改制，谎称没有履约能力，企图欺骗银行及其他金融机构免除还款义务，以达到最终占有贷款的目的，对于这类行为应当如何定性，值得探讨。

对这个问题，理论上有不同的观点：

第一种观点认为，对于这种情形，不能认定为贷款诈骗罪，符合其他犯罪构成的，可以成立其他犯罪，如侵占罪。[1]

第二种观点认为，如果行为人取得贷款之时不具有非法占有目的，可以认定为合同诈骗罪。[2]

第三种观点认为，成立何种犯罪需要结合占有的不同形式进行分类，如果贷款后积极占有的，如对贷款积极保护，明确表示不予归还的，可以认定

---

〔1〕　参见赵秉志：《论金融诈骗罪的概念和构成特征》，载《国家检察官学院学报》2001 年第 1 期。

〔2〕　参见刘航、刘远：《论贷款诈骗罪的认定》，载《河北法学》2002 年第 5 期。

为侵占罪;如果贷款后消极占有的,如面对银行和金融机构的催债,逃避债务,不闻不问、不管不顾,不明确表态,也不积极还款的,可以认定为合同诈骗罪。[1]

第四种观点认为,贷款诈骗罪是合同诈骗罪的特殊类型,行为人在签订、履行合同过程中,产生非法占有目的,实施诈骗银行及其他金融机构行为的,应当认定为贷款诈骗罪。[2]

第五种观点认为,行为人贷款后产生非法占有目的,是将原本暂时的非法占有转化为永久的非法占有,行为人不仅有非法占有的目的,而且实施了虚构事实、隐瞒真相的行为,欺骗银行和其他金融机构对贷款及其财产性利益作出处分,应当认定为贷款诈骗罪。[3]

第六种观点认为,行为人合法取得贷款之后产生非法占有目的,如果以不还本付息的意图、采取欺骗的方法,使贷款人陷入错误认识免除行为人还本付息义务的,只能成立诈骗罪。[4]

其实,"贷后诈骗"行为怎么定性,实际上是"行为和责任同时存在"原则的体现。申请贷款时,没有非法占有目的,有行为无责任;申请贷款之后,产生非法占有目的,有责任无行为。如何将此处的行为和责任同一化理解,是解决"贷后诈骗"行为的争议焦点。

笔者对于上述观点,评析如下:

第一种观点考虑了行为和责任同一性原则,有可取之处,但是将"贷后诈骗"行为认定为侵占罪至少有三处不妥:首先,侵占罪是将合法占有的财物或者说是自然状态下的财物(如埋藏物)非法转为所有,但是,贷款是金钱,金钱的属性表明占有即所有,所以,此种情形没有将占有转化为所有的先决条件,只是行为人拒不还本付息,侵犯了银行及其他金融机构的贷款债权,不能认定为侵占罪;其次,侵占罪是绝对自诉罪名,将这种情形认定为侵占罪,增加了银行及其他金融机构的自诉负担,不利于保护国家信贷秩序;

---

〔1〕 参见童德华:《贷款诈骗罪与合同诈骗罪的竞合适用》,载赵秉志、张军主编:《中国刑法学年会集(2003 年度)——第二卷:刑法实务问题研究》(上册),中国人民公安大学出版社 2003 年版,第 226 页。

〔2〕 参见薛瑞麟、丁天球:《论单位骗贷》,载《政法论坛》2001 年第 3 期。

〔3〕 参见侯国云、陈丽华:《金融诈骗罪认定的几个问题》,载《中国刑事法杂志》2001 年第 5 期。

〔4〕 参见张明楷:《诈骗犯罪论》,法律出版社 2021 年版,第 686 页。

最后,侵占罪最高刑期为5年有期徒刑,若仅由于行为人非法占有目的形成时间较通常贷款诈骗行为稍晚,就大幅度地降低对于这种行为的刑罚力度,是否符合罪责刑相一致原则?以侵占罪予以规制能否罚当其罪?尚存疑问。

第二种观点以合同诈骗罪论处,这种观点有一定道理,但是严格来讲,不一定符合合同诈骗罪的构成要件。原因在于,之所以认为可以成立合同诈骗罪,是因为在合同诈骗罪中有个前置要件,就是"在合同签订、履行的过程中,骗取他人财物……"这是否意味着在"履行合同过程中产生非法占有目的,骗取他人财物"的,可以按照本罪处理呢?实际上,根据《刑法》第224条"以非法占有为目的,在签订、履行合同的过程中,骗取对方当事人财物……"的规定,非法占有目的须形成在合同签订之前或者之时,而不能在之后形成。"履行合同的过程中"的表述对应的是行为内容,这个行为要成立合同诈骗罪,也必须是在非法占有目的的支配下,然后在"履行合同过程中实施特定行为"。因此,行为人签订合同取得贷款之后,再产生非法占有目的的,很难认定为合同诈骗罪。另外,合同诈骗罪,要求必须将合同作为非法占有他人财物的必要工具,如果合同本身完全真实,行为人也没有利用合同达到诈骗他人财物的意图,而是事后通过虚构事实、隐瞒真相的方法,非法占有贷款,这个行为与签订的贷款合同无关,不宜认定为合同诈骗罪。除非行为人在产生非法占有目的之后,需要通过合同与银行和其他金融机构重新达成还款协议,但是实际上没有还款计划和还款想法的,也可以就后续行为认定为合同诈骗罪。

第三种观点是第一种观点和第二种观点的综合,同时具有二者的弊端。另外,积极占有和消极占有的概念未必合理。按此论述,对积极占有者定侵占,对消极占有者定合同诈骗,积极占有行为的法益侵害明显更强烈,为什么只能定最高刑期仅为5年,还只能自诉的侵占罪?这无法自圆其说。

第四种观点的主要理由是,对于贷款人而言,贷款合同的履行就是确保贷款及时、安全地交付,在履行合同期间,行为人实施一系列危及贷款的行为,应当及时通知贷款人,如果没有及时通知,导致贷款人没有有效采取措施保全贷款,造成贷款损失的,是不作为的贷款诈骗罪。而对于借款人来说,先前的合法取得贷款的行为与事后的非法占有目的整合后,形成一套新的系统,在这个系统内,因为非法占有目的对行为人控制和调节而具有犯罪性。首先，不可否认，贷款诈骗罪的行为方式包括了不作为，但是，即便是以不作为的行为方式骗取贷款的，也要符合贷款诈骗罪的客观构成要件，即借款人以不作为的方式（不履行告知义务）欺骗贷款人，导致贷款人产生错误认识进而交付贷款，造成损失。然而，在借款人取得贷款之后再产生非法占有目的时，借款人已经获得了贷款，不作为的欺诈行为与贷款人处分行为和财产损失之间并无因果关系，所以很难认定为贷款诈骗罪。其次，整合论的说法没有依据，而且这种整合会导致认定犯罪恣意，违反罪刑法定原则。例如，根据这种观点，事先合法占有他人财物，然后产生非法占有目的，通过隐瞒真相的方法拒不返还的，也成立诈骗罪，这是令人难以接受的。

第五种观点维护了行为和责任同时存在的原则，但是，行为人合法获得银行及其他金融机构的贷款之后，事后的欺骗行为只能是针对免除债务的义务，而这个义务不是贷款本身，不符合贷款诈骗罪的对象因素，无法认定为贷款诈骗罪。

综上所述，从理论上来讲，笔者赞成第六种观点，合法取得贷款后产生非法占有目的，以虚构事实、隐瞒真相的手段使得银行和其他金融机构陷入认识错误，进而做出免除债务的处分行为，不符合贷款诈骗罪的犯罪构成，只能成立诈骗罪。这种做法兼顾了行为和责任同时存在的原则以及贷款诈骗罪对象因素的限制，诈骗罪的犯罪对象包括他人财物以及财产性利益，诈骗财产性利益完全符合诈骗罪的犯罪构成。其实，对于“贷后诈骗”行为应当如何定性，在理论上可以精益求精，甚至追求完美，但是在司法实践中，还是应当更多地考虑刑罚的适当性，从罪责刑相适应角度定罪量刑。

由上可以看出，对于“贷后诈骗”行为之所以不能认定为贷款诈骗罪，其最关键的原因在于，贷款诈骗罪的对象是贷款本身，而事后故意型贷款诈骗是借款人已经获得了贷款，是对债务免除这种财产性利益的骗取，与贷款无直接关系。

至于行为和责任同时存在的原则，固然也是定性的一个重要标准，但是对于这个原则可以通过一系列实质解释的方法来同时匹配行为和责任，如以上几个观点，都是在尊重行为和责任同时存在的基础上提出的论断，都属于价值判断，均有一定的合理性。此外，在刑法理论上，对于行为和责任不同时存在的情形，为了追究刑事责任，实现公平正义原则，也会试图寻找理论上的支持。例如，刑法对于原因自由行为，就面临行为和责任不是同时存在的问题,醉酒者没有认识和控制能力,实施犯罪行为,当然要承担责任,但是,不可否认,行为当时醉酒者可能是没有责任能力的,这就需要我们去寻找这种行为的责任根基,我们也能为这种行为赋予理论依据,如有学者提出间接正犯构成说、原因行为时支配说、意思决定行为时责任说、正犯行为时责任说,等等。因此,贷后诈骗行为能否认定为贷款诈骗罪,还是在于"贷款"本身和财产性利益的问题,其实,从另一个角度来说,对于骗贷人而言,其根本无法分清楚什么是财产,什么是财产性利益,即便是事后产生非法占有目的骗取贷款的,行为人心里想到的也只会是自己利用欺骗手段骗取了银行贷款,将其定性为贷款诈骗罪也不会超出他们的预期,因此,该如何准确地定性,一方面,要考虑罪刑法定原则,考虑刑法理论的指导性;另一方面,也可以结合不同的案例,从刑罚适当性的角度作出变通处理。

二、贷款到期之前还款行为能否认定为贷款诈骗

根据《贷款通则》第 2 条第 3 款的规定,"本通则中所称贷款系指贷款人对借款人提供的并按约定的利率和期限还本付息的货币资金"。所以,贷款都是有约定还款期限和利率的,如果借款人在贷款到期之前,案发之后,归还了所有贷款,有没有可能成立贷款诈骗罪?

【案例 2 –5】2005 年 3 月初,倪某宇以陆某详的名义找人制作了虚假的房产证、国有土地使用证及抵押他项权证。之后,又以朋友易某为头像、陆某详为姓名,制作了地址为四川省雅安市沿江东路 3 号附 29 号的假身份证,并让易某帮忙贷款。同时,用上述假证到雅安市鼎正房地产价格评估有限公司进行了价格评估。同月 29 日,倪某宇用上述假手续向雅安市城市信用社利丰社中大街营业处申请贷款 15 万元,用途为乳胶漆和木地板经营的资金周转。所得款项用于偿还银行透支款、个人欠债,赌球,买手机,支付办假证手续费等。2005 年 5 月至 2006 年 1 月,倪某宇采用上述相同手段,多次骗取银行贷款 11 万元、4 万元、9 万元,贷款用途均为经营汽车,其所贷款项全部用于个人花销、赌球、支付贷款利息等。案发后,倪某宇的家属为其归还贷款 350,000 元,庭审后又退款 40,000 元。一审法院认定倪某宇犯贷款诈骗罪,数额特别巨大,但鉴于倪某宇的贷款在案发时均未到期,案发后也由其亲属代为退赔全部赃款 39 万元,未造成实际损失,符合《刑法》第 63 条第 2 款的规定,可以在法定刑以下量刑,判处有期徒刑 5 年,并处罚金 5 万

元。后本案经过抗诉、二审审理,最终认定倪某宇犯贷款诈骗罪,数额特别巨大,判处有期徒刑10年,并处罚金5万元。[1]

该案的争议焦点不是量刑的轻重,而在于定性,倪某宇在贷款均未到期之时、案发之后全部归还了贷款,能不能认定为贷款诈骗罪。对此形成了两种截然不同的观点:

第一种观点认为,倪某宇在贷款到期之前归还了所有贷款,不能说明其具有非法占有银行贷款的主观故意,不能成立贷款诈骗罪。

第二种观点认为,非法占有所贷款项的主观故意,确系贷款诈骗罪的构成要件之一,但贷款是否到期并非证明行为人主观目的的唯一条件。综合倪某宇贷款时财产状况差、贷款过程中使用假的物权凭证等其他手续、短时间内多次贷款,贷款后大部分款项被挥霍甚至用于赌球等情节,可认定倪某宇在贷款伊始便具有非法将所贷款项占为己有的主观故意,构成贷款诈骗罪。

以上两种观点的分歧在于,贷款到期前还款,能不能认定为具有贷款诈骗罪中的非法占有目的。笔者认为,即使借款人在贷款到期之前还款,也不能排除其具有非法占有目的的主观要素。理由如下:

首先,贷款诈骗罪是目的犯。刑法上的目的犯,是指以特定目的作为主观要素的犯罪,它昭示了行为的违法性,也能实现区分罪与非罪、此罪与彼罪的机能。而主观要素的证明标准,是需要通过客观的证据予以证明的,客观和主观不是泾渭分明的关系,而是相互联系的,由于没有直接证明主观要素的唯一标准,所以,需要大量的、相互印证的客观证据来推定主观要素的成立。本案中,在贷款到期之前还款是一个客观因素,而且是一个比较有利的因素,某种程度上能够说明倪某宇不具有非法占有目的,但是,需要注意两点:第一,倪某宇是主动在贷款到期前还款,还是被动不得已还款,需要结合其他证据认定,如果是前者,毋庸置疑是推定无非法占有目的的有利因素(也需要结合其他不利因素综合认定),如果是后者则不然;第二,由于只是推定,所以需要结合其他客观证据来比较,如倪某宇在本案中虚构身份信息骗贷、多次骗贷、骗贷后挥霍、不按用途使用贷款等行为,均是推定具有非法

[1] 参见曾宪义、万鄂湘主编,国家法官学院、中国人民大学法学院编:《中国审判案例要览:2008年刑事审判案例卷》,人民法院出版社2009年版,第171页。

占有目的的客观证据，两相比较，应认定其具有非法占有贷款的目的。

其次，《法院金融犯罪座谈会纪要》认为，贷款诈骗罪是以非法占有为目的的犯罪。对非法占有目的的认定，应当坚持主客观相一致的原则，既要避免单纯根据损失结果客观归罪，也不能仅凭被告人供述。根据司法实践，行为人通过诈骗的方法非法获取资金，造成数额较大资金“不能归还”，并且具有下列情形之一的，可认定行为人具有非法占有的目的：(1)明知没有归还能力而大量骗取资金；(2)非法获取资金后逃跑；(3)肆意挥霍骗取资金；(4)使用骗取的资金进行违法犯罪活动；(5)抽逃、转移资金、隐匿财产，以逃避返还资金；(6)隐匿销毁账目，或者搞假破产，假倒闭，以逃避返还资金；(7)其他非法转移资金，拒不返还的行为。

对此，有人认为，《法院金融犯罪座谈会纪要》规定了“不能归还”才能认定为非法占有目的，而本案中倪某宇已经在贷款到期前还款了，所以不能认定贷款诈骗罪。这个理解实则是混淆了“不能归还”和“没有还款”的含义。换言之，“已经还款”的相对概念是“没有还款”，而非“不能归还”。《刑法》第 193 条并没有将贷款到期前还款的行为排除在犯罪之外，《金融犯罪座谈会纪要》也没有说明贷款到期前还款就没有非法占有目的，“不能归还”与“没有归还”的含义不同，“不能归还”是指行为人没有归还的能力，既包括贷款到期后没有归还贷款，也包括贷款到期前表现出的种种还贷不能。“没有归还”仅指贷款到期后客观上行为人没有归还银行或其他金融机构的贷款。

诚然，司法实践中，大多数案件都是贷款到期之后案发，可以根据到期后借款人的还款情况来认定是否具有非法占有目的。但是，贷款到期前还款型贷款诈骗罪有其特殊性，不能仅仅依据还款与否来简单认定。如前所述，任何目的都会被行为人积极贯彻到行动中去，任何行动也都是一定主观心态和目的的外化。对于这种特殊的犯罪类型，非法占有目的较难认定，需要结合借款人事前、事中、事后的表现来综合权衡，不仅要考察其贷款的方式、还款的时间，而且要重点考察其贷款后的种种表现情况，结合《法院金融犯罪座谈会纪要》规定的七种情形严格认定。

本案中，倪某宇贷款之前经营状况恶化，亏损严重，仍然采取虚假的身份信息和产权证明，骗取信用社贷款，数额特别巨大，并且在贷款之后，不按照约定用途使用贷款、多次贷款、挥霍贷款，符合认定其具有非法占有目的的标准。

另外一个值得讨论的问题是，贷款到期前全部归还了贷款，银行和其他金融机构有没有财产损失？

贷款诈骗罪是诈骗罪的特殊类型，与普通诈骗罪属于法规竞合的关系，应当满足一般诈骗罪的认定逻辑，因此，也需要符合财产损失的客观要件。对于银行等金融机构贷款损失的内容，是从整体上考察，还是仅从其处分的贷款来做判断？这需要用确定诈骗犯罪之财产损害内容的标准来衡量。对此，中外刑法学家存在分歧，在日本有“整体财产减少说”“个别财产减少说”“二分说”；〔1〕在德国有“法律的财产说”“经济的财产说”“法律、经济的财产说”；〔2〕在我国有接近整体财产减少说的“直接损失数额说”〔3〕、“个别财产减少说”〔4〕和“整体或实质的损害说”，在此不做展开。

本案中，倪某宇案发之后，贷款之前的还款行为，给银行造成了财产损失，可认定为贷款诈骗罪，原因在于：

第一，财产损失的判断节点，不能延长至贷款期限到期时为止，如此认定，会造成迟延认定贷款诈骗罪既遂的不正当做法，而且也会导致很多诈骗类犯罪难以有效定罪处刑，出现放纵犯罪的结果。

第二，借款人以非法占有目的骗取银行和其他金融机构的贷款，那么对于贷款期限的约定也只是其骗取贷款的手段之一，不具有真正的约束力，以此来判断贷款诈骗罪中的财产损失并不合理。

第三，实际上，当银行和其他金融机构向借款人发放贷款之时，银行就已经遭受了损失，因为，当借款人以非法占有目的实际获得贷款之时，银行和其他金融机构就已经失去了对于这笔贷款的利用意思和排除意思，属于贷款诈骗罪的既遂，之后的还贷行为，只能认定为是贷款诈骗后的退赃情节。

三、对以其他方式进行贷款诈骗行为的同质性解读

贷款诈骗罪的四种行为方式显然不足以应对纷繁复杂的社会关系，尤

---

〔1〕 参见[日]山口厚：《刑法各论》(第2版)，王昭武译，中国人民大学出版社2011年版，第267页。

〔2〕 参见刘明祥：《财产罪比较研究》，中国政法大学出版社2001年版，第239～240页。

〔3〕 参见王晨：《诈骗犯罪的定罪与量刑》，人民法院出版社1999年版，第49页。

〔4〕 参见高格：《定罪与量刑》(下册)，中国方正出版社1999年版，第670页。

其是在市场经济迅速发展，国际、国内形势波谲云诡的当下，各种贷款诈骗行为花样翻新、形态各异，正以各式各样的方式破坏我国金融领域的信贷秩序。为此，我国《刑法》规定了"以其他方式进行贷款"的兜底规定，这是各国刑法应对形势变化所做的权益之法，有一定的合理性。但是，由于兜底条款的模糊性，在司法适用的时候难免出现认知差异，因此，适用兜底条款时，应当遵循一定的原则和标准，严格适用。

关于兜底性条款的适用规则，理论上相继出现了类似情形说、相当说、同一类型说、实质相同说、语词类同说、等价性说等不同观点。这些观点实际上都存在一个共性，即遵循同类规则解读，要求兜底条款的适用与明确列举的情形相类似，至少是在手段强度、方式、危害性等方面相当。

按照这个理解，笔者认为，贷款诈骗罪中的"以其他方式诈骗贷款的"中的其他方式，至少包括以下几种情形：(1)冒用他人身份信息骗取贷款的；(2)伪造单位公章、印鉴骗取贷款的；(3)以非法占有为目的，先借贷后采用欺诈手段拒不还贷的；(4)以非法占有目的，借贷后转移资产骗贷的；(5)"勾结互保"，即几个不同的借款人，互相商量、勾结、串通，互为担保，骗得贷款后逃跑的；(6)为对方提供担保，骗得贷款后各自逃匿的；(7)采用更换企业名称或法定代表人、重新领取营业执照并开立新账户等手法，使原有企业有名无实却承担还贷责任，新企业借机将贷款非法据为己有的，还有一些企业在贷款后实施"母体裂变"，将原企业分解成若干小企业进行经营，这些小企业分了资产却不负责偿还债务，造成银行难以收贷的结果等。

应当注意的是，这里的"其他方法"以行为符合贷款诈骗罪的构成要件为前提，无论是明确列举的手段，还是兜底条款，其行为造成的社会危害性都应当达到值得贷款诈骗罪科处刑罚的程度。有一种观点认为，借款人合法取得贷款之后，基于某种原因产生了不想还贷的想法，于是虚构债权、产权证明，隐瞒资产情况，导致银行和金融机构无法收回贷款的，应当认定为此处的"其他方法"。[1] 笔者认为，这种观点存在疑问。如前所述，首先，这种认定违反了责任与行为同时存在的原则，贷款诈骗应当是在虚假贷款之时产生非法占有目的，进而骗取贷款的额行为；其次，既然借款人已经取得

---

〔1〕 参见李邦友、王德育：《贷款诈骗罪若干问题探讨》，载赵秉志主编：《新千年刑法热点问题研究与适用》(下)，中国检察出版社2001年版，第1191页。

了贷款,就不能再认为贷款人基于认识错误继续处分贷款,贷款人放弃的是对贷款的追回利益,是免除借款人的还款义务,这不是贷款,而是一种财产性利益;最后,这个结论违反了兜底条款的同类解释规则。

需要说明的是,以上五种诈骗贷款的行为方式,既可以使用一种,也可以同时使用多种。例如,在同一起案件中,借款人可以同时采取冒用他人身份信息和虚构产权证明的方式诈骗银行和其他金融机构的贷款,对此也只能认定为一罪。当然,如果行为人实施了多种诈骗手段,但是无法具体区分属于以上哪一种类型,或者同时符合几种诈骗手段的特征的,也不影响贷款诈骗罪的成立。

第四节 贷款诈骗危害结果与可恢复法益概念的运用

贷款诈骗罪是典型的结果犯,虽然刑法没有明示结果要素,但是其具有普通诈骗罪的所有构造,应当从一般规范出发,认定造成“银行和其他金融机构财产损失”为本罪的结果要素。本罪是数额犯,《刑法》第 193 条将“数额较大”规定为客观要素,最高人民检察院、公安部《关于公安机关管辖的刑事案件立案追诉标准的规定(二)》第 45 条规定:“以非法占有为目的,诈骗银行或者其他金融机构的贷款,数额在五万元以上的,应予立案追诉。”对此,有三个问题值得研究:(1)本罪的“数额较大”是指什么数额较大?是贷款人贷出款项较大?还是借款人申请贷款数额较大?(2)“数额较大、数额巨大、数额特别巨大”的计算标准是限于贷款本金,还是包括利息和违约金?(3)“案发前”的含义究竟何指?

一、银行与其他金融机构的实际损害为犯罪金额

对于刑法中的数额犯,如何计算数额标准,理论上有不同的观点。例如,有犯罪指向数额、犯罪所得数额、犯罪所及数额、直接损失数额、间接损失数额等。犯罪指向数额,是指行为人意图骗取的贷款额度;犯罪所得数额,是指行为人实际占有贷款的数额,这个数额一般与贷款人受到的损失数额相当;犯罪所及数额,是指实际犯罪活动中所实际关联的数额,但是不包

括“犯罪所得数额”;直接损失数额,是指银行和其他金融机构因贷款诈骗行为而实际发放贷款,确定无法收回的贷款本金数额;间接损失数额则范围更广,除直接损失数额之外还包括贷款人因追缴贷款受到的损失、利息以及贷款违约金等。[1]

犯罪数额的计算标准在某种程度上可以反映行为的社会危害性,不同的计算标准定量不同,也会影响行为人的定罪和量刑。以上几种犯罪数额的计算标准,在实际操作过程中可能会得出相同的结论,例如,以犯罪所及数额、犯罪所得数额、直接损失数额计算贷款诈骗数额得出的结论往往是一致的。

结合贷款诈骗罪的客体和财产损失要件,笔者认为,将“犯罪直接损失数额”作为本罪数额认定的标准更能客观、公正地反映贷款诈骗行为法益侵害的实害结果。因为在实践中,很有可能出现借款人申请贷款的数额与贷款人放贷数额不一致的情况,可能因为抵押担保财产价值不足、借款人资信以及银行政策问题,导致银行实际贷出的款项低于借款人申请的数额。例如,借款人以房产抵押,申请贷款 100 万元,银行经过审查,发现借款人只占有部分房产或房产价值不足以贷款 100 万元,这种情况下,银行通常会根据审查情况酌量发放贷款,这个数额往往比行为人申请贷款的数额要低。若将行为人所欲申请的“高数额”贷款认定为贷款诈骗罪的金额,虽然在某种程度上能够反映行为人的主观恶性,但是行为人主观上希望骗得的数额不一定能完全实现,如此认定,不免失之过严,而且还有主观归罪的嫌疑,若完全不考虑客观上实际获得的贷款,对行为人的处刑是不公平的,也违反了主客观相统一原则。此外,诈骗类犯罪都是侵财类犯罪,刑法的目的是保护法益,犯罪的本质是侵犯法益,贷款诈骗罪的法益是国家信贷秩序和银行或者其他金融机构的财产所有权,既然是侵犯他人财产性质的犯罪,理应以他人财产遭受实际损失作为犯罪金额的彰显更加符合本罪的要求。[2]

二、应收利息、违约金等是否计入犯罪金额

例如,行为人以非法占有目的,虚构事实、隐瞒真相,骗取银行贷款 1000

---

〔1〕 参见高格:《定罪与量刑》(下册),中国方正出版社 1999 年版,第 670 页。

〔2〕 参见张明楷:《诈骗犯罪论》,法律出版社 2021 年版,第 335 页。

万元,一年后案发。假如这1000万元贷款一年的利息是100万元,那么本案中,行为人的犯罪金额是1000万元,还是1100万元?笔者认为,行为人的犯罪金额应当以1000万元计算,贷款利息、违约金等间接利益不应该计入犯罪金额,主要理由如下:

第一,《法院金融犯罪座谈会纪要》中规定:"在具体认定金融诈骗犯罪的数额时,应当以行为人实际骗取的数额计算。"实际骗取的数额,是指行为人以非法占有目的,实施诈骗行为之时,贷款人因受骗而实际处分的贷款,也是行为人因此而获得的诈骗金额,利息和违约金不属于此列。

第二,贷款诈骗罪的既遂,应当在贷款人实际交付贷款之时就已经完成了,而后基于本金所产生的利息、违约金之类,属于既遂之后的衍生财产,不是直接损失,不能作为诈骗金额计算。

第三,行为和责任应当同时存在,定罪量刑是以犯罪时的行为及结果为准,而利息则是在行为人骗得贷款后产生的,属于事后的结果。如果将利息也作为犯罪金额,则在诉讼的不同阶段呈现不同的数额,会使刑事追诉处于不稳定状态。并且,倘若如此,行为人的责任随着时间的推移而不断增加,责任也会呈现动态变化,犯罪金额将永远无法确定,案件在侦查、审查起诉、审判阶段,犯罪数额也会不同,这是违反责任主义原则的,因为责任本身是对符合构成要件的不法行为的非难可能性,这种可能性,并不是指一般意义上主观恶性,也不是指人身危险性,而是对不法事实所进行的法的谴责。与不法事实没有关联的主观内容,不是责任内容,例如,犯罪之后的潜逃,犯罪之后的利息、违约金等,并不会导致责任过重。

第四,刑法应当遵循谦抑原则。不可否认,贷款利息是银行的主要收入,银行通过发放贷款,平衡储户的存款利息和其他的业务费用之后,就是银行自己的利润,国有银行的利润是国家财政收入的一个主要组成部分,也是银行自身的自有资金。诚然,贷款利息的损失,以及因贷款损失之后的维权成本、预期利益等也是银行的财产损失内容,似乎也应当将这些金额计算在诈骗金额当中,但是,如前所述,刑事责任要以能反应不法的客观事实为依据,而这个客观事实只能以犯罪时的行为和结果为准,银行遭受的贷款本身之外的利息损失、违约金损失,可以通过其他民事途径维权获得,而不能将其直接记入诈骗罪的数额之中。

三、"案发前"归还的金额是否应扣除

司法实践中，经常将"案发前"未实际未归还的数额作为行为人诈骗罪的犯罪金额，未归还的数额越大，犯罪金额越高。这种理解实际上是对贷款诈骗罪"财产损失"的自然理解，认为银行或者其他金融机构已经将贷款收回部分，那银行受到的损失就是借款人未归还的部分。

【案例2-6】许某忠明知自己无偿还能力，于2003年11月，持虚假的房产证、收入证明和户籍证明等文件，与中国建设银行上海第五支行签订汽车消费借款合同、汽车消费借款抵押合同，骗取银行借款25万元。许某忠骗取贷款后，银行曾多次催讨，其仅归还银行贷款18,199元。之后，银行又多次催讨未果。许某忠于2004年12月左右，被公安抓获。[1]

本案一个关键的争议焦点在于，许某忠的诈骗金额是银行交付金额25万元，还是扣除许某忠实际归还部分之后的所得金额241,107.04元？上海市黄浦区人民法院最终认为应当以所得数额为基准，计算行为人的诈骗金额，即应当扣除行为人在案发前的还款数额再认定。主要理由是，贷款诈骗罪属于目的犯，在主观方面以非法占有为目的。在既遂的情形下，行为人已经实现了非法占有贷款的目的。此时，所得额反映了行为社会危害性的大小，也便于认定。

以"案发前"未归还部分作为贷款诈骗罪中的犯罪金额，具有合理性。有一种观点认为，犯罪既遂后退还、归还财物只是行为既遂后的"退赃"，仅为量刑情节，应按既遂时点的犯罪金额择定量刑幅度。[2] 笔者认为，这种观点可能失之偏颇，虽然从犯罪既遂的标准和根据来看，"案发前"还款的行为可能已经齐备了贷款诈骗罪的所有主客观要件，但是，如此处断会导致全额退还、不存在损失仍然需要重罚的罪刑失衡。这种观点导出的结论明显不公平，也与《法院金融犯罪座谈会纪要》的规定相矛盾。刑法是良善之法，应该回应司法实践的需求，而非高高在上，与实践脱节。为了鼓励犯罪行为人放弃侵害、恢复法益，为其架设后退的"金桥"，也应当预留足够大的缓冲空间，这才是刑法解释的正义体现。特别是作为成文法律国家，当传统刑法理

---

〔1〕 参见朱铁军：《贷款诈骗罪中数额的认定与赃款赃物的处理》，载《人民司法》2010年第20期。

〔2〕 参见张明楷：《诈骗犯罪论》，法律出版社2021年版，第679页。

论与明确司法规定相抵牾之时,我们应该尊崇规范性文件的明确指引,在适用过程中对法律规范做出更加优先的选择。所以说,《法院金融犯罪座谈会纪要》规定“案发前已归还的数额扣除”的做法,一方面,可以有效应对实践中金融诈骗罪的特殊情况,更好地保护金融财产;另一方面,也能够在行为人和被害人、惩罚和预防之间寻得相对平衡,切实贯彻罪刑法定原则和罪责刑相适应原则。

笔者认为,虽然《法院金融犯罪座谈会纪要》是20年前颁布的,也不属于司法解释,但作为事实上存在影响力和约束力的规范性文件,它为金融诈骗罪叙明的犯罪金额认定规则,适用于普通诈骗罪乃至盗窃等其他财产犯罪,具有实质合理性,所得出的解释结论也有利于被告人。故而,“案发前已归还的数额扣除”应当成为司法共识。

只是,《法院金融犯罪座谈会纪要》创设了一个规则,也遗留了一个问题,即“案发前”如何理解?显然,《法院金融犯罪座谈会纪要》并没有关注到这个问题。“案发前”无法依靠平义解释框定其内涵外延,需依靠目的解释才能得到妥当理解。此处之目的,包含法益保护和人权保障两者。是偏重法益保护,还是偏重人权保障,也会导致解释结论的些许不同。

笔者认为,对“案发前”可能存在三种理解:(1)刑事报案前;(2)刑事立案前;(3)犯罪分子被抓前。经济犯罪与经济纠纷往往存在纠缠不清的关系,司法实践中不易辨别二者,在被害人刑事报案后,公安机关通常要经过初步审查、研判才能做出是否刑事立案的决定。因而,刑事报案与刑事立案往往存在一定时间差,乃至比较大的时间间隔。报案是民众的权利,可报案仅仅是把自认为涉嫌犯罪的事件告知公安机关,报案后可能被立案,也可能不被立案,再者,不排除现实中有滥用刑事报案权处理经济纠纷的现象。所以,把“案发前”解释成“刑事报案前”不妥当。把“案发前”理解为“刑事立案前”是常见的理解,可以说,以此作为案发前的时间点,在大多数情况下是合理的。这是由于,诸如诈骗、合同诈骗等经济犯罪刑事立案前,公安机关通常会研判报案材料、询问被控告者与报案人双方,必要时还会询问了解情况的证人。这种情况下,被控告者清楚知道自己的处境,也有充足时间筹措资金归还给举报人。那么,以刑事立案前来理解“案发前”,通常情况下符合《刑事诉讼法》的规定,主观上也没有超越被控告人的认知。但特殊情况下,被控告者确实不知道被害方报了案,更不知道公安机关立了案,在公安机关立案后仍还款的，那么在查明为确实不知被报案被立案的前提下，应当规范地将案发前解释为“犯罪分子被抓前”。因为刑事司法实践中确实存在公安机关接受刑事报案与刑事立案后长达5年时间“空挂案件”、立而不侦、立而不办的情况。[1]

规范地理解“案发前”有两个重要理由：

第一，《法院金融犯罪座谈会纪要》并非司法解释，没有法律效力。《法院金融犯罪座谈会纪要》创设了“案发前已归还的金额扣除”规则，但其本身并没有对“案发前”做界定。这就说明，“案发前”是一个需要解释的概念。综观现有《刑法》《刑事诉讼法》以及配套的司法解释、规范性文件，尚未见对“案发前”进行解释。这说明，无论是刑事报案前还是刑事立案前都不是“有权解释”对“案发前”的权威界定，都只是因案而异的具体解释而已，至于以何者解释“案发前”，起决定性作用的上位标准是个案中解释结论的正义性、合理性。如果“案发前”的解释结论太突兀，让普通民众难以接受，那么，必定是“案发前”的界定存在偏差，往往结论会脱离一般人理解，也难以让普通民众接受，损伤诈骗罪等犯罪分子退还财物的积极性，可能使得诈骗犯罪分子选择“鱼死网破”，走极端，最终损害的是被害人利益，长远来看也不符合法益保护之目的。

第二，目的解释固然是刑法解释规则之王，体系解释也不容忽略。“案发前”的理解是一个刑法解释问题，不是刑法贯彻执行问题，刑法解释的“帝王规则”是“目的解释”，目的包含法益保护和人权保障两者。对于同属一类的侵犯财产之犯罪，在退赃退赔方面的协调一致就更加值得注意。《刑法修正案（十一）》对非法吸收公众存款罪和挪用资金罪做了罪刑调整，增设了《刑法》第176条第3款：“有前两款行为，在提起公诉前积极退赃退赔，减少损害结果发生的，可以从轻或者减轻处罚。”和第272条第3款：“有第一款行为，在提起公诉前将挪用的资金退还的，可以从轻或者减轻处罚。其中，犯罪较轻的，可以减轻或者免除处罚。”该两罪的最高刑均可处15年有期徒刑，尤其是非法吸收公众存款罪的涉众性、扰乱金融管理秩序等特点，社会危害性较之普通诈骗罪更大。刑事立法者对该两罪的危害性有清楚认知，但增设这两款也确实蕴含着促进退赃退赔、减少损失以在犯罪分子和被害

[1] 参见广东省珠海市香洲区人民法院刑事判决书，(2021)粤0402刑初510号。

人之间实现利益均衡的深层次考量。这说明,有效推动退赃退赔是财产类犯罪的重要关切,而且,现在以《刑法》明文规定的方式把时间点设定为“提起公诉前”,而不是纪要精神,不是学理理解,该时间点是可以类比适用于其他财产犯罪如诈骗类犯罪的,因为罪刑法定原则也不禁止有利于被告人的类推适用。更何况,诈骗犯罪的“案发前”完全是一个刑法解释问题,对其解释参照最新《刑法》的同类规定,完全合理。对同一部《刑法》中的财产类犯罪退赔减损的理解、适用应保持同一性,避免矛盾冲突。若行为人在提起公诉前退赃退赔都可从轻、减轻或者免除处罚,但在被抓前(距离提起公诉还有相当长的时间)已经几乎全部退款却无法降档处罚,最轻都得判处 10 年有期徒刑,会人为造成刑法适用困境。这是一个完全可以通过妥当解释“案发前”而获得圆满结论的问题,如果对法律、司法解释没有限定的“案发前”机械化理解,不结合刑法解释的体系要求和法益保护作“目的性限缩”,可能难有说服力。

第五节 贷款诈骗罪主体认定的难点分析

贷款诈骗罪的主体是一般主体,即年满 16 周岁,具有刑事责任能力的自然人。对于贷款诈骗罪主体的论述,有两个问题需要关注:(1)银行等金融机构的工作人员利用职务之便,不经过合法手续,违反国家资金管理制度,骗取上述机构贷款的,能否成为贷款诈骗罪的主体?(2)本罪没有规定单位犯罪,对于单位犯贷款诈骗罪的情形应当如何处置?

一、银行与金融机构工作人员能否成为本罪主体

银行和金融机构内部等级繁多、分工复杂,使得认定银行和其他金融机构诈骗也尤为困难。不可否认,《刑法》第 193 条并没有将银行和金融机构内部工作人员排除在本罪主体之外。换言之,以上机构的人员是可以成为本罪主体的(在此只讨论银行和其他金融机构人员直接从事贷款诈骗行为的情形,不包括共同犯罪)。那么,在哪些情况下可以直接成立本罪,在哪些情况不能认定为本罪呢?

笔者认为,需要对银行和其他金融机构内部人员进行分类,可以分为信

贷业务人员和一般工作人员。信贷业务人员，是指具有主管、管理、经手信贷业务的工作人员，包括部门领导、信贷业务主管和一般业务人员。一般工作人员，是指信贷业务人员之外的工作人员。

根据我国刑法理论通说和司法实践的做法，贪污罪、职务侵占罪，是指行为人利用职务之便，侵吞、窃取、骗取公共财产和本单位财物的行为。其中，"骗取"也是贪污罪和职务侵占罪的行为方式之一。例如，行为人甲是某银行信贷业务员，通过冒用乙单位的名义，虚构乙单位的印章、签名，进行虚假的贷款申请，骗取本银行贷款归自己所有。无论甲是一般信贷业务员，还是部门审核员，或者是部门领导，只要其利用了职务之便，行"骗取"贷款之实，就应当认定其符合贪污罪和职务侵占罪的犯罪构成。详言之，如果是一般业务员利用职务之便，则是通过欺骗手段骗取部门审核员和部门领导，使之产生错误认识然后处分贷款，进而非法"骗取"贷款；如果是部门审核员利用职务之便，通过欺骗手段使得部门领导产生错误认识进而处分财产的，则部门审核员也属于"骗取"型贪污罪或者职务侵占罪；如果是部门领导监守自盗，利用职务之便，自我审批、虚假申请，非法占有本银行贷款的，则属于"侵吞"型贪污罪或者职务侵占罪。〔1〕

以上情形能否成立贷款诈骗罪？笔者认为，如果行为人是有处分贷款权限的部门领导，对其利用职务之便，骗取本银行贷款非法据为己有的行为，只能认定为贪污罪或者职务侵占罪，而不应成立贷款诈骗罪。因为，在这个情形下，行骗人和财产处分权人是同一人，这就意味着行为人通过虚构事实、隐瞒真相的行为"欺骗"了自己，导致自己处分了贷款，这种结论是违反基本认知的。可见，只有当行为人通过欺骗手段欺骗了其他具有处分权限的人时，才能认定为贷款诈骗罪。如果行为人是没有处分权限的一般信贷业务员和普通审核人员，利用职务之便，骗取银行贷款归自己所有的，则应当视机构性质不同分别认定，如果是国有企业，则可以认定为贪污罪和贷款诈骗罪的竞合；如果是非国有企业，则可以认定为职务侵占罪和贷款诈骗罪的竞合。〔2〕

值得讨论的是，如果甲金融机构的工作人员，冒用他人名义或者采取其

---

〔1〕 参见张明楷：《诈骗犯罪论》，法律出版社 2021 年版，第 700 页。

〔2〕 参见张青政、丁毅：《本案应定为贷款诈骗罪》，载《检察日报》2000 年 4 月 25 日，第 3 版。

他欺骗手段,骗取乙金融机构的贷款,数额较大的,能否认定为职务侵占罪或者贪污罪?这种情形下,即使甲金融机构的工作人员利用了职务之便,也只能认定为贷款诈骗罪。因为贪污罪和职务侵占罪的行为对象,只能是自己职务本身所主管、管理和支配的财物,侵吞、窃取和骗取本单位之外的其他单位的财物,不属于以上职务类犯罪的范畴。另外,如果上述人员在骗取贷款过程中没有利用职务上的便利,而只是利用熟悉银行业务或与银行等金融机构的工作人员相识等便利条件的,由于他们的犯罪与非金融机构工作人员诈骗贷款无异,因而应认定为贷款诈骗罪。〔1〕

二、单位主体贷款诈骗问题

《刑法》第30条规定:"公司、企业、事业单位、机关、团体实施的危害社会的行为,法律规定为单位犯罪的,应当负刑事责任。"由此可见,单位犯罪和过失犯罪,都需要分则明确规定为可以由单位和过失构成,才能成立犯罪,如果没有明确规定,则不能成立相应罪名的单位犯罪和过失犯罪。《刑法》第193条关于贷款诈骗罪的内容,并没有关于单位主体犯罪的特殊规定,说明对于以单位意志诈骗银行和其他金融机构贷款归本单位所有的行为,不能以单位诈骗罪论处。

对此,引申出两个问题,第一,《刑法》对于贷款诈骗罪立法规定的缺位是"有意为之"还是"无心之过"?换言之,对于单位主体贷款诈骗的行为有无专门打击的必要?第二,在罪刑法定原则的指导下,《刑法》没有规定单位贷款诈骗罪,对于司法实践中单位贷款诈骗的行为应该如何处理?

先看第一个问题。贷款诈骗罪自入《刑法》以来,一直没有作出调整,但是时代和经济一直在飞速发展,已经时隔20余年,经济基础业已发生了翻天覆地的变化。20年前,国家经济处于稳步发展的关键时机,保护经济良好、向上发展是那个时代最重要的时代使命,为了规范社会秩序,彼时《刑法》的适用比较严苛,惩罚性有余而预防性不足。如此,刑法可能更多考虑经济建设的重要性。为了促进公司、企业等单位贷款流通,激活市场活力,打消企业家的刑事顾虑,也就没有将单位作为本罪的主体犯罪,对于单位犯本罪,仍然可以通过刑罚对单位内自然人予以惩治,只是无须对单位本身科处财

---

〔1〕 参见李文燕主编:《金融诈骗犯罪研究》,中国人民公安大学出版社2002年版,第119页。

产刑,让单位依然可以利用企业财产继续为经济建设作出贡献。

实际上,通过打击单位背后的自然人以达到惩罚单位犯罪的目的实则是没有将单位犯罪明确规定为犯罪模式的权宜之计,如此,既无法解释其他经济类犯罪规定了单位犯罪的现实性,也无法回避司法实践中确实存在单位贷款诈骗的刑法适用障碍。

笔者认为,惩治单位犯罪是现代法治的要求,自我国 1979 年《刑法》实施以来,单位犯罪已历经 41 年的沉淀,早已经成为我国刑法中不可或缺的一部分。

第一,单位的功能和价值决定其应当作为犯罪主体。现阶段,物质生活和市场经济高度膨胀,单位已然成为社会生活中不可忽略的实体,可以高效集中社会剩余价值,转变为社会生产力,相较于自然人而言,单位的社会功能和价值更能推动市场经济的发展。目前,单位的组织机构和业务模式越来越精细化、现代化、复杂化,与个人之间的联系不如以前紧密,单位能够脱离自然人而单独作为市场经济的主体独立存在,其法律主体身份也渐渐为人们所认同。例如,在普通的合同关系中,如相对方是公司或者其他合法单位,若发生合同纠纷,一方也不会只以单位中的自然人作为被告,而是会直接起诉该单位。由此可知,民事法律关系作为最贴近人们生活的法律规范,已经容纳并积极认可单位的法律主体地位,贷款诈骗罪作为保护国家信贷秩序的重要罪名,对于规范以单位名义实施贷款诈骗的行为而言至关重要。

第二,从预防犯罪的角度考虑,惩罚单位犯罪能够有效剥夺单位主体的资财,使之没有能力继续实施犯罪。贷款诈骗罪侵犯的主要客体是国家信贷秩序,属于市场经济秩序客体下的附属客体,是经济犯罪类型的一种,剥夺其经济属性也是对其刑罚惩罚的恰当手段。

第三,如今,单位贷款诈骗犯罪越发猖獗,手段繁多,完全具备大量滋生的土壤和条件,应当专门规制。例如,很多企业利用股份改造骗贷、利用企业分立骗贷、利用企业出售骗贷、利用兼并与被兼并骗贷、利用企业破产骗贷、转移资产骗贷等行为方式完全符合单位贷款诈骗罪的犯罪模式,严重破坏了国家对于信贷秩序的保护,严重侵犯了他人财产所有权,应当专项打击。

第二个问题,虽然单位贷款诈骗罪有独立处罚的必要性,但是,目前《刑法》尚无规定单位贷款诈骗罪,对此应该如何处理?

根据《法院金融犯罪座谈会纪要》的规定,“对于单位实施的贷款诈骗行为,不能以贷款诈骗罪定罪处罚,也不能以贷款诈骗罪追究直接负责的主管人员和其他直接责任人员的刑事责任。但是,在司法实践中,对于单位十分明显地以非法占有为目的,利用签订、履行借款合同诈骗银行或其他金融机构贷款,符合刑法第二百二十四条规定的合同诈骗罪构成要件的,应当以合同诈骗罪定罪处罚”。

《法院金融犯罪座谈会纪要》的规定给单位贷款诈骗行为指明了方向,有一定的合理性:一是在定罪方面,贷款诈骗罪都需要签订贷款合同,贷款合同本质就是自然人和单位与银行或者其他金融机构之间的借款合同,在借款合同签订、履行的过程中,诈骗银行和其他金融机构的贷款,当然符合贷款诈骗罪的构成;二是在量刑方面,以合同诈骗罪规制立法上缺乏单位贷款诈骗罪的情形,既可以同时处罚单位和个人,也可以较为适当地科处刑罚,因为贷款诈骗罪的犯罪金额和刑罚档次与合同诈骗罪本身差距不大。

当然,这种做法也有不合理的一面,明明是单位贷款诈骗行为,为什么不能定贷款诈骗罪?刑法之所以将贷款诈骗罪从诈骗罪的范围中抽离出来,就是对金融借款合同的特殊保护,是对国家信贷秩序的重点关注,将单位贷款诈骗行为认定为合同诈骗罪,会造成罪行和罪质的不统一;另外,《法院金融犯罪座谈会纪要》规定不能以贷款诈骗罪追究直接负责的主管人员和其他直接责任人员的刑事责任的做法与全国人民代表大会常务委员会《关于〈中华人民共和国刑法〉第三十条的解释》可能存在矛盾,该解释规定,“公司、企业、事业单位、机关、团体等单位实施刑法规定的危害社会的行为,刑法分则和其他法律未规定追究单位的刑事责任的,对组织、策划、实施该危害社会行为的人依法追究刑事责任”。这个规定似乎承认了在无法追究单位责任的情况下,可以追究单位内部主管人员和其他直接责任人员贷款诈骗罪的刑事责任,这种认定也有一定的合理性,但是无法对单位行为作出惩罚,与我国自然人与单位共存的二元犯罪模式相冲突。

因此,无论是以合同诈骗罪处置单位贷款诈骗罪的情形,还是只以贷款诈骗罪处置单位内部的主管人员和其他直接责任人员,都是一种“头痛医头,脚痛医脚”的权宜之计,解决这一问题的关键之法,还是要清楚认识到立法相对滞后的现实困境,在适当时候,增设单位贷款诈骗罪的立法规定。[1]

第六节 贷款诈骗罪的其他问题

一、贷款诈骗罪与骗取贷款罪的区分

根据《刑法》第175条之一的规定,骗取贷款罪,是指以欺骗手段取得银行或者其他金融机构贷款,给银行或者其他金融机构造成重大损失的行为。《刑法修正案(六)》新增骗取贷款罪的相关规定,就是为了保护国家金融贷款的安全,防止因没有非法占有目的而对造成严重后果的贷款欺诈行为无法进行刑法规制的司法障碍,弥补了一般贷款欺诈行为和贷款诈骗罪之间的刑罚空隙,更加规范和科学。

骗取贷款罪和贷款诈骗罪在客观行为上具有相似性,都表现为采取虚构事实、隐瞒真相的欺诈行为骗取银行或者其他金融机构的贷款,二者的主要区别在于非法占有目的有无。贷款诈骗罪要求行为人具有非法占有贷款的主观目的,骗取贷款罪则不能有此目的。此外,或许正是因为主观恶性不同,贷款诈骗罪和骗取贷款罪在入罪门槛和法定刑上也存在区别。例如,贷款诈骗罪要求"数额较大"为入罪金额门槛,而骗取贷款罪则要求给银行和其他金融机构造成重大损失的,才能达到立案标准;贷款诈骗罪的最高刑期为无期徒刑,骗取贷款罪的最高刑期为7年以下有期徒刑;贷款诈骗罪可判处没收财产和罚金,骗取贷款罪只能判处罚金。

如何认定贷款诈骗罪中的非法占有目的不仅是区分此罪与彼罪的关键,也是衡量罪与非罪的标准,需要结合《法院金融犯罪座谈会纪要》规定的七种情形以及以下几个方面实质审查:

第一,骗贷目的和贷款使用途径的考察。行为人骗取贷款的目的如果是正常经营,其实际上也将大部分贷款用于企业生产,那么定骗取贷款罪的可能性比较大。如果骗取的贷款主要用于挥霍、还款、拆东墙补西墙,则认定为合同诈骗罪和贷款诈骗罪的风险比较大。当然,同样是用于正当、合法

---

[1] 参见黄嵩:《贷款诈骗罪研究》,武汉大学2004年博士学位论文。

的经营活动,经营活动的性质不同也会有不同的影响。例如,将贷款用于高风险、高收益的经营项目比将贷款用于低风险、稳健投资的项目定性为贷款诈骗罪的风险要大。在《人民法院案例选》(2005 年第 52 辑)中收录有这样一则案例,法院裁判规则认为,认定行为人是否具有贷款欺诈行为,要看其取得贷款后是否按货款用途使用及是否存在非法占有的目的。在行为人获取贷款时有欺诈行为,获得贷款后又不能按期偿还贷款的情况下,就要判断行为人主观上是否具有非法占有的目的。对其是否具有非法占有目的判断,主要是通过查明贷款的用途来实现的。如果贷款确实被用于所规定的项目,并且正在设法偿还,最终不能偿还贷款是由于行为人不能控制的原因造成,那么,应该认为行为人主观上没有非法占有的目的,就不构成贷款诈骗罪。

第二,骗贷时的履约能力和实际履约情况的考察。如果行为人在贷款时有正当的业务经营,财务状况稳定,身份信息真实,无资产恶化、转移资产等情况,有履约能力和实际履约行为,即便其贷款时存在欺诈手段,定性为骗取贷款罪的风险要更大一些;如果行为人资信不佳,没有正常稳定的业务,或者已经破产、转移财产的,则认定为贷款诈骗罪的概率更大。如在"倪某宇贷款诈骗案"中,法院认为,被告人在财产状况差,还贷能力不足的情况下,采用虚构贷款人、房产证明、抵押他项权证明、身份证明的手段在信用社高额贷款,后将所贷款项的大部分用于个人挥霍、还债,甚至赌球的违法活动,符合贷款诈骗罪主客观构成要件,构成贷款诈骗罪,且数额特别巨大,依法应予惩处。[1]

第三,造成的损失后果的考察。其实这是从事后行为倒推行为时是否具有非法占有目的的做法,有现实意义,可以作为判断行为人主观恶性的一个因素。例如,贷款之后归还了大部分贷款,在没有其他因素证明行为人具有非法占有目的的情况下,定性为贷款诈骗罪的余地较小,如果贷款之后没有归还贷款,或者归还了较小部分的贷款,认定为贷款诈骗罪的风险较大。当然,还需要考虑没有归还贷款的原因,如果是因为正常的经营风险导致经营失败无法偿还的,则一般不应认定为贷款诈骗罪,除非是经营风险很高的非正常业务行为,还存在认定贷款诈骗罪的可能;如果不是因为经营失败不

---

〔1〕 参见四川省雅安市中级人民法院民事判决书,(2006)雅刑终字第 102 号。

能归还，而是因为挥霍、滥用等其他原因导致无法偿还，则认定为贷款诈骗罪的风险更大一些。例如，在“王某琦贷款诈骗案”中，法院认为，应当通过多方面客观行为全面考察行为人的主观心态。对于行为人只是因不具备贷款条件而采取欺骗手段获得贷款，案发时因经营不善、市场行情的变动，使营利计划无法实现而不能按时还贷的，或者是行为人对自己的偿还能力估计过高，以致不能按时还贷的，均不能单纯根据行为人不能归还贷款而认定其行为构成贷款诈骗罪。[1]

第四，贷款后归还态度的考察。如果行为人在贷款到期之后，积极筹借资金还贷，不逃避银行和金融机构的催债，积极对接，出具还款方案，不逃避、不消失、正面应对，想方设法归还贷款，对于这种情况，应当慎重认定为贷款诈骗罪。例如，在“黄某章诈骗案”（《刑事审判参考》第 1372 号案例）中，法院认为，应当根据《法院金融犯罪座谈会纪要》规定的七种情形，结合司法实践以及案件的特殊性，综合考虑各种因素，认定行为人是否具有非法占有目的。其中一条就提到，要重点审查行为人的事后态度是否积极，如有无抽逃、转移资金、隐匿财产以逃避返还资金，有无在获取资金后逃跑等行为。

二、内外勾结型骗贷行为的性质界定

内外勾结型骗贷，是指银行和其他金融机构内部工作人员与机构外的其他人员共同诈骗本单位的贷款，数额较大的行为。对于内外勾结型骗贷应当如何认定，需要分不同情况予以分析。

按照职务分工来分，可以将银行和其他金融机构负责信贷业务的工作人员分为一般信贷业务员、部门审核员和部门分管领导；按照单位性质来分，可以分为国有银行和金融机构以及非国有银行和金融机构，与之对应，内部的工作人员也可以分为具有国家工作人员身份的信贷人员和不具有国家工作人员身份的信贷人员。[2]

国家工作人员是有身份的人员，当具有国家工作人员身份的贷款人与金融机构之外的其他人共同诈骗贷款时，可能就会出现有身份者和无身份

〔1〕 参见吉林省延边朝鲜族自治州中级人民法院刑事判决书，(2006)延中刑终字第 52 号。

〔2〕 参见任继鸿：《贷款诈骗罪司法研究》，载《社会科学战线》2012 年第 11 期。

者共同犯罪定性的问题。根据刑法理论通说,当无身份者教唆、帮助有身份者实施或与其共同实施真正身份犯时,应以有身份者的实行犯的实行行为来定罪,即使无身份者是主犯,也不影响上述定罪原则。有身份者加功于无身份者实施真正身份犯的场合,有身份者是间接正犯,无身份者构成从犯或胁从犯。例如,金融机构之外的行为人以非法占有为目的,教唆、帮助金融机构内部工作人员共同诈骗金融机构贷款,内部人员系国家工作人员,利用职务之便帮助其骗取贷款,在这种情况下,根据以上观点,应当认为成立贪污罪的共犯。

以上是通说的观点,但是在司法实践中,对于不同身份者各自利用自己职务之便,共同实施犯罪行为的,应当以主犯的性质认定犯罪。例如,根据2000年7月8日实施的最高人民法院《关于审理贪污、职务侵占案件如何认定共同犯罪几个问题的解释》第3条的规定,"公司、企业或者其他单位中,不具有国家工作人员身份的人与国家工作人员勾结,分别利用各自的职务便利,共同将本单位财物非法占为己有的,按照主犯的犯罪性质定罪"。有学者对内外勾结型骗贷行为也采取了主犯说的观点。如刘宪权教授认为,对于金融机构工作人员以非法占有为目的,与非金融机构工作人员里应外合、相互勾结,采取欺骗手段骗取贷款的,应以贷款诈骗罪共犯论处。因为在这类案件中,非金融机构工作人员一般起主要或者关键作用。[1]

张明楷教授对这个问题提出了不同的论断,其认为需要根据金融机构内部员工分类作出不同定性:[2]

第一,一般主体与金融机构负责贷款的信贷领导相互勾结,非法获取贷款的,不存在诈骗的问题。在此情形下,一般主体虽然以非法占有目的实施了欺骗行为,但是这个行为是为了掩饰权力人利用职权转移贷款的事实真相,换言之,行为人的欺骗行为并没有使得财产处分陷入认识错误,也没有因此基于认识错误处分贷款,而是在知情的情况下,配合行为人利用职权将金融机构贷款转移,此种情形不存在谁受骗的问题,无论谁起主要作用,都不能认定为贷款诈骗罪,只能认定为贪污罪或者职务侵占罪的共犯。

第二,一般主体与金融机构的信贷员或者部门审核员串通,共同欺骗负

[1] 参见刘宪权、卢勤忠:《金融犯罪理论专题研究》,复旦大学出版社2002年版,第560页。
[2] 参见张明楷:《诈骗犯罪论》,法律出版社2021年版,第701页。

责放贷的信贷领导，后者陷入认识错误并处分了财产。在这种情况下，一般主体实施的是贷款诈骗罪的实行行为，信贷业务员和审核员实施的是贪污罪或者职务侵占罪的实行行为，应当以核心角色的身份认定共同犯罪的性质，再比较各行为人所触犯罪名的法定刑轻重，进而决定是否分别定罪或者认定为重罪的共犯。

贷款申请程序复杂，内容繁多，要想定性正确，量刑适当，首先需要了解贷款申请的程序。我国贷款实行审贷分离、分级审批制度。贷款审查人员和贷款发放人员职责分离，各自承担工作责任，审查人员对贷款资料核实、评定、风险预测，贷款发放人员则对贷款的发放进行检查和清收，分别对各自工作内容承担不利责任。一般而言，贷款程序分为贷款申请、信用评估、贷款调查以及贷款审批，因为我国贷款管理实行行长（经理、主任）负责制，所以通常来说具有贷款处分权的人是行长或者其他有授权的负责信贷业务的领导。[1]

笔者认为，对于内外勾结型贷款诈骗行为的定性问题，既是共同犯罪中的共性问题，也是贷款诈骗罪的特殊问题，对此，不能一律认定为系贷款诈骗罪的共犯。

张明楷教授的观点将金融机构的工作人员依是否具有贷款处分权进行分类，金融机构外的一般主体与金融机构内部具有贷款处分权的工作人员相互串通的，一般应认定为职务侵占罪或者贪污罪，而对于金融机构外的一般主体与金融机构内部无贷款处分权的工作人员相互串通的，一般应当按照核心角色的身份认定共犯的性质。在绝大多数情况下，这个观点与司法解释认可的以主犯性质认定共同犯罪性质的观点相一致。例如，针对一般主体与金融机构负责贷款的信贷领导相互勾结，非法占有贷款的情形，从认识错误、财产处分、有无受骗等角度也可以否定以贷款诈骗罪认定共同犯罪性质的说法，而根据司法解释的观点，在这种情形下，通常也只能认定为贪污罪或者职务侵占罪的共犯。因为，起主要作用的肯定是贷款处分权人利用职务之便处分贷款的行为，金融机构外一般主体的欺诈行为只是导致贷款处分权人（行长或者授权的部门领导）之下的贷款业务员、部门审核员产生错误认识，这种错误认识并不会直接导致金融机构的损失。因此，即便依

---

〔1〕 参见施天涛：《商法学》（第 2 版），法律出版社 2004 年版，第 506 页。

据“主犯说”的观点，对于这类情况，通常也应当认定为贪污罪或者职务侵占罪的共犯。

而针对一般主体与金融机构的信贷员或者部门审核员串通，共同欺骗负责放贷的信贷领导，使后者陷入认识错误并处分了财产的行为。以核心角色认定共同犯罪的性质与依照主犯认定共同犯罪的性质的说法各有利弊，不好评价。但是，在我国对于主犯如何认定已经形成了一套较为完整的立法规定或者司法习惯，而“核心角色”的认定可能更多还是基于价值立场的主观判断，且没有法律支持和司法实践的通常做法，在实际适用上或许会存在阻碍。

另外，值得说明的是，有观点认为，一般主体与金融机构负责贷款的信贷领导相互勾结，非法获取贷款的行为不存在诈骗。这个论断的前提是，贷款处分权人是行长或者其他经过授权的部门信贷业务的领导，因为他们和金融机构外的一般主体相互串通，已经知道了一般主体的非法占有目的和欺诈手段，不存在被骗的问题。这种认定是否一定正确？可不可以认为，贷款的主体是银行或其他金融机构，实际处分权人也是金融机构本身，金融机构外的一般主体和金融机构内部的工作人员相互串通，导致金融机构产生错误认识，进而错误授权工作人员处分贷款，最终造成金融机构财产损失？尚值得研究。

三、自然人和单位共同贷款诈骗之辨

我国关于犯罪主体的规定，属于兼顾自然人和单位的二元犯罪模式，单位和自然人是不同性质的犯罪主体，二者共同实施犯罪，是否属于刑法中的共同犯罪，理论上有不同的观点。

一种观点认为，共同犯罪，是指二人以上共同故意犯罪，这里的“人”不仅包括自然人，还包括法人。市场经济的迅速发展赋予了单位不同于自然人的单位意志，单位有独立存在的基础和必要，所以，单位和自然人共同故意实施犯罪属于刑法中的共同犯罪。另一种观点认为，对于单位参与共同故意犯罪的，不应以共同犯罪论处，应当负刑事责任的，按照参与单位及个人所犯之罪分别处罚为宜。该观点还指出，在许多情况下，单位与个人、单位与单位共同故意犯罪时所触犯的罪名并不完全相同，在操作上也不便按

共同犯罪认定。[1]

单位和自然人完全可能成立共同犯罪。虽然《刑法》总则没有明确规定单位可以与自然人成立共同犯罪,但不可否认,单位与自然人共同实施犯罪的情形是客观存在的,而且共同犯罪的立法宗旨就是为了解决二人以上行为结果的归属问题。既然《刑法》分则规定了单位犯罪的情形,那么就不可避免地会出现单位和自然人一起犯罪的结果责任分配问题。与此同时,立法也对单位和自然人共同犯罪的情形予以承认。例如,全国人民代表大会常务委员会 1998 年发布的《关于惩治骗购外汇、逃汇和非法买卖外汇犯罪的决定》第 5 条规定:"海关、外汇管理部门以及金融机构、从事对外贸易经营活动的公司、企业或者其他单位的工作人员与骗购外汇或者逃汇的行为人通谋,为其提供购买外汇的有关凭证或者其他便利的,或者明知是伪造、变造的凭证和单据而售汇、付汇的,以共犯论,依照本决定从重处罚。"这说明,立法是肯定单位与自然人可以成立共同犯罪的。

如此,说明自然人和单位也可以形成犯意联络,以非法占有目的共同实施贷款诈骗行为。主观上,自然人的自由意志与单位决策机构的单位意志构成共同诈骗行为的意思联络;客观上,单位行为和自然人行为相互配合,分工合作,共同致力于实现诈骗贷款的目的,对结果实现均具有物理上的或者心理上的因果力。此处的自然人不能是单位内部的成员,如果是单位内部的人员与单位共同实施贷款诈骗行为,作为单位犯罪内部的直接责任人员处置即可,而不是自然人与单位的共同行为。

需要注意的是,共同犯罪是不法形态,以不法为中心。判断是否属于共同犯罪案件时,应当首先从不法层面考虑是否成立共同犯罪,然后从责任层面个别判断各参与人是否具有责任以及具有何种责任。换言之,共同犯罪不需要所有的参与人都齐备同一罪名的犯罪构成,只需要具备共同的不法。对于单位和自然人共同实施贷款诈骗的行为,由于刑法和有关司法解释对于自然人贷款诈骗行为和单位贷款诈骗行为在定罪上各有其具体规定,所以应当分别定罪。参与贷款诈骗的单位因不符合贷款诈骗罪的犯罪主体条件要求,所以只能将单位的犯罪行为认定为合同诈骗罪,而将自然人的贷款诈骗行为认定为贷款诈骗罪即可。另外,由于单位犯罪与自然人犯罪的入

---

〔1〕 参见何泽宏:《单位犯罪研究》,载《现代法学》1998 年第 1 期。

罪金额及不同刑档对应的金额都不一样,单位犯罪对应的金额可能数额更大,因此需要结合单位和自然人在共同犯罪中的作用,注意自然人以贷款诈骗罪判处的刑罚与单位中以合同诈骗罪判处主管人员和其他直接责任人员的刑罚相平衡,使之量刑适当,罪刑均衡。[1]

---

〔1〕 参见黄祥青:《刑法适用要点解析》,人民法院出版社 2011 年版,第 79 ~ 81 页。

第三章 票据诈骗罪

◇ 第一节 票据诈骗罪概述

一、本罪的立法沿革及依据

票据诈骗犯罪随着票据制度的建立而产生,同时随着票据制度的发展而变化发展。在日常经济活动中,人们出于保障自己利益的需要,一般都要求对方先行或者同时履行义务,由此可能导致许多经济活动无法顺利进行。随着市场经济的建立和发展,仅以货币作为经济活动支付手段已不能适应当今商业社会发展的需要,权利交付和货币支付相分离的问题亟须解决,于是票据作为一种信用支付手段应运而生。

(一)票据制度的沿革及特点

中国共产党第十一届三中全会后,我国开始了金融体制的重大改革,建立票据制度作为其中的一项重要内容随之开展。1981 年,经中国人民银行批准,上海、辽宁和四川等省市开始尝试票据承兑贴现业务;1984 年,中国人民银行发布《商业汇票承兑、贴现暂行办法》,规定在全国商业银行范围内开展汇票承兑贴现业务;1987 年,中国人民银行、中国工商银行、中国银行、中国人民建设银行联合发布了《华东三省一市票汇结算试行办法》;1988 年,中国人民银行颁布《银行结算办法》,全面推广使用银行汇票、商业汇票、银行本票、支票,同时规定允许个人使用支票;1995 年,第八届全国人民代表大会常务委员会第十三次会议讨论通过了《票据法》,于 1996 年 1 月 1 日施行;

1997年,中国人民银行废止《银行结算办法》,颁布实施《支付结算办法》。随着票据法律制度不断完善,我国的票据制度开始逐渐确立。

根据2004年修正的《票据法》的规定,票据是出票人依法发行的,由自己无条件支付或委托他人无条件支付的有价证券。在法律上票据有广义和狭义之分。狭义的票据仅指汇票、本票、支票。我国《票据法》第2条第2款规定:"本法所称票据,是指汇票、本票和支票。"广义的票据是指能使财产分化并具有支付功能的所有证券,除了汇票、本票、支票外,还包括发票、提单、保函、汇款凭证、银行存单等,《刑法》在认定票据诈骗犯罪过程中采用的是狭义的票据概念。

在票据制度上,票据在法律上具有属于完全的有价证券、货币证券、要式证券、文义证券、无因证券、流通证券等特征,而票据具有的这些法律特征也决定了票据在市场经济活动中具有重要的作用和功能。

(二)票据的经济作用

以票据为信用支付工具既无须货币直接介入,确保资金的安全周转,又可以保证经济活动顺利进行,促进交易的顺利进行。目前,票据已从商业票据发展到商业票据和银行票据并存。可以说,票据在商品经济中所起的作用越来越大,已经成为当今社会经济活动中必不可少的金融工具,以高效安全的特点发挥着加速资金周转与促进商品流通的重要作用。在经济活动中,票据所发挥的主要作用有四种[1]:

1. 支付手段。票据最简单、最基础的作用就是支付手段,代替货币现金使用,如汇票的汇兑、支票的签发等。而随着信息技术的不断发展,信息时代各种新型电子支付手段的出现和发展,在一定程度上减弱了票据的支付手段作用,也给一些票据行为的司法认定带来难题。

2. 信用手段。现代商业贸易的不断发展离不开社会信用体系的持续完善,票据作为现代经济活动产物,作为支付手段的同时,也是重要的信用手段,如远期票据的使用、票据的背书、票据的担保等行为,都是票据信用手段的体现。

3. 结算手段。利用票据进行债权债务的结算,也是票据的一种重要作用,尤其是复杂的商业结算过程,都是通过现代的票据交换制度进行的。现

---

〔1〕 参见谢怀栻:《票据法概论》(增订2版),法律出版社2017年版,第22页。

代各国都广泛实行票据交换制度，不仅在同一个城市设立票据交换中心，国际也在各贸易中心设立票据交换中心，利用票据的结算功能进行国际商业结算。

4. 融资手段。票据的融资功能主要通过票据贴现制度来实现，也就是票据持有人通过买卖交付未到期票据以实现资金周转调度，目前主要由银行金融机构经营票据贴现业务。票据的贴现融资作用，使得资金周转灵活，商品经济更加便捷、发达。

正是由于具有支付、信用、结算、融资等作用，票据已成为现代经济生活中必不可少的信用支付工具，极大地促进了商品交易流通，同时正因为票据在经济活动中的巨大价值，票据也成为不法分子利用的违法犯罪工具，用以实施各类危害市场经济、金融秩序，侵害合法财产权的违法犯罪行为。因此，为了保证票据制度正常运行，各国和地区都将严重的票据欺诈行为规定为犯罪，并用刑法予以规制。

（三）票据诈骗罪的立法沿革

在改革开放前，由于我国长期实行计划经济体制，财政信贷管理制度高度集中，在信用上取消了商业信用，集信用于国家银行。在结算上取消了多种结算方式及流通工具，实行服务于指令性计划的几种固定结算方式。票据作为结算工具，仅用于同城结算，而且仅限于支票，在国内取消了汇票和本票，汇票的使用仅限于国际贸易。因此，与票据有关的犯罪，特别是票据诈骗罪也无从谈起。在这种背景下，我国1979年《刑法》未将票据诈骗罪独立设罪，涉及票据犯罪的规定只有伪造支票的犯罪，并将其规定在伪造有价证券罪之中。

1979年《刑法》第123条规定："伪造支票、股票或者其他有价证券的，处七年以下有期徒刑，可以并处罚金。"因此，在较长一段时期内，我国司法实践中出现的票据诈骗犯罪，除部分按照伪造有价证券罪定罪处罚外，其余只能以诈骗罪定罪处罚。

随着改革开放不断深入，我国票据制度逐步建立和完善，而票据诈骗犯罪也随之不断滋生和日益严重。自1983年开始实行票据结算制度以来，票据诈骗行为逐渐成为票据信用交易最严重的障碍，由于此类犯罪往往具有手法隐蔽、形式复杂、涉案金额巨大等特点，严重扰乱了我国的金融管理秩序。根据《票据法》第102条的规定，有下列票据欺诈行为之一的，依法追究刑事责任:(1)伪造、变造票据的;(2)故意使用伪造、变造的票据的;(3)签发空头支票或者故意签发与其预留的本名签名式样或者印鉴不符的支票,骗取财物的;(4)签发无可靠资金来源的汇票、本票,骗取资金的;(5)汇票、本票的出票人在出票时作虚假记载,骗取财物的;(6)冒用他人票据,或者故意使用过期或者作废的票据,骗取财物的;(7)付款人同出票人、持票人恶意串通,实施前六项所列行为之一的。然而,《票据法》的规定从性质上讲属于附属刑法规范,它的适用还依赖于刑事法律的配套与落实。

因此,为了适应市场经济的发展和在新形势下进一步保障国家金融秩序的实际需要,同时加大打击金融犯罪的力度,立法机关对破坏金融秩序的犯罪进行了修改和补充。1995 年 6 月 30 日,全国人民代表大会常务委员会通过了《惩治金融犯罪的决定》,其中第 12 条第 1 款列举了以下几种票据诈骗行为:(1)明知是伪造、变造的汇票、本票、支票而使用的:(2)明知是作废的汇票、本票、支票而使用的;(3)冒用他人的汇票、本票、支票的;(4)签发空头支票或者与其预留印鉴不符的支票,骗取财物的;(5)汇票、本票的出票人签发无资金保证的汇票、本票或者在出票时作虚假记载,骗取财物的。第 2 款规定,使用伪造、变造的委托收款凭证、汇款凭证、银行存单等其他银行结算凭证的,依照前款的规定处罚。在量刑幅度,《惩治金融犯罪的决定》规定了三个量刑幅度:(1)数额较大的,处 5 年以下有期徒刑或者拘役,并处 2 万元以上 20 万元以下罚金;(2)数额巨大或者有其他严重情节的,处 5 年以上 10 年以下有期徒刑,并处 5 万元以上 50 万元以下罚金;(3)数额特别巨大或者有其他特别严重情节的,处 10 年以上有期徒刑、无期徒刑或者死刑,并处没收财产。从犯罪的主体看,规定了单位犯罪,《惩治金融犯罪的决定》第 12 条第 3 款规定,单位犯前两款罪的,对单位判处罚金,并对直接负责的主管人员和其他直接责任人员,依照第 1 款的规定处罚。

1997 年《刑法》正式颁布后,将票据诈骗罪设为独立犯罪,同时在吸收上述《惩治金融犯罪的决定》第 12 条规定列举的 5 种票据诈骗行为的基础上,进一步完善:一是删除了本条中关于死刑的规定,将本节金融诈骗犯罪的有关死刑规定作为《刑法》第 199 条统一规范;二是将第三档财产刑“并处没收财产”修改为“并处五万元以上五十万元以下罚金或者没收财产”,以解决实践中出现的财产刑衔接不畅、第三档法定刑附加刑过重的问题;三是删除了单位犯前款罪的处罚规定,将本条金融诈骗犯罪中关于单位犯罪的规定于

《刑法》第200条中统一规定。随后在《刑法修正案(八)》中,为适应全球金融市场法治实践的趋势,进一步取消了票据诈骗罪的死刑。

二、本罪的基本构成特征

根据《刑法》第194条第1款的规定:"有下列情形之一,进行金融票据诈骗活动,数额较大的,处五年以下有期徒刑或者拘役,并处二万元以上二十万元以下罚金;数额巨大或者有其他严重情节的,处五年以上十年以下有期徒刑,并处五万元以上五十万元以下罚金;数额特别巨大或者有其他特别严重情节的,处十年以上有期徒刑或者无期徒刑,并处五万元以上五十万元以下罚金或者没收财产:(一)明知是伪造、变造的汇票、本票、支票而使用的;(二)明知是作废的汇票、本票、支票而使用的;(三)冒用他人的汇票、本票、支票的;(四)签发空头支票或者与其预留印鉴不符的支票,骗取财物的;(五)汇票、本票的出票人签发无资金保证的汇票、本票或者在出票时作虚假记载,骗取财物的。"

根据上述规定,票据诈骗罪,是指用虚构事实或者隐瞒真相的诈骗方法,利用金融票据骗取公私财物,数额较大的行为。该罪名的基本特征如下:

(一)保护法益特征

根据票据诈骗罪在《刑法》中的体例位置及其基本概念可知,其所侵犯的客体为复杂客体,即国家对金融票据的管理秩序和公私财产所有权。对此,理论和实务中的认识基本一致。

(二)行为主体特征

根据《刑法》第194条的规定,票据诈骗罪的主体是复合主体,自然人和单位均可构成。另外需要注意的是,在规定的五种行为中,前三种行为,即"明知是伪造、变造的汇票、本票、支票而使用""明知是作废的汇票、本票、支票而使用""冒用他人的汇票、本票、支票"的主体是一般主体,而后两种行为的主体是特殊主体;其中"签发空头支票或者与其预留印鉴不符的支票,骗取财物"的行为主体是支票的出票人,"签发无资金保证的汇票、本票或者在出票时作虚假记载,骗取财物"的行为主体是汇票、本票的出票人。

(三)客观行为特征

票据诈骗罪在客观行为方面表现为利用金融票据进行诈骗活动,数额较大的行为。由于票据犯罪行为样态繁多,在理论上,有学者根据刑法关于票据犯罪相关规定的行为特征将之归纳为 9 种行为样态〔1〕,具体如下:(1)伪造票据行为,是指对真实有效票据进行非法印制和非法填制的行为;(2)变造票据行为,是指对真实有效票据进行非法改制的行为;(3)使用违法票据行为,是指将伪造的票据、变造的票据或作废的票据等违法票据当作合法票据进行使用,以非法获得他人财产的行为;(4)冒用他人票据行为,是指非票据权利人假冒票据权利人使用其票据诈骗其财产的行为;(5)违法签发票据行为,是指票据权利人违反票据法律规定,签发欺诈性票据的行为,包括签发空头票据行为以及进行虚假记载行为;(6)非法出具票据行为,是指银行或者其他金融机构工作人员违反票据法律规定出具银行汇票、银行本票以及定额支票的行为;(7)承兑违法票据行为,是指银行或者其他金融机构及其工作人员违反票据法律规定,对不符合承兑条件的银行票据进行承兑的行为;(8)对违法票据付款的行为,是指银行或者其他金融机构工作人员违反票据法律规定,对不符合付款条件的票据进行付款的行为;(9)对违法票据保证的行为,是指银行或者其他金融机构工作人员违反票据法律,对于不能保证的票据予以保证的行为。以上对票据诈骗行为样态的归纳,具有合理性。从刑事司法实践来看,票据诈骗行为方式主要为上述第三、四、五种行为样态。

(四)犯罪主观特征

票据诈骗罪属于故意犯罪,在主观方面特征通常表现为直接故意,并要求具有非法占有目的。

第二节 票据诈骗罪客观行为的争议问题分析

在票据诈骗罪的客观行为规范中,由于其行为类型多样,理论上对不同行为方式的理解和认定存在较大的争议,因此有必要对相关争议问题进行分析梳理,以助对相关票据诈骗案件的准确认定处理。

〔1〕 参见刘华:《票据犯罪研究》,中国检察出版社 2001 年版,第 83 页。

一、关于"使用"的规范理解

(一)理论纷争:是否包括间接使用行为

"使用"作为一般常用概念,通常无解释的必要,但是作为票据诈骗中的一种行为方式,却有必要予以专门界定。在票据诈骗犯罪中,票据往往作为犯罪工具出现,行为人通过对金融票据的使用来实现骗取财物目的,因此票据诈骗的核心行为在于"使用"。在刑法理论上,对于"使用"的含义存在诸多不同理解。

第一种观点认为,这里的使用,既包括直接利用上述票据骗取财物,也包括利用上述票据充作抵押或者其他交易的筹码骗取财物。[1]

第二种观点认为,在本罪的立法以及其他金融诈骗罪的立法都缺乏明确性的情况下,本罪所谓"使用"应通过司法解释限定在"直接使用"的范围内,而不包括利用上述票据作为担保骗取他人财物的情形。以虚假票据作为虚假的产权证明提供担保的,不能以票据诈骗罪论处,只能以实际侵犯的经济关系的性质和特征,结合具体情况分析认定。例如,以虚假票据作为虚假的产权证明为经济合同提供担保的,以合同诈骗罪定罪;以虚假票据作为产权证明文件进行担保诈骗银行贷款的,应以贷款诈骗罪论处。[2]

第三种观点认为,所谓使用,是指行为人将虚假的票据交付给他人,并获得他人对价的行为。对价必须是交付虚假票据后直接获得的。行为人将虚假票据用作权利凭证,如作为合同担保或贷款担保等,行为人不是利用虚假的票据直接获取虚假票据设定的利益的,使用虚假票据的行为成为合同诈骗罪或贷款诈骗罪等的手段行为,应以票据诈骗罪与合同诈骗罪或贷款诈骗罪等犯罪中的重罪从重处罚。[3]

以上主要争议点在于票据诈骗罪中的"使用"行为是否包括间接使用行为,即对于"使用"的理解是否包括使用票据用于质押、担保,或者虚假背书转让等行为?

根据前述票据在现代市场经济活动中具有的支付、信用、结算、融资等

---

〔1〕 参见马克昌主编:《经济犯罪新论——破坏社会主义市场经济秩序罪研究》,武汉大学出版社1998年版,第361页。

〔2〕 参见田宏杰:《票据诈骗罪客观行为特征研究》,载《中国人民公安大学学报》2003年第3期。

〔3〕 参见王晨:《票据诈骗罪定性问题研究》,载《法律适用(国家法官学院学报)》2002年第12期。

功能和作用,票据诈骗将票据作为犯罪工具,其“使用”应理解为按照票据的功能及通常使用方式予以利用的行为,无须笼统地以直接使用或者间接使用予以区别,只要是以利用票据获取经济利益为目的,通过票据承兑、转让、质押、贴现等通常方式企图实现非法票据价值的行为,都可认定为本罪中的“使用”。“使用”的本质是侵害了国家对金融票据的管理秩序。

其中,将票据质押给银行等金融机构用于贷款的,同样属于票据行为,因为票据质押关系的成立同样需要背书记载后交付银行,将伪造或者变造票据用于质押贷款,同样侵害了票据的信用价值,侵犯了本罪所保护的金融票据管理秩序,同样构成票据诈骗罪,与贷款诈骗罪的成立存在竞合关系。由此,对于将伪造票据作虚假背书转让的行为是否属于票据诈骗的“使用”行为的理论争议也能够进一步厘清,即以伪造票据作虚假背书转让行为理应属于票据诈骗罪中的使用行为。在金融活动中,票据转让一般采用背书形式,而根据票据法律基础知识,在真实的票据上冒用票据当事人进行背书属于背书伪造行为。但是,这种伪造行为仅针对背书而言,在刑法中被列入“冒用”的范围而并没有被列入“伪造”的范围。《刑法》对伪造、变造票据的行为专门设立了伪造、变造金融票证罪,但这一罪状中所指的伪造、变造行为,仅指对票据本身的伪造或变造,并没有将伪造背书的行为归入其中。在这种情况下,行为人对背书的伪造、变造是以实际存在伪造、变造的票据为前提的,相关的背书伪造、变造事实上是对伪造、变造票据的实际使用。因此,从理论上分析,应该将虚假背书行为认定为票据诈骗罪的使用行为。

(二)实践参考:常见的“使用”行为归纳

综上所述,根据票据在经济活动中的通常使用方式和功能作用,结合票据诈骗罪所保护的金融票据管理秩序之法益本质特征,票据诈骗罪的常见“使用”行为主要有以下几种:(1)使用伪造、变造的票据汇兑,行为人利用伪造、变造的汇票让银行或交易所向自己支付一定金额的货币。(2)利用票据的信用功能骗取财物。(3)使用伪造、变造的票据支付货款以骗取财物,行为人在交易时以伪造的支票支付货款。(4)转让伪造、变造的票据,行为人将伪造的票据冒充真实有效的票据“背书”后转让给他人,从而骗取对价。(5)使用伪造、变造的票据结算,行为人用伪造、变造的票据通过银行抵销自己的债务。(6)使用伪造、变造的票据融资,行为人将伪造或变造的未到期的票据,通过贴现方式向银行申请贴现以骗取资金。

二、“伪造”“变造”票据的认定

(一)“伪造”的认定

在刑法理论中,“伪造”这一概念具有不同含义。有学者将“伪造”的概念分为广义的伪造和狭义的伪造。其中最广义的伪造,是指伪造、变造文书、制作虚假文书以及使用伪造、变造或制作虚假文书的一切行为。广义的伪造,是指伪造、变造文书与制作虚假文书的行为,即只是不包含最广义的伪造中的使用行为。这个意义上的伪造包括有形伪造与无形伪造。有形伪造,是指没有制作权限的人制作他人名义的文书;无形伪造,是指具有制作权限的人制作违反真实内容的文书。其中,有形伪造也包括了有形变造,无形伪造包括了无形变造。狭义的伪造,仅指广义伪造中的有形伪造,即没有制作权限的人伪造或者变造他人名义的文书的行为。最狭义的伪造,则是指不包括变造的有形伪造行为。[1]

也有学者将我国刑法所规定的“伪造”行为分为形式伪造和内容伪造两种。所谓形式伪造,是指对有价证券或者文书证件外观形式的非法仿制;所谓内容伪造,则是指对有价证券或者文书证件实质内容的非法填写。[2] 而关于伪造票据行为中的伪造是形式伪造还是内容伪造,理论界和实务界争议较大,具有代表性的观点主要有以下几种:

第一种观点认为,票据伪造,是指行为人仿照真实的票据形式、图案、样式、质地,通过印刷、复印、绘制等手法,非法制作票据的行为。[3] 第二种观点认为,刑法上的票据伪造包括外观上的非法仿制和内容上的非法填制行为。[4] 第三种观点认为,票据伪造,是指依照真实的汇票、本票或者支票的形式、图案、颜色、格式等通过印刷、复印、拓印、绘制等制作方法非法制造票据的行为,或者假冒他人的名义在票据上为一定票据行为的行为。[5]

上述观点实际上是从不同侧面对票据“伪造”下了定义,只是各有侧重,

---

〔1〕 参见张明楷:《罪刑法定与刑法解释》,北京大学出版社 2009 年版,第 214 页。

〔2〕 参见刘宪权:《伪造、变造金融票证罪疑难问题刑法分析》,载《法学》2008 年第 2 期。

〔3〕 参见郎胜主编:《关于惩治破坏金融秩序犯罪的决定(释义)》,中国计划出版社 1995 年版,第 74 页。

〔4〕 参见刘华:《票据诈骗犯罪若干问题研究》,载《政治与法律》2000 年第 6 期。

〔5〕 参见王作富主编:《刑法分则实务研究》(第 4 版),中国方正出版社 2010 年版,第 575 页。

有的侧重于票据形式的伪造,有的侧重于票据内容的伪造。从票据伪造的实质来看,票据的伪造,是指行为人假冒他人在票据上为一定的票据行为,包括出票、承兑、背书,以及保证等票据行为;票据伪造,是指票据内容的伪造,即伪造他人签章、签名。虽然票据的伪造可能存在票据外观形式的伪造情况,但倘若仅仅伪造出了票据的形状、色彩、图案等外观形态,只能说是票据用纸的伪造,本质上不可能带来票据权利。这种情况下的伪造,尚未形成有价证券,因而也不能认为是刑法上的票据伪造。而只有在票据用纸上进行记载,完成签章、签名,才能认为是伪造了票据。

在《票据法》上,票据属于设权证券,即已经设定了权利的证券。因此,票据行为当然应该只包括能设定权利的内容伪造,而不能包括仅仅只是非法制造票据用纸的形式伪造。此外,需要指出的是,这里所谓的票据内容伪造,《票据法》在程度上并无要求,即在伪造票据时,对于相关的记载事项填写是否完整,并不影响票据行为性质的认定。不管是记载事项完整的伪造票据,还是记载事项欠缺的伪造票据,只要行为人将其作为真实有效票据,均可认定为伪造票据。

综上所述,票据伪造,是指以行使票据上的权利义务为目的,假冒他人名义或者以虚无人名义而实施的相关票据行为。票据伪造的成立应具备三个要件:(1)必须是伪造者实施相关票据行为,即符合票据行为的形式要件,伪造出票、背书、承诺、参与承诺、保证等行为都是伪造票据的行为;(2)必须是假冒他人包括虚无人的名义伪造票据行为,伪造者假冒他人名义,既可以是假冒出票人,也可以是假冒背书人、承兑人、参加承兑人或保证人等;(3)必须是以获取票据权利或造成他人承担票据义务为目的。

(二)"变造"的认定

一般认为,所谓变造金融票据,是指行为人针对真的汇票、本票、支票等金融票据,采取挖补、拼接、翻凑、涂改等方法进行加工处理,制造数量更多或票面价值更大的金融票据。变造必须以真正的金融票据为基础。在理论上,对于票据变造的内涵存在不同观点。有观点认为,票据的变造,是指以行使票据权利义务为目的,没有变更权限的人变更票据上除签章之外的其他记载事项的违法行为。[1] 还有观点认为,票据变造,是指无票据记载事项

〔1〕 参见王小能编著:《票据法教程》(第2版),北京大学出版社2001年版,第94页。

变更权限的人，对票据上记载事项加以变更，从而使票据法律关系的内容发生变化。票据变造的对象仅限于票据记载，而不包括签章。[1] 也有观点认为，票据变造，是指在有效票据上非法变更签章以外的记载事项的行为。票据变造要求该票据在变造之前必须为形式上的有效票据，在变造后仍须为形式的有效票据。[2]

对比上述几种观点可知，主要分歧在于票据变造是否以行使票据权利为目的，以及票据变造是否以票据在形式上为有效票据为前提。

首先，《票据法》并未对票据变造作主观要件上的特别要求，即无论变造人是故意还是过失，也无论变造人有无行使票据权利的目的，只要在客观上使票据记载变更，都不妨碍变造的发生。但这并不意味着我国《刑法》中对变造票据没有主观上的要求，从我国《刑法》的规定看，无论是伪造、变造金融票证罪还是票据诈骗罪，均为故意犯罪，而且从法理上分析，这种故意应该是直接故意，故依据我国《刑法》的规定，变造票据的行为人主观上应该以行使票据权利为目的。其次，从《票据法》的规定及票据原理分析，票据变造并不要求票据在变造前必须是形式上有效的票据。票据变造并不仅限于票据记载变更前后票据均为形式上有效，由于票据记载的变动，使无效票据转化为有效票据，或者有效票据转变为无效票据，都属于票据变造。

综上所述，票据的变造，是指没有变更权限的人以使票据权利得以行使为目的，变更票据上记载的除签名之外的有关事项的行为。票据变造的成立要件主要有：(1)必须是没有变更权限的人所为，如果是有变更权的人所为的变更行为，则不构成票据变造。(2)必须是变更除票据签名以外的其他事项的行为。依据《票据法》相关原理，变更票据签名属于票据的伪造行为。严格地讲，变更票据事项的行为应足以使票据权利的内容发生变化，才能称为票据的变造。(3)必须是以行使票据为目的。如果变更人不以行使为目的，而只是留作纪念或供他人鉴赏之用，由于该被变更的票据不可能进入市场交易环节，不可能损害具体市场秩序和他人的财产法益，故不属于变造。

---

〔1〕 参见赵新华主编：《票据法问题研究》，法律出版社 2002 年版，第 372 页。

〔2〕 参见韩晓峰：《票据诈骗罪客体及客观方面研究》，载《中国刑事法杂志》2001 年第 3 期。

三、"作废"票据的范围

关于作废票据的范围与内涵,理论上存在诸多不同观点。有观点认为,作废的票据,是指根据法律和有关规定不能使用的金融票据,既包括《票据法》规定的过期票据,也包括无效及被依法宣布作废的票据。[1] 还有观点认为,所谓作废的票据,是指按照票据法律法规的规定不能使用的票据,包括已经实现付款请求权的票据、《票据法》规定的无效票据、银行宣布停止使用的票据和超过票据权利时效的过期票据四类。[2] 也有观点认为,作废的票据主要包括以下几种:(1)无效的票据;(2)过期票据;(3)破产、倒闭、解散或被依法撤销的企业的本应及时上缴但因种种原因而未被及时上缴或销毁,继续存留在有关人员手中的支票等;(4)银行等金融机构根据国家规定予以作废的票据,如国家规定更换票据版本,而不得再使用的旧的票据;(5)依《民事诉讼法》的公示催告程序作出除权判决的票据。[3]

综合上述不同观点,对于票据诈骗罪中的"作废"票据的范围与内涵争议主要集中在以下几个问题:

(一)无效票据:不属于作废票据

我国《票据法》并未明确规定无效票据的具体含义,但规定了各种无效票据的情形,如《票据法》第 8 条规定:"票据金额以中文大写和数码同时记载,二者必须一致,二者不一致的,票据无效。"第 9 条第 2 款规定:"票据金额、日期、收款人名称不得更改,更改的票据无效。"《票据法》第 22 条、第 75 条、第 84 条则分别规定了汇票、本票、支票必须记载的事项,未记载的票据自始无效。从一般意义上讲,所谓无效票据,主要是指那些不能发生法律效力的票据。据此而言,无效票据从实质上分析并不是真正的票据,它们不能作为票据权利的载体,实际上只能作为可记载一定内容的普通票据用纸而存在。换言之,如果一份票据有效,那么它就是作为有价证券的票据,可以依其行使票据权利;如果该票据以后失效了,则应视为作废的票据。但是,一份"票据"如果从一开始就是无效的,那么它就根本不是法律意义上的票据,

[1] 参见孙军工:《金融诈骗罪》,中国公安大学出版社 2003 年版,第 74 页。
[2] 参见刘华:《票据犯罪研究》,中国检察出版社 2001 年版,第 174 页。
[3] 参见王作富主编:《刑法分则实务研究》(第 4 版),中国方正出版社 2010 年版,第 576 页。

当然不能依其行使任何票据权利。正是因为无效票据从一开始就不是票据,所以,无效票据也就不可能成为票据诈骗罪中的作废票据。

(二)过期票据:属于作废票据

过期票据,是指因超过法定的票据时效期限,致使票据权利在法律上宣告消灭的票据。首先,此问题的产生是因《刑法》与《票据法》立法之间的冲突与不协调所致。根据前述票据诈骗罪的立法沿革过程,1995 年全国人民代表大会常务委员会《惩治金融犯罪的决定》确立本罪时,《票据法》尚未生效,立法者使用了"明知是作废的汇票、本票、支票而使用"的表述,其后生效的《票据法》第 102 条明确规定"有下列票据欺诈行为之一的,依法追究刑事责任:……(六)冒用他人的票据,或者故意使用过期或者作废的票据,骗取财物的……"这显然将"过期"和"作废"分开规定。但是,1997 年《刑法》修订时未参照《票据法》将"过期"和"作废"分开规定。从刑法立法原意分析,显然应该将《票据法》规定要追究刑事责任的"使用过期票据"的行为归入"使用作废的票据"的行为当中,这样既解决了《刑法》与《票据法》不协调的问题,又符合人们习惯上将过期票据等同于作废票据的观念。其次,所谓过期的票据,是指因超过法定的票据时效期限而致票据权利在法律上宣告消灭的票据。由于过期的票据实际上存在票据权利设定的情况,即客观上存在从有效到失效的过程,因此,不能将过期的票据解释成票据用纸。《票据法》第 18 条规定:"持票人因超过票据权利时效或者因票据记载事项欠缺而丧失票据权利的,仍享有民事权利,可以请求出票人或者承兑人返还其与未支付的票据金额相当的利益。"过期票据本身并无任何权利,更不可能合法使用,如果对其加以使用,当然可以构成票据诈骗罪。

(三)作废票据的判断标准:票据权利存在从有效到失效的过程

票据诈骗罪中,判断是否为作废票据的标准在于票据是否存在票据权利从有效到失效的过程,这也是作废的票据与伪造的票据、无效的票据最主要的区别。作废的票据存在票据权利从有效到失效的过程,而伪造的票据、无效的票据则不存在票据权利有效的前提。在票据用纸上虚假设立票据权利而成的票据,只能视为伪造的票据而不能视为作废的票据。以此为标准,以下两种票据应认定为作废的票据:(1)已实现付款请求权的票据。因票据债务履行,票据权利实现,票据所代表的债权债务关系消灭而失去效力,其本身存在从有效到失效的过程,因而当然属于作废的票据。(2)由法院作出除权判决的票据。所谓除权判决,是指在票据丢失或者被盗的情况下,由票据权利人向法院提出申请宣布该票据无效,以便行使票据权利,法院经过一定的期限,在没有利害关系人申报权利的情况下,作出的宣布该票据无效的判决。除权判决在本质上是宣告票据权利与票据本身相分离,使票据失去效力的判决,票据权利人因此便可持该判决行使原本应凭票据而行使的票据权利。也就是说,除权判决使该票据上所记载的票据权利消灭。这一过程也显然符合票据权利从有效到失效的要求,因此,该票据属于作废票据。

四、"冒用"他人票据的认定

冒用他人票据,是指行为人擅自以合法持票人的名义,支配、使用、转让自己不具备支配权利的他人所有的汇票、本票、支票的行为。票据作为一种有价证券,是完全的有价证券,即票据权利的产生、转让与交付都以票据的存在为必要。票据权利和票据是不可分割的,出票人依法交付票据时,持票人即取得了票据权利。当然,基于票据权利和票据的不可分割性,如果以窃取或其他途径取得他人的票据,如代为保管或者拾得他人遗失的票据,也存在冒充合法的持有人享有票据权利的可能。

(一)冒用他人票据的含义及特征

在理论上,对何为冒用他人票据有不同观点:其一,冒用他人票据,是指行为人擅自以合法持票人的名义,支配、使用、转让自己无权支配的合法持票人的票据的行为;其二,冒用是指无权利人在缺乏法律依据或者没有得到他人授权的情况下,利用真正票据权利人的票据,获取资金和商品等财物的行为;其三,冒用票据行为,是指非票据权利人假冒票据权利人,行使其票据权利骗取财产的行为。[1]

综合上述观点,学者们对于冒用的特征在于假冒票据权利人的身份、擅自利用权利人的名义之观点基本一致,对于假冒后的"使用"行为,存在不一致的理解。而根据通常理解,冒用他人票据的行为具有如下特征:

第一,冒用的前提是有他人票据的存在,且"他人票据"必须是真实、有效的票据,即票据已被他人通过文字记载了票据权利,否则就失去了冒用的前提。这里所说的他人真实有效的票据,是以冒用者的主观认识为标准,而

---

〔1〕 参见李文燕主编:《金融诈骗犯罪研究》,中国人民公安大学出版社2002年版,第141页。

不是以他人票据的实际情况为根据。只要冒用者主观上认为他人的票据是真实、有效的票据,并实施了冒用行为,就可构成冒用型票据诈骗罪,至于票据实际情况如何,不影响对冒用行为的定性。

第二,冒用他人票据的行为的突出表现是行为人在他人不知道的情况下,以他人的名义行使票据权利。

第三,票据诈骗罪的本质特征在于通过实施诈骗行为侵犯权利人的票据权利,这集中反映在对他人票据权利的滥用。因此,冒用他人票据中的"用"应以"行使票据权利"解释为宜。

这里需要指出的是,冒用票据行为与伪造票据行为的最主要区别在于行为针对的是票据还是票据权利。如果在他人票据上进行非法记载,则有可能同时构成伪造或者变造金融票证罪;如果将他人票据作为财产凭证直接交由他人用以偿还债务,则是冒用他人票据。因为前者行为人在他人的票据上设立了虚假的票据权利,而后者行为人则是滥用了他人的票据权利。

(二)冒用行为与对象的认定

1. 冒用行为的类型

正是由于冒用行为的本质特征在于假冒权利人行使票据权利,冒用只能表现为两种类型:假冒权利人行使票据权利,或者假冒票据权利代理人行使票据权利。

2. 冒用包括行为人假冒权利人的名义背书转让的行为

因为在这种情况下,行为人假冒票据权利人背书转让的票据实际上已经设立了票据权利,即属于他人真实、有效的票据,行为人背书转让行为显然只是行使票据权利的方式,因此,以冒用他人的票据行为定性较为合理。

3. 冒用"他人票据"包括死亡人的票据

对于冒用死亡人的票据是否构成冒用型票据诈骗罪的问题,理论上和实践中存在争议。有学者认为,对于冒用他人票据,《刑法》并没有规定他人的生命状况,而是强调被冒用人是票据权利人,所以在理论上应该包括有生命的票据权利人和无生命的票据权利人。[1] 也有学者认为,票据行为作为一种商事行为,尽管有不同于一般民事行为的特殊之处,但有一点却是共同的,即只要是参与票据行为的当事人,都必须具有票据权利能力和票据行为

---

〔1〕 参见刘华:《票据犯罪研究》,中国检察出版社2001年版,第186页。

能力。票据权利能力始于自然人的出生,终于自然人的死亡。由此,一个死亡人的票据权利自其生命终结之时已经不再属于该死亡人,而是自然转归其财产继承人。冒用死亡人的支票,对于冒用票据行为的认定的确不产生影响,但是此时被冒用的票据权利人并非死亡人,而是死亡人的权利继承人。[1]

根据票据权利转移的特点,冒用死亡人的票据同样也可以构成冒用型票据诈骗罪。从民商法角度分析,在票据权利人死亡后,确实可能存在票据权利的转移问题。但是,这种票据权利的转移并不等同于票据权利的消失,且这种票据权利的转移并不能改变冒用者所冒用的票据仍然是他人真实、有效票据的性质。因此,行为人冒用死亡人票据的行为本质上还是对他人票据权利的滥用。至于此时的他人是指死亡人还是指其继承人,应属于民商法而非刑法考虑的问题。从刑法角度分析,相对于冒用者而言,无论是死亡人还是死亡人的继承人均属于"他人"的范畴,只要是冒用他人真实、有效的票据,就可构成冒用型票据诈骗罪。

五、对"印鉴"的扩大解释

通常而言,《刑法》第194条规定的票据诈骗罪的第四项客观行为中所谓签发与其预留印鉴不符的支票,是指票据签发人在其签发的支票上加盖与其预留于银行或者其他金融机构处的印鉴不一致的财务公章或者支票签发人的名章。然而,《刑法》条文仅规定了"印鉴"不符行为,并未明确规定"签名"或者"签名及盖章"不符行为,因此,行为人签发与其预留签名不符的支票骗取财物的行为,是否属于"签发与其预留印鉴不符的支票",存在争议。

笔者认为,在没有作出立法修改或者司法解释将"预留本名的签名式样"归入"预留的印鉴"前,对法条进行扩大解释,即对印鉴作扩大解释使之包括签名式样,是当前解决立法缺漏、实现法秩序统一的主要办法。

根据严格的罪刑法定原则立场,有观点指出:"我国刑法只将签发与其预留印鉴不符的行为规定为票据诈骗罪的一种行为表现形式,而签发与其预留签名式样不符合的行为,则未作任何规定。从严格的罪刑法定原则的

---

〔1〕 参见田宏杰:《票据诈骗罪客观行为特征研究》,载《中国人民公安大学学报》2003年第3期。

立场出发,签发与其预留签名式样不符的行为因刑法无明文规定而不能认定为犯罪。但这样一来,不仅使刑法与票据法的相关规定不能保持协调一致,而且因签发与其预留签名式样相同的行为不能纳入刑事规制的视野,最终违反了罪责刑相适应原则的基本要求。因此建议,在今后的刑法修改中,立法机关应将此种情形增加规定为票据诈骗罪客观方面的表现形式之一,以弥补现行刑法在此问题上的缺漏。而在刑法典修改完善之前,司法实务部门对于此种情形,宜按照普通诈骗或者合同诈骗罪论处,而不应认定为票据诈骗罪。"[1]但是,签发与其预留签名式样不符的支票骗取财物,与签发与其预留印鉴不符的支票骗取财物,在行为手段、性质与危害程度上没有任何差异,而票据诈骗罪与普通诈骗罪、合同诈骗罪的法定刑不同,如果将这种行为认定为普通诈骗罪或者合同诈骗罪,将进一步导致刑法的不协调,有损法律的公平正义。

所谓预留印鉴,实际上就是出票人事先在银行留下的某种痕迹,由银行用于审察某种支票是否由出票人所签发。所以,预留签名式样与预留印章底样所起的作用完全相同,并不会超出国民的预测可能性。依据《票据法》第 102 条的规定,签发空头支票或者故意签发与其预留的本名签名式样或者印鉴不符的支票,骗取财物的,依法追究刑事责任。这表明,在《票据法》上预留的本人签名式样与预留的印鉴,性质也完全相同。既然如此,将签发与其签名式样不符的支票归入"签发与其预留印鉴不符的支票"的行为类型,具有实质合理性,并不违反罪刑法定原则。

此外,在票据实践中,一些银行普遍存在使用印章底样以外的签名式样、密码等作为预留标记,对"预留密码"能否扩大解释认定为"预留印鉴",同样也存在类似争议。《支付结算办法》第 123 条规定:"支票的出票人预留银行签章是银行审核支票付款的依据。银行也可以与出票人约定使用支付密码,作为银行审核支付支票金额的条件。"第 124 条规定:"出票人不得签发与其预留银行签章不符的支票;使用支付密码的,出票人不得签发支付密码错误的支票。"在出票人与银行约定使用支付密码的情况下,如果出票人签发密码错误的支票,同样会被银行拒付。如果行为人签发与其预留印鉴(狭义)、密码均不符的支票骗取财物的,无疑成立票据诈骗罪。问题在于:

---

〔1〕 李文燕主编:《金融诈骗犯罪研究》,中国人民公安大学出版社 2002 年版,第 152 页。

行为人以非法占有为目的，故意签发与其预留银行的密码不符，但与预留印鉴（狭义）一致的支票骗取财物的行为，能否认定为票据诈骗罪？对此，理论界同样存在争议。

有观点指出："这是票据诈骗罪立法中的一个明显漏洞，上述行为是一种很典型的票据诈骗行为，与签发与其预留印鉴不一致的支票进行诈骗几无二致，但是印鉴毕竟不同于密码，即使对印鉴作扩大解释，也无法包含密码。因为新《刑法》第194条对此无明文规定，所以对上述行为不能按'签发与其预留印鉴不一致的支票'行为定罪，只能以普通诈骗罪论处。"〔1〕

如果说印鉴仅限于印章，或者认为印鉴包括印章与签名，那么，对于行为人签发与其预留的密码不符但与预留印章、签名式样一致的支票而骗取财物的，当然不能认定为票据诈骗罪；但是，如果认为印鉴包括密码在内，则上述行为依然属于签发与其预留印鉴不符的支票骗取财物，仍然成立票据诈骗罪。如前所述，依据《票据法》第102条的规定，签发空头支票或者故意签发与其预留的本名签名式样或者印鉴不符的支票，骗取财物的，依法追究刑事责任；中国人民银行《支付结算办法》第125条、第222条将签发空头支票、签发与预留签章不符的支票、签发与密码错误的支票完全等同看待。所以，从实质合理性考察，对于签发支付密码错误的支票骗取财物的行为，应当与签发与预留印鉴不符的支票骗取财物的行为进行相同处理。

有学者指出，"对刑法用语的解释，不仅要考察其原本的意义，而且要了解其扩展的含义；不仅要考察其字面含义，还需要以社会生活事实为根据。刑法用语的字面含义与刑法规范指称的行为类型并不完全等同。刑法描述的犯罪行为类型是开放的，而不是封闭的。所以，社会生活事实的变化，必然促使刑法人对刑法用语进行新的解释，以实现刑法的正义性。"〔2〕从印鉴的功能考察，预留印鉴旨在使银行核对持票人所持支票是否由特定的出票人签发，在以往仅使用狭义的预留印章底样的情况下，当然没有必要将印鉴作扩大解释。但是，当银行普遍使用印章底样以外的签名式样、密码等预留标记时，解释者必须对"预留印鉴"作出新的解释。当前，应当将预留印鉴解

---

〔1〕 参见刘瑞：《论票据诈骗罪行为方式的相关问题》，载《辽宁公安司法管理干部学院学报》2008年第4期。

〔2〕 参见张明楷：《诈骗犯罪论》，法律出版社2021年版，第733页。

释为出票人预留在银行，用于核对持票人提示的支票是否由出票人签发的印记、标记。唯此，才能使文字不变的《刑法》条文适应不断变化的社会生活事实。况且，支票密码是由出票人填写在支票上的，也是有“痕迹”的。因此，将支票密码解释为“印鉴”，没有超出“印鉴”可能具有的含义。而且，对有关自然犯的刑法规范作出这样的扩大解释，不会侵犯国民的预测可能性。

综上所述，支票上的印章、签名、密码的区分，在《票据法》上的功能相同，在《刑法》上没有区别认定的意义。将本罪客观行为中的“印鉴”解释为包括预留的签名、密码，属于合理的扩大解释，同时也能够实现法秩序的协调统一，并不是违反罪刑法定原则的类推解释。

第三节　票据诈骗罪之主观目的认定

关于金融诈骗罪行为人主观上是否要求具有非法占有目的，在刑法理论界及司法实务中存在较大争议。根据《刑法》关于金融诈骗罪的规定，有些罪名明确规定了以非法占有为目的，而有些罪名却没有规定。其中第 192 条和第 193 条分别明文规定了集资诈骗罪、贷款诈骗罪必须“以非法占有为目的”，在第 196 条仅明文规定要求“恶意透支型”信用卡诈骗罪必须“以非法占有为目的”，而其他关于第 194 条的票据诈骗罪、金融凭证诈骗罪，第 195 条的信用证诈骗罪、第 196 条的信用卡诈骗罪等都没有规定以非法占有目的。这种情况下，对于“非法占有目的”是否属于金融诈骗罪构成的必备要件，产生了巨大的理论争议和实践分歧。主要有以下两种观点：

一种观点认为，票据诈骗罪从诈骗罪中分离出来以后，其犯罪构成标准发生了变化，主要体现在该罪侵犯的客体，不仅侵犯了公私财产的所有权，而且同时侵犯了国家的票据管理制度，不能用普通诈骗犯罪的主观特征来套票据诈骗犯罪的主观特征。对于《刑法》明确规定以非法占有为目的的，应当以此为要件，没有明确规定的，就不要求行为人具有非法占有的目的。《刑法》没有规定行为人必须是以非法占有为目的进行票据诈骗活动，才构成票据诈骗罪，绝非《刑法》的疏漏，而是根据票据诈骗罪的本质特征，有意对此不作要求，因此，无论行为人是否具有非法占有目的，只要行为人使用《刑法》第 194 条第 1 款规定的方法骗取财物，数额较大的，就应以票据诈骗罪追究刑事责任。另一种观点认为，既然是诈骗，行为人当然具有非法占有目的。无论是金融诈骗罪，还是普通诈骗罪，都是目的犯。只是《刑法》在立法技术上，对一些明显具有非法占有目的的犯罪没有写明以非法占有为目的，如抢劫罪、盗窃罪、诈骗罪等，这并不意味着这些犯罪不需要具有非法占有目的。

一、非法占有目的是本罪的主观要素

（一）非法占有目的之肯定

票据诈骗罪作为金融领域的诈骗类犯罪，主观方面的特征表现为直接故意，并要求具有非法占有目的，不能因为刑法规范没有明文规定就否认票据诈骗罪非法占有为目的的主观构成要素。主要理由如下：

第一，构成要件要素可以分为成文的构成要件要素与不成文的构成要件要素。责任要素也包括成文的责任要素与不成文的责任要素。非法占有目的既可以是《刑法》明文规定的，也可以是《刑法》没有明文规定的，所以，目的犯可以分为成文的目的犯与不成文的目的犯。正因如此，不能直接以《刑法》条文是否明文规定了某种要素为标准，来判断该要素是不是责任要素。在刑法规范中，《刑法》条文虽然没有规定票据诈骗罪必须“以非法占有为目的”，但刑法理论与司法实践完全可能根据这些犯罪的特征及其与相关犯罪的关系，肯定“以非法占有为目的”是票据诈骗罪的不成文主观要素。

第二，如果认为只有《刑法》条文明文规定了“以非法占有为目的”时，“非法占有目的”才是主观构成要素，当《刑法》条文没有明文规定时，则“非法占有目的”不是主观要素，就必然形成《刑法》条文之间、相关犯罪之间不协调的局面。集资诈骗罪、贷款诈骗罪与票据诈骗罪、信用证诈骗罪、有价证券诈骗罪等同属于金融诈骗罪，它们不仅都是从诈骗罪中分离出来的，而且在现行刑法体系中具有完全相同的性质，刑法只是因为各种金融诈骗罪的手段或对象不同而规定为不同的犯罪。如果认为其中的部分犯罪需要“以非法占有为目的”，另一部分犯罪不需要，就会导致性质原本相同的犯罪具有不同的性质。相反，只有对金融诈骗罪都要求“非法占有为目的”，才能使这些犯罪之间相互协调，这是刑法体系解释的当然结论。

第三，各种金融诈骗罪都是从普通诈骗罪中分离出来的。按照刑法理论的通说，当现行《刑法》将金融诈骗罪从普通诈骗罪中分离出来后，规定金融诈骗罪的条文与规定普通诈骗罪的法条便形成了特别法条与普通法条的关系。这种特别法与普通法的关系，只是意味着特别法条增加了构成要件要素或者责任要素，而非减少了构成要件要素与责任要素。普通诈骗罪需要“以非法占有为目的”，既然如此，从普通诈骗罪中分离出来的金融诈骗罪就都要求“以非法占有为目的”。票据诈骗罪作为金融诈骗罪的一种，主观上要求具有非法占有目的，既是前述体系解释的当然结论，也是目的解释论的应有之义。

第四，集资诈骗罪、贷款诈骗罪之所以规定了以非法占有为目的，是为了与《刑法》规定的非法吸收公众存款罪和高利转贷罪明确区分，是一种刑事立法技术的体现。因为刑法规范中，在罪与非罪、此罪与彼罪的界限并不明显，某种要素又对区分罪与非罪、此罪与彼罪的界限具有重要意义时，即使其明显属于构成要件要素或责任要素，《刑法》条文也不宜省略，而应明文规定，以便司法机关准确区分罪与非罪、此罪与彼罪。包括票据诈骗罪在内的金融诈骗罪其他犯罪以及信用卡诈骗罪中的其他情形，其客观行为就清楚地表明行为人具有非法占有目的，《刑法》没有必要强调规定，而是有意省略规定，表明“以非法占有为目的”仍然是主观要素。

综上所述，票据诈骗罪属于不成文的目的犯，其在主观构成要件上要求行为人必须具有非法占有目的。若行为人在票据欺诈行为中主观上不具有非法占有为目的，则依法不成立本罪。

（二）间接故意之否定

如前所述，票据诈骗罪属于目的犯，而根据刑法关于故意犯罪的基本理论，犯罪目的只存在于直接故意犯罪之中，因此票据诈骗罪的主观罪过中不可能存在间接故意。

然而，对此在理论界仍然存在争议，有观点认为，间接故意也可以成为票据诈骗罪的主观罪过形式。对于行为人事中甚至事后才意识到自己的行为可能使对方陷于某种错误认识，随即临时起意放任了对方错误的发生而骗取财物的，应以此罪论处。对此观点，也有学者表示不同意见：主客观相一致的刑事责任原则客观上要求无罪过的行为不是刑法意义上的行为，因此，论者所谓的事前故意、事中故意和事后故意的划分在现代刑法学意义上是站不住脚的。严格说来，事中故意和事后故意实质上都是事前故意的继续。[1] 在理论上，有人对票据诈骗罪的刑法规定作了具体分析，认为《刑法》第 194 条第 1 款第 1 项规定的“明知是伪造、变造的汇票、本票、支票而使用的”，以及第 2 项规定的“明知是作废的汇票、本票、支票而使用的”，都是“明知”，足以表明这两种法定行为方式只存在于直接故意犯罪中。而该条第 3 项至第 5 项中却无“明知”，这说明法律已明确规定后三种法定行为方式可以存在于间接故意犯罪之中。

然而，根据主观罪过认定的基本原理，将间接故意纳入票据诈骗等金融诈骗罪的主观罪过之中，明显存在不当。

首先，从刑法理论和司法实践的普遍观点看，票据诈骗罪的成立必须以非法占有为目的。《法院金融犯罪座谈会纪要》强调，金融诈骗犯罪都是以非法占有为目的的犯罪。既然如此，如果将间接故意纳入票据诈骗罪的罪过之中，显然与犯罪目的只存在于直接故意犯罪之中的刑法基本原理不相符合。

其次，《刑法》有关票据诈骗罪的规定中，只在前两项内容中强调了“明知”而在后三项内容中没有提及，并不意味着其中存在间接故意罪过形式。《刑法》第 194 条之所以对同一罪名的不同法定行为方式作出不同规定，根本原因在于后三项内容中其实已包含了“明知”。例如，在冒用他人的汇票、本票、支票的行为中，行为人当然明知所用票据系他人所有。在签发空头支票或者与其预留印鉴不符的支票，骗取财物的行为中，行为人当然不可能不知道自己签发的是空头支票或者不知道自己预留印鉴的式样，更何况《刑法》为了将误签、误用等情况与票据诈骗行为区别开来，还在相关内容后特别加上“骗取财物”，其中包含了“明知”是不言而喻的。同样，在签发资金保证的汇票、本票或者在出票时作虚假记载骗取财物的行为中，结合具体的条文表述，也无法发现行为人主观上有“不明知”情况存在的可能性，其“骗取财物”的表述则进一步强调了实际已经包含“明知”情况。由此可见，以票据诈骗罪对“明知”存在明确和不明确两种情况，并作为论证间接故意可能存在于票据诈骗罪的主观罪过中的观点，无法成立。

---

〔1〕 参见马长生、刘润发：《论票据诈骗罪的认定》，载《中南林业科技大学学报（社会科学版）》2004 年第 1 期。

再次，关于“明知”的具体含义问题。有观点认为，因为刑法理论有关间接故意的定义中也有“明知”的提法，而票据诈骗罪的规定中又要求是“明知”，因而不能绝对排除间接故意存在于票据诈骗罪主观罪过中的可能性。然而这种观点实际上混淆了间接故意概念中的“明知”与《刑法》分则规定的具体犯罪中的“明知”。事实上，故意犯罪概念中的“明知”强调的是对犯罪结果的明知，即是对自己的行为会发生危害结果的预见；而《刑法》分则具体犯罪中所强调的“明知”，则是对犯罪对象的明知。两者在内容与证明要求上均存在不同之处。

最后，需要强调的是，当行为人在明知自己的票据欺诈行为会发生危害社会的结果时，其为达到非法占有财物的目的，仍然坚持实施相关的诈骗行为，从意志因素上分析，就已经形成了希望结果发生的心理态度，因而当然属于直接故意。因此，从刑法理论上看，在这种情况中，实际上完全可以排除行为人主观上具有间接故意的可能性。

综上所述，票据诈骗罪作为目的犯，其主观罪过形式应当为直接故意，而非间接故意。

二、票据诈骗非法占有目的的司法认定

非法占有目的作为票据诈骗罪主观要件中的核心要素，对于区分罪与非罪、此罪与彼罪的界限具有十分重要的意义，例如，区分票据诈骗罪与一般票据纠纷、票据诈骗罪与骗取票据承兑罪的界限等。

非法占有目的虽然是主观内容，但并不意味着只能凭借口供认定，相反，完全或者过度依赖口供只会导致司法粗糙与司法错误。在司法实践中，需要根据客观事实证据认定行为人的非法占有目的，或者根据客观事实推定行为人具有非法占有的目的。其中，推定是司法证明的一种重要的认定方法，也是认定“非法占有目的”的有效方法。推定是一种证明方式，事实推定是证明被告人心理状态的一种手段，因而在刑事司法中起着重要作用。推定的方法是从行为人已经实施的行为中推断出行为人具有犯罪故意与非法占有目的，如果行为人未作任何辩解，推定结论便成立。因此，司法机关可以运用推定方法证明行为人有无故意心理状态与非法占有目的。但应注意的是，推定不是主观臆断，必须以客观事实为根据，并应允许被告人提出相反证据，以克服推定在特殊情况下的虚假。因此，在主观目的的认定过程

中,一方面,应当根据行为人实施的客观行为以及相关事实来认定行为人是否具有非法占有的目的。另一方面,要运用推定方法认定行为人是否具有非法占有目的。

关于金融诈骗罪非法占有目的的认定,根据《法院金融犯罪座谈会纪要》,金融诈骗犯罪都是以非法占有为目的的犯罪。在司法实践中,认定是否具有非法占有的目的,应当坚持主客观相一致的原则,既要避免单纯根据损失结果客观归罪,也不能仅凭被告人自己的供述,而应当根据案件具体情况具体分析。根据司法实践,对于行为人通过诈骗的方法非法获取资金,造成数额较大资金不能归还,并具有下列情形之一的,可以认定为具有非法占有的目的:(1)明知没有归还能力而大量骗取资金的;(2)非法获取资金后逃跑的;(3)肆意挥霍骗取资金的;(4)使用骗取的资金进行违法犯罪活动的;(5)抽逃、转移资金、隐匿财产,以逃避返还资金的;(6)隐匿、销毁账目,或者搞假破产、假倒闭,以逃避返还资金的;(7)其他非法占有资金、拒不返还的行为。值得注意的是,在处理具体案件的时候,对于有证据证明行为人不具有非法占有目的的,不能单纯以财产不能归还就按金融诈骗罪处罚。这一司法认定意见为票据诈骗罪非法占有目的的认定提供了一定的参考依据。

三、票据诈骗与票据纠纷的通常界限

票据纠纷,是指因票据法律关系所产生的纠纷。票据诈骗行为与一般票据纠纷在实践中应严格区分,而二者的根本区别在于,行为人主观上是否具有通过票据骗取他人财物或财产性利益的非法占有目的,一般票据纠纷中行为人在主观上通常不具有非法占有他人财物的目的。此外,二者的区别还体现在以下两个方面:

一方面,从票据形态上分析,在一般票据纠纷中,一般而言票据都是真实的,而且是有权行为人的票据行为;而在票据诈骗行为中,除"冒用他人的汇票、本票、支票"行为所涉及的票据是真实、有效的票据以外,其他几种诈骗行为涉及的票据都是不真实、无效的票据。

另一方面,二者的行为方式范围不同。票据诈骗行为表现为五种具体行为:明知是伪造、变造的汇票、本票、支票而使用;明知是作废的汇票、本票、支票而使用;冒用他人的汇票、本票、支票;签发空头支票或者与其预留印鉴不符的支票,骗取财物;汇票、本票的出票人签发无资金保证的汇票、本

票或者在出票时作虚假记载，骗取财物。而一般票据纠纷在客观方面的表现形式要比票据诈骗行为宽泛得多，可以说，任何一种票据违规行为，都可能导致票据纠纷的发生。

◇ 第四节　票据诈骗罪的司法疑难问题展开

一、盗窃空白票据并使用的行为定性

【案例3－1】2003年4月9日23时许，被告人周某翻墙跳进元润食品厂院内，钻窗潜入该厂会计室，意欲行窃，但未能发现现金和可偷的财物。在翻找会计室办公桌时，周某发现一本尚未填写数额和加盖印的空白现金支票，遂从中撕下一张，票号为14340469。次日上午，周某来到县城刻章处，私自刻制了有元润厂厂长“马某1”、主办会计“马某2”字样的印章两枚，加盖于所盗窃支票上，并用圆珠笔填写了35,000元的金额，然后便到县信用社提款。信用社工作人员核票后发现有诈，周某见状仓逃离，后被接到报警的公安民警抓获。

一审法院审理后认为，被告人周某以非法占有为目的，利用所窃取的空白现金支票进行伪造，假冒出票人的名义签发票据着手骗取金融机构财物，数额较大，其行为已构成票据诈骗罪。在实施票据诈骗过程中，由于意志以外的原因未能得逞，系犯罪未遂，依法可以比照既遂犯从轻处罚。遂判决被告人周某犯票据诈骗罪，判处有期徒刑2年，缓刑2年，并处罚金20,000元。[1]

（一）本案的争议焦点：被告人周某盗窃空白票据后使用的行为构成何罪

审理中曾存在两种不同观点。第一种观点认为，本案被告人所实施的盗窃、伪造企业印章及伪造金融票证的行为，追求的目的只有一个，即从金融部门骗取现金。上述几种行为均是为实施票据诈骗做准备，是实现票据诈骗目的的手段行为，依据牵连犯的理论，本案应以票据诈骗罪（未遂）定罪

〔1〕参见刘志超：《周大伟票据诈骗（未遂）案[第277号]——盗取空白现金支票伪造后使用的应如何定性》，载最高人民法院刑事审判第一至五庭编：《中国刑事审判指导案例（2）：破坏社会主义市场经济秩序罪》，法律出版社2012年版，第204页。

处罚，不实行数罪并罚。

第二种观点认为，本案被告人存在两个犯罪故意，即盗窃财物的故意和利用盗取的空白现金支票诈骗财物的故意。围绕利用盗取的空白现金支票诈骗财物的目的，被告人又实施了伪造企业印章及伪造金融票证的准备行为。相对于票据诈骗目的而言，伪造企业印章及伪造金融票证是手段行为，可以按牵连犯的理论，仅以票据诈骗罪论处。至于被告人先前的盗窃行为，虽为未遂，但却是独立的，与其后实施的票据诈骗行为，并无内在的牵连意图和牵连关系，也不存在前一行为是后一行为所必经阶段的吸收关系。因此，本案符合盗窃罪（未遂）和票据诈骗罪（未遂）两个犯罪的构成要件，应以二罪论处。

（二）周某的涉案行为罪名分析

1. 关于盗窃罪

根据我国《刑法》的规定，盗窃的客体是公私财物，财物的表现形式是多种多样的，只要具有一定的财产价值并为人所控制或者管理，均可成立盗窃罪的客体。在本案中，被告人周某潜入会计室，其主观上窃取财物的意图十分明显。这里的财物，从行窃地点来看，主要是指会计室保管的现金。当然，也可以是其他有价值的财物。但是，结果出乎预料，其未能发现现金和其他有价值的财物。在这种情况下，就存在是否构成盗窃未遂的问题。关于盗窃未遂，最高人民法院《关于审理盗窃案件具体应用法律若干问题的解释》[1]（以下简称《审理盗窃案件问题解释》）第 1 条第 2 项规定："盗窃未遂，情节严重，如以数额巨大的财物或者国家珍贵文物等为盗窃目标的，应当定罪处罚。"本案中，周某盗窃空白支票的行为是否构成盗窃罪，根据《审理盗窃案件问题解释》第 5 条的规定，有价支付凭证、有价证券、有价票证均可成为盗窃罪的客体。有价支付凭证，是指以请求支付金钱为债权内容的金钱证券。有价证券，是指表明一定的财产性权利，只有持该证券才能行使该权利的证券。有价票证，是指车票、船票、邮票、税票、货票等表示一定的货币数额的票证。支票属于有价支付凭证。根据《票据法》第 81 条的规定，支票是出票人签发的，委托办理支票存款义务的银行或者其他金融机构在

〔1〕 此解释已于 2013 年 4 月 4 日因最高人民法院、最高人民检察院《关于办理盗窃刑事案件适用法律若干问题的解释》施行而废止。

见票时无条件支付确定的金额给收款人或者持票人的票据。根据《审理盗窃案件问题解释》的规定，相关支票可以成为盗窃罪的客体，只是在计算盗窃数额上有所区分而已。但本案被告人周某盗窃的是空白现金支票，空白现金支票尚未加盖出票人的印章，因而其性质如一张纸，其与合法有效的现金支票不同，后者是一种财产凭证、表示一定财产性利益，持票人享有票据上的财产，银行应当见票即付。窃取这种合法有效的现金支票如同窃取财产，其冒领行为只是进一步实现其票据上的财产权利，虽然具有一定的诈骗性质，但并不构成诈骗罪。但空白现金支票还不表示一定的财产权利，只有经过伪造，才有可能获取一定的财物。因此，本案被告人周某的盗窃行为，就盗窃财物来说，属于盗窃未遂；就盗窃空白支票来说，并不构成盗窃罪。

2. 关于伪造企业印章罪

根据《刑法》第 280 条第 2 款的规定，伪造企业印章罪，是指没有制作权限的人擅自制作公司、企业、事业单位、人民团体印章的行为。在本案中，被告人周某的伪造行为表现为到某刻章处私自刻制了有元润厂厂长“马某 1”、主办会计“马某 2”字样的印章两枚，并没有直接伪造元润厂的印章，而是伪造了元润厂厂长和主办会计的印章。对此，应当构成伪造企业印章罪。根据《刑法》关于伪造印章犯罪的规定，私刻企业厂长、主办会计的印章，因该印章能起到单位证明作用，应视为伪造企业印章，本案被告人周某的行为构成伪造企业印章罪。

3. 关于伪造金融票证罪

根据《刑法》第 177 条第 1 款的规定，伪造金融票证罪是指具有下列情形之一，伪造金融票证的行为：(1)伪造汇票、本票、支票的；(2)伪造委托收款凭证、汇款凭证、银行存单等其他银行结算凭证的；(3)伪造信用证或者附随的单据、文件的；(4)伪造信用卡的。伪造金融票证的对象包括伪造支票。本案被告人周某的伪造行为，表现为在窃取的空白现金支票上加盖伪造的印章，填写现金数额，假冒出票人的名义签发现金支票，该行为构成伪造金融票证罪。

4. 关于票据诈骗罪

根据《刑法》第 194 条第 1 款的规定，票据诈骗罪是指具有下列情形之一，进行金融票据诈骗活动，数额较大的行为：(1)明知是伪造、变造的汇票、本票、支票而使用的；(2)明知是作废的汇票、本票、支票而使用的；(3)冒用他人的汇票、本票、支票的;(4)签发空头支票或者与其预留印鉴不符的支票,骗取财物的;(5)汇票、本票的出票人签发无资金保证的汇票、本票或者在出票时作虚假记载,骗取财物的。票据诈骗行为包括明知是伪造的支票而使用的行为。本案被告人周某使用伪造的支票去信用社提款,符合票据诈骗罪的构成。

(三)周某行为所涉各罪之间的关系

1. 盗窃行为与票据诈骗行为之间的牵连关系

在本案中,空白的现金支票是盗窃所得,没有被告人周某先前窃取空白的现金支票的行为,当然也就不可能有后来伪造现金支票和使用伪造的现金支票的行为。从这个意义上来说,两者之间存在一定的因果关系。但是否像前述第一种观点所说的那样,在盗窃罪与票据诈骗罪之间存在牵连关系呢?这里涉及以下两个问题:

一是先前的行为是否构成盗窃罪。在刑法理论上,只有在原因行为与结果行为均构成犯罪的情况下,才存在牵连犯问题。这里的先前行为是否构成盗窃罪,就盗窃财物而言是盗窃未遂,对此并无争议。但盗窃空白现金支票的行为并不构成盗窃罪,因为空白的现金支票本身并无价值。既然盗窃空白现金支票的行为不构成盗窃罪,也就不存在其与后来的票据诈骗罪的牵连关系问题。

二是牵连犯之牵连关系如何认定,牵连关系是一种客观上的联系还是应当包含主观上的关联。对于这个问题,在刑法理论上存在以下观点〔1〕:(1)主观说认为,有无牵连关系应以行为人的主观意思为标准,即行为人在主观意思上是不是以手段或结果之关系使其与本罪发生牵连。(2)客观说认为,有无牵连关系应以客观事实为准,即行为人所实施的本罪与其方法行为或结果行为在客观上是否存在牵连关系,至于行为人主观上有无使其成为方法行为或结果行为的意思,可以不问。在持客观说者中间,由于对确定牵连关系的根据理解上的差别,又分为三种主张:一是包容为一说,二是不可分割说,三是通常性质说。(3)折中说认为,认定本罪与方法行为或结果行为的牵连关系,应从主客观两个方面观察。

我国刑法理论上,对于牵连关系通常认为应从主观上是否具有牵连意

〔1〕 参见吴振兴:《罪数形态论》,中国检察出版社2006年版,第289页。

图和客观上是否具有因果关系两个方面加以判断,即采取折中说,也称为主观与客观统一说。实际上,主观说也是以客观上具有牵连关系为前提的,因此,在牵连关系确定上主观说与折中说并无根本区别,只是表述不同而已。在本案的裁判理由中,主观说或者主观与客观统一说是得到肯定的,而客观说则被排斥。本案的裁判理由在解释牵连意图时指出:所谓牵连意图,是指行为人对于实现一个犯罪目的的数个犯罪行为之间所具有的手段和目的或者原因和结果关系的认识。这包括两层含义:一是行为人只追求一个犯罪目的,即行为人所实施的数行为都指向同一犯罪目的;二是行为人在主观认识上,是把直接实施犯罪目的的本罪行为作为主行为,而把为实现这一犯罪目的而创造条件或加以辅助的犯罪行为作为从行为。根据这一观点,本案被告人周某先前的盗窃行为与后来的票据诈骗行为之间当然是不存在牵连关系的。

2. 伪造企业印章行为与伪造金融票证行为之间的牵连关系

在本案中,被告人周某伪造企业印章的目的是伪造金融票证,在客观上两种行为之间存在因果关系,在主观上具有目的上的同一性,因而两罪之间存在牵连关系。

3. 伪造金融票证行为与票据诈骗行为之间的牵连关系

这里涉及牵连犯与不可罚的事后行为及不可罚的事前行为之间的区分问题。在刑法理论上,对于利用主行为的结果而实施的行为,尽管分割开来看,其本身也是可罚的,但根据主行为的构成要件,它已经得到了包括的评价,因此,在法律上就不存在成立其他犯罪的问题。这是所谓不可罚的事后行为。与之相关,对于本身可以独立处罚的行为,由于是主行为的手段或准备行为,所以在法律适用上就不构成犯罪的问题。这是所谓不可罚的事前行为。

从《刑法》规定来看,第 177 条规定的伪造金融票证行为包括伪造汇票、本票、支票的行为,而第 194 条规定的票据诈骗行为包括明知是伪造的汇票、本票、支票而使用的行为,这里的明知似乎也可以排除伪造金融票证行为构成票据诈骗罪的可能性。当然,从两罪的法定刑来看,伪造金融票证罪轻,而票据诈骗罪重。在这种情况下,将重的票据诈骗行为视为轻行为伪造金融票证的不可罚的事后行为,显然不妥。在这种情况下,还是应当把伪造金融票证行为与票据诈骗行为之间的关系视为牵连关系。

在本案中,就行为的主从性而言,伪造金融票证是从行为,而票据诈骗是主行为;就法定刑的轻重而言,最高刑当然是票据诈骗罪重于伪造金融票证罪。但就相对应的量刑幅度而言,应当说两罪是相同的。在这种情况下,一般来说,应定票据诈骗罪。笔者认为,本案一审判决的最终认定值得认可。

二、骗取货物后以空头支票或伪造票据付款的行为定性

【案例3-2】H公司是私营公司,租赁某市办公用房,并在中国银行某市分行市中支行开设账户,开户资金为5000元,季某系该公司经理。1999年5月25日至7月29日,季某以H公司的名义向Y公司采用先送货后付款的方法购买电脑5套,价值2.07万元。Y公司将电脑送至H公司后,季某指使财务人员于1999年7月29日向对方开具了出票日期为1999年8月10日,金额为2.07万元的支票1张。后因H公司账户无存款,该支票遭银行退票。Y公司当即派人至H公司办公地点,发现该公司已搬离,被告人季某亦下落不明。

季某以H公司的名义与X公司签订了关于嘉士伯罐装啤酒的购销协议,约定由X公司向H公司供应啤酒,H公司指定徐某为收货人,每40天为一付款期。同年6月至8月,X公司供应啤酒4000余箱,价值28.9505万元,由徐某签收。同年7月底,X公司要求H公司支付货款,季某指使财务人员开具了1张出票日期为1999年8月10日,金额为10万元的支票交给对方。同年8月11日,季某又开具了1张金额为12万元的支票交付给X公司。同月19日,2张支票均因存款不足而遭银行退票。X公司与H公司联系时,H公司已搬离其办公地点,被告人季某亦下落不明。

一审法院经审理认为:被告人季某以非法占有为目的,采用虚构事实和签发空头支票等手段,骗取他人钱财共计6.07万元,数额巨大,已构成诈骗罪;以非法占有为目的,利用签订合同骗取H公司啤酒以及乐城公司等单位的"安全保证金",价值44.5505万元,数额巨大,其行为又构成合同诈骗罪。

二审法院经审理认为:上诉人季某以非法占有为目的,采用虚构事实方法,骗取了Y公司电脑及金苑公司钱财,价值6.07万元,数额巨大,其行为构成诈骗罪;其利用签订和履行合同骗取了X公司啤酒及乐城公司等6家建筑单位的安全保证金,共计价值41.5505万元后逃逸,数额特别巨大,其行

为构成合同诈骗罪，依法应二罪并罚。原判定罪及适用法律正确，审判程序合法，裁定驳回上诉，维持原判。[1]

（一）本案的争议问题在于季某在骗取货物后以空头支票或伪造票据付款行为的定性

审理过程中存在不同观点。第一种观点认为，季某骗取 Y 公司的电脑和 X 公司的啤酒，均是采用先将货到手后，再签发空头支票支付货款的手法，由于在其签发空头支票前，其诈骗行为已实施，其签发空头支票的行为是为了骗取财物后搪塞对方，以拖延时间逃逸，而不是以空头支票骗取货物，因此不构成票据诈骗罪，对前者应以诈骗罪追究刑事责任，对后者应以合同诈骗罪追究；由于其骗取金苑公司的地板款并非基于合同，此部分犯罪事实不应定合同诈骗罪，应定诈骗罪。第二种观点认为，无论是先用签发空头支票支付货款再骗取财物，还是先将货物骗到手后甫采用签发空头支票支付货款，均属于《刑法》第 194 条第 1 款规定的签发空头支票骗取财物行为，因此，对被告人季某骗取 Y 公司电脑和 X 公司啤酒的行为，应以票据诈骗罪追究其刑事责任。而被告人季某骗取金苑公司 4 万元的购买地板款，虽非直接源于装潢工程承包合同，但如没有该装潢工程承包合同，诈骗行为就无法完成，仍属于在签订、履行经济合同过程中进行诈骗，应以合同诈骗罪追究其刑事责任。

（二）票据诈骗罪与合同诈骗罪、普通诈骗罪之间的区别

在构成要件上，票据诈骗罪、合同诈骗罪和诈骗罪都是以非法占有为目的，使用虚构事实或者隐瞒真相的方法，骗取数额较大的公私财物的行为，但是，各罪之间的具体犯罪行为不同，侵犯的犯罪客体也不同。票据诈骗罪侵犯的客体是国家对票据的管理制度，在客观上仅限于使用本票、汇票和支票骗取数额较大的公私财物的行为。合同诈骗罪侵犯的客体是国家对合同的管理制度，在客观上限于在签订、履行合同过程中进行诈骗的行为。如果忽略这些特定的诈骗犯罪行为特征和犯罪侵犯的特殊客体，行为人实施金融诈骗、合同诈骗的行为，也完全符合诈骗罪的法定构成要件，在刑法理论上属于法条竞合关系。所谓法条竞合，是指一个犯罪行为同时触犯了两个

---

〔1〕 参见陈兴良、张军、胡云腾主编：《人民法院刑事指导案例裁判要旨通纂》（上卷）（第 2 版），北京大学出版社 2018 年版，第 303 页。

《刑法》分则条文,其中某一法条规定的全部内容包含于另一法条的内容之中(重合),或者两个法条的部分内容相同(交叉)的情形。票据诈骗罪、合同诈骗罪与诈骗罪之间就属于一种包含关系,票据诈骗罪与合同诈骗罪之间是一种交叉关系。对于法条竞合的处理,《刑法》没有明确规定,但在刑法理论上一般认为应择一重罪处断,即按照《刑法》规定的法定刑较重的法条定罪处刑;如数个法条的法定刑相同,则按照特别法优于普通法的原则,以特别法的法条定罪处刑。因此,对于实施金融诈骗或者利用合同进行诈骗,构成犯罪的行为,不应当再笼统地以诈骗罪定罪处罚,而应根据具体情况作出准确区分。

(三)骗取货物与使用空头支票付款的先后不影响票据诈骗罪的成立

本案被告人季某骗取Y公司的电脑和H公司的啤酒,均是采取"签发空头支票"支付货款的手段实施的。其签发空头支票是在骗取财物之前还是之后,不应当影响票据诈骗罪的成立。因为,行为人完成诈骗犯罪的行为是在其签发空头支票之后,而其一旦完成整个诈骗犯罪行为,其诈骗犯罪的具体行为、侵犯的客体才能最终确定。因此,被告人无论是在取得货物之前、同时还是之后签发空头支票,其行为不仅侵犯了普通诈骗罪中他人公私财物所有权这一共同客体,更主要的是还侵犯了国家对票据的管理制度这一特殊客体,符合票据诈骗罪的特征。从另一个角度看,行为人先得到商品的行为,尚不能独立构成犯罪,因此,也就不能仅以此即确定其行为特征,从而确定其具体罪名。当然,季某骗取X公司的啤酒,同时利用了购销合同,形式上也触犯了《刑法》第224条的规定,构成合同诈骗罪。但如前所述,对这种情形的法条竞合,应按照特别法条优于普通法条的原则,选择适用特别法条,对被告人季某应以票据诈骗罪定罪处刑。因此,笔者认为,本案一审、二审法院对被告人季某行为的定性值得商榷。

三、内外勾结型票据诈骗的行为认定

【案例3-3】被告人王某,原系徐州某煤炭运销有限公司(以下简称煤炭公司)董事长;被告人刘某,原系徐州市工商银行淮西支行(以下简称商行淮西支行)业务部主任。被告人王某与其弟王某庆共同出资成立煤炭公司,王某任董事长。煤炭公司长期负债经营,欠下大量外债,既有对银行的负债,又有对其他企业的欠债。2003年11月27日,常州蕾迪斯公司申请兴业银行南京城北支行开具了收款人为蕾迪斯公司上海分公司的3张银行承兑汇票，金额各为1000万元，到期日为2004年5月27日。经被告人刘某联系、操作，蕾迪斯公司与王某所在的煤炭公司通过虚构煤炭购销业务的方法，将该汇票背书转让给煤炭公司，煤炭公司于2003年12月3日在某支行申请贴现2928余万元并转付蕾迪斯公司。2003年12月，汉唐公司向王某催要煤炭公司1200万元到期欠款。王某遂与刘某商议将原在某支行贴现过的承兑汇票借给煤炭公司用于质押贷款，偿还公司到期债务，资金周转后再将承兑汇票赎回，归还支行，刘某表示同意。同年12月19日，刘某以某银行被盗，已贴现过的银行承兑汇票放在商行淮西支行保管更安全为由，骗得共同保管人员的信任。当日下午，在向工商银行转移票据过程中，刘某利用只有用自己的身份证号码才能打开保险箱的便利，从其他保管人员手中取得存放保险箱的门钥匙单独进去，假装将贴现过的3张银行承兑汇票放入保险箱中，而实际藏于身上带出。后刘某将其中2张汇票交给王某。王某即安排煤炭公司会计到农行淮西支行办理质押贷款1900万元，用于归还汉唐公司等单位欠款及银行到期贷款等。在上级银行前来检查质押票据时，两被告人因害怕败露而潜逃案发。

一审法院认为，王某以非法占有银行贷款为目的，采取隐瞒真相的方法，在不具有偿还能力的情况下，利用已实际贴现过的银行承兑汇票作质押骗取银行贷款，用于偿还单位债务后逃匿，其行为已构成合同诈骗罪，且数额特别巨大。刘某在担任商行淮西支行业务部主任期间，利用实际具有保管汇票的职务便利，采取欺骗的手段，秘密窃取本单位巨额承兑汇票后以个人名义借给王某的公司使用，质押贷款后进行营利活动，数额特别巨大，且造成巨额资金至今尚未归还，其行为已构成挪用资金罪。判处被告人王某犯合同诈骗罪，判处无期徒刑，剥夺政治权利终身，并处没收个人全部财产。判处被告人刘某犯挪用资金罪，判处有期徒刑8年。

二审法院认为，上诉人王某作为煤炭公司的法定代表人，明知其所在的煤炭公司长期负债经营，无偿还能力，通过刘某骗取了商行淮西支行所有的银行承兑汇票2张，后冒用商行淮西支行的汇票骗取银行贷款1900万元，用于归还公司债务后逃匿，煤炭公司及王某的行为均已构成票据诈骗罪，且数额特别巨大。上诉人刘某利用其担任商行淮西支行业务部主任的职务便利，擅自将本单位的承兑汇票以个人名义借给煤炭公司进行质押贷款，至今无法归还,其行为已构成挪用资金罪,且数额巨大。遂依法改判被告人王某为票据诈骗罪,维持对刘某的判罚。[1]

(一)本案涉及的争议之一:伙同银行工作人员使用已经贴现的真实票据质押贷款的行为如何定性

在本案一审、二审法院审理过程中,王某对煤炭公司长期负债经营,在公司无偿还能力的情况下,隐瞒煤炭公司经营严重亏损的事实,采取承诺短时间内归还银行承兑汇票及帮助商行淮西支行拉存款的欺骗方法,骗取刘某的信任,从商行淮西支行骗取金额为2000万元的银行承兑汇票,用于质押贷款,所贷款项用于偿还公司债务。案发后,王某不积极筹集资金或想办法还款,而是外出逃匿,主观上具有非法占有的故意,其行为已构成诈骗犯罪无异议。争议的问题在于其行为构成合同诈骗罪还是票据诈骗罪。

第一种意见认为,被告人王某的行为构成票据诈骗罪。首先,王某隐瞒煤炭公司经营严重亏损的事实,以非法占有为目的,采取允诺短时间内归还及帮助商行淮西支行拉存款的欺骗方法,骗取刘某的信任,从商行淮西支行骗取金额为2000万元的银行承兑汇票,用于贷款的担保,所贷款项用于偿还公司债务,其行为已构成诈骗罪,诈骗的对象是商行淮西支行。其次,因商行淮西支行未按规定在银行承兑汇票上作贴现背书和对票据保管不善,使王某有机可乘,持骗取的票据至农行淮西支行质押贷款,因该票据记载事项真实、完整,背书连续,形式符合规定,系有效票据,煤炭公司以有效票据质押,与农行淮西支行签订借款合同和权利质押合同取得贷款1900万元。因票据具有文义性、无因性、流通性的特征,票据的权利义务关系应以票据上的文字记载为准,票据关系与作为其前提的原因关系相分离,且现无证据证实农行淮西支行取得该票据时对上述票据已在商行淮西支行贴现过的情况明知,不存在恶意或重大过失。故农行淮西支行系善意持票人,享有票据权利。最后,因刘某的行为构成挪用资金罪,其挪用的对象为商行淮西支行的银行承兑汇票,与此相对应,王某骗取的则应是该银行承兑汇票,诈骗对象应为商行淮西支行,这样,对王某和刘某二人行为的定性才能统一。

---

[1] 参见刘红章:《王世清票据诈骗、刘耀挪用资金案[第387号]——勾结银行工作人员使用已贴现的真实票据质押贷款的行为如何处理》,载最高人民法院刑事审判第一至五庭编:《中国刑事审判指导案例(2):破坏社会主义市场经济秩序罪》,法律出版社2012年版,第217~218页。

第二种意见认为,王某的行为构成合同诈骗罪。首先,王某以非法占有银行贷款为目的,采取隐瞒真相的方法,明知无还款能力仍利用已实际贴现的银行承兑汇票作质押,骗取农行淮西支行贷款用于归还公司债务,其行为符合贷款诈骗罪的构成要件,因《刑法》对贷款诈骗未规定单位犯罪,故认定王某的行为构成合同诈骗罪。其次,农行淮西支行在办理质押贷款中审查不严密,对贷款用途监督不力,存在一定过错,应承担部分经济损失。最后,在司法实践中,对骗取他人担保进行贷款的诈骗犯罪的定性也存在争议。

本案对票据诈骗罪和合同诈骗罪的准确定性,不仅涉及定罪量刑,还涉及赃款赃物的追缴和发还,以及相关民商事案件的处理。本案的诈骗行为最终骗取的是农行淮西支行的贷款,故定合同诈骗罪并不恰当。原因如下:第一,被告人王某没有利用贷款合同或者质押合同"骗取对方当事人财物",其以非法占有为目的,使用已经贴现的真实票据质押贷款,不构成合同诈骗罪。王某在签订贷款合同时,虽然隐瞒了所质押的银行汇票已经贴现、煤炭公司不是该银行汇票的权利人的事实,属于《刑法》第 193 条第 4 项规定的"使用虚假证明文件作担保"。但是,依照《票据法》第 35 条的规定,汇票可以设定质押;质押时应当以背书记载"质押"字样。被背书人依法实现其质权时,可以行使汇票权利。农行淮西支行与煤炭公司签订质押合同时,被告人王某向农行淮西支行提交的银行汇票,法定记载事项齐全、背书连续、形式完备、签章真实。由于票据具有文义性、无因性、流通性的特征,票据的权利义务关系应以票据上的文字记载为准,票据关系与作为其前提的原因关系相分离,且没有证据证明农行淮西支行系以欺诈、偷盗或胁迫等手段取得票据或在明知有前列情形时出于恶意取得票据,故农行淮西支行是票据的善意持有人,依法享有汇票权利,不是本案中的被害人。换言之,农行淮西支行并不因该银行汇票已经贴现而丧失票据权利,仍有权在汇票到期后主张票据权利。因此,本案的实际被害人是未按规定在银行汇票上作贴现背书并对票据保管不善的商行淮西支行,而商行淮西支行并不是贷款合同或者质押合同的一方当事人,本案因欠缺《刑法》第 224 条关于"骗取对方当事人财物"这一合同诈骗罪的法定构成要件,不构成合同诈骗罪。第二,以非法占有为目的,使用已经贴现的真实票据质押贷款的行为,属于《刑法》第 194 条第 1 款第 3 项规定的"冒用他人的汇票"进行诈骗活动,应当以票据诈骗罪定罪处罚。根据《刑法》第 194 条第 1 款第 3 项的规定,冒用他人的汇票是构成票据诈骗罪的其中一种情形。冒用他人汇票，是指擅自以合法持票人的名义，支配、使用、转让自己不具备支配权利的他人的汇票行为。“冒用”通常有三种表现形式：一是使用以非法手段获取的汇票，如以欺诈、偷盗或者胁迫等手段取得的汇票，或者明知是以上述手段取得的汇票而使用；二是没有代理权而以代理人名义使用或者代理人超越代理权限而使用；三是擅自使用他人委托代为保管的或者捡拾他人遗失的汇票。

本案中，被告人王某的行为分为两个段：第一个阶段是取得承兑汇票阶段，第二个阶段为贷款阶段。在这两个阶段中，王某均使用了欺骗手段。首先，王某向刘某提出借用已经贴现过的承兑汇票用于抵押，并承诺归还及帮助该行拉存款，骗取刘某信任，使刘某利用本单位未在汇票的被背书人栏内签名、盖章的漏洞，以及只有本人才能打开保险箱的职务便利，将本单位的银行承兑汇票借给王某使用。当上级银行来检查时，王某又拿其他银行的承兑汇票交由刘某应付检查，客观上王某对刘某及商行淮西支行均实施了欺骗的行为。其次，王某取得银行汇票后到农行淮西支行办理质押贷款。根据担保法律规定，出质人用于质押的权利凭证应为其所有或具有支配权、处分权的凭证。王某明知该汇票并非本公司所有，且已被贴现，自己对该汇票不具有支配、处分权，而向农行淮西支行隐瞒了事实真相，以本公司作为合法的持票人，向农行淮西支行办理质押贷款，其对农行淮西支行也实施了欺骗行为。综上，被告人王某以欺骗的手段从刘某手中取得已经贴现过的承兑汇票，其票据的取得是非法的；在贷款过程中，王某明知该汇票已被贴现，自己对该汇票不具有支配权，而向农行淮西支行隐瞒事实真相，擅自以本公司作为合法持票人，使用不具备支配权的承兑汇票办理质押贷款，应视为《刑法》第 194 条第 1 款第 3 项规定的“冒用他人的汇票”。对于以非法占有为目的，冒用他人的汇票进行诈骗活动构成犯罪的，应当以票据诈骗罪定罪处罚。

因本案中贷款诈骗罪与票据诈骗罪存在竞合关系，根据刑法基本原理和《刑法》关于两罪的量刑规定，本案应从一重罪论处，以票据诈骗罪论。因此，二审法院的改判认定王某犯票据诈骗罪是正当的。

（二）本案涉及的争议之二：王某与刘某之间是否构成共同犯罪

构成共同犯罪的主观要件是二人以上具有共同的犯罪故意，客观要件是二人以上具有共同的犯罪行为。判断刘某与王某是否构成票据诈骗犯罪的共犯,关键看其主客观要件是否符合共同犯罪的条件。本案刘某将已经在本单位贴现过的承兑汇票借给王某用于质押贷款,在客观上为王某实施诈骗犯罪提供了帮助。但刘某轻信王某在短期内归还汇票的谎言,同意将已经在本单位贴现的承兑汇票借给王某使用,并要求王某在一周内归还汇票,主观上不具有诈骗的共同故意,因此,刘某与王某不构成诈骗犯罪的共犯。由于二人的主观故意存在不同,应当根据二人不同身份情况分别定罪。刘某作为商行淮西支行的工作人员,利用实际具有保管汇票的职务便利,将本单位的银行承兑汇票借给他人使用,一审、二审对其行为以挪用资金罪定罪处罚正确。

第四章 金融凭证诈骗罪

◇ 第一节 金融凭证诈骗罪概述

一、本罪的立法沿革及依据

金融凭证诈骗罪的立法沿革及依据与前章所述的票据诈骗罪相似。由于我国长期实行计划经济政策,市场经济和金融市场制度尚未建立等缘故,1979 年《刑法》对金融凭证诈骗、票据诈骗等行为并无相关罪名规定。20 世纪 80 年代以来,随着我国改革开放的不断深入、社会主义市场经济制度的逐步建立完善,金融市场得到不断发展,相应地,金融领域违法犯罪行为也不断增加,利用金融凭证进行诈骗的犯罪活动日趋严峻,且所涉犯罪金额特别巨大,社会危害严重,严重侵害了国家金融市场秩序和人民的财产权益,给社会造成了巨大损失。尤其在 1988 年我国改革银行结算办法,确立了以票据为主的结算制度后,银行结算大为便利了物资流动和经贸往来,但由于银行工作人员的素质不一、结算管理的水平有限,不能完全适应经济发展的要求,导致结算过程中出现各种漏洞,给违法犯罪分子以可乘之机,出现使用伪造、变造的银行结算凭证进行诈骗活动、通过银行结算获取非法利益的情况,严重干扰了银行金融结算管理秩序。

在这一社会发展背景下,全国人民代表大会常务委员会于 1995 年 6 月 30 日通过了《惩治金融犯罪的决定》,其中第 12 条明确规定了对金融票据诈骗行为的处罚。而对于金融凭证诈骗行为,《惩治金融犯罪的决定》第 12 条第2款规定:“使用伪造、变造的委托收款凭证、汇款凭证、银行存单等其他银行结算凭证的,依照前款的规定处罚。”《惩治金融犯罪的决定》以单行刑法的形式将使用伪造、变造的银行结算凭证进行诈骗的行为明确规定为犯罪行为,为惩治金融凭证诈骗犯罪行为提供了明确的法律依据,但彼时尚未形成独立的金融凭证诈骗罪。1996年12月16日,最高人民法院发布《关于审理诈骗案件具体应用法律若干问题的解释》[1]第5条第4款仍规定:“使用伪造、变造的委托收款凭证、汇款凭证、银行存单等其他银行结算凭证进行诈骗,数额较大的,以票据诈骗罪定罪处罚。”至此《刑法》仍未规定将金融凭证诈骗罪设置为独立罪名。

在随后1997年《刑法》修订时,吸收了《惩治金融犯罪的决定》第12条的相关规定,在《刑法》第194条第1款规定票据诈骗罪的同时,在第2款中规定了金融凭证诈骗罪,将使用伪造、变造的委托收款凭证、汇款凭证、银行存单等其他银行结算凭证进行诈骗的行为规定为独立罪名,即金融凭证诈骗罪。

二、本罪的基本构成特征

《刑法》第194条第2款规定:“使用伪造、变造的委托收款凭证、汇款凭证、银行存单等其他银行结算凭证的,依照前款的规定处罚。”根据该规定,金融凭证诈骗罪,是指使用伪造、变造的委托收款凭证、汇款凭证、银行存单,或者其他银行结算凭证进行诈骗活动,骗取他人财产数额较大的行为。[2] 本罪具有如下构成特征:

(一)保护法益特征

根据金融凭证诈骗罪在《刑法》中的体例位置及其基本概念可知,本罪所保护的客体为复杂客体,即国家金融机构的结算制度和公私财产的所有权,侵犯正常的金融结算秩序,金融结算凭证为本罪的直接行为对象。对此理论界和实务界的认识基本一致。国家金融机构结算制度,是商品市场经济和银行金融机构信用高度发展的产物,是货币支付功能的延伸,具有商品

---

[1] 本解释已于2013年1月18日因最高人民法院《关于废止1980年1月1日至1997年6月30日期间发布的部分司法解释和司法解释性质文件(第九批)的决定》施行而废止。

[2] 参见周道鸾、张军主编:《刑法罪名精释》,人民法院出版社2013年版,第391页。

交易媒介和资金清算的中介作用。结算制度的健全对加速企业资金周转,保障资金安全,加强国家对国民经济的宏观调控具有重要作用。

(二)行为主体特征

金融凭证诈骗罪的主体是复合主体,自然人和单位均可构成。

(三)客观行为特征

金融凭证诈骗罪在客观方面表现为使用伪造、变造的委托收款凭证、汇款凭证、银行存单或者其他银行结算凭证进行诈骗活动,数额较大的行为。相比较于前款规定的票据诈骗罪客观行为具有形式多样、样态繁多的特点,本罪仅规定了使用伪造、变造的银行结算凭证一种行为方式,只是针对不同类型的银行结算凭证进行列举式表述,具体表现为四种行为:(1)使用伪造、变造的委托收款凭证进行诈骗;(2)使用伪造、变造的汇款凭证进行诈骗;(3)使用伪造、变造的银行存单进行诈骗;(4)使用伪造、变造的其他银行结算凭证进行诈骗。其中第四种行为所采取的是兜底式的开放立法技术,主要是因为随着银行结算方式的发展变化和信息技术革新,新类型的银行结算凭证在未来会不断出现,如果出现使用伪造、变造的新类型银行结算凭证进行诈骗的,可提供适当的规范依据。

(四)犯罪主观特征

金融凭证诈骗罪与票据诈骗罪一样,是金融诈骗罪的一种,二者均是从普通诈骗罪分离而来,无论是刑法理论上的多数观点,还是司法实务认定,对于金融诈骗罪属于故意犯罪且主观成分中都带有非法占有目的,并无太大争议。因此,作为金融诈骗罪的一种,金融凭证诈骗罪在主观方面表现为故意且为直接故意,并且具有非法占有他人财物的目的。

在此需要注意的是,一方面,行为人主观上必须"明知"其所使用的银行结算凭证是伪造或变造的。如果行为人过失使用伪造、变造的银行结算凭证,或者因过失在银行结算凭证上记载不真实,不构成犯罪。另一方面,尽管《刑法》第194条没有将"非法占有目的"明文规定为金融凭证诈骗罪的构成要件,但是"以非法占有为目的"是诈骗的不成文构成要件要素,《刑法》关于金融诈骗罪的规定中,对部分金融诈骗犯罪如集资诈骗罪、贷款诈骗罪,以及"恶意透支型"信用卡诈骗罪明文规定了"以非法占有为目的",而对包括金融凭证诈骗罪在内的其他金融诈骗罪未予以明文规定需要"以非法占有为目的",并非立法者认为这些金融诈骗罪主观上不要求行为人具有"非法占有目的”，而是一种立法功利主义的体现和立法技术的需要，普通诈骗罪与金融诈骗罪的法条竞合关系决定了非法占有目的是包括金融凭证诈骗罪在内的金融诈骗罪的必要条件。[1]

第二节　金融凭证诈骗罪客观行为的争议问题分析

《刑法》第194条第2款关于金融凭证诈骗罪的罪状表述以及所规定的客观行为方式看似简单，但是在刑法理论和司法实务中，对本罪的客观方面的理解仍然存在诸多争议，需要进一步分析厘清，以期在相关案件处理过程中能够精准定性。

一、行为对象的认定：金融凭证的范围

（一）关于金融凭证的界定

1. 本罪的金融凭证并非指所有的金融凭证

广义的金融凭证，是指金融活动中所使用的各种具有证明作用的凭证，本罪所指的金融凭证仅特指金融结算凭证。所谓“结算”，是商品流通和资金运转途经银行或其他金融机构的货币往来活动，其实质是货币结算。在我国结算制度中，金融机构的结算业务主要有两种形式，即现金结算和转账结算。现金结算是直接用现款进行收付；转账结算不直接使用现金，而是使用信用支付工具把款项从付款人的账号内转移到收款人的账号内的一种货币收付行为。在我国，转账结算建立在银行同各企、事业单位之间的一种经常的、固定的信用关系的基础上，通过银行账户的资金转移来实现货币收付关系，也可以说，我国目前实行转账结算的实质，就是以银行信用流通代替现金流通，用于清算经济往来关系，并成为促进生产和商品流通的工具。转账结算同现金结算相比，更便利于货币交换，加速资金周转，可以节省大量资金的使用，节约大量流通费用，保证资金安全，有利于吸收社会闲散资金，

---

〔1〕 参见刘宪权：《金融诈骗刑法学原理》（第2版），上海人民出版社2020年版，第453页。

支持国民经济建设。[1]

而所谓“结算凭证”,是指银行专门用以结算的凭证,是银行、单位和个人记载账务的会计凭证,是记载经济业务和明确经济责任的一种书面证明。银行、单位和个人填写的结算凭证是办理支付结算的重要依据,直接关系结算的准确、及时和安全。根据1997年中国人民银行颁布的《支付结算办法》的规定,我国现行的银行结算方式有票据(汇票、本票、支票)、汇兑、委托收款、信用卡等信用支付工具和结算方式。与此相对应,我国目前的银行结算凭证主要有汇票、本票、支票、信用卡、委托收款凭证、汇款凭证、银行存单等。同时,《支付结算办法》明确规定银行、单位和个人办理支付结算,必须使用按中国人民银行统一规定印制的结算凭证,未使用中国人民银行统一规定格式的结算凭证的,银行不予受理,即结算凭证必须具有法定的统一格式。

2. 本罪的金融凭证并非指所有的银行结算凭证

根据前述的汇票、本票、支票、信用卡、委托收款凭证、汇款凭证、银行存单等结算凭证的不同特点和功能,《刑法》在金融诈骗罪的规定中针对不同对象规定了不同的罪名,其中《刑法》第194条第1款针对以汇票、本票和支票为对象的诈骗行为规定了票据诈骗罪、第196条针对信用卡为对象的诈骗行为规定了信用卡诈骗罪,因此汇票、本票、支票、信用卡这四种结算凭证不属于本罪的金融凭证范围。本罪的金融凭证,是指委托收款凭证、汇款凭证、银行存单,以及其他银行结算凭证。而关于“其他银行结算凭证”的范围,由于现行《刑法》并未作出具体规定,因此在认定时应当结合具体实践情况进行分析判断。

(二)伪造、变造“委托收款凭证”的认定

根据《支付结算办法》的规定,委托收款是收款人委托银行向付款人收取款项的一种结算方式。委托收款分为邮寄和电报划回两种方式,由收款人根据需要选择使用,适用于在银行或其他金融机构开立账户的单位和个体经营户的商品贸易、劳务款项以及其他应收款项的结算。在银行结算业务中,委托收款主要包括委托和付款两个程序:

(1)委托手续的办理。办理委托手续是实施委托收款的初始程序。收

---

〔1〕 参见孙军工:《金融诈骗罪》,中国人民公安大学出版社2003年版,第89页。

款人（一般是供货方或劳务提供方）办理委托收款手续，应向其开户银行填写委托收款凭证，并提供收款依据如供货合同、劳务合同及有关单证等。

（2）付款手续的办理。收款人的开户银行接受委托后，将委托收款凭证及有关附件寄给付款人的开户银行（若为同城结算，有时收款人开户银行与付款人开户银行为同一银行，即可省去此步骤），其经审查无误后，应及时通知付款人。付款人接到通知和有关附件，应在规定的付款期内付款。付款期为3天，从付款人开户银行发出付款通知的次日算起。付款人在付款期内未向银行提出异议，银行视作同意付款，并在付款期满的次日上午银行开始营业时，将款项主动划给收款人。如在付款期满前，付款人通知银行提前付款，银行应立即办理划款。付款人审查付款通知和有关单证，发现有明显的计算差错，应该多付款项时，可由付款人出具书面证明，交其开户银行据以划款。〔1〕

委托收款程序表明，委托收款是收款人开户银行和付款人开户银行之间根据委托收款凭证以及收款依据所进行的款项划转行为，款项从付款人流向收款人。委托收款凭证以及收款依据是划款原因的证明，无论是收款人的开户银行还是付款人的开户银行，都是以委托收款凭证作为划款与收款依据的。所以，委托收款凭证的真伪直接关系款项划转的安全。伪造、变造委托收款凭证，旨在欺骗银行将他人账户中的款项错误划转出去，从而骗取他人账户资金。理论上认为，伪造、变造委托收款凭证行为通常分别具有如下特点：〔2〕

1. 伪造委托收款凭证行为的特点

第一，行为人假冒收款人名义，自称为某项贸易活动中的收款人；第二，伪造委托收款凭证行为一般发生在办理委托手续过程中；第三，行为人会实施非法填制和偷盖他人印章行为；第四，行为人有可能同时实施伪造收款依据行为，即同时伪造合同、发货证明等，办理委托收款事项所必须附随的能够证明收款人已经履行合同的证明文件，以实现非法收款目的。

2. 变造委托收款凭证行为的特点

变造委托收款凭证，是指非收款人对收款人已填制的委托收款凭证进

〔1〕 参见王作富主编：《刑法分则实务研究》（第4版），中国方正出版社2010年版，第584页。

〔2〕 参见刘华：《票据犯罪研究》，中国检察出版社2001年版，第149页。

行非法变更的行为。该行为与伪造委托收款凭证行为的区别在于:伪造是非法创设委托收款凭证,该凭证不是真正的收款人填制的,而是行为人填制的,是虚假无效凭证;而变造是指非法变更委托收款凭证,该凭证是由真实收款人填制而被行为人篡改的,其在形式上是真实有效的。在司法实务中,变造委托付款凭证行为通常是指变更收款人的地址和账号,意图欺骗银行将款项划入行为人的账号。

(三)伪造、变造"汇款凭证"的认定

汇兑是银行结算方式之一,是指汇款人委托银行将款项汇给外地收款人的结算方式。汇兑结算中一般涉及四方当事人,即汇款人、收款人、汇出银行、汇入银行,在汇兑结算中不需实际寄送货币,只需将付款命令通知汇入银行即可。而"汇款凭证"就是在汇兑结算过程中汇款人所填写的凭据和证明,是汇出银行和汇入银行之间进行款项划转的依据。

根据《支付结算办法》的规定,我国的汇兑结算分为两种,即信汇和电汇,由汇款人根据需要选择使用。信汇,是指汇出银行应汇款人请求,用邮寄信汇委托书的方式,通知汇入银行向收款人支付款项的结算方式;电汇,是指汇出银行应汇款人的请求,以电报或者电传形式通知汇入银行请其向收款人支付款项的结算方式。

汇兑包括以下程序:(1)汇兑委托的办理。汇款人委托银行办理汇兑时,应向汇出银行填写信汇或电汇凭证,详细填明汇入地点、汇入银行名称、收款人名称、汇款用途等项内容。(2)汇兑款项的受领。汇入银行对开立账户的收款人的款项,应直接转入收款人账户;未在银行开立账户的收款人,凭信汇、电汇取款通知或"留行待取"的凭证向汇入银行支取款项,必须交验本人的身份证件或汇入地有关单位足以证实收款人身份的证明,在信汇、电汇凭证上注明证件名称、号码及发证机关并在"收款人盖章处"盖章或签字;凭印鉴支取的,收款人所盖印鉴必须与预留印鉴相符,才能办理支取;支取现金的,信汇、电汇凭证上必须有汇出银行按规定填明的"现金"字样才能办理。未填明而需要支取现金的,由汇入银行按照现今管理规定审查支付;分次支取的,应以收款人的姓名开立临时存款账户。

在汇兑结算过程中,汇款凭证的真伪直接关系他人款项划转的安全。伪造、变造汇款凭证,主要是指行为人以假冒汇款人名义进行非法填制汇款凭证,或者对汇款人已填制的汇款凭证内容进行非法变更的方式,通过虚构划款指令欺骗银行将他人账户资金错误地划转出去，进而非法占有他人财产的行为。

（四）伪造、变造“银行存单”的认定

银行存单，是指储户在银行办理储蓄业务后，由银行出具的一种表明储户存款并且允诺到期时还本付息的信用凭证，也是款项存入银行开给存款人用以证明其存款事实的法律凭证。存单分为记名式和不记名式，记名式的存单可挂失，不记名式的不可挂失。存款人和银行之间的存款关系实质上是一种合同关系，银行根据国家规定的利率，向社会揽储，是一种要约邀请，存款人自愿将款项存交银行，实际上就是承诺，存单是存款关系的书面证明，标志着存款合同的成立。

目前我国银行所使用的银行存单共有以下几种：（1）大额可转让定期存单；（2）定期存款单；（3）活期存款单，包括活期存折储蓄和活期存款单两种。银行存单涉及储户与银行之间的存储关系，对于储户，银行存单具有债权凭证意义；对于银行，银行存单则是债务凭证。银行存单证明的是银行和储户之间真实的存储关系，而伪造或变造的银行存单则是一种虚假凭证，旨在诈骗和非法占有银行资金，直接侵害储户和银行的财产权益。理论上认为，伪造、变造银行存单行为通常分别具有如下特点：[1]

1. 伪造银行存单行为的特点

一方面，行为人的行为以在存单上偷盖银行业务公章和柜员名章为重点，银行业务公章和柜员名章通常可能是伪造或者盗窃。另一方面，伪造银行存单，有的为了非法取款，有的则是以伪造存单为抵押凭证，行为人伪造银行存单目的的多样性和复杂性。

2. 变造银行存单行为的特点

变造银行存单，是指在真实存单上进行非法改制的行为，变更银行存单行为有储户自己实施的，也有非储户实施的。储户变造银行存单，通常发生在取款环节中，变造内容主要在于变更存款数目，企图骗取超过其存款的款项。非储户实施变造行为，往往发生在非法获得或者不当获得他人银行存单之后，变造内容主要是针对存单日期和存款人名称进行变更。

---

〔1〕 参见刘华：《票据犯罪研究》，中国检察出版社 2001 年版，第 153 页。

(五)"其他银行结算凭证"的范围认定

关于本罪规定的"其他银行结算凭证"的范围,由于涉及的银行结算业务具有很强的专业性,刑法理论和实务界存在一定的争议,主要有以下三种观点:第一种观点认为,"其他银行结算凭证"是指《刑法》所列举的三种凭证之外的实际用于银行或金融机构结算工作的凭证。[1] 第二种观点认为,"其他银行结算凭证"是指除《刑法》已经明确列举的可用于银行结算凭证以外的实际用于银行结算活动的一切凭证,包括银行借记卡、贷记凭证、银行特种转账借方传票和贷方传票。[2] 第三种观点认为,应对"其他银行结算凭证"作扩张解释,因为按照《商业银行法》第93条的规定,信用社办理商业银行的有关业务适用该法的有关规定,第94条规定,邮政企业办理商业银行有关业务适用该法的有关规定,故信用社、邮政储蓄具有银行功能,应视为银行类金融机构,其办理商业银行有关业务所使用的凭证也应纳入"其他银行结算凭证"的范围。[3]

上述理论争议主要在于对"等其他银行结算凭证"中"等"字的不同理解,以及"银行"的范围理解。在理论上,从语义上讲,"等"字有两种含义,一种含义是概括前面列举的事项,另一种含义则是指省略了与前面列举事项性质一样的事项。如果依照第一种含义理解,《刑法》第194条第2款应该是这样规定:"使用伪造、变造的委托收款凭证、汇款凭证、银行存单等三种其他银行结算凭证的依照前款规定处罚。"但是《刑法》第194条第2款没有这样规定。因此,从目前《刑法》对本罪的规定看,"等其他银行结算凭证"中的"等"字应是第二种含义,即其他银行结算凭证不仅限于上述列举的委托收款凭证、汇款凭证、银行存单三种,还应包含未列举的事项。[4]

在实务中,对于银行结算凭证的认定,主要基于结算凭证的功能,即判断是否具有货币给付和资金清算功能。根据中国人民银行《支付结算办法》的有关规定,办理票据、信用卡和汇兑、托收承付、委托收款等转账结算业务所使用的凭证均属银行结算凭证。此外,银行办理现金缴存或支取业务使用的有关凭证也属银行结算凭证。而对账单、银行询证函、资金证明等凭

---

[1] 参见刘建:《金融刑法学》,中国人民公安大学出版社2008年版,第542页。

[2] 参见李永升主编:《金融刑法与金融检察创新研究》,法律出版社2013年版,第49页。

[3] 参见薛瑞麟主编:《金融犯罪再研究》,中国政法大学出版社2007年版,第382页。

[4] 参见高铭暄、梁剑:《金融凭证诈骗罪若干疑难问题研究》,载《法学》2003年第12期。

证，因只具有证明或事后检查作用，不具有货币给付和资金清算作用，不属于银行支付结算凭证。

综合刑法理论和实务的不同理解，对本罪规定的“其他银行结算凭证”的范围理解，既要从刑法规范出发，考虑刑法语义的解释，同时也应当尊重金融机构的专业解释意见，从本罪行为对象的本质功能和特征进行判断认定。从前述关于银行结算和结算凭证的定义来看，银行结算凭证通常具有以下特点：(1)是运用于银行资金结算的凭证；(2)是一种权利凭证，而非事项记录凭证；(3)是一种独立性凭证，而非附随性凭证。因此，应当认为“其他银行结算凭证”是指除票据（汇票、本票、支票）、信用卡、《刑法》规定列明的三种银行结算凭证以外的，在经济活动中具有货币给付和资金清算作用，能够证明银行金融机构与客户之间具有相关支付结算业务关系的独立权利凭证。

1. 本罪的银行结算凭证并不包括所有的金融机构结算凭证

在金融领域，金融机构包括银行、邮政储蓄和信用社等银行类金融机构，以及其他非银行金融机构，而本罪的行为对象只有银行类结算凭证。具体而言：(1)非银行金融机构的结算凭证不属于本罪行为对象范围。因为无论从语义解释还是从实质解释分析，银行与非银行金融机构都有着本质区别，将非银行金融机构的结算凭证纳入本罪的结算凭证范围将有违罪刑法定原则。(2)信用社、邮政储蓄等银行类金融机构结算凭证属于本罪的对象范围。银行类金融机构虽不具有银行称呼，但法律允许其办理只有银行才有权从事的业务，故其依法办理银行业务所使用的结算凭证也属于“其他银行结算凭证”。因为信用社与邮政储蓄经中国人民银行允许，有权从事存贷款等银行业务，而且信用社和邮政储蓄已逐步转化为银行或正在向银行转化。邮政储蓄银行已于2007年3月20日正式挂牌成立，2012年2月27日，中国邮政储蓄银行发布公告称，经国务院同意，中国邮政储蓄银行有限责任公司于2012年1月21日依法整体变更为中国邮政储蓄银行股份有限公司。近些年，我国许多地方的信用社已更名为农村商业银行，未更名的也是依法从事银行业务，属于银行类金融机构。此外，根据《商业银行法》的有关规定，信用社、邮政企业办理商业银行的有关业务适用该法的有关规定。因此，邮政储蓄、信用社办理银行有关业务所使用的结算凭证纳入“其他银行结算凭证"的范围符合民众的一般认识和理解,不违反罪刑法定原则。[1]

2. 托收承付凭证应属于银行结算凭证

托收承付,是指收款人根据购销合同发货后委托银行向异地付款人收取款项,由付款人向银行承认付款的结算方式。《支付结算办法》第 162 条规定:"本办法所称结算方式,是指汇兑、托收承付和委托收款。"目前,托收承付的适用范围和使用对象限制较严,使用托收承付结算方式的收款单位和付款单位,必须是国有企业、供销合作社以及经营管理较好,并经开户银行审查同意的城乡集体所有制工业企业。可见,托收承付是法定的资金结算方式之一,托收付款凭证是法定的银行结算凭证,属于本罪的行为对象。

3. 贷记凭证应属于银行结算凭证

由于目前现行《支付结算办法》和其他金融法规未对贷记凭证做出规定,因此对其是否属于本罪的行为对象,存在不同理解,有的观点认为,贷记凭证属于金融票证范畴但不属于结算凭证;有的观点则认为,贷记凭证是一种指定划款的凭证,属于银行结算凭证的一种。实践中通常认为,贷记凭证是进行同城支付结算的一种方式,付款人委托开户银行将其款项支付给收款人的一种结算方式,有直接贷记和间接贷记两种。存款单位发出划款指令,银行依照划款指令执行划款,贷记凭证可以证明这一划款指令和划款行为的关系。由此可见,贷记凭证与汇款凭证类似,具备银行结算凭证的货币给付和资金结算特征,同样应属于本罪的行为对象。[2]

4. 对账单、进账单、资金证明等不属于银行结算凭证

(1)对账单、进账单。有观点认为,对账单、进账单属于银行结算凭证,因为它们属于银行在进行各种结算活动时的凭据,并代表一定的货币流转关系。然而,进账单、对账单与银行结算凭证有本质区别,二者虽然都是在结算活动中使用的凭据,但结算凭证除了要求在结算中使用外,还具有记载经济业务和明确经济责任的功能,是一种具有法定统一格式的、独立的权利性凭证。而对账单、进账单仅是一种记录性凭证,只能在银行内部业务活动附属于其他银行结算凭证使用,不具有独立性,对银行结算不具有实质性影响,不具有货币支付和资金结算的功能。因此,其不属于本罪的行为对象。

---

〔1〕 参见吴仁碧:《金融凭证诈骗罪疑难问题探析》,载《北方法学》2014 年第 3 期。

〔2〕 参见刘华:《票据犯罪研究》,中国检察出版社 2001 年版,第 52 页。

(2)资金证明。根据银行结算凭证的本质特征,银行结算凭证必须具备货币给付和资金清算功能,而只具有证明或事后检查作用的单位定期存款开户证实书、银行询证函等证明凭证,因不具有货币给付和资金清算作用,不属于银行结算凭证。显然,此种资金证明仅是银行出具的一种个人资信证明凭证,缺乏法定固定格式、独立证明性、权利凭证性,同样不具有货币给付和资金清算功能,不属于本罪规定的“其他银行结算凭证”。

随着我国金融制度改革的不断深化发展和金融技术的不断革新,新类型的金融机构和金融凭证将不断出现。对于新出现的金融凭证是否属于金融凭证诈骗罪的“其他银行结算凭证”的判断,事关罪与非罪、此罪与彼罪的司法认定,应当十分审慎。笔者认为,银行结算凭证有权利凭证、非附随凭证、结算凭证等特性,其本质功能在于货币给付和资金计算,司法实务中判断一种金融凭证是否属于本罪的银行结算凭证,应当以此为依据,作出合理的、符合罪刑法定原则的实质性解释和认定。

二、客观行为的理解:“使用”的认定

(一)“使用”伪造、变造金融凭证行为的界定

根据《刑法》第194条第2款的规定,本罪的客观行为表现为使用伪造、变造的银行结算凭证骗取财物的行为,与前述票据诈骗罪类似,在理论和实务上同样涉及对“使用”的不同理解与认定问题,需要进一步予以分析厘清。

关于对本罪“使用”行为的认定,理论上存在不同的观点:第一种观点认为,使用主要是将虚假无效的银行结算凭证当作真实有效的银行结算凭证进行出示、交付、兑现和转让等行为,以骗取他人财产或者侵犯他人经济利益的非法行为。一般通过向银行出示交付的形式实施,旨在误导银行骗划他人账户资金。第二种观点认为,使用是指利用伪造、变造的其他银行结算凭证,骗取他人财物的行为。第三种观点指出,对本罪的“使用”可有广义和狭义之分,狭义使用只指用金融凭证直接兑现金融凭证记载的财产权利,如凭此划款、转款、支付、抵债等,广义使用除上述直接兑现外还包括用其进行质押、展示以显示其资金实力等间接运用,本罪的使用只指直接使用行为,不包括间接使用行为。[1]

---

〔1〕 参见吴仁碧:《金融凭证诈骗罪疑难问题探析》,载《北方法学》2014年第3期。

综合不同理论观点分析，围绕本罪“使用”行为认定的理论争议，主要在于是否包括“间接使用”行为，即将伪造、变造的金融凭证用于质押、展示等间接使用行为是否能够认定为金融凭证诈骗罪。对此，笔者赞同上述第三种观点，本罪的“使用”行为只限于直接使用行为，不包括间接使用行为。根据本罪所保护的主要客体即国家金融机构的结算制度的特征和银行结算凭证的作用特点，只有将银行结算凭证进行交付、转让、兑现、抵债等方式来实现凭证所记载的财产权利时，才会对银行金融结算秩序造成侵害，而质押、展示伪造、变造的金融凭证等间接使用行为，并未使该伪造、变造的金融凭证进入金融流转程序，不会产生危害银行结算秩序的后果，也就不可能侵犯国家金融机构结算制度。因此，本罪的“使用”伪造、变造金融凭证的行为，是指将伪造或变造的金融凭证作为真实有效的金融凭证，以交付、转让、兑现、抵债等银行结算凭证通常用法予以利用，兑现金融凭证所记载财产权利骗取财物的行为。

（二）“使用”伪造、变造金融凭证行为的争议问题认定

1. 将伪造的银行存单用于质押骗取银行贷款行为的认定

对于此类行为的认定在实务中存在较大争议，一种意见认为，行为人虽以伪造的存单作质押，但行为人指向的对象并非存单上的金额，而是贷款的金额。金融凭证诈骗罪中使用伪造的银行结算凭证，应限制在直接使用的范围内，即直接使用伪造的金融凭证兑现其项下的款项的行为，而不包括使用假金融凭证作为担保诈骗银行贷款的行为。换言之，上述行为只是手段行为触犯了伪造金融票证罪，而没有触犯金融凭证诈骗罪。[1] 另一种意见认为，上述行为同时触犯了金融凭证诈骗罪、合同诈骗罪、贷款诈骗罪，属于想象竞合，应从一重罪处断。[2] 显然，这一争议问题与前一章节所述使用伪造、变造的票据作质押骗取银行贷款的行为认定处理具有一致性。以银行存单担保取得贷款是银行存单的通常用法，所以，使用伪造的银行存单骗取银行贷款，属于使用伪造的金融凭证骗取财物，不仅触犯了贷款诈骗罪，而且触犯了金融凭证诈骗罪。

---

〔1〕 参见高铭暄主编：《新型经济犯罪研究》，中国方正出版社2000年版，第92页。

〔2〕 参见顾肖荣、肖中华、张健：《论金融凭证诈骗罪适用中的几个问题》，载《人民检察》2001年第6期。

2. 出示伪造、变造的金融凭证的行为不属于使用伪造、变造的金融凭证诈骗行为

对于该种情形，如果认为行为人单纯出示伪造、变造的金融凭证的行为也属于使用伪造、变造的金融凭证，那么其以此骗取财物的行为便构成金融凭证诈骗罪；如果认为被告人出示伪造、变造的金融凭证的行为不属于使用伪造、变造的金融凭证，那么其骗取财物的行为就构成普通诈骗罪。然而，正如有学者指出，“法律规定的所谓‘使用’等客观行为，就是犯罪行为人将这些伪造、变造的银行结算凭证，通过银行等金融机构来实际投入或进入商品的交换、流通或资金货币的结算运转途径中以及金融机构的往来中，利用金融凭证的兑付、信用等特殊功能来达到诈取钱财的目的。”[1]因此，单纯出示伪造、变造金融凭证的行为并没有使伪造、变造的金融凭证进入商品的交换、流通或资金货币的结算运转途径中以及金融机构的业务往来中，其所取得的财产并不是伪造、变造的金融凭证记载的数额，而是其他的财物，该行为并不属于本罪的“使用”伪造、变造的金融凭证行为，不成立金融凭证诈骗罪。

三、使用“作废”银行结算凭证的认定

从《刑法》第 194 条对票据诈骗罪和金融凭证诈骗罪的客观行为类型的规定来看，票据诈骗罪的行为类型显然要复杂于金融凭证诈骗罪。其中关于“使用作废的票据进行诈骗”的规定是票据诈骗罪规定的五种行为之一，而在金融凭证诈骗罪的规定中，对“使用作废的银行结算凭证”行为并未作出规定。因此，单就作废的金融凭证而言，显然不能认定为伪造、变造的金融凭证。按罪刑法定原则的要求，使用作废的金融凭证骗取他人财物的不能定本罪。如果行为人在市场交易过程中或者日常生活中使用作废的金融凭证骗取他人财物的，可构成合同诈骗罪或者普通诈骗罪。

然而在实践中，对作废的银行结算凭证的使用，行为人通常会采取消除作废印鉴、涂改日期等手段以实现其骗取财物目的，而对这种消除、涂改行为应当按伪造、变造金融凭证论处。因此，在此情况下对使用作废的银行结算凭证骗取他人财物的，可以评价为使用伪造、变造的银行结算凭证行为，

---

〔1〕 李文燕主编：《金融诈骗犯罪研究》，中国人民公安大学出版社 2002 年版，第 195 页。

认定构成金融凭证诈骗罪。

四、“冒用”他人银行结算凭证的认定

“冒用”他人的票据进行诈骗活动，同样也是《刑法》第194条规定的票据诈骗行为之一，而“冒用”他人银行结算凭证的行为并未被明确规定为金融凭证诈骗罪的客观行为。因此，对于司法实践中常有发生的冒用他人银行结算凭证骗取他人财物的行为的认定，存在较大争议。

所谓的“冒用”他人银行结算凭证，是指行为人假冒名义使用他人真实有效的金融凭证行为。从司法实践对“冒用”他人银行结算凭证行为认定的情况看，根据所冒用的银行结算凭证来源不同而存在不同的认定，行为人所冒用的他人银行存单是盗窃来的，则可构成盗窃罪；若是抢劫来的，则可构成抢劫罪；如果行为人所使用的凭证是捡来的，则属于不当得利；行为人持捡来的银行结算凭证进行诈骗的，构成诈骗罪。[1] 笔者认为，对于此类“冒用”行为的认定，可根据所冒用的对象不同，进行区别认定：

（1）“冒用”委托收款凭证、托收承付凭证。实践中，根据委托收款凭证、托收承付凭证的特点和严格的对象及程序要求，一般不存在冒用问题，只存在使用伪造、变造的委托收款凭证的情形。

（2）“冒用”汇款凭证。汇款的支取分为两种情况：一是汇入银行对开立账户的收款人的款项，应直接转入收款人的账户。此时行为人“冒用”他人的汇款凭证无任何意义。二是对未在银行开立账户的收款人，凭信汇、电汇取款通知单并填写有关内容向汇入银行支取款项，同时验交本人的身份证、预留印鉴或汇入地有关单位足以证明收款人身份的证明等。这种情况下，可能存在冒用他人的汇款凭证的问题，对这种冒用行为，应以诈骗罪论处，而不以获得汇款凭证的方式定罪。

（3）“冒用”银行存单。存单分为记名式和不记名式，记名式存单可挂失，不记名存单不可以挂失。存单具有较强的变现能力和财产权性质，盗窃、抢劫存单的行为本身可构成盗窃罪、抢劫罪。通常如果行为人所冒用的存单已被挂失，该存单已作废，此时受损失的是金融机构，且这一损失是由于冒用隐瞒真相的行为所导致，行为人的行为符合诈骗罪构成要件，应定诈

---

〔1〕 参见孙军工：《金融诈骗罪》，中国人民公安大学出版社2003年版，第102页。

骗罪;如果该存单是不可挂失的或尚未挂失的,行为人冒用的,属于一个行为触犯两个罪名的想象竞合犯,择一重罪处罚。

第三节　金融凭证诈骗罪的共犯界定

在司法实践中,金融诈骗共同犯罪常有发生。在金融凭证诈骗的共同犯罪中,当各行为人均属于银行金融机构外部人员或者均为内部人员一方,实施使用伪造、变造的银行结算凭证共同诈骗行为时,对共犯的认定与普通共同犯罪案件并无不同。而对于银行金融机构外部无身份人员与银行内部有身份人员内外勾结,共同使用伪造、变造的金融凭证实施诈骗行为时,对不同身份者的共同犯罪行为如何定性,存在较大争议。

一、无身份者与有身份者共犯定性争议

理论上,这一争议实质是涉及无身份者与有身份者实施共同犯罪时,在罪名认定上是身份犯罪名还是非身份犯罪名的问题。对此存在不同的理论观点,包括按有身份者构成的罪名定性、主犯身份性质定性、分别定罪,或是以侵犯的主要客体定性等。[1] 在上述观点中,分别定罪将会出现不公平的定罪判处结果,有因身份受到不平等对待之嫌;以侵犯的主要客体定性也具有不确定性,因为对侵犯的复杂客体的主次之分也存在不同理解;如一律按有身份者构成的罪名认定,往往又会放纵犯罪。因为根据《刑法》有关规定,职务侵占罪或贪污罪的定罪数额或加重处罚情节大多要高于无身份者构成的犯罪,假如无身份者是主犯,有身份者是从犯的情况下,还是按相关司法解释均定有身份者罪名的话,就有可能双方均不构成犯罪或被定刑罚相对较轻的职务犯罪,缺乏合理性。

关于银行金融机构工作人员与社会上的人员内外勾结进行共同犯罪的案件,涉及两者如何定性的问题,司法实践中一般存在两种情形:一种是分别定罪,即对有身份的银行工作人员认定为职务犯罪,而对无身份的社会人员认定为金融诈骗罪。另一种是对银行工作人员和社会人员认定同一罪

〔1〕 参见吴仁碧:《金融凭证诈骗罪疑难问题探析》,载《北方法学》2014 年第 3 期。

名，即都认定为金融诈骗罪，其中，银行工作人员是金融诈骗罪的共犯。在何种情况下应当分别定罪，在何种情况下应当认定同一罪名，往往会引起争议，值得进一步分析研究。

二、内外勾结型金融凭证诈骗共犯定性依据：主犯身份

对于类似问题的处理，司法解释曾经给出了一定的认定意见。根据2000年最高人民法院发布的《关于审理贪污、职务侵占案件如何认定共同犯罪几个问题的解释》的相关规定，公司、企业或者其他单位中，不具有国家工作人员身份的人与国家工作人员勾结，分别利用各自的职务便利，共同将本单位财物非法占为己有的，按照主犯的犯罪性质定罪。因此，无身份者与有身份者勾结，共同实施犯罪，按有身份者构成罪名定性的情况，只有在有身份者是主犯时，或有身份者是实行犯时，才有适用余地。银行工作人员与外部社会人员勾结利用银行工作人员职务之便使用伪造、变造的银行结算凭证骗取财物的，如银行工作人员是主犯，均定贪污罪或职务侵占罪；如外部人员是主犯，均定金融凭证诈骗罪。

【案例4-1】叶某系某市邮政储蓄专柜工作人员。某日叶某在上班时，见储户陈某在该专柜办理邮政储蓄活期存款60万元的存款手续，便偷偷记住了该存款存折的账号；后叶某利用上班无人之机，在自己的工作柜台与办理邮政储蓄业务联网的电脑上经多次秘密调试，获取该储户存折的取款密码。随后，叶某利用一本已注销作废的邮政活期储蓄存折套取出空白存折，冒用储蓄专柜营业员的工号和密码，在电脑上换取出储户陈某存款60万元的新储蓄活期存折。随后，叶某告知高某、郑某等人并指使高某、郑某等人多次到某市邮政储汇局所属的各储蓄所进行冒领。[1]

上述案例涉及金融机构工作人员与外部社会人员利用变造存折冒领存款资金共同行为如何定性的问题，在认定过程中存在不同意见。第一种意见认为，叶某等人的行为构成金融凭证诈骗罪。因为叶某主观上具有非法占有的目的，客观上窃取储户存款存折账号，以作废存折调换并变造存折，而且利用电脑微机秘密调试存折取款密码，指使他人冒名支取储户存款60

---

〔1〕参见莆检：《邮政人员窃取密码变造存折冒领应定何罪》，载《检察日报》2003年12月31日，第3版。

万元，数额特别巨大，其行为应以金融凭证诈骗罪共同犯罪认定。第二种意见认为，叶某等人的行为构成贪污罪。因为叶某符合贪污罪的主体要件，并且利用了职务上的便利，储户的存款属于公共财产，叶某的行为符合贪污罪的特征，高某、郑某等人系共犯。

根据前述规定，笔者认为，案例4－1应认定为贪污罪，叶某系主犯，高某、郑某等人系从犯。首先，叶某身为该储蓄专柜工作人员，属于受国有企业委托经营国有财产的人员，根据《刑法》规定属于国家工作人员，符合贪污罪的主体要件。其次，叶某在上班期间，利用其办理储蓄业务的职务之便获取了储户的存折信息后进行伪造，符合贪污罪利用职务便利的行为条件。最后，本案储户的存款属于公共财产，属于贪污罪侵害的对象。行为人叶某以非法占有为目的，采用变造储户存款存折，窃取密码，指使高某、郑某冒名支取，骗取公共财物，侵犯了公共财物的所有权及公务的廉洁性，客观上符合贪污罪的特征。其中叶某系贪污罪的主犯，高某、郑某系从犯。

对于内外勾结型的金融凭证诈骗共同犯罪案件，实践中认定时应注意两点：(1)如果内外勾结作案定贪污罪或职务侵占罪，具备条件的金融机构工作人员系实行犯，骗取财物时利用了其职务之便；如金融机构工作人员只利用自己的人脉说服相关审核人员，或只利用自己了解内情给外部人员出谋划策，并未利用自己职务之便，则金融机构工作人员均构成金融凭证诈骗罪。(2)根据共犯成立条件，无论认定何种罪名，各行为人必须具有共同使用伪造、变造的金融凭证骗取财物的共同犯罪故意，而不能仅凭客观上是相互配合作案就定共犯。如金融机构工作人员并未与外部人员形成骗取财物的故意，只是因收受外部人员贿赂后为其提供方便的，双方不构成共犯，金融机构工作人员根据主体情况构成受贿罪或非国家工作人员受贿罪，外部人员构成金融凭证诈骗罪。

第四节　金融凭证诈骗罪与相近犯罪的界限

一、本罪与普通诈骗罪

理论上，金融凭证诈骗罪是《刑法》规定的一种金融诈骗罪，与其他金融诈骗罪一样,均是从《刑法》第 266 条普通诈骗罪分立而来,是一种特殊的诈骗犯罪,二罪之间有许多相同之处。由于两罪在刑法中是特殊法条与普通法条的关系,因此在竞合的情况下,应适用作为特殊法条的金融凭证诈骗罪。

在犯罪构成上,本罪与普通诈骗罪的主要区别在于:(1)犯罪客体不同。本罪侵犯的是复杂客体,是国家的银行金融机构结算制度和公私财产权;后者侵犯的只是公私财产的所有权。(2)犯罪主体不同。本罪包括自然人和单位;后者只能是自然人。(3)犯罪的手段不同。本罪的手段较为单一,仅是使用伪造、变造的银行结算凭证进行诈骗;而后者的手段繁多。(4)侵犯的对象不同。本罪所指向的目标是银行结算凭证上记载的金额,而且银行结算凭证一般要进入金融流通领域;而后者所指向的目标没有限制。

在司法实践中,对于本罪与诈骗罪的认定和区分,通常在使用作废的银行结算凭证和冒用他人的银行结算凭证的两种情况下,需要特别注意。本罪与诈骗罪的关系不同于票据诈骗罪与诈骗罪的关系,因为《刑法》对票据诈骗罪规定了五种行为类型,而仅对本罪简单规定了一种行为类型:(1)在针对使用"作废"票据时,《刑法》规定明知是作废的票据而使用骗取财物的,成立票据诈骗罪;但并未规定明知是作废的银行结算凭证而使用骗取财物行为成立金融凭证诈骗罪,如前对使用"作废"银行结算凭证行为的认定所述,通常只能成立诈骗罪。(2)在对于冒用他人的银行结算凭证骗取财物的行为性质认定讨论时,对于本罪与诈骗罪的认定也存在一定争议。根据《刑法》第 194 条第 1 款的规定,冒用他人的票据骗取财物,与使用伪造、变造的票据骗取财物凭证骗取财物的性质完全相同,都成立票据诈骗罪。但是,无法得出"冒用"他人的金融凭证骗取财物也成立金融凭证诈骗罪的结论,因为《刑法》第 194 条第 2 款并未明文规定冒用他人金融凭证骗取财物的行为类型。因此,不能认为冒用他人金融凭证骗取财物的行为构成金融凭证诈骗罪,否则将有违罪刑法定原则。如前所述,冒用他人金融凭证骗取财物的行为,依然符合普通诈骗罪的构成要件,可以诈骗罪进行认定论处。

二、本罪与票据诈骗罪

金融凭证诈骗罪与票据诈骗罪是《刑法》第 194 条规定的两个罪名,除了所规定的客观行为方式存在不同外,最主要的区别在于行为对象的不同,前者的行为对象为银行结算凭证,后者的行为对象为票据(汇票、本票、支票),在一般情况下只需要根据行为对象及行为方式就可以对两罪进行区分。

而在实践中,也存在一个人的行为同时触犯金融凭证诈骗罪和票据诈骗罪的情形。如行为人以支付高息为诱饵,代被害人存款并支付高额利息,而后利用从银行购买的空白的资金划转申请表并在空白的资金划转申请表上盖上伪造的被害人的印章,欺骗银行开具汇票,然后行为人在银行开立的汇票上加盖被害人的印章背书转让到自己开立的账户上进行诈骗。在该种情形下,行为人既实施了伪造资金划转申请表这一金融凭证的行为,同时又实施了变造汇票的行为。对此,有观点认为,“行为人在非法占有财物的目的支配之下,采用的手段触犯了两个罪名,符合牵连犯的特征,应从一重处罚。但金融凭证诈骗罪与票据诈骗罪的法定刑是一样的,没有轻重之分。对于上述情形从分析行为特征上来把握似乎更好。因为票据属金融凭证的范围,行为人采用虚假的资金划转申请表来欺骗银行,让银行开立汇票,在这种情形下申请表是虚假的,而银行汇票是银行开立的,是真实的。虽然汇票上的背书是虚假的,但是行为人伪造资金划转申请表的行为是全案关键,因为有了这个申请表接下去的欺骗行为比较容易实施,故从行为的主次上及金融凭证能包容汇票这个角度上看,本案定金融凭证诈骗罪更为合适。”〔1〕

对于这种情况的认定,涉及金融凭证诈骗罪与票据诈骗罪的牵连与竞合问题。一方面,行为人伪造金融凭证的行为与变造票据的行为同时构成了金融凭证诈骗罪与票据诈骗罪,应评价为数罪,由于二者具有牵连关系,按一个重罪处罚。另一方面,在牵连犯中的数罪法定刑相同的情况下,应当根据情节轻重确定犯罪的轻重,而不应以主观目的或者行为特征来确定犯罪轻重。如果使用伪造、变造的票据骗取财物的情节严重,就按票据诈骗罪处罚;如果使用伪造、变造的银行结算凭证骗取财物的情节严重,则应按金融凭证诈骗罪处罚。上述情形行为人实施金融凭证诈骗行为的情节显然相对更为严重,因此应当以金融凭证诈骗罪论处。

---

〔1〕 高铭暄、梁剑:《金融凭证诈骗罪若干疑难问题研究》,载《法学》2003 年第 12 期。

三、本罪与伪造、变造金融票证罪

根据《刑法》第177条的规定，伪造、变造金融票证罪，是指伪造、变造汇票、本票、支票、委托收款凭证、汇款凭证、银行存单及其他银行结算凭证、信用证或者附随的单据、文件以及伪造信用卡的行为。其中明确规定了对伪造、变造银行结算凭证的行为以伪造、变造金融票证罪定罪处罚。

从理论上看，对比本罪与伪造、变造金融票证罪的犯罪构成要件特征，两罪的区别在于：(1)犯罪的行为方式不同。本罪的行为主要是伪造、变造委托收款凭证、汇款凭证、银行存单等其他银行结算凭证并加以使用；后者的行为主要是对汇票、本票、支票等金融票证进行伪造、变造，如果行为人仅仅是伪造、变造金融凭证而没有使用的，则不构成本罪。(2)犯罪的客体不同。本罪侵犯的是复杂客体；后者侵犯的是单一客体，即国家对金融票证的监督管理制度。(3)主观目的不同。本罪要求主观上具有非法占有他人财物的目的；后者对主观目的没有要求，不要求行为人具有非法占有目的。(4)既遂标准不同。本罪是结果犯，要求行为人使用伪造、变造的金融凭证诈骗他人财物数额较大；后者是行为犯，即只要实施了伪造、变造行为，就构成犯罪既遂，无论是否已经取得非法利益。笔者认为，在上述区别中，两罪的根本区别在于，伪造、变造金融罪惩治的是伪造、变造行为本身，而金融凭证诈骗罪惩治的是对伪造、变造的金融凭证进行诈骗的使用行为。

【案例4-2】行为人王某在某县信用社存款130元，通过两次支取125元，存折上余额为5元。后王某为了获取非法财物，在自己家中将存折上的存款余额涂改为10,805元，进行存折变造。某日上午10时许，王某持涂改后的存折到本县城关一发廊按摩消费时，因无现金支付，便同发廊老板乘三轮车到信用社取款，信用社工作人员发现存折被涂改后即报警。[1]

本案涉及对行为人变造存折后又使用的行为的认定问题，对此存在一定的争议。一种意见认为，王某的行为构成变造金融票证行为，应以伪造、变造金融票证罪论处；另一种意见认为，王某的行为属于变造金融凭证后进

---

〔1〕 参见《王昌和变造金融票证案［第71号］——涂改、变造存折后再进行金融凭证诈骗的行为如何定性》，载中华人民共和国最高人民法院刑事审判第一庭编：《刑事审判参考》2000年第5辑（总第10辑），法律出版社2000年版，第11～12页。

行金融凭证诈骗,应以金融凭证诈骗罪论处。

在司法实践中,伪造、变造金融票证罪与本罪往往紧密关联,在相关案件中同时出现:一种情况是行为人先实施伪造、变造存单、委托收款凭证等银行结算凭证,后又进一步使用该伪造、变造的金融凭证进行诈骗活动,此时行为人既构成伪造、变造金融票据罪,又构成本罪,两罪属于牵连犯关系,根据刑法基本原理,应从一重罪处罚,以金融凭证诈骗罪论处。另一种情况是行为人实施了伪造、变造存折、委托收款凭证等银行结算凭证的行为,又使用了他人伪造、变造的银行结算凭证实施诈骗行为,此时行为人应分别构成伪造、变造金融票证罪和金融凭证诈骗罪,实行数罪并罚。在上述案例中,王某变造存折后又使用该变造存折骗取财物的行为,属于伪造变造金融票证罪与本罪的牵连犯,应以金融凭证诈骗罪论处,故笔者认为,第二种意见是正确的。

四、本罪与贷款诈骗罪

根据《刑法》第 193 条的规定,贷款诈骗罪,是指以非法占有为目的,采取虚构事实或者隐瞒真相等欺诈手段,诈骗银行或者其他金融机构的贷款,数额较大的行为。其行为方式主要有五种:(1)编造引进资金、项目等虚假理由的;(2)使用虚假的经济合同的;(3)使用虚假的证明文件的;(4)使用虚假的产权证明作担保或者超出抵押物价值重复担保的;(5)以其他方法诈骗贷款的。

金融凭证诈骗罪与贷款诈骗罪同为金融诈骗罪,在司法实践中经常同时出现在一个案件中,给司法认定造成一定的困扰。根据二罪的基本构成特征,两者的主要区别在于:(1)犯罪的客体不同。本罪侵犯的客体是国家对金融凭证的监督管理和银行结算制度,以及公私财产所有权;而后者侵犯的客体是国家对银行及其他金融机构贷款的管理秩序和金融机构的财产所有权。(2)犯罪客观方面的行为方式不同。本罪的行为方式较为单一,主要表现为使用伪造、变造的收款凭证等其他结算凭证骗取财物的行为;而后者的客观行为方式主要包括伪造引进资金、项目等虚假理由进行诈骗贷款、使用虚假的经济合同进行贷款诈骗、使用虚假的证明文件进行贷款诈骗、使用虚假的产权证明文件作担保或者超出抵押物价值重复担保骗取金融机构贷款,以及其他方法。(3)行为主体不同。本罪的行为主体可以是自然人,也可以是单位;后者的行为主体只能是自然人,单位不能成为贷款诈骗罪的主体,单位实施贷款诈骗行为的,只能追究相关自然人的刑事责任。

实践中经常出现的情况是,行为人以伪造、变造的银行存单等金融凭证进行质押骗取银行贷款,对于这种行为该如何认定存在争论,主要争议在于伪造、变造的银行存单等金融凭证是否属于贷款诈骗罪中的虚假证明文件或者虚假产权证明。笔者认为,在这种情形下,行为人明知是伪造的银行存单等金融凭证仍然予以使用,骗取财物的行为,属于使用伪造的金融凭证骗取财物的行为,符合金融凭证诈骗罪的构成要件,而且同时触犯了贷款诈骗罪,由于两罪存在法条竞合关系,应按照特殊法条的规定处罚,以金融凭证诈骗罪论处。

◇ 第五节　金融凭证诈骗罪司法认定难题展开

一、伪造企业网上银行转账授权书骗取资金的行为定性

【案例4-3】被告人张某原系陕西华博公司法定代表人,被告人胡某原系陕西天海公司会计,被告人白某原系西安市商业银行钟楼支行客户经理,被告人陈某1原系陕西森和公司法定代表人,被告人陈某2无业。

2004年10月,被告人张某与被告人陈某2商定,以帮朋友拉存款为名,引诱陕西人达公司将资金存入工商银行西影路分理处账户,后张某指使华博公司办公室主任刘某到工商银行互助路支行开立一般账户、办理工商银行网上客户服务中心开户手续,并在工商银行西影路分理处开立一般账户,而后让陈某2私刻一枚“工商银行西影路分理处”公章,张某操纵制作了虚假的《中国工商银行网上银行企业客户账户查询、转账授权书》、客户证书档案信息资料、需增加的分支机构档案信息资料,将上述资料交给刘某,刘某与在工商银行电子结算中心市场部担任经理的但某共同完善以上资料后,违规为张某办理了“网上银行下挂账户手续”,将人达公司设立在工商银行西影路分理处的账户挂到华博公司设立在工商银行互助路支行账户名下,使张某可对人达公司账户任意进行转账支配。当人达公司资金500万元到账后,张某便指使晏某同陈某2、刘某在银行人员的帮助下解锁,并将人达公

司账户500万元中的280万余元转入华博公司工商银行互助路支行账户。胡某与晏某在张某的授意下，于2004年10月25日将其中235万元转入中国银行西影路支行华博公司账户，48万元转入天海公司账户。后胡某与陈某2将48万元全部提现，胡某留了2万元的张某原借款，将46万元给陈某2。

一审法院审理认为，被告人张某伙同陈某2、胡某采取拉存企业款项，办理网上银行业务，私刻存款企业、银行印鉴，伪造存款企业网上银行转账授权书的手段，骗取银行资金，其行为均构成金融凭证诈骗罪。遂分别对张某等人以金融凭证诈骗罪定罪处罚。被告人上诉后，二审法院裁定驳回上诉，维持原判。[1]

（一）主要争议焦点

本案的主要争议焦点在于使用的网上银行企业客户账户查询、转账授权书是否属于金融凭证，涉及的是金融凭证诈骗罪行为对象"银行结算凭证"的范围认定问题。审理中对该案存在两种处理意见：

第一种意见认为，网上银行企业客户账户查询、转账授权书不具有货币给付和资金清算作用，既不是《刑法》第194条第2款所列举的委托收款凭证、汇款凭证、银行存单，也不属于其他银行结算凭证，因而不是金融凭证，行为人伪造企业网上银行转账授权书骗取资金的行为，不构成金融凭证诈骗罪，而构成诈骗罪。

第二种意见认为，网上银行企业客户账户查询、转账授权书符合金融凭证中的委托收款凭证的特征，属于金融凭证。行为人伪造企业网上银行转账授权书骗取资金的行为构成金融凭证诈骗罪。

根据《刑法》的规定，金融凭证诈骗罪的犯罪对象是银行结算凭证，包括委托收款凭证、汇款凭证、银行存单以及其他银行结算凭证。其中，银行的委托收款凭证，是指收款人在委托银行向付款人收取款项时所填写、提供的凭据和证明。汇款凭证，是指汇款人委托银行将款项汇给外地收款时，所填写的凭据和证明。其他银行结算凭证，是指除本票、汇票、支票、委托收款凭证、汇款凭证、银行存单以外的办理银行结算的凭证和证明。如何正确理解银行结算凭证的内涵和外延，是处理本案的关键。

---

〔1〕 参见陈兴良、张军、胡云腾主编：《人民法院刑事指导案例裁判要旨通纂》（上卷）（第2版），北京大学出版社2018年版，第315～316页。

(二)关于银行结算凭证范围的认定

根据《支付结算办法》第 3 条的规定,所谓支付结算,是指单位、个人在社会经济活动中使用票据、信用卡和汇兑、托收承付、委托收款等结算方式进行货币给付及其资金清算的行为。中国人民银行为上述结算活动统一制定的书面凭证为支付结算凭证。因此,只要是在金融活动中具有货币给付和资金清算作用,并表明银行与客户之间已受理或已办结相关支付结算业务的凭据,均应认定为银行支付结算凭证。

当前,金融工具不断发展演化,客户可以利用多种电子媒介(手机、电话、电脑、电视等),通过不同通信传输方式(移动短信息、有线电话、网络等),在各商业银行的电子银行服务系统实现金融信息查询和有关金融交易的服务。而网上银行业务作为一种新型的金融服务,对其使用的凭证种类,中国人民银行和中国银保监会(现为国家金融监管总局)均没有明确的定性。对于网上银行的相关业务凭证是否属于金融凭证,应根据其是否具有金融凭证的特性和本质功能予以确定。对此,一些商业银行专门制定的相应章程可作为重要依据帮助认定。如《中国银行电子银行服务章程(试行)》第 2 条规定:"中国银行电子银行服务功能包括:各类账户之间的转账、银券服务、代收代付、金融信息查询、各类个人账户资料的查询、个人支票保付、存折临时挂失、交易密码修改、个人实盘外汇买卖、定期存款小额质押贷款、提醒服务等银行服务。"《中国建设银行网上银行章程》第 2 条规定:"本章程所称的网上银行是中国建设银行建立的借助于因特网技术提供信息服务和金融交易服务的网络自动服务系统。"《中国农业银行网上银行业务管理办法》第 2 条规定:"农业银行网上银行以因特网为传输媒介,向客户提供信息、金融及衍生服务客户通过网上银行可以办理查询、转账、支付等各种业务。"由此可见,网上银行的金融业务,虽然操作形式与传统银行柜台表现有异,但无论是功能运行还是产生的结果,都与传统的银行金融业务具有同等功效。

就该案而言,所涉及的《中国工商银行网上银行企业客户账户查询转账授权书》是用于网上电子银行进行收付、结算的唯一的、排他的重要依据,是用于特定主体(金融机构、存款人)之间,以特定的格式记载双方的特定权利义务的书面文件,同时也是双方记账的重要凭证,符合金融凭证中的委托收款凭证的特征,属于新兴电子银行业务中出现的一种非传统型的银行会计凭证,具有金融凭证所具有的资金转账支付等功能,因而应属于金融票证的范畴。

因此,被告人张某诱骗企业到银行存款,办理网上银行业务后,私刻存款企业印鉴、银行印鉴,伪造存款企业网上银行转账授权书,将存款企业下挂到华博公司名下作为分支机构再利用网上银行骗取银行资金,且诈骗数额特别巨大,其行为已构成金融凭证诈骗罪。

二、金融机构工作人员利用工作之便偷换存折支取储户资金的定性

【案例 4-4】被告人李某系某市信用社分社临时工。2005 年 10 月,李某在担任信用社分社柜员期间,利用职务之便,以存款不入账的方式,先后 3 次挪用本单位储户资金共计 118,879.74 元用于购买彩票等活动。2005 年 11 月初,李某被调离某市农村信用合作社工作后,因怕挪用单位资金的事实被发现,遂产生了携款潜逃的想法。2005 年 11 月 13 日上午,李某窜至原工作的农村信用合作社,趁其他工作人员不备之机,窃取了储户“郭某”“张某”的个人存款信息资料,并换了两本“一本通”存折,把两个储户的存款转移到新办的两个存折上,并加盖了信用社公章。后李某携带伪造的户名为“郭某”“张某”的一本通存折,先后窜至该市其他信用社分社,共计提取 49,000 元。随后,李某驾驶用该款购买的北京现代轿车于同年 11 月 30 日逃跑至湖北省某地。同年 12 月 1 日,李某电话委托其叔叔向公安局投案自首。

一审法院审理认为,被告人李某利用职务上的便利,挪用本单位资金,进行营利活动,数额较大不退还,其行为已构成挪用资金罪;李某以非法占有为目的,伪造储户银行存折使用,数额特别巨大,其行为已构成金融凭证诈骗罪。遂分别判决被告人李某犯挪用资金罪,判处有期徒刑 4 年;犯金融凭证诈骗罪,判处有期徒刑 16 年,并处罚金 5 万元。决定执行有期徒刑 16 年,并处罚金 5 万元。[1]

(一)本案的主要争议问题:利用金融机构工作人员的工作方便,以偷换存折方式窃取储户资金行为的定性

审判过程中存在两种意见:一种意见认为,本案构成盗窃罪。被告人李

---

〔1〕 参见陈兴良、张军、胡云腾主编:《人民法院刑事指导案例裁判要旨通纂》(上卷)(第 2 版),北京大学出版社 2018 年版,第 314 页。

某利用其在信用合作社工作期间经常为其大储户“郭某”“张某”办理业务,熟知其姓名、身份证号、密码、存款期限等个人存款信息资料的便利,通过更换两本“一本通”存折的办法,把这两个储户的存款转移到了新办的两个存折上,后携带伪造的户名为“郭某”“张某”的存折提取849,000元,是典型的盗窃信用社储户的资金的行为,即换折是其盗窃储户资金所采取的手段,且盗窃数额特别巨大,应以盗窃罪追究其刑事责任。

另一种意见认为,本案构成金融凭证诈骗罪。被告人李某换折后提取储户资金并非盗窃了储户的资金,而是以换折方式骗取了信用社的资金,即本案的被害对象是信用社而不是储户。因为虽然被告人李某伪造了储户的存折并提取了资金,但储户手中的存折仍是合法有效的存款凭证,储户凭其存折能够向信用社主张财产权利,而信用社也必须无条件向其支付存款本息。被告人李某的行为表面上看是盗窃行为,而实质上是以伪造存折诈骗信用社款项的行为,因而其构成金融凭证诈骗罪。

(二)盗窃罪与金融凭证诈骗罪的区分

盗窃罪与金融凭证诈骗罪在作为侵财性犯罪方面具有很多相同之处,如行为人主观具有非法占有的目的,客观上都侵犯了他人财产权等。但是刑法将盗窃罪规定在侵犯财产罪,而金融凭证诈骗罪则被规定在破坏社会主义市场经济秩序罪中,表明了两罪侵害的法益不同,而这种不同主要是通过两种犯罪实施过程中行为人非法取得他人财产的行为来反映,即两罪在行为方式上存在本质差别,这也是在司法实践中区别两罪的关键。

盗窃罪是使用秘密窃取的手段取得公私财物,由于行为人采取的是秘密窃取的方式,不存在被害人处分财产的事实,行为人对被害人财产的占有,无论在表面上,还是在实质上,都违反被害人意志。金融凭证诈骗罪则是以使用伪造、变造的银行结算凭证的欺骗手段使财物所有人、管理人陷入错误认识自愿交出财物,由于行为人采取的是骗取的方式,因此,客观上存在被害人处分的事实。行为人对被害人财产的占有,虽然当时在表面上是基于被害人的自愿,但实质上却违背了其真实意志。金融凭证诈骗罪不但侵犯了财产权还侵犯了金融凭证秩序和金融安全。《刑法》第194条第2款规定,构成金融凭证诈骗罪要求必须使用伪造的银行结算凭证作为骗取财物的手段,否则不构成本罪。而对于盗窃罪而言,由于只侵犯了他人的财产权,则没有此种特定手段的要求。

(三)利用窃取的他人存款信息资料擅自为储户换存折构成伪造金融票证罪

一般认为,伪造金融票证包括两种情况,一种是有形伪造,即行为人以各种方法非法制造汇票、本票、支票、信用证、委托收款凭证、汇款凭证、银行存单等其他银行结算凭证,冒充真实有效金融票证的行为;另一种是无形伪造,即以真实的金融凭证为基础,以涂改、挖补的方法改变其内容冒充真实有效金融票证的行为。本案中,被告人李某作为信用社工作人员,有权制作存折,但其超越制作权限,未经储户同意,利用窃取的储户存款信息资料擅自为储户换折,并将储户的存款秘密转移到新办的存折上,制作出与原存折内容基本一致的存折,完全符合无形伪造的特征,其行为属于伪造银行存单的行为,依照《刑法》第 177 条的规定,构成伪造金融票证罪。

(四)使用伪造的银行存折冒用他人名义取款构成金融凭证诈骗罪

本案中,被告人李某窃取他人的存款信息资料并据此换折的行为,虽然体现出一定的秘密性,即是在利用工作便利趁其他工作人员不备之机偷偷进行的,但该行为只是为非法占有存款创造了条件,并不等于实际占有了相应的财产,尚未对存款造成实际侵害。从理论上讲,刑法评价的是一种行为的性质,区分此罪与彼罪,评价的根据是直接侵害法益的行为而非其他作为预备或条件的行为。在既有窃取行为又有诈骗行为的情况下,是构成诈骗类犯罪还是构成盗窃罪,主要看的是行为人实现对财产侵害的关键行为的具体方式。如果直接导致被害人财产损失的是窃取行为,就以盗窃罪论处,如果是诈骗行为,则应当以诈骗类犯罪定罪处罚。本案中直接造成财产法益侵害的行为是李某利用伪造的存折支取他人存款的行为,该行为是通过信用社的付款行为实现的,对于存款的交付,信用社一方是有明确认识的,只是信用社的这种认识是一种错误的认识,即误认为存折是合法有效的存折,李某是合法的取款人,而这正是李某使用伪造的存折,冒充真实存款人取款行为的结果,因此其行为完全符合金融凭证诈骗罪的行为特征。

金融凭证诈骗罪是以非法占有为目的的犯罪,因此,是否构成金融凭证诈骗罪,不仅要看行为人是否实施了使用伪造、变造的银行结算凭证骗取钱款的行为,还要看行为人主观上是否具有非法占有的目的。被告人李某取款得手后,将部分诈骗所得用于购买轿车供个人使用,并携带剩余赃款出逃,足以认定其主观上具有非法占有的目的,其行为已经构成金融凭证诈骗罪。

在本案中,李某伪造银行存折的行为与使用伪造存折冒用取款的行为属于牵连关系,应当择一重罪论处。被告人李某利用窃取的他人存款信息资料伪造银行存折的行为,依法构成伪造金融票证罪,其后使用该伪造的存折到信用社取款的行为亦构成金融凭证诈骗罪,两个行为具有手段行为与目的行为的牵连关系,属于刑法理论上的牵连犯。对于牵连犯的处理,刑法理论和司法实践中一般采用从一重罪论处的原则,而比较本案两罪应适用的法定刑幅度,金融凭证诈骗罪重于伪造金融票证罪,故应以金融凭证诈骗罪定罪判处。

三、使用伪造的银行存单作抵押诈骗银行贷款行为的定性

【案例4-5】被告人朱某,原系山东省青州市某电器厂(私营企业)副厂长。1995年下半年,朱某为诈骗银行贷款,先后比照银行存单上的印章模式伪造了中国农业银行青州市支行昭德办事处储蓄章和行政章,中国建设银行青州市支行房地产信贷部、青州市黄楼信用社和青州市普通信用社储蓄章,潍坊市二轻工业供销公司、聊城地区基本建设投资公司公章及有关银行工作人员的名章,并通过中国农业银行青州市支行昭德办事处的工作人员了解到一些单位和个人在该办事处的存款情况。1995年10月和1996年6月,朱某持套取的中国农业银行山东省分行等金融机构的整存整取储蓄存单样本,到深圳市通过欧某、罗某(同案被告人,均已判刑)共印制银行空白存单130余万份。朱某将其中的1000份带回青州市,部分用于犯罪活动。1996年5月,朱某将少量现金存入农行青州市昭德办事处,取得存单一张。后朱某持该存单及私自印制的空白存单到打字复印部,让打字员比照存单样式打印了两份户名分别为胡某和李某、存款额均为100万元的假存单,朱某在假存单上盖上私刻的昭德办事处储蓄章和经办人李某的名章。朱某持该假存单到东坝信用社要求抵押贷款,东坝信用社开出两份抵押证明,朱某在抵押证明上盖上私刻的农行昭德办事处行政公章和该办事处主任赵某的名章,以此假存单和假抵押证明,骗取东坝信用社贷款200万元。

1996年5月至8月,被告人朱某单独或伙同孙某(同案被告人,已判刑)用上述手段,先后4次分别从青州市东坝信用社、青州市普通信用社、宁津县张傲信用社、青州市建行房地产信贷部、月州市益都信用社、青州市东夏基

金会诈骗贷款1268.79万元。另外朱某还单独或伙同孙某利用伪造的担保函或骗取的银行存单作抵押,从青州市东坝信用社、青州市城市信用社东关分社两次骗取银行贷款140万元。

一审法院审理判决认定被告人朱某犯贷款诈骗罪、金融凭证诈骗罪,数罪并罚,执行死刑。二审法院驳回上诉,维持原判。[1]

(一)本案的主要争议问题在于利用伪造的银行存单作抵押骗取贷款的行为的认定,实质涉及贷款诈骗罪与金融凭证诈骗罪的界分

审理过程中主要有两种意见:第一种意见认为,利用伪造的银行存单作抵押骗取贷款的行为应定金融凭证诈骗罪。主要理由如下:(1)《刑法》第193条贷款诈骗罪第3项中所规定的"证明文件"不包括银行存单。银行存单是一种金融凭证,虽然也能起到证明的作用,但其与"证明文件"的性质不同,其证明的效力和范围也不同,使用伪造的银行存单骗取银行贷款的行为不构成贷款诈骗罪。(2)即使贷款诈骗罪的"证明文件"包括银行存单在内,利用伪造的银行存单作抵押骗取贷款的行为可以构成贷款诈骗罪,但由于这种行为同时还触犯了金融凭证诈骗罪,属于竞合犯,按照从一重处的原则,亦应定为金融凭证诈骗罪。(3)对金融凭证诈骗罪的规定,应理解为只要是使用伪造、变造的金融凭证骗取资金,达到数额较大的,即构成金融凭证诈骗罪。无论骗取的资金是何种性质,是贷款还是其他款项,也无论是使用金融凭证直接骗取资金,还是以此作抵押骗取银行贷款,都不影响该罪的成立。

第二种意见认为,利用伪造的银行存单作抵押骗取贷款的行为,应定贷款诈骗罪。主要理由如下:(1)银行存单属于贷款诈骗罪的"证明文件"。使用银行存单作担保骗取贷款的行为构成贷款诈骗罪。同时该行为还属于使用虚假的产权证明作担保,从银行骗取贷款。这里所说的"产权证明",是指能够证明行为人对房屋等不动产或者汽车、货币、可即时兑付的票据等动产具有所有权的一切文件,其中包括银行存单。(2)金融凭证诈骗罪、贷款诈骗罪的区别,应在理论上区分清楚,尽量减少两罪的交叉,以便于审判实践

〔1〕 参见闫燕:《朱成芳等金融凭证诈骗、贷款诈骗案[第33号]——使用伪造的银行存单作抵押诈骗银行贷款的行为如何定性》,载最高人民法院刑事审判第一至五庭编:《中国刑事审判指导案例(2):破坏社会主义市场经济秩序罪》,法律出版社2012年版,第159~160页。

中操作。尽管两罪均包括使用伪造、变造的银行存单进行诈骗的行为，但两罪有明显区别，非法占有的目的、诈骗对象不同。本案被告人朱某不是直接拿假存单到银行骗取资金，而是以此作为担保骗取贷款。从本案特征看，其最终目的是诈骗贷款，使用伪造的假存单只是犯罪手段行为，即使其犯罪手段牵连到非法使用金融凭证，也应当以其目的行为定贷款诈骗罪，而不宜以手段行为定罪。因此朱某的行为只构成贷款诈骗罪，不构成金融凭证诈骗罪。(3)本案被告人实施的是一个行为，而不是两个行为，不属牵连犯罪，而是想象竞合犯。贷款诈骗罪的最高刑期为无期徒刑，金融凭证诈骗罪的最高刑期为死刑。在贷款诈骗过程中，银行有审查的责任，因而被告人的社会危害性较小。即使朱某的行为同时触犯两个罪名，也不能按照从一重处原则适用重罪对被告人判处死刑。如果按金融凭证诈骗罪对朱判处死刑，就等于将贷款诈骗罪的最高刑提高到死刑。因此从罚当其罪的角度考虑，本案应定贷款诈骗罪。

(二)使用伪造、变造的金融凭证作抵押贷款的行为构成金融凭证诈骗罪

本案涉及的另一个关键问题在于如何理解金融凭证诈骗罪中的“使用”。对于这里的使用，存在两种不同的意见：一种意见认为，应限制在直接使用的范围内，即直接使用假金融凭证兑现其项下的款项的行为，而不包括使用假金融凭证作为担保诈骗银行贷款的行为。另一种意见认为，所谓使用不应限制在直接使用的范围内，它不仅包括直接使用假金融凭证兑现其项下的款项的行为，也包括使用假金融凭证作为担保诈骗银行贷款的行为。

根据本罪所保护的主要客体即国家金融机构的结算制度的特征和银行结算凭证的本质功能，只有通过将银行结算凭证进行交付、转让、兑现、抵债等方式来实现凭证所记载的财产权利时，才会对银行金融结算秩序造成侵害，而质押、展示伪造、变造的金融凭证等间接使用行为，并未使该伪造、变造的金融凭证进入金融流转程序，不会产生危害银行结算秩序的后果，也就不可能侵犯国家金融机构结算制度。因此，本罪的“使用”伪造、变造金融凭证的行为，是指将伪造或变造的金融凭证作为真实有效的金融凭证，以交付、转让、兑现、抵债等银行结算凭证通常用法予以利用，兑现金融凭证所记载财产权利骗取财物的行为。

(三)使用伪造、变造的金融凭证作抵押骗取贷款的行为构成贷款诈骗罪

这个问题的关键在于使用伪造、变造的金融凭证作抵押是否属于贷款

诈骗罪的方法。《刑法》第193条关于贷款诈骗罪的罪状中虽然列举了五种行为方式,但第五种行为方式是开放性的构成要件,只要是诈取贷款的方式都可以包括在内。因此,使用伪造、变造的金融凭证作抵押骗取贷款的行为构成贷款诈骗罪并无问题。

(四)贷款诈骗罪和金融凭证诈骗罪之间存在法条竞合关系问题

使用伪造、变造的金融凭证作抵押骗取贷款这一个行为既符合贷款诈骗罪的规定又符合金融凭证诈骗罪的规定,且在贷款诈骗罪与金融凭证诈骗罪之间存在法条竞合关系。这种竞合关系理论上属于交互竞合,即两个罪名概念之间各有一部分外延互相重合。在这种交互竞合中,刑法对贷款诈骗的方法没有限制,只要诈骗的是银行或者金融机构的贷款,即构成贷款诈骗罪;而且刑法对于金融凭证诈骗的对象也没有限制,只要采取的是金融凭证诈骗的方法,即构成金融凭证诈骗罪。因此,当行为人采用金融凭证诈骗的方法,骗取银行或者其他金融机构贷款的时候,在构成要件上是重合的,形成交互竞合的情形。在这种情况下,重法是优位法,应根据重法优于轻法的原则适用重法、排斥轻法。根据当时的刑法规定,贷款诈骗数额特别巨大或者有其他特别严重情节的,只能判处无期徒刑,而金融凭证诈骗数额特别巨大,给国家和人民利益造成特别重大损失的,最高可判处死刑。显然,依据本案案发时的《刑法》规定,金融凭证诈骗罪是重法,贷款诈骗罪是轻法,应定金融凭证诈骗罪。

综上所述,本案被告人朱某的行为最终应当以金融凭证诈骗罪论处。首先,从立法本意看,刑法设立金融凭证诈骗罪时,对该罪的规定是广义的,只要是使用伪造的金融凭证进行诈骗,数额较大的,即构成此罪。其目的是保护金融机构的信用。而对贷款诈骗罪的规定则有一定的限制,主要是针对以非法占有为目的,骗取银行贷款的个人犯罪行为。《刑法》第193条贷款诈骗罪中所规定的证明文件,主要是指银行的存款证明、公司和金融机构的担保函、划款证明等在向银行或者其他金融机构申请贷款时所需的文件,不包括金融凭证。其次,从司法实践看,使用伪造的金融凭证诈骗贷款,与使用虚假的经济合同、证明文件等诈骗贷款的有所不同。前者可信程度更高,更易于取得贷款银行的信任而骗得贷款,其行为的社会危害性相对更大。因此,根据刑法罪刑相适应的原则,此种犯罪也应当受到法定严厉的处罚。此类以伪造金融凭证诈骗贷款的行为,与使用伪造的金融凭证直接骗得存款并无实质差别,因此,以金融凭证诈骗罪认定,是完全正确的。最后,从刑法理论看,本案被告人使用伪造的金融凭证诈骗贷款,同时触犯了《刑法》第193条规定的贷款诈骗罪和第194条第2款规定的金融凭证诈骗罪,该两罪的法律规定交叉,存在法条竞合关系,是一行为同时触犯数罪名,应从一重罪论处,定金融凭证诈骗罪。

四、与银行工作人员共同实施变造银行存单并使用行为的定性

【案例4-6】被告人刘某,原系宜兴市A公司经理;被告人王某,原系宜兴市十里牌信用社某分社负责人;被告人庄某,原系中国农业银行宜兴市支行某办事处主任。1996年9月、10月间,被告人刘某和王某合谋,由刘某以高额贴息为诱饵拉"存款",刘某先存入宜兴市十里牌信用社小额存款,王某在开具存单时有意拉开字距,刘某再在存单第二联上添字变造成巨额存单交给储户,骗取钱财。1996年9月11日,被告人刘某伙同被告人王某,以高额贴息引诱杨某介绍袁某携带3万元到宜兴存款,被告人刘某、王某以上述添字方法,将3万元存单变造成30万元存单交给杨某、袁某,扣除14.53%的贴息及3万元存款,被告人刘某、王某实际骗得22.641万元。1996年10月4日,被告人刘某伙同王某以高额贴息引诱谈某携带190万元到宜兴存款。被告人刘某、王某以上述添字方法,将一张50元和一张140元存单变造成50万元和140万元存单。因50万元存单变造痕迹明显,王某重开一张50万元存单,连同变造的一张140万元存单给谈某。扣除17%贴息及140元存款,被告人刘某、王某实际骗得107.686万元。

1996年11月,被告人刘某和被告人庄某合谋,由刘某以高额贴息为诱饵拉"存款",刘某存入中国农业银行宜兴市支行芳桥办事处小额存款,庄某将存单第二联交给刘某,由刘某添字或在空白第二联上变造成巨额存单交给储户。1996年11月26日,刘某伙同庄某以高额贴息引诱谈某携带120万元到宜兴存款。被告人刘某、王某以上述添字方法,将120元存单变造成120万元存单交给谈某。后被告人庄某与刘某合谋,改用抽出存单第二联(储户联),由刘某在该空白第二联上填写数字的方法变造存单。同月28日,刘某存入中国农业银行宜兴支行某办事处3万元,伙同庄某抽出3份存单的第二联,刘某在每份存单一、三联上填写1万元,将抽出的存单第二联其中1份变造成120万元存单,并以此换回用添字法变造的120万元存单。扣

除 17% 贴息及 1 万元存款，被告人刘某、庄某实际骗得 98.6 万元。

一审法院审理认为：被告人刘某、王某、庄某共同变造银行存单诈骗他人钱款，数额特别巨大，已构成金融凭证诈骗罪。其中被告人刘某在共同犯罪中系主犯，被告人王某、庄某系从犯。[1]

本案涉及行为人与金融机构工作人员共同实施金融凭证诈骗行为的认定问题，即内外勾结型的金融凭证诈骗的共犯认定问题。对于内外勾结型的金融凭证诈骗共同犯罪案件，实践中应注意，根据共犯成立条件，各行为人必须具有共同使用伪造、变造的金融凭证骗取财物的共同犯罪故意，不能仅凭客观上是相互配合作案就定共犯。如金融机构工作人员并未与外部人员形成共同实施伪造、变造金融凭证骗取财物的故意，则双方不构成共犯。而在存在共同犯罪故意时，即使各共同犯罪人的犯罪故意不完全一致，但相互连接共同形成某一特定犯罪的主观要件的全部内容的，也应认定构成共同犯罪。

作为共同犯罪主观要件的共同犯罪故意，是指各共同犯罪人通过犯意联络，明知自己与他人配合共同实施犯罪会造成某种危害结果，并且希望或者放任这种危害结果发生的心理态度。可见，各共同犯罪人之间的犯意联络及对行为危害结果的预见是构成共同犯罪故意的实质性内容。在共同犯罪故意的认定中，并不要求各共同犯罪人的犯罪故意内容完全一致，也并不要求各共同犯罪人分别独自具备某具体犯罪的主观要件的全部内容，而只以各共同犯罪人的犯意相互连接，共同形成某一具体犯罪的主观要件整体为满足。实际上，各个共同犯罪人由于地位、角色的不同，他们的犯罪故意内容往往也有所不同。例如，组织犯的组织故意、实行犯的实行故意、教唆犯的教唆故意、帮助犯的帮助故意，均有其各自不同的特点。对于帮助故意的认定，只要求证明帮助犯明知他人将要实行犯罪，并积极提供帮助、创造便利条件即可，至于有无特定的犯罪目的、犯罪结果是否其所积极追求的，均不影响帮助故意的认定。

在本案中，行为人刘某变造存单、吸引存款并归个人使用具有明显的骗

---

〔1〕 参见刘芸：《刘岗、王小军、庄志德金融凭证诈骗案［第 168 号］——犯罪故意内容不一致的能否构成共同犯罪》，载最高人民法院刑事审判第一至五庭编：《中国刑事审判指导案例(2)：破坏社会主义市场经济秩序罪》，法律出版社 2012 年版，第 191 ~ 192 页。

取他人存款的目的,具有金融凭证诈骗罪的犯罪故意。被告人王某、庄某虽然没有个人非法占有他人钱款的目的,但在为刘某开具小额存单时故意拉长字间距的行为,为刘某变造存单留出添加字、数的空间,为刘某变造存单提供了方便。对于这种行为可以帮助刘某实现非法占有他人存款的后果,二人主观上是明确清楚的,王某、庄某具有明显地帮助刘某实施变造银行存单骗取他人钱款的故意,与刘某构成共同犯罪。除了主观故意外,在客观上,虽然王某、庄某系银行金融机构工作人员,且具有明显的职务便利条件,但由于整个变造及诈骗行为的实施主要系无身份的刘某所为,二人所起的仅是次要的辅助作用,无身份的刘某是本案的主犯。因此,本案以无身份的主犯刘某的行为作为本案共同犯罪的定性依据,认定刘某、王某、庄某构成金融凭证诈骗罪的共同犯罪是合理和恰当的。

第五章 信用证诈骗罪

第一节 信用证诈骗罪概述

信用证诈骗罪是八种金融诈骗罪之一，跟其他金融诈骗罪一样，信用证诈骗罪与诈骗罪属于特别法与普通法的关系。

一、本罪的立法沿革

我国《刑法》第 195 条规定："有下列情形之一，进行信用证诈骗活动的，处五年以下有期徒刑或者拘役，并处二万元以上二十万元以下罚金；数额巨大或者有其他严重情节的，处五年以上十年以下有期徒刑，并处五万元以上五十万元以下罚金；数额特别巨大或者有其他特别严重情节的，处十年以上有期徒刑或者无期徒刑，并处五万元以上五十万元以下罚金或者没收财产：(一)使用伪造、变造的信用证或者附随的单据、文件的；(二)使用作废的信用证的；(三)骗取信用证的；(四)以其他方法进行信用证诈骗活动的。"

《刑法》第 200 条规定："单位犯本节第一百九十四条、第一百九十五条规定之罪的，对单位判处罚金，并对其直接负责的主管人员和其他直接责任人员，处五年以下有期徒刑或者拘役，可以并处罚金；数额巨大或者有其他严重情节的，处五年以上十年以下有期徒刑，并处罚金；数额特别巨大或者有其他特别严重情节的，处十年以上有期徒刑或者无期徒刑，并处罚金。"

信用证诈骗罪的数额巨大和数额特别巨大的标准，当前未有明确的相关司法解释规定。刑事司法实践中,通常是根据2001年1月21日最高人民法院发布的《法院金融犯罪座谈会纪要》的相关规定,即信用证诈骗罪数额可参照1996年最高人民法院《关于审理诈骗案件具体应用法律的若干问题的解释》的规定执行:信用证诈骗自然人犯罪,10万元以上为“数额巨大”,50万元以上为“数额特别巨大”;信用证诈骗单位犯罪,50万元以上为“数额巨大”,250万元以上为“数额特别巨大”。《法院金融犯罪座谈会纪要》是20年前颁布的,也不属于司法解释[1],但作为事实上存在影响力和约束力的规范性文件,作为司法解释缺位状态的补充,避免司法实践无章法可循,有一定合理性。但由于信用证为贸易领域的支付工具,涉及金额较一般诈骗案件大,参照普通诈骗罪的标准拟定数额巨大与数额特别巨大之金额,欠缺合理性,充其量只能算是权宜之计。

信用证是国际贸易中常见且重要的交易工具,它通过银行连接信用证的申请人(通常为进口商)和受益人(通常为出口商),借助银行信用补足国际贸易中买卖双方的信任基础与交易保障,大大促进了国际贸易的融通效率。也正是由于信用证的适用领域为国际贸易,信用证相关主体跨越地域,由此引出的问题是,不同地域通常是不同的国家、地区与语言、文化,加之信用证的应用具有较强的专业性,不是一般的非专业人员所能驾驭,这些因素都催生了信用证诈骗行为,尤其是多年来我国的国际贸易持续高速发展,国际贸易在国家经济发展中扮演着十分重要的角色,信用证诈骗可谓是伴随其中的一片暗影。由于使用信用证从事国际贸易的金额往往非常大,故相比普通诈骗罪,信用证诈骗造成的被害人损失通常不是一个数量等级。这种情况下,持续建构防范、治理、打击信用证诈骗犯罪之防控体系,对于保障国际贸易的平稳有序与市场经济秩序的健康都十分关键。我国《刑法》也专设“信用证诈骗罪”专门罪名,为防范信用证诈骗犯罪提供实证法的规范支撑。深入研究信用证诈骗罪,对其法条文义、规范适用与实践状况、疑难问题加深认识,力求达成共识,以为刑事司法实践准确适用信用证诈骗罪提供

---

[1] 最高人民法院《关于司法解释工作的规定》第6条第1款规定:“司法解释的形式分为‘解释’、‘规定’、‘批复’和‘决定’四种。”最高人民检察院《司法解释工作规定》第6条第1款规定:“司法解释采用‘解释’‘规则’‘规定’‘批复’‘决定’等形式,统一编排最高人民检察院司法解释文号。”可见,“纪要”不属于司法解释,仅为相关会议讨论内容的文字固定,欠缺司法解释的“法律效力”,能起到的仅是参照指引,类似于学理解释、学理理解。

知识支撑，可谓具有相当司法价值。

二、本罪的基本构成特征

（一）犯罪主体

信用证诈骗罪的犯罪主体为16周岁以上具备刑事责任能力的自然人，公司、企业等适格的单位主体也可构成本罪。只是依照刑法理论通说与有权解释，以从事信用证诈骗罪为目的设立的公司企业或者成立后以从事信用证诈骗罪为主的公司企业，不是单位犯罪，只能成立自然人的共同犯罪。

（二）犯罪的主观方面

信用证诈骗罪属于故意犯罪，包括直接故意与间接故意，过失显然无法构成本罪。作为贪利性犯罪，典型的主观要件是直接故意，直接故意犯本罪，可谓本罪的典型原型。但不可以经验上的多发常见断定本罪百分之百由直接故意构成，由于我国《刑法》总则规定的犯罪故意包括直接故意与间接故意两种形式，区隔二者的标准也不是泾渭分明。此外，对罪名的思考解读应当在规范论层面展开，以法规范意义与价值意蕴为基底。因此，信用证诈骗罪即可由直接故意构成也可由间接故意构成，属于当然之理。

（三）犯罪客体

信用证诈骗罪侵害的是市场经济秩序中围绕信用证为中心形成的信用证管理、交易安全等为核心内涵的法益，此外，还侵犯了他人的财产权，也就是说，本罪侵犯的是双重客体双重法益。值得说明的是，虽然刑法基础理论区别了法益与犯罪客体，但在个罪研究层面，两者的区别不明显，话语表达的不同并未提供不同的个罪分析思路与论证基础，故二者视为等同较妥。

（四）犯罪的客观方面

虚构事实或隐瞒真相误导他人，使之陷入认识错误进而处分财产是诈骗的核心本质。作为诈骗子类的信用证诈骗罪，在"虚构事实隐瞒真相"这一点上与普通的诈骗共通。在普通的诈骗罪之外设置信用证诈骗等特殊诈骗罪名，是对围绕信用证实施诈骗取财的行为类型的特别叙明，犯罪行为类型的细致化，体现的是对罪刑法定原则的贯彻。根据《刑法》第195条的规定，信用证诈骗罪有三种明示的行为方式加"兜底行为方式"。第一种行为方式是"使用伪造、变造的信用证或者附随的单据、文件的"，第二种行为方式是"使用作废的信用证的"，第三种行为方式是"骗取信用证的"。市场经济发展必定是持续深化与日益复杂的,可以预见,信用证诈骗的方式在未来必定多样且多变。刑事立法无法用封闭列举的方式表述所有的信用证诈骗行为方式,只能把较为常见的方式明文展示出来,这种情况下,规定“以其他方法进行信用证诈骗活动的”之兜底条款,避免挂一漏万,不啻为次优的立法方法。只是,必须严格遵循同类解释规则把握兜底条款,具体操作上,应当擅用刑事司法解释与指导性案例。刑事司法解释应视刑事司法实践的新形势、新变化,把具备同质性的新型信用证诈骗行为纳入兜底条款中,此外,适时发布指导性案例以准确把握信用证诈骗罪的内涵,亦有利于准确理解把握本罪。

第二节　信用证诈骗罪的基础问题

要准确理解信用证诈骗罪,首先,需要对信用证有基础了解,只有掌握了国际贸易中信用证的交易流程,理解信用证诈骗罪才不会存在困难。其次,囿于《刑法》第195条没有“非法占有目的”之表述,理论以及实务都不免存在成立信用证诈骗罪是否需要非法占有目的之分歧观点,这也亟须厘清,以免出现刑法适用偏差。

一、信用证的基本问题与交易架构

信用证结算的运作程序通常包括七个环节:(1)进口商申请开证;(2)进口方银行开立信用证;(3)出口方银行通知信用证;(4)受益人发货并向银行提交单据;(5)银行接单、审单、寄单并索偿;(6)开证行确定单证相符后付款;(7)开证申请人赎单提货。从这些环节可以看出,信用证业务具有相当专业性。因而,只有充分了解信用证业务的基本问题,才可能更好地理解信用证诈骗罪的规范结构与司法适用。当然,国内贸易也会用到信用证,因而信用证有国内信用证与国际信用证之分。信用证还可分为近期信用证与远期信用证、跟单信用证与光票信用证。在贸易实务领域常用的信用证,通常为远期信用证、跟单信用证、国际信用证。信用证业务涉及诸多专业术语,而理解这些术语,依靠的是《跟单信用证统一惯例》(Uniform Customs and Practice for Documentary Credits,UCP),它是国际银行界、律师界、学术界自觉遵守的“法律”，是全世界公认的、到目前为止最为成功的一套非官方规定。当前使用的是2007年修订本，为国际商会第600号出版物，其正式名称为《跟单信用证统一惯例——2007年修订本，国际商会第600号出版物》（以下简称《UCP600》）[1]。

《UCP600》第2条对信用证诸多术语下了定义。信用证是指一项约定，无论其如何命名或描述，该约定不可撤销并因此构成开证行对于相符提示予以兑付的确定承诺。开证行，是指应申请人要求或代表其自身开立信用证的银行。通知行，是指应开证行要求通知信用证的银行。保兑行，是指应开证行的授权或请求对信用证加具保兑的银行。申请人，是指发出开立信用证申请的一方。受益人，是指信用证中受益的一方。保兑，是指保兑行在开证行之外对于相符提示做出兑付或议付的确定承诺。议付，是指被指定银行在其应获得偿付的银行日或在此之前，通过向受益人预付或者同意向受益人预付款项的方式购买相符提示项下的汇票（汇票付款人为被指定银行以外的银行）及或单据。被指定银行，是指有权使用信用证的银行，对于可供任何银行使用的信用证而言，任何银行均为被指定银行。交单，是指信用证项下单据被提交至开证行或被指定银行，抑或按此方式提交的单据。交单人，是指做出交单行为的受益人、银行或其他一方。兑付，是指：(1)对于即期付款信用证即期付款；(2)对于延期付款信用证发出延期付款承诺并到期付款；(3)对于承兑信用证承兑由受益人出具的汇票并到期付款。

根据《UCP600》第3条的规定，信用证是不可撤销的，即使信用证中对此未作提示也是如此。《跟单信用证统一惯例——1993年修订本，国际商会第500号出版物》（以下简称《UCP500》）规定了可撤销信用证与不可撤销信用证两种，如今《UCP600》制定了新规则，也意味着可撤销信用证退出了历史舞台。

根据《UCP600》第10条的规定，除《UCP600》第38条另有规定外，凡未经开证行、保兑行（如有）以及受益人同意，信用证既不能修改也不能撤销。因此，信用证原则上不可修改也不可撤销。

---

[1] 本书《UCP600》中文版本参照国际商会中国国家委员会编译：《ICC跟单信用证统一惯例(UCP 600)(2007年修订版)及关于电子交单的附则(eUCP)(版本1.1)》，中国民主法制出版社2010年版。

根据《UCP600》第 38 条的规定，还存在“可转让信用证”，具体而言：银行无办理转让信用证的义务，除非该银行明确同意其转让范围和转让方式。转让信用证，是指明确表明其“可以转让”的信用证。根据受益人（“第一受益人”）的请求，转让信用证可以被全部或部分地转让给其他受益人（“第二受益人”）。也就是说，转让信用证是指经转让银行办理转让后可供第二受益人使用的信用证。

信用证具有独立性，并非贸易合同的附属品。《UCP600》第 4 条规定：“a. 就性质而言，信用证与可能作为其依据的销售合同或其它合同，是相互独立的交易。即使信用证中提及该合同，银行亦与该合同完全无关，且不受其约束。因此，一家银行作出兑付、议付或履行信用证项下其它义务的承诺，并不受申请人与开证行之间或与受益人之间在已有关系下产生的索偿或抗辩的制约。受益人在任何情况下，不得利用银行之间或申请人与开证行之间的契约关系。b. 开证行应劝阻申请人将基础合同、形式发票或其它类似文件的副本作为信用证整体组成部分的作法。”

厘清了信用证的相关术语与交易环节后，对信用证有了梗概认知，关于信用证诈骗罪的认识也就有了相应的基础素材与认识基础。

二、非法占有目的是否为构成要件要素

信用证诈骗罪的罪状表述没有非法占有目的，直观地看，很容易得出信用证诈骗罪的成立不需要非法占有目的之解释结论。问题是，刑法解释不能单纯依靠条文的字面表述，对于法律条文的解释也不能仅仅停留在文句的表层。只从表层理解文句，受限于“只见树木，不见森林”的视野局限，缺乏应有的体系思维，也没有从法律的规范目的、保护利益、意欲建构的法秩序等价值层面考量。对相关文句得出的解释结论，可能只是在形式上拆解句子，停留在粗浅的语文层面。对刑法条文的解释关乎人的基本权利得失，关乎一个社会基础的维护，因而，应受制于刑法的本质与使命，合理运用语言论方法探究其文理真义。虽然《刑法》第 195 条没有明文规定信用证诈骗罪的“非法占有目的”要素，但是，刑法解释论层面承认非法占有目的作为信用证诈骗罪的构成要件要素，在当下刑法语境下属于妥当解释结论。

第一，受制于同类法益的约束，应承认非法占有目的是信用证诈骗罪的构成要件要素。信用证诈骗罪规定于《刑法》分则第三章第五节，第五节为

“金融诈骗罪”。我国《刑法》分则是依据大类法益区分各章的，章下所分出的节属于大类法益之下具有特定相同特征的小类法益。可见，个罪法益从属于小类法益，进而从属大类法益。规定于同一章同一节的罪名，由于同属于范畴更小的同类法益，所以在保护法益与基本行为架构层面具有共性。换言之，节所规定的小类法益是本节罪名的最大公约数。个罪罪名固然具有自身更为独特的行为表现，或者针对特定专门领域，但关于个罪的解释与适用却不能脱逸最大公约数。《刑法》第三章第五节的名称是金融诈骗罪，这是法定名称。由于本节并不从属于《刑法》分则第五章“侵犯财产罪”，而是从属于《刑法》分则第三章“破坏社会主义市场经济秩序罪”，那么，本节的保护法益不能脱离侵害市场经济秩序之底色，具体而言，是市场经济秩序中的金融管理秩序。又由于《刑法》分则第三章另有第四节“破坏金融管理秩序罪”，加之第五节“金融诈骗罪”已经叙明了诈骗，诈骗属于侵夺财产之行为，故金融诈骗只能理解为利用金融手段或者金融工具骗取钱、扰乱市场经济秩序之行为。由此，金融诈骗罪的保护法益则为金融管理与财产权益，为复合法益或复合客体，此同类法益约束本节的所有罪名。也就是说，第五节金融诈骗罪之下的罪名，无论有无诈骗之明确表述，也无论有无“非法占有目的”之经典字眼，作为诈骗类犯罪的定位不容改变。信用证诈骗罪的罪状表述中虽只有信用证诈骗，没有非法占有目的之表达，仅此还无法改变信用证诈骗罪的基本性质。无论如何，刑法规定信用证诈骗，立法目的是堵截适用信用证诈骗钱财的行为，构筑金融诈骗犯罪刑法法网。信用证诈骗罪的性质属于金融诈骗，为利用信用证这种金融工具从事骗财活动的犯罪，条文中是否有“非法占有目的”，无关紧要，但在刑法解释过程中，得肯定同类法益的约束力，把非法占有目的解释成信用证诈骗罪的构成要件要素。

第二，基于诈骗罪与信用证诈骗罪的法条竞合关系，需要正面肯定非法占有目的作为构成要件要素。诈骗罪规定在《刑法》第266条，属于规制诈骗行为的基础条款、普通罪名。两者虽分属《刑法》的不同章节，但诈骗罪与《刑法》分则第三章第五节的金融诈骗罪为一般法与特别法的法条竞合关系，涵盖了八个罪名的金融诈骗罪具有诈骗罪的基础要素，不仅包括客观上的“诈骗行为→对方陷入认识错误→对方基于认识错误处分财物→行为人获得财物→被害人财产损失”的行为构造，同时还包括主观上的非法占有目的。诈骗罪之《刑法》规定采用的是简单罪状，也没有非法占有目的之文句，但我国刑法理论通说的共识是诈骗罪的主观要件除了对客观构成要件的认知外,还包括非法占有目的,长期以来我国的刑事司法实务中也是贯彻此观点。大陆法系刑法理论通说对诈骗罪虽有究竟为侵害个别财产还是侵害整体财产的观点分歧,但对诈骗罪的犯罪成立要件包括非法占有目的几乎没有疑义。至于刑法理论上关于非法占有目的之要素的多种理解,是包括排除意思与利用意思,还是仅为排除意思或者仅为利用意思,则已非关键,因为分歧观点的前设已经是非法占有目的是诈骗罪的构成要件要素。法条竞合是法条之间的交叉、包容关系,普通法与特别法的法条竞合关系中,特别法具有普通法的特征,换言之,特别法符合普通法的规定。金融诈骗罪与诈骗罪一样,具有非法占有目的之要素要求,相应地,信用证诈骗罪作为八种金融诈骗罪的一种,非法占有目的作为其主观构成要件要素,是合乎逻辑的。

第三,集资诈骗罪、贷款诈骗罪的罪状表述有非法占有目的,具有立法上的特别理由,不能以此反证信用证诈骗罪之构成不需要非法占有目的。八个金融诈骗罪名的罪状规定中出现了“非法占有目的”的只有《刑法》第192条集资诈骗罪和第193条贷款诈骗罪,该两罪的项前规定均有“以非法占有为目的”的文句表述。相对地,包括信用证诈骗罪、信用卡诈骗罪在内的其余六个金融诈骗罪的罪状表述没有“非法占有目的”之措辞。认为信用证诈骗罪之成立无须非法占有目的的观点可能会以此为据,提出既然只有集资诈骗罪和贷款诈骗罪规定了非法占有目的,其余六个罪名没有规定非法占有目的,就说明这是立法者的有意为之。《刑法》条文之所以作此安排,说明非法占有目的不是信用证诈骗罪等六个罪名的构成要件要素,在判定这六个罪名之成立时,无须考虑非法占有目的之有无。笔者认为,这是非常形式化也是非常片面化的刑法理解,未能触及刑法的真实含义。首先,之所以对集资诈骗罪、贷款诈骗罪明文规定非法占有目的,是为了强调集资诈骗罪与非法吸收公众存款罪、贷款诈骗罪与骗取贷款罪的区别。非法吸收公众存款罪、骗取贷款罪的行为也会存在相当程度的欺骗手段,例如,提供虚假的贷款文件、P2P 网贷平台在兑付困难的情况下发布假标融资,甚至客观行为方面,集资诈骗与非法吸收公众存款、贷款诈骗与骗取贷款也存在诸多相同之处。也就是说,欺诈行为不能有效区别这两组罪名,而能够提供有效辨别标准的是“非法占有目的”这个要素。也正是这个要素把集资诈骗与非法吸收公众存款、贷款诈骗与骗取贷款的本质区别凸显出来。为了便于理解，避免对这两组罪名的界限产生混淆，立法者不厌其烦地为集资诈骗罪、贷款诈骗罪明文规定“非法占有目的”。因此，这是典型的注意规范。其次，信用证诈骗罪等六个金融诈骗罪名没有明文规定非法占有目的，不等于这六个罪名之成立无须非法占有目的，而是因为它们不存在集资诈骗和非法吸收公众存款、贷款诈骗和骗取贷款的规范相似及由此产生的适用疑惑，不需要借助非法占有目的这一注意规范来提示刑法适用者。作为诈骗类罪名，信用证诈骗罪等六种罪名的主观要件涵括非法占有目的要素，自是当然之理。在无法适用的迷离情况下，刑法在相关的罪状表述中省略非法占有目的可谓无可厚非。

第四，没有非法占有目的，骗取信用证的范围将难以限定，难以与骗取金融票证罪区分。信用证诈骗罪的第三种明示列举的行为类型是“骗取信用证”。单从字面含义解读，骗取信用证的行为对象是信用证本身，并非财物。信用证具有纸质的物理载体，就如银行存折、信用卡一样，确实也具有一定经济价值。只是信用证本身的经济价值微小，不足以成为价值较大或价值巨大的财物，其本身无法作为财产权予以保护。信用证的市场价值并非其物理载体自身，而是承载于信用证中可期待的权利或经济效益。从这个角度讲，空白信用证并不包含特定的权利或可期待利益，相应地，骗取或盗窃空白信用证之行为也不具有可罚性。倘若撇除非法占有目的这个主观要素理解信用证诈骗罪，那么单纯的形式化的骗取信用证的动作也会被评价为骗取信用证型信用证诈骗罪，这恐怕会造成刑法打击范围的过于放大，难言符合刑法的谦抑品质。此外，《刑法》第 175 条之一设立的骗取金融票证罪，客观上也包括采用欺骗方法骗取信用证之行为。如果仅仅形式化地解释信用证诈骗罪中的“骗取信用证”，必然会导致两个罪名界限混淆不清。再者，相比而言，信用证诈骗罪是重罪，骗取金融票证罪是轻罪，骗取金融票证罪的入罪要件是“给银行或者其他金融机构造成重大损失”，属于情节犯，有着限度要求。但信用证诈骗罪属于行为犯或者说抽象危险犯，没有“量”的要求，骗取信用证的即会被认定为信用证诈骗罪。两相对比之下，作为轻罪的骗取金融票证罪有“量”的要求，但作为重罪的信用证诈骗罪反而无此要求，这会造成适用上的困惑，也明显违反了举轻以明重的事理逻辑。合理的破解方法，只能是对属于重罪的信用证诈骗罪附加非法占有目的之构罪要求，从而对骗取信用证型信用证诈骗罪予以限缩。

第五，不成文构成要件要素客观存在。刑法规定难以绝对周全，事无巨细把每个罪的罪状要素一一表达。《刑法》需要相当程度的简洁，以平衡大众认知与专业裁判的需求，刑法既作为裁判规范，也作为行为规范存在，对于已形成较高社会共识与相当公众认同的内容，刑法条文可以策略式省略。成文刑法不意味着每一个条文的累赘复杂，每一部成文刑法都内含需要刑法解释者发现的不成文构成要件要素。明示地以语言文字表达出来的犯罪成立要件为成文构成要件要素，未明确表达但依据事物本质或当然逻辑蕴含其中的、又是成立犯罪不可少的要素，则为不成文构成要件要素。刑法中还有客观构成要件要素与主观构成要件要素、积极构成要件要素与消极构成要件要素等界分，其意均在提供多种区分视角深度认识构成要件，进而准确拿捏犯罪成立的评判基准。对于信用证诈骗罪而言，既然作为金融诈骗罪的一种，又是诈骗罪的特别罪名，那么在业已建构起的诈骗罪需以非法占有目的行之的共识下，即便《刑法》第 195 条没有出现非法占有目的之文句，在刑法解释、刑法适用时也不能忽略非法占有目的作为不成文的构成要件要素。单纯以诈骗故意作为信用证诈骗罪的主观要件会给司法认定带来困难，失却了非法占有目的要素支撑的信用证诈骗罪主观要件实质上也是苍白的虚架子。

至此，非法占有目的作为信用证诈骗罪的主观构成要件要素的争议与疑虑，可以说完全消除。

第三节　信用证诈骗罪的行为类型

从刑法体系位置看，信用证诈骗罪规定于《刑法》分则第三章“破坏社会主义市场经济秩序罪”第五节“金融诈骗罪”中，并非《刑法》分则第五章“侵犯财产罪”的罪名。因而，信用证诈骗罪保护的是复合客体，既包括金融管理秩序（具体而言为信用证管理秩序），也包括财产权益（包括财物与财产性利益）。与作为普通罪名的诈骗罪不同，信用证诈骗罪涵盖的不仅是财产权益，还有金融管理秩序，而这正是法条竞合中普通法与特别法的应有之义，也就是说，特别法固然符合一般法的全部特征，但在此基础上还有多出的特征、专属的特点。可以说,金融管理秩序是信用证诈骗罪的次要客体,或称间接客体。在直观、可验证的层面,财产权的侵害是信用证诈骗罪的核心评价素材。《刑法》第195条使用的是“进行信用证诈骗活动”,并非“进行信用证招摇撞骗活动”或者“使用信用证进行招摇撞骗”等文句。那么,信用证诈骗罪的涉财性质便没有疑义。与此相对应的,非法占有目的作为信用证诈骗罪的不成文构成要件要素的论断也就具有价值合理性。如果使用信用证之行为没有侵犯他人的财产权益,那么也无法归属于信用证诈骗罪犯罪构成。因此,信用证诈骗罪虽然保护的是复合客体,但归根结底保护的是财产权益,甚至可以将其解释为纯正的财产犯罪。诈骗罪与信用证诈骗罪的区别就仅剩下行为方式的特定化了。

一、基础行为类型之一:虚假信用证诈骗

诈骗罪是欺诈取财的兜底罪名,基于金融领域的重要性,刑法设置了金融诈骗罪,并且依据具体的行为方式、使用的金融工具相应分设八个金融诈骗罪名。信用证诈骗罪区别于其余七种金融诈骗罪的标志性要素是信用证。刑法并没有笼统地采用简单罪状方式表述信用证诈骗罪的构成要件,而是采用“先例列举+兜底条款”的方式表达,这是对罪刑法定原则的坚持。《刑法》第195条明确列举了三种信用证诈骗行为,这三种行为在实践中较为常见,单独实施一种或多种行为均符合信用证诈骗罪之构成要件。也可以说,明示列举的一种行为即可侵犯信用证诈骗罪的保护法益。虚构事实隐瞒真相、使用假象诱人钱财可谓所有诈骗罪名的本质,以假乱真地使用伪造变造的信用证也就成了信用证诈骗罪的基础行为方式。

(一)使用伪造、变造的信用证

1. 伪造的含义

伪造,是指采用描绘、复制、印刷等方法,仿照真单证、文件的形状、内容、格式制作假单证、文件的行为。[1] 伪造可分为有形伪造与无形伪造。有形伪造,是指本身无权限、无资格者制作物理载体与权利内容均为虚假的信用证,此种可谓百分之百的虚假。行为人使用材质相近的纸张,仿照某银行信用证的样式,制作出高仿的银行信用证,属于典型的伪造信用证行为。只

---

〔1〕 参见王作富主编:《刑法分则实务研究》(第4版),中国方正出版社2010年版,第589页。

是,伪造不限于如此狭窄的范围,对拾得、盗窃、抢劫、抢夺的他人信用证,采用仿冒签名、加盖假印章、填写或修改信用证的重要内容等方式,属于对信用证进行实质更改,原信用证的形式或内容被覆盖或替换,也应视为伪造。随着银行管理的日益完善,此种从物理载体到内容均为虚假的伪造信用证较容易被识别,因而使用此种伪造信用证诈骗的情况也已不多见了。

实践中,这种有形伪造的信用证可能在两种情形下出现:第一种情况,由于国内银行和企业通常不熟悉国外银行的信用证,也较难比对信用证的真假,即便可以与国外银行核对,也存在时差,可能无法及时核对。这种情况下,行为人伪造某国外银行或者伪造一个根本不存在的国外银行的信用证向国内的银行承兑、议付、贴现,就有可能得逞。第二种情况由于信用证业务的专业性很强,不是每一个银行的分行或支行都能娴熟掌握,行为人持难以辨别真伪的假信用证到这类银行的分行或支行进行贴现、议付等,不够审慎的银行工作人员往往会被蒙骗。可见,由于信用证业务的技术门槛较高,这两种情形下的有形伪造也并非简单粗放,而是承载了相当的专业特点,属于典型的智能犯。恰恰由于它的专业色彩,导致信用证的有形伪造的涵盖面较广,既涉及格式,也涉及内容;既可以是单纯格式的伪造,也可以是单纯内容的伪造,还可以是格式与内容均为伪造。

无形伪造,是指本身具有制作权限、制作资格者制作的,形式为真内容为假的信用证。典型的如银行工作人员利用职务便利开具的信用证。由于这种信用证在形式上为真,具有很强的欺骗性,一旦流入市场,造成的危害很可能不可控。无形伪造一般是银行工作人员故意为之,也可能是银行工作人员疏忽,被开证申请人的虚假申请材料所骗。银行工作人员故意为之时,构成信用证诈骗罪或伪造金融票证罪;疏忽情形下,银行工作人员实质是开证申请人被利用的工具,开证申请人属于无形伪造的间接正犯。

【案例5-1】2013年6月至2014年1月,被告人孔某道系兴贸公司和中腾公司的股东和实际负责人。为套取资金,孔某道利用广发银行广州分行为兴贸公司提供的最高限额为5000万元的授信额度,虚构进口贸易,在没有实际货物进口的情况下,以提单项下的货物作为质押,以兴贸公司需向中腾公司进口电解铜为由,使用虚假的购销合同等资料向广发银行江南西支行申请开立不可撤销跟单信用证。在骗取信用证后,孔某道通过中腾公司提交虚假的海运提单等单据给广发银行广州分行,经广发银行广州分行承兑并垫付信用证款项至中腾公司的指定账户，相关款项归孔某道实际控制并使用。2013 年 6 月至 12 月，孔某道通过上述方式，以兴贸公司名义向广发银行江南西支行申请循环开出九笔信用证，并在 2014 年 1 月继续申请开出金额为 342 万美元的第十笔信用证。该笔信用证经广发银行广州分行承兑并垫付款项至中腾公司在该行的 NRA 账户后转入中腾公司的离岸账户，并通过该离岸账户汇到富景国际公司在香港渣打银行的账户，致使信用证款项 2,424,521 美元（折合人民币 14,926,563.53 元）逾期无法归还。在明知上述资金不能归还的情况下，孔某道将兴贸公司的账目资料全部销毁，以逃避返还资金。审理法院认为：被告人孔某道主观上具有非法占有的故意，客观上实施了骗取信用证的行为，使用虚假资料骗取信用证，数额特别巨大，其行为已构成信用证诈骗罪。[1]

案例 5－1 的行为人实际控制的两家公司分别为买方和卖方，行为人虚构两家公司存在贸易的虚假事由，诱骗银行开立信用证，这属于典型的无形伪造的间接正犯，对所骗取的信用证之使用行为，则当然落入信用证诈骗的构成要件中。由此可见，信用证领域已经从过往的有形伪造逐渐进阶为无形伪造，隐匿性强、欺骗性更大，这对银行风控也是巨大挑战。

2. 变造的含义

变造，是指在原真实、合法的信用证或者附随的单据、文件的基础上采用挖补、涂改、剪贴等方法改变原单证、文件内容和主要条款的行为。[2] 真实的信用证是实施变造的基础素材，在变造前，原信用证真实、合法，变造行为破坏了原信用证的合法性，陷入不可逆的非法状态。由于刑法明文规定了伪造与变造，故有必要在理论上探讨两者的界限。如果刑法只规定了伪造，没有规定变造，那么变造行为应归入伪造的范畴。典型的伪造与典型的变造存在较为明显区别，但是非典型情形下两者的区别不是那么明显，换言之，当变造已经达到了实质性更改程度，变造已经属于伪造。就此而言，伪造与变造之间不存在无法跨越的鸿沟，两者虽有区别，理论上寻求界分两者的基本共识也是应当，但两者只存在量的差别，不存在质的不同。《刑法》第

〔1〕 参见孔某道信用证诈骗罪案，广东省广州市中级人民法院（2017）粤 01 刑初 290 号刑事判决书。

〔2〕 王作富主编：《刑法分则实务研究》（第 4 版），中国方正出版社 2010 年版，第 589 页。

195 条将伪造与变造并列规定,在入罪层面,两者产生同样的法律效果,这也降低了区别伪造信用证与变造信用证的意义。当然,在量刑层面,伪造与变造是否存在危害性差别,进而带来刑罚裁量之差异? 在精微处探究,应当说伪造比变造对信用证管理秩序的侵害更大,而在侵犯财产层面并不存在差别,因为伪造与变造同样产生使人陷入认识错误的效果。

【案例 5-2】2013 年 5 月,在天津某轮胎公司购买原材料资金紧张的情况下,为不影响公司正常生产经营,被告人徐某某提出向原料供应商山西某化工公司发出假信用证让其供货,在告知被告人马某某并经公司负责人温某同意后,徐某某根据一张受益人为宁波棉纶公司、编号为××的信用证,按照信用证上的字体,在电脑上打印了山西某化工公司的名称、货物名称及金额,进行裁剪后用糨糊将以上内容粘贴到该张信用证相对应的栏目内进行了复印,伪造了一张受益人为山西某化工公司、金额为 504,880 元、编号仍为××的信用证。之后徐某某将该张假信用证复印件传真给了山西某化工公司销售业务员邓某某,山西永东化工股份有限公司随即向天津某轮胎公司发了四车炭黑产品 76.7 吨,价值 487,950 元。为避免山西某化工公司发现信用证系伪造,徐某某及马某某延迟给山西某化工公司出具货物收据,让其不能到银行交单。同年 10 月,山西某化工公司发现假信用证并派人询问时,徐某某及马某某谎称该假信用证系银行预开,试图继续隐瞒真相。案发后,天津某轮胎公司对山西某化工公司的损失进行了赔偿。审理法院认为:被告人徐某某、马某某作为天津某轮胎公司的工作人员,为了本公司的利益,经公司负责人同意,使用伪造的信用证骗取供应商价值 487,950 元的货物,该二被告人的行为均构成信用证诈骗罪。[1]

案例 5-2 的犯罪手法是在一张真实信用证的基础上,先按照信用证的字体打印出公司、货物、金额等,再将打印内容进行裁剪,然后用糨糊将其粘贴到真实信用证相对应的栏目内,继而复印。可以说,这种手法符合传统的变造定义,但由于更换了原信用证上的受益公司、货物、金额,的确也属于对原信用证的实质更改,故将其界定为伪造而非变造更合理。审理该案的法院秉持的也是此种理念,因而将其认定为"伪造"。由于被告人变造后进行了复印,使用的是复印件,从复印件是很难看出变造痕迹的,相比于原信用

---

〔1〕 参见徐某某信用证诈骗罪案,山西省稷山县人民法院(2014)稷刑一初字第 61 号刑事判决书。

证,复印件相当于另一张信用证,从这个层面看,将之认定为伪造也较为合适。但倘若案件情形不是复印,而是用糨糊将相关字体粘贴在原信用证上后直接使用,形式上将之认定为变造似无不可,从实质层面考察,将之认定为伪造也没有错。一言以蔽之,伪造与变造的区分价值没有想象中那么大,绞尽脑汁寻找两者的清晰界限并非合理之举。就此而言,笔者认为,刑法并列规定伪造与变造行为,稍显累赘。

3. 使用的含义

信用证是货物贸易尤其是国际贸易领域的常用支付工具,它以银行信用做支撑,能够为相隔两地的贸易相对方建立起有保障的交易。此外,信用证还可用于抵押、担保等融资领域。这是信用证的本来用途与经济用途,相应地,也应结合这些用途理解"使用"。由此,没有利用信用证本来功能的使用,即便属于物理层面的使用,但不属于刑法意义的使用。例如,行为人伪造了一张信用证后,向他人谎称是现金支票,进而低价售卖;再如,行为人伪造了信用证后用于销售,这两种行为都没有按照信用证的本来用途使用,没有把信用证当作支付工具使用,因而不属于信用证诈骗罪的使用。只有利用了信用证所承载的银行信用、信用证项下的资金、信用证的流通、支付等功能诈骗他人钱财的,才可界定为使用伪造、变造的信用证。即言之,他人陷入骗局的核心因果力须是信用证的市场公信力。

【案例 5－3】1996 年 6 月至 1997 年 10 月,被告人麦某主管负责的广某乙行公司在严重亏损、没有真实海产品进口贸易的情况下,委托广某甲公司或广某甲公司属下的益某公司为其申请开具信用证,信用证受益人由其指定。具体做法是:以广某乙行公司或南美洲公司作为信用证项下货物的卖方,泛太平洋公司作为信用证项下货物的买方,广某甲公司或益某公司与卖方、买方分别签订一买、一卖两份货物买卖合同,作为信用证项下的买卖合同,由广某甲公司或益某公司向银行申请开立信用证,并列明以商业发票、货运收据为信用证附随单据。开证行开出不可撤销跟单信用证后,泛太平洋公司开具"收到货物"收据交给广某甲公司或益某公司,广某甲公司或益某公司据此开出货运收据给广某乙行公司,广某乙行公司持填写虚假内容的商业发票、货运收据到银行进行信用证贴现。在此期间,广某乙行公司在实际上没有与广某甲公司或益某公司发生贸易往来的情况下,按照上述方法先后要求广某甲公司或益某公司为其开具 18 笔不可撤销跟单信用证,并持虚假的附随单据到银行贴现。经司法会计鉴定,该18笔信用证合计金额为77,534,212.62港元,广某甲公司或益某公司代广某乙行公司垫付的信用证项下资金共计有77,160,203.78港元至今无法收回,造成巨额经济损失。审理法院认为,广某乙行公司为了获取资金,在没有偿还能力的情况下,明知没有实际贸易,仍虚构贸易关系,并使用虚假单证到银行贴现信用证,骗取财物数额特别巨大,被告人麦某构成信用证诈骗罪。[1]

从案例5-3可以看出,信用证的"使用"是一个高度商业化的行为,该案的被告人麦某使用信用证的方式是"持其他公司开具的信用证及虚假的附随单据到银行贴现"。

使用伪造或变造的信用证,对象可以是行为人自己伪造或变造的信用证,也可以是他人伪造或变造的信用证,但是限于行为人明知是伪造或变造的情形,若行为人对信用证伪造或变造的情形无认知,自然不构成信用证诈骗罪意义上的使用。该罪是故意犯罪,缺乏主观认知者,即便客观上有使用行为,也阻却信用证诈骗罪的成立。

(二)使用伪造的附随单据、文件

附随单据、文件对于信用证而言可谓不可或缺,日常实践中,跟单信用证也是常态。常见的信用证附随单据、文件有如下几种:(1)商业发票,商业发票中货物、服务或行为的描述必须与信用证中显示的内容相符;(2)两种不同运输方式的运输单据,即多式运输单据或联合运输单据;(3)提单,包括海运提单、航运提单等;(4)非转让海运单;(5)租船合约提单;(6)空运单据;(7)公路、铁路或内陆水运单据;(8)快递收据、邮政收据或投邮证明;(9)货装舱面,"托运人装载和计数""内容据托运人报称"及运费之外的费用;(10)清洁运输单据,即未载有明确宣称货物或包装有缺陷的条款或批注的运输单据,"清洁"一词并不需要在运输单据上出现,即使信用证要求运输单据为"清洁已装船"的;(11)保险单据。当然,还包括产地证、货权凭证、检验说明书、装箱单、海关发票、领事发票等。

信用证业务是纯粹的单证业务,只要单单相符、单证相符,银行就有付款义务,银行在其中具有审慎核查义务,但并未对银行施加苛刻要求,相关

[1] 参见麦坚信用证诈骗罪案,广东省广州市中级人民法院(2004)穗中法刑二初字第215号刑事判决书。

的审核义务更多是形式方面的。《UCP600》的两条免责规定可以清晰反映信用证业务的特性。《UCP600》第 34 条规定了"关于单据有效性的免责"条款,其规定:"银行对任何单据的形式、充分性、准确性、内容真实性、虚假性或法律效力,或对单据中规定或添加的一般或特殊条件,概不负责;银行对任何单据所代表的货物、服务或其他履约行为的描述、数量、重量、品质、状况、包装、交付、价值或其存在与否,或对发货人、承运人、货运代理人、收货人、货物的保险人或其他任何人的诚信与否,作为或不作为、清偿能力、履约或资信状况,也概不负责。"《UCP600》第 35 条还规定了"关于信息传递和翻译的免责"条款,其规定:"当报文、信件或单据按照信用证的要求传输或发送时,或当信用证未作指示,银行自行选择传送服务时,银行对报文传输或信件或单据的递送过程中发生的延误、中途遗失、残缺或其他错误产生的后果,概不负责。银行对技术术语的翻译或解释上的错误,不负责任,并可不加翻译地传送信用证条款。"

信用证的单据业务特性使得单据在信用证诈骗中属于"显眼角色"。开证申请人(进口商)向国内银行申请开立信用证后,通知行会通知受益人(出口商),出口商按照合同约定发货,把提单等单据交给议付行,议付行验收单据后付款。相关单据文件是出口商换取信用证付款的条件,因而在信用证业务中有着举足轻重的作用。也正因如此,使用伪造的附随单据、文件在司法实践中十分常见。一方面,附随单据文件的种类繁多,缺乏统一式样,进行伪造、变造相对容易;另一方面,附随单据、文件并非银行的格式文件,相对于信用证,附随单据、文件缺乏统一的样式,更难辨识真伪。银行工作人员不可能对全部单据文件一一进行核实,退一步讲,即便进行实地调查核实,可能也看不出端倪。如已经装箱的货物,尽管可以对货物是否装货进行核实,但却无法核实装载的货物质量、是否与合同描述的产地一致等。若出口商与货运公司通谋营造货物已装运的假象,银行工作人员很难辨别。更难辨别的是预借提单、倒签提单两种情形。预借提单,是指承运人已接管货物,但未装船,或正将货物装船但还未装完,应托运人请求即时签发提单,以满足信用证的最迟有效日期。倒签提单,是指倒签装船日期的提单,承运人在货物装船完毕,签发提单时,应托运人(卖方)请求,将提单签发日期提前到信用证规定的装船日期。[1] 这两种情况,单据描述与客观实际不一致,但尚不能仅凭预借提单或倒签提单认定诈骗,还需结合整体行为架构评价。相比之下,空头提单由于只有单据,没有单据项下的货物存在,则可径直认定为诈骗。空头提单的出现,通常是托运人(卖方)与承运人通谋而为。

因此,虚假的附随单据、文件可谓信用证业务的极高风险点,若想百分之百避免假单据假文件并不现实,事实上也难以做到。唯一较为稳妥的方法就是在申请开立信用证时要求申请人提供相对较高的保证金、议付行在同意议付前要求受益人提供适格的履约担保金,通过这些方式减少银行可能遭受的损失。当然,在出口商的附随单据文件造假时,作为开证申请人的进口商也会遭受损失。

以下三则案例,较为充分地展现了刑事司法实践中伪造附随单据文件的情况。

【案例5-4】2012年4月,被告人陈某在担任桓美公司负责人期间,伙同他人以桓美公司的名义,在北京市朝阳区浙江大厦与中国地矿公司签订《废钢购销合同》。根据合同约定,桓美公司向中国地矿公司支付了120万元履约保证金,中国地矿公司开具了以桓美公司为受益人、金额为3000万元的国内信用证。同年10月,陈某在没有实际供货的情况下,使用伪造的信用证附随单据向银行议付。信用证开证行经向中国地矿公司核实发现附随单据系伪造,该信用证遂被停止支付。审理法院认为:被告人陈某作为桓美公司直接负责的主管人员,以单位名义,为单位谋取非法利益,使用伪造的信用证附随单据进行信用证诈骗活动,数额特别巨大,其行为已构成信用证诈骗罪,其在着手实行信用证诈骗犯罪后,由于被识破而未得逞,系犯罪未遂。[2]

【案例5-5】被告人陈某坤为被告单位金銮通公司的实际负责人、普信公司的法定代表人。2014年9月至12月,陈某坤以金銮通公司的名义,向中建材公司虚构上海电力公司购买煤炭事由,由中建材公司从金銮通公司购买煤炭销售给上海电力公司。陈某坤代表金銮通公司、指使他人冒用上

---

〔1〕 参见王作富主编:《刑法分则实务研究》(第4版),中国方正出版社2010年版,第593页。
〔2〕 参见陈某信用证诈骗罪案,北京市第二中级人民法院(2013)二中刑初字第1641号刑事判决书。

海电力公司名义，分别与中建材公司签订《煤炭买卖合同(水运)》。根据合同约定，金銮通公司分两次向中建材公司支付两笔发货金额10%的履约保证金，共计263万元后，中建材公司开立两份以金銮通公司为受益人的可议付延期付款信用证，结算70%货款。中建材公司通过中国民生银行开具信用证后，金銮通公司没有实际向上海电力公司交付货物，陈某坤向宁波银行南京分行提交虚假的重量检测报告、增值税专用发票、货物收据、提货函等信用证附随单据，骗取两笔信用证项下款项1700余万元，案发前归还100余万元。审理法院认为，被告单位金銮通公司及其直接负责的主管人员陈某坤以非法占有为目的，使用伪造的信用证附随单据骗取信用证项下款项，其行为均已构成信用证诈骗罪。[1]

【案例5-6】2012年2月20日，被告人陈某敏以香溢公司的名义与联合公司签订代理进口合同，约定联合公司为香溢公司代理进口总数为2500吨、总金额为2125万美元的电解铜，由联合公司开具远期信用证对外支付，香溢公司则需支付10%的开证保证金并提供相应的担保。同日，联合公司与陈某敏指定的诺华公司(注册在我国香港特别行政区)签订第一笔500吨电解铜进口合同，约定由诺华公司出售给联合公司电解铜500吨，单价为8500美元/吨，总金额为425万美元，实际到单货物重量及价格允许±10%浮动，付款方式为90天远期不可撤销信用证。2012年2月21日，陈某敏以诺华公司的名义与香港的ARC公司签订了购买500吨电解铜的合同，并以了解货物情况为由，向该公司索要了货物正本提单等资料的扫描件，后以拒绝支付货款的方式导致该合同不能继续履行。陈某敏在获得香港ARC公司提供的货物正本提单等资料后，指使香溢公司员工潘某乐据此以诺华公司的名义伪造了一套信用证项下单据，包括提单、装箱单、质量证明、形式发票等，再以电子邮件形式发给香港的陈某绵，由陈某绵将提单样本套入GTS船运公司的提单模板，并伪造出全套的信用证项下单据。2012年2月29日，联合公司收到香溢公司交付的294万元人民币的开证保证金后，向建设银行宁波市分行申请开立了信用证，信用证编号为83××××××××××24，金额为425万美元，议付行为诺华公司指定的交通银行香港分行。2012年3月1日，陈某敏在交通银行香港分行收到联合公司开具的信用证后，马上指

---

〔1〕 参见陈某坤信用证诈骗罪案，北京市第一中级人民法院(2016)京01刑初32号刑事判决书。

令陈某绵将伪造的信用证项下单据交单至交通银行香港分行,并办理信用证押汇手续,共押汇 4,674,603.31 美元,后被用于归还个人及香溢公司的债务等。审理法院认为,被告人陈某敏违反国家金融管理法规,指使他人伪造信用证附随的单据,情节特别严重,其行为已构成伪造金融票证罪。[1]

通过以上三个案例可以看出,实践中伪造的附随单据文件具有很高的隐蔽性,难以被银行发现。尤其当出口商与相关环节的主体串通,由相应主体出具形式上真实的商业发票、装箱单、产品合格证明等文件时,银行可以说是防不胜防。以上三个案例的行为类型相同,但审理法院却对案例 5 – 6 以伪造金融票证罪判决,笔者认为,值得商榷。因为该案当事人同样是通过弄虚作假手段获得银行开立的信用证后,将信用证套现,并将套现的资金用于归还债务。其中的关键是非法占有目的之判定问题,获得信用证项下资金后归还债务,由于获得信用证的方式已是作假,此类情形的公司或自然人通常也是资不抵债,没有充足的偿还能力。这种情况下,肯定非法占有目的较为合理。至于银行发现后或者案发后当事人归还的资金,只是事后退赃情节而已,当然,根据相关司法解释的规定和法益可恢复性法理,刑事立案前已退还的金额可从犯罪金额中扣除。

这涉及伪造金融票证罪与信用证诈骗罪的关系问题。伪造信用证的构成伪造金融票证罪,既包括格式上的伪造,也包括通过虚构贸易、买卖合同等方式申请信用证之“无形伪造”,对于开证申请人而言,此举属于伪造金融票证罪的间接正犯。行为人进而使用伪造的信用证的,主观上具有非法占有目的或者可推定具有非法占有目的,应认定为信用证诈骗罪。开立信用证本身具有成本,以虚假材料申请开立信用证之目的固然是使用。除非有充分证据证明使用骗取银行开立的信用证没有非法占有目的,只是商业运营遭遇特殊境况的权宜之计,整体考察企业的资产情况、征信情况等也基本上可得出企业心存善意。除此之外的情形,使用骗领的信用证、获取资金用于还债的,原则上应认定具有非法占有目的,没有伪造金融票证罪的适用空间。值得强调的是,如今通过虚假交易、虚假材料蒙骗银行从而开立信用证已是更为常见的伪造方式,那种从格式到内容均假的有形伪造虽然存在,但

〔1〕 参见陈某敏伪造、变造金融票证罪案,浙江省宁波市中级人民法院(2013)浙甬刑一初字第 10 号刑事判决书。

已不是伪造信用证的主流。

二、基础行为类型之二:使用作废信用证诈骗

信用证属于单据类银行支付工具,有生效日也有失效日,信用证失效则为作废,自此,承载于信用证中的权利内容也作废。只是,信用证作废的效力不附随至提单等单据、文件。作废的信用证一旦经过涂改、挖补等改动,便属于伪造或变造的信用证。作废的信用证是未经变造的,保留着信用证的完整原貌,此类信用证虽然失效,可其完整的形式也具有较强的欺骗力。如前所述,通行于贸易领域的信用证涉及开证行、通知行、承兑行、议付行等多个银行,各个银行间的信息互通不可能完全充分,也存在一定时间差,这便可能成为漏洞,作废信用证被用于议付、抵押等。信用证作废即为假,使用作废信用证的本质是以假乱真,当然,使用作废信用证之行为构成信用证诈骗罪的主观要件仍需具备非法占有目的。

使用作废的信用证包括以下情形:(1)使用未规定到期日的信用证。根据《UCP600》第6条d项的规定,所有信用证均须规定一个到期日,除非事后经修改,未规定到期日的信用证是无效的。(2)使用交单日已过的信用证。如果受益人出运后不及时交单,可能损害信用证申请人的利益,所以,晚于交单日提交的单据,开证申请人和开证行有权拒受,这实际上意味着信用证已作废。(3)使用到期日已过的信用证。根据《UCP600》第6条e项、第29条和第33条的规定,受益人或代表受益人的交单必须在信用证最后的截止日当天或之前完成,并且是于银行营业时间内向银行提交单据。因此,受益人超过到期日提交单据的,银行有权拒付信用证项下的款项。换言之,过期的信用证已经作废。(4)使用已注销的信用证。修改信用证是对原证内容做部分修改;注销信用证用是用全新的信用证替代原证(开立新证);撤销信用证指的是将原证单纯撤销。由此可见,当信用证被注销或被撤销,原证自然作废。(5)使用已经修改或者撤销的信用证。信用证分为可撤销信用证与不可撤销信用证,信用证一旦按规定程序和方式修改或撤销,原信用证便自修改或撤销之日起丧失要求银行付款、承兑、议付的效力,便告作废。[1]

---

〔1〕 参见王作富主编:《刑法分则实务研究》(第4版),中国方正出版社2010年版,第593页。

开证行因开证失误，如笔误等致使开出的信用证与申请人要求不相符，也会导致信用证作废。被法院发出禁付令的信用证也属作废信用证。可见，导致信用证作废的情形很多。但信用证作废不等于信用证收回，也无法有效禁止作废信用证的使用，因而作废的信用证在销毁之前，可以说处于失控状态。信用证作废属于价值判断范畴，如果对信用证的内容审查不仔细，很可能会把本已作废的信用证仍视为有效。如信用证没有规定明确的到期日（只写到月没写到日），按理属于作废信用证，但可能会由于理解偏差被误认为存在到期日。

同样地，具有可罚性的使用作废信用证行为，是指明知所使用的是作废信用证，仍用以诈骗财物。仅仅是客观上使用了作废信用证，但主观上确实不知为作废信用证的，缺乏应有的犯罪明知，不构成信用证诈骗罪。实践中，使用作废信用证的行为人被识破后往往会极力辩解，对此，既要着眼信用证作废的原因是否显而易见，也要审查行为人的知识背景、从业经验、有无前科等，全局考察行为人是否为真实的误判。倘若是开证行的作废通知到达受益人之前，受益人持证要求银行议付，则属于明显的欠缺犯意。倘若受益人明知信用证已经被撤销，仍持证要求银行议付或押汇，主观上存在犯意则无疑问。

三、非典型行为类型：骗取信用证

骗取信用证是《刑法》第 195 条第 3 项明示列举的行为类型，对之进行形式化理解，骗取信用证的行为类型将会包括：（1）以欺骗手段使银行或其他人开具信用证，即骗开信用证；（2）以欺骗手段骗得他人持有的信用证，即骗得信用证，

第一种情形的确损害了信用证管理秩序，也侵害了信用证的公共信用。不可否认，骗开信用证对于信用证诈骗罪的金融管理秩序法益具有侵害性。只是，对于复合法益（复杂客体）的犯罪，犯罪既遂需侵害复合法益（复杂客体）方可构成，单纯侵害一种客体者，不可视为构成要件的充足。骗开信用证与骗取财产截然不同，信用证是信用支付工具，承载的内容指向是财产，但信用证并非财产权凭证，更非财产本身。行为人骗开信用证，是意图通过使用骗开的信用证诈骗，因此，导致财产被骗后果的行为是后续的使用行为，并非骗开行为。由此，对于具有使用信用证诈骗行动计划者而言，骗开

信用证充其量只是信用证诈骗的预备行为。与此同时，骗开信用证实质也是无形伪造的间接正犯，构成《刑法》第 177 条的伪造金融票证罪，骗开信用证还同时符合《刑法》第 175 条之一的骗取金融票证罪。即骗开信用证行为同时触犯信用证诈骗罪（预备）、骗取金融票证罪、伪造金融票证罪，属于一行为触犯数罪的想象竞合，由于伪造金融票证罪的处刑更重，因而以伪造金融票证罪处断。当行为人骗开信用证后进行使用以诈骗财物，则符合使用伪造信用证诈骗之行为类型，构成信用证诈骗罪无疑，此时手段行为的伪造金融票证罪与目的行为的信用证诈骗罪属于牵连犯关系，两罪的法定刑相同，但以作为目的行为的信用证诈骗罪处断更完整、圆满。

第二种情形中，信用证实为他人占有的物，通过欺诈手段实现信用证之物的转移，即为骗取。第一种情形之骗开信用证构成信用证诈骗罪，似乎没有太大疑义。第二种情形之骗得信用证，虽然表面上也属于“骗取信用证”的语义范畴，但是刑法解释不可脱离个罪的保护法益，也应结合项中规定与项前规定予以体系化理解，否则容易掉入形式化的窠臼。信用证诈骗罪的保护法益是金融管理秩序与公司财产权，从他人手中骗得信用证，涉及的只是信用证这项物品的占有转移，与信用证管理秩序与信用证承载的信用功能无关，虽然可以将信用证作为有价值的物对待，但裸的信用证的物品价值非常低，我国的财产犯罪有量的要求，保护的是数额较大的财物，裸的信用证本身，根本无法作为财产权给予保护。因此，骗得信用证之行为无法符合“骗取信用证”的行为类型。当然，如果行为人从他人手中骗得信用证的目的是使用信用证进行抵押、担保、贴现等诈骗活动，只是由于意志以外的原因未能着手实行，可以将骗得信用证理解为信用证诈骗罪的犯罪预备。对此做延伸思考，行为人骗得他人持有的信用证后着手进行信用证诈骗行为并且成功骗取财物，则可置入《刑法》第 195 条第 4 项“其他方法”之兜底条款，因为此举无法评价为使用伪造变造的信用证，也无法评价为使用作废的信用证。

骗开与骗得信用证应作区分，对此，张明楷教授的理解非常深刻：“将单纯骗取信用证的行为，与利用骗取的信用证骗取财物的行为等同看待，显然不利于实现刑法的协调性。解释者必须尽可能熟悉所有的刑法条文以及其他法律中与刑法相关的条文，并且争取认识各条文之间的相互关系。在行为人骗取公文后利用该公文骗取财物的场合，刑法理论并不会认为骗取公文属于诈骗罪的实行行为，但在骗取信用证后利用该信用证骗取财物的场合，却认为骗取信用证是信用证诈骗罪的实行行为，这是刑法理论不协调的表现。同样，在解释骗取信用证时，忽视伪造信用证包括无形伪造以及无形伪造的间接正犯，也是没有注重体系解释的表现。”[1]

“骗取信用证”曾在刑法理论界与刑法实务界产生明显的理解分歧，分歧的根源是法文表述过于简略。《刑法》第195条列举的第1项、第2项均为“使用……”结构，结合该罪的保护法益，应当对第3项“骗取信用证”补正解释为“骗取信用证并使用与使用骗取的信用证”，这既保持了与前两项行为构造的同一性，也契合现实中被界定为信用证诈骗罪的骗取信用证行为。而且，也只有作此补正解释，才有可能产生他人财产权损害的结果，也才有适用项前规定的“数额巨大”“数额特别巨大”的空间，否则，单纯骗取信用证的行为，与财产权益无直接关联，恐怕会出现难以适用信用证诈骗项前规定的法定刑的尴尬局面。

【案例5-7】被告人韩某于1991年被省机械公司派至马来西亚、我国香港特别行政区开拓外贸业务，并于1993年与省机械公司法定代表人彭某在香港注册登记设立香港贺利公司，韩某任总经理。1996年1月至1997年3月，韩某明知香港贺利公司不是发货的真实卖家，仍制作并提供虚假的货物发票、装箱单、运输单等单据给银行审核，虚构香港贺利公司进行电脑零件交易的事实。韩某的主观心态是不在乎行为性质、不计行为后果，其应明知自己实施的欺骗银行行为对法益侵害结果会有帮助，即认识到其以欺骗的方式能够从银行开出信用证，仍积极实施，对骗取信用证的行为持放任态度的间接故意。韩某通过虚构交易事实、虚假发货获取单据、伪造部分合同、货物发票、海关报关单的方式，骗取银行开出、承兑多份信用证，贴现骗取信用证下资金共计272,974,586.3元。审理法院认为，被告人韩某以非法占有为目的，采取虚构交易的方法骗取信用证，数额特别巨大，构成信用证诈骗罪。被告人韩某在骗取LC9××××68/96等信用证的过程中，已经着手实行犯罪，由于意志以外的原因而未得逞，是犯罪未遂，可比较既遂犯从轻处罚。[2]

---

〔1〕 张明楷：《诈骗罪与金融诈骗罪研究》，清华大学出版社2006年版，第630页。

〔2〕 参见韩某信用证诈骗罪案，湖南省长沙市中级人民法院（2018）湘01刑初74号刑事判决书。

案例5-7是典型的骗取信用证型信用证诈骗案，该案中，被告人韩某的行为可罚性不仅是从银行骗开了信用证，而在于其进一步的承兑、贴现信用证等行为，正是其承兑、贴现等使用行为导致开出了信用证的银行处于遭受财产损失的风险之中。而对于被告人韩某的部分骗取信用证未及时使用的行为，审理法院认定属于犯罪未遂，已是对骗取信用证进行实质化理解，认为只有骗开并使用的才有侵害财产权的危险，故对于意志以外原因未承兑、贴现信用证的，只认定为犯罪未遂。这是对骗取信用证的正确理解。

但以下的案例5-8中，审理法院将其行为认定为信用证诈骗罪犯罪预备，笔者认为，似乎存在定性偏差。

【案例5-8】2013年年底，被告人张某军因负债无力归还，预谋实施信用证诈骗犯罪。张某军通过其朋友朱某1联系了煤投公司和中浩成公司，同年12月10日，张某军以其实际控制的鑫盛公司与煤投公司签订《煤炭买卖合同》，煤投公司又与中浩成公司签订《煤炭买卖合同》，三方约定鑫盛公司将20万吨煤卖给煤投公司，煤投公司再卖给中浩成公司，供货时间为2013年12月20日至2014年11月30日，由煤投公司到农业银行开立1000万元的信用证向鑫盛公司付款，由中浩成公司交纳信用证保证金250万元，因中浩成公司没钱支付保证金，张某军想促成开立信用证一事，故由张某军打款250万元（其中向朱某1借款130万元、向何某某借款100万元）至中浩成公司账户，再由中浩成公司转至煤投公司账户。被告人张某军在常德联系了农业银行武陵支行作为议付行。2014年1月6日，煤投公司在农业银行武汉武昌支行开立了受益人为鑫盛公司、金额为1000万元的信用证。之后，农业银行武陵支行的工作人员到湖北考察认为该笔业务有风险，决定不做，故张某军未能得逞。案发后，公安机关将追回的信用保证金250万元发还给建设银行鼎城支行。审理法院认为，被告人张某军以非法占有为目的，以虚假的贸易事实，骗开信用证，并利用信用证及伪造信用证附随单据，构成信用证诈骗罪。因银行终止信用证业务而未实际骗得财物，系犯罪预备，可以比照既遂犯从轻处罚。[1]

案例5-8中，客观上，张某军实施了骗开信用证行为，符合骗取金融票

---

〔1〕参见张某军信用证诈骗罪案，湖南省常德市武陵区人民法院(2018)湘0702刑初496号刑事判决书。

证罪固然无疑问,骗开的信用证未进入“使用”环节,审理法院对此也认可。在这方面,张某军之行为程度较案例 5 – 7 中的韩某更轻。由于韩某申请了多份信用证,已有部分信用证做了贴现,这种情况下认定韩某为犯罪未遂较为合理。但是,笔者认为,案例 5 – 8 的定性存在两点问题:其一,判决书的事实认定先入为主,先行界定张某军具有诈骗目的,在此目的的认定之下,张某军的后续行为都被界定为信用证诈骗,哪怕仅仅是犯罪预备,这犯了客观不足主观补的错误。其二,即便张某军具有非法占有目的,其行为也属于信用证诈骗罪预备与骗取金融票证罪的想象竞合,由于《刑法》总则规定了预备犯应当比照既遂犯从轻、减轻或者免除处罚,对张某军以骗取金融票证罪处断更为合适。

在查明确无非法占有目的的案件中,即便有骗开信用证行为,也只能认定为骗取金融票证罪。下面的案例 5 – 9 便是此类案件的典型。

【案例 5 – 9】被告人陆某富作为被告单位金升皓公司的实际控制人,于 2011 年 11 月以金升皓公司的名义,提供虚假的最高额保证合同、资产负债表和损益表等申请授信材料,得到交通银行无锡分行信用证组合额度 8000 万元(敞口 5000 万元)的授信。后金升皓公司、陆某富于 2012 年 2 月至 7 月间,先后 4 次使用虚假的工矿产品买卖合同、虚开的增值税专用发票骗取交通银行无锡分行 4 单国内信用证,开证金额共计 5232.55 万元。审理法院认为,被告单位金升皓公司以欺骗手段取得银行的信用证,给银行造成特别重大损失,被告人陆某富是直接负责的主管人员,被告单位及被告人均构成骗取金融票证罪,是单位犯罪。公诉机关指控被告单位金升皓公司、被告人陆某富骗取银行信用证的事实清楚,证据确实充分,但指控其犯信用证诈骗罪的罪名不能成立。原因在于:(1)其开始向交通银行申请信用证时因为银行工作人员认为提供的资产负债表和损益表等申请授信材料不能满足银行要求,其就让财会人员直接与该银行工作人员联系,按对方要求提供材料,当时其是想解决经营中的资金缺口,并无非法占有银行资金的主观意图。(2)随后因经营不善无法还款时,其曾向该银行工作人员提出还款困难,让银行处置担保财产,但该银行工作人员提出帮忙解决还款资金来源问题让运作下去,其才继续还款后再开具新的信用证。被告人陆某富的前一辩解意见有财会人员的证言予以印证;后一辩解意见也有部分出借资金人员的证言、该名银行工作人员的证言予以部分地印证。而公诉机关亦未能提供充足的证据证明被告单位金升皓公司、被告人陆某富使用欺骗手段取得银行的信用证的目的是非法占有银行信用证项下的资金，故法院采纳陆某富的辩护人关于本案构成骗取金融票证罪的意见。判决：(1)被告单位金升皓公司犯骗取金融票证罪，判处罚金100万元。(2)被告人陆某富犯骗取金融票证罪，判处有期徒刑2年，并处罚金20万元。[1]

在不具有非法占有目的的案件中，没有适用信用证诈骗罪的空间，确有骗开信用证行为的，只能构成《刑法》第175条之一的骗取金融票证罪。以下两则案例均秉承了这种思路。

【案例5－10】2010年至2012年12月，某港进出口公司在与某公司违规贸易过程中，某公司欠某港进出口公司债务1.1亿余元。2013年5月至2014年8月，经朱某4提议，在没有真实货物交易的情况下，由某港进出口公司与姜某卿控制的山东某贸易公司、日照某国际贸易公司等公司签订虚假贸易合同，以某港进出口公司的名义向银行申请信用证。被告人姜某卿安排负责其公司财务的被告人刘某璀与某港进出口公司的朱某3联系，并具体负责签订合同、办理信用证等具体事宜。某港进出口公司通过上述方式骗取日照银行、中国银行、中国农业银行信用证8笔，共计19,894.7805万元，未给银行造成损失。审理法院认为，被告人以欺骗手段取得银行信用证，虽未给银行造成损失，但具有其他特别严重情节，其行为破坏了金融管理秩序，构成骗取金融票证罪。[2]

【案例5－11】2000年3月27日，基德公司注册成立。徐某任公司法定代表人、董事长，被告人席某章任公司董事会成员、财务总监。2011年1月25日，基德公司与中国银行无棣支行签订授信额度协议，中国银行无棣支行同意向基德公司提供1.4亿元的授信额度，其中贸易融资(包括开立国内信用证业务)额度2000万元。2011年10月11日，基德公司董事长徐某同意安排被告人席某章以基德公司名义向中国银行无棣支行提出开立编号为2011年棣中银字1×××号国内信用证申请书，办理2800万元的信用证。被告人席某章安排被告人贾某升具体办理该项业务。徐某作为基德公司法

〔1〕参见陆某富信用证诈骗罪案，江苏省无锡市梁溪区人民法院(2017)苏0213刑初561号刑事判决书。

〔2〕参见姜某卿、刘某璀骗取金融票证罪案，山东省莒县人民法院(2019)鲁1122刑初66号刑事判决书。

定代表人出具国际结算业务授权书，授权并确认被告人贾某升为有权签字人。办理该项业务前，被告人席某章找到德民新棉业公司有关负责人洽谈与该公司签订虚假的产品购销合同，从该公司走账，由该公司开具假发票，办理信用证事宜。德民新棉业公司因为能够借此扣下基德公司欠其公司的120万元货款遂答应办理。被告人席某章安排被告人贾某升代表基德公司与德民新棉业公司于2011年10月8日签订虚假的1600吨皮棉工矿产品购销合同，德民新棉业公司提供了2800万元的等额增值税发票复印件，基德公司安排财务人员将增值税发票内容均进行了技术性涂改，以符合办理信用证需要。被告人贾某升明知合同虚假，发票系伪造，仍将开办信用证所需的上述材料及其他资料提供给中国银行无棣支行。2011年10月12日，中国银行滨州分行开具国内信用证。该信用证的受益人为德民新棉业公司，开证金额为2800万元，基德公司缴存840万元保证金。临沂康发公司为该信用证的敞口资金1960万元承担连带责任保证担保。2011年10月20日，中国银行滨州分行在扣除相应手续费后，将27,011,066.67元转付到受益人账户。同日，德民新棉业公司扣除基德公司所欠的120万元货款后，将剩余资金按基德公司要求分别转至滨州亚泰公司、无棣中基公司，该两家公司又将该资金转给基德公司。基德公司将该笔资金用于偿还公司借款以及公司经营。后由于基德公司经营不善，无力偿还该笔信用证欠款，中国银行无棣支行与山东方正公司签订债权转让协议，将涉案1960万元债权转让给山东方正公司。山东方正公司于2012年5月4日进行了代偿。审理法院认为，基德公司以欺骗手段骗取银行信用证，涉案金额1960万元，情节严重，构成骗取金融票证罪。[1]

骗开信用证不只触犯骗取金融票证罪，在承认无形伪造间接正犯的场合，还可能构成伪造金融票证罪的间接正犯。刑事司法实践中，也不乏把骗开信用证定性为伪造金融票证罪的案例。

【案例5－12】2012年3月，被告人王某甫为了达到企业融资目的，以其实际控制的美创公司的名义向交通银行绍兴分行申请期限为6个月的国内信用证1000万元，受益人为富浩公司，并向银行提供虚假的购销合同、票面

---

〔1〕 参见席某章等骗取金融票证罪案，山东省无棣县人民法院(2019)鲁1623刑初294号刑事判决书。

总额为1000万元的增值税专用发票（开出后作废）及收货清单，虚构美创公司向富浩公司购买色织牛仔布的事实，并以所属的房地产抵押以及欧博特公司提供最高额保证1200万元的担保后，交通银行绍兴文锦支行在扣除200万元保证金和利息、手续费后，将余款转账给王某甫提供的议付银行中国银行绍兴市分行，中国银行将上述款项发放给富浩公司。该信用证到期后，交通银行绍兴文锦支行根据王某甫提供的房产抵押担保，已受偿275.515578万元，尚有524.484422万元未能归还。审理法院认为，被告人王某甫又身为美创公司的实际控制人，以开具信用证的形式为富浩公司融资，在没有真实货物交易的情况下，虚构购销合同和收货清单，虚构信用证项下必须附随的发票等单据，向银行开立信用证，其行为构成伪造金融票证罪，且属情节特别严重。[1]

据此，骗开信用证只有加上主观上的非法占有目的与客观上的“使用”行为，才可评价为信用证诈骗罪。除此之外的诈骗银行开立信用证行为，可评价为骗取金融票证罪或伪造金融票证罪，两者为一行为触犯两罪的想象竞合，最终以何罪处断，则应视具体案件情况而定，单纯从法定刑配置来看，伪造金融票证罪显属重罪。

四、兜底行为类型：其他方法

《刑法》第195条第4项“以其他方法进行信用证诈骗活动的”为信用证诈骗罪的兜底条款。当前尚未有司法解释对该兜底条款作细化列举，只能依靠刑法解释运用此条款。既为兜底条款，就触及兜底条款与罪刑法定原则的矛盾以及如何化解之问题。固然，这并非信用证诈骗罪所独有的问题。《刑法》分则诸多罪名都规定了兜底条款，更为著名的是《刑法》第225条非法经营罪的兜底条款，由于司法解释日益扩充非法经营罪的兜底条款，非法经营罪的行为类型日益繁多，俨然成为一类非法经营罪而不只是一个非法经营罪。

对于兜底条款，刑法学界主要有两种立场：(1)认为兜底条款的设置违背了罪刑法定原则，导致了刑法“肥大症”，也违背责任主义要求。可以看

---

〔1〕 参见王某甫伪造金融票证罪案，浙江省绍兴市中级人民法院（2013）浙绍刑初字第57号刑事判决书。

出，这是从应然角度得出的理想化立场。（2）认为兜底条款可以发挥堵截功能，这种观点从实然角度出发，正面肯定兜底条款，认为面对我国的实际立法现状，妥当的立场不是理想化地拒绝兜底条款，而是运用刑法解释规则特别是同类解释规则，使得兜底条款发挥规范功能的同时，不至于过度脱逸民众的认知边界，尽可能保障民众的预测可能性。由此可见，关于兜底条款的两种对立立场，实质上也与如何看待行为规范或者裁判规范在刑法当中的角色或者说权重息息相关。侧重刑法的行为规范属性的，会倾向于否定兜底条款。侧重刑法的裁判规范属性的，则更容易接纳兜底条款。关于兜底条款，笔者的态度是这样的：

第一，过于理想化的立场并不可取，应当正面肯定兜底条款的功能，要做的是寻找最为妥当的方法合理解释兜底条款。至于是限制解释还是扩张解释，都不是恒定的方向。解释兜底条款需因应风险社会的需要、特定社会政策与刑事政策的需求。当然，对于兜底条款的存在与罪刑法定的关系，两者是否存在冲突，也应站在现代刑法理念和风险社会背景下，进行与时俱进的理解。

第二，在解释方法方面，同类解释规则也不是解释兜底条款的“王者”，因为兜底条款并非都与先前的例示条款具备同质性。实际上，刑法设置兜底条款之本意是放大特定刑法条款的效力范畴，并没有自觉受限于“同类、同质”的约束。此外，文字具有多义性，即使从语义学层面考量，也可能出现兜底条款使用的文字的弹性，使其超出先例条款的领地。这种情况下，就不能仅仅依靠同类解释规则，而是要重视语义学、类比解释、体系解释等解释方法的运用，它们对于妥当解释兜底条款同样不可或缺。

第三，在解释理念方面，对兜底条款的解释，应当时刻接受罪刑法定原则的约束，坚持常识认同，不宜背离社会一般民众的通常认知，同时要特别考虑行为人的接受性。刑法解释结论如果远离民众，得不到民众的普遍认可，也会导致兜底条款的效力虚化。

第四，在解释方法论方面，笔者主张建构关于兜底条款解释的方法论共识。针对刑法典中的兜底条款和司法解释中各种各样的兜底条款有权解释，在分类、剖析、反思的基础上，搭建在刑事司法中有生命力与现实合理性的教义学规则。这种教义学规则，不是理想化的，而是务实的、能够回应有效解决中国问题的方案。

在明晰了解释与运用兜底条款的基本立场、理念、方法后，对于如何解释运用信用证诈骗罪的兜底条款也就有了基础和方向。

实践中常见的以其他方法进行信用证诈骗的表现形式是利用“软条款”信用证进行诈骗。“软条款”信用证又称“陷阱”信用证，是指在开立信用证时，故意制造一些隐蔽性的条款，这些条款实际上赋予了开证人或开证行单方面的主动权，从而使信用证随时因开证行或开证申请人单方面的行为而解除，以达到欺骗财物的目的。[1] 软条款信用证，由于开证可根据购货方需要而随时、单方面解除其保证付款责任，造成出口商不能如期发货，信用证不能支付，或造成单据不符遭银行拒付。所以，此类信用证最终成为可撤销的永远无法生效的信用证。[2] 根据《UCP600》第32条的规定：“如信用证规定在指定的时间段内分期支款或分期发运，任何一期未按信用证规定期限支取或发运时，信用证对该期及以后各期均告失效。”若进口商与出口商达成一次装箱发运的协议，可作为进口商的开证申请人在开立信用证时却设定分期发运条款，从而导致作为受益人的出口商发货后在银行议付失败。此为典型的陷阱条款设置。又如，《UCP600》第33条规定：“银行在其营业时间外无接受交单的义务。”开证申请人却刻意指定受益人在所在地银行非营业时间交单，逾期则需承担无法兑付或者违约责任，也属于陷阱条款。《UCP600》第3条规定：“被指定银行意指有权使用信用证的银行，对于可供任何银行使用的信用证而言，任何银行均为被指定银行……交单意指信用证项下单据被提交至开证行或被指定银行，亦或按此方式提交的单据。”开证申请人如果把国外一家无权使用信用证的银行作为指定银行，则必然会导致受益人发货后交单失败，从而无法成功交单议付。

具体的信用证陷阱还可表现为以下几种情形：(1)信用证开出后暂不生效，需待开证行签发通知书后生效。(2)规定公司船名、目的港、起运港或验货人、装船日期需待开证申请人通知或需开证申请人同意。(3)规定品质证书需由开证申请人或其授权者出具，或需由开证行核实，与开证行存档印鉴相符，或规定商品检验采用买方国家标准。(4)同时规定相互矛盾的条款，置受益人于被动地位。(5)收货收据需开证申请人签发或核实，一票货物，

---

〔1〕 参见王作富主编：《刑法分则实务研究》(第4版)，中国方正出版社2010年版，第594页。

〔2〕 参见王作富主编：《刑法分则实务研究》(第4版)，中国方正出版社2010年版，第596页。

要求就每个仓装单位分别缮制提单等,也是陷阱条款。

信用证属于非常专业的业务领域,信用证申请人与受益人对信用证业务的熟悉程度常常不在同一水平线上,具有知识优势的一方为了把对方诱入信用证骗局,会在信用证中拟定不起眼又具有歧义的条款,信用证的另一方当事人要么根本不会重视这种条款,要么具有知识优势的一方在另一方当事人对条款提出异议时以所谓格式条款、属于信用证条款惯例等搪塞,要么信用证的特定条款背离双方的口头约定、书面合同约定。由此可见,信用证的软条款带有明显的欺诈性质,在国际贸易中可能对方已经受骗但难以察觉。信用证软条款的解释主动权与条款运用权均掌握在行为人(常常是开证申请人)手中,即便事后对方觉察到了软条款存在,也往往是回天无力。也有很多遭受软条款骗局的当事人将其作为民商事纠纷处理,期待通过民事诉讼或仲裁途径突围,但软条款也是明规则,以此方式胜诉的概率很小。哪怕是进入刑事报案阶段,犯罪行为人也会以民事纠纷等理由进行有力抗辩,此时,熟悉信用证业务非常必要,对行为人的行动计划作整体式的穿透认定也非常关键。

无论使用具体哪种信用证诈骗方法,本质依然是虚构事实,隐瞒真相,诱人入局,骗人钱财,信用证只是诈骗的方法、工具,时刻对此有清楚地把握,就不容易出现认定偏差。冒用他人信用证的,可以构成信用证诈骗罪;盗窃他人真实合法信用证后使用的,由于信用证本身的财产价值达不到盗窃罪数额较大的入罪标准,无法以盗窃罪定性处罚,所以也只能就盗窃后的使用信用证行为予以定性,使用盗窃的信用证属于冒用信用证,将其解释为信用证诈骗罪没有疑问;使用信用证诈骗银行打包贷款的,可以构成信用证诈骗罪;以信用证抵押、质押、担保获取借款后逃匿的,可以构成信用证诈骗罪。《刑法》第195条前三项明示列举的行为类型,共同描述的也是诈骗的共性,因此,只要行为方式涉及信用证,具有诈骗的本质,原则上可以评价为信用证诈骗的其他方法。当然,信用证诈骗罪的行为方式可能同时触犯其他金融诈骗罪名,这不可避免,对此则需要根据相应刑法评价规则择定最终的处断罪名。

【案例5-13】佛山市泛贸公司成立于2005年9月6日,法定代表人为曹某,实际负责人为蓝某。后泛贸公司变更法定代表人为李某甲。2005年12月,被告人黄某和与蓝某、左某合谋以信用证押汇方式向银行贷款,并约定由黄某和负责联系左某等人开具信用证和虚假的提单等附随单据,由蓝某负责向银行申请押汇贷款。具体犯罪事实如下:2006 年 1 月至 6 月,蓝某以泛贸公司名义找到佛山市华典公司代理出口,约定以华典公司名义向银行申请信用证押汇贷款,贷款交泛贸公司使用。被告人黄某和以支付开证好处费为条件,通过左某及邓某(已判刑)开出六份信用证。开证后,黄某和、左某找到耀富国际货运代理公司老板黄某,在虚报货物或没有货物出口的情况下伪造了以"深圳市杰华国际货运代理股份有限公司"名义开具的提单。黄某和、蓝某以上述信用证及虚假的提单、增值税发票等资料取得华典公司的信任后,以华典公司名义向广东发展银行佛山分行申请并骗取了信用证押汇贷款,共计 7,129,000 元。华典公司将上述贷款及部分自有资金共计 7,604,050 元转入泛贸公司账户。至案发尚有 5,600,000 元无法归还。审理法院认为,被告人黄某和伙同他人以非法占有为目的,使用信用证及虚假附随单据,骗取 8,940,800 元,数额特别巨大,其行为已构成信用证诈骗罪。[1]

案例 5-13 属于典型的利用信用证诈骗银行打包贷款,此种行为同时符合信用证诈骗罪与贷款诈骗罪,属于一行为触犯数罪的想象竞合。由于信用证诈骗罪可以由单位构成,对单位适用的是无限额罚金,相对而言处刑更重,因而信用证诈骗罪相对而言为重罪。笔者认为,审理法院以信用证诈骗罪判决处刑是较合理的。

第四节 信用证诈骗的司法认定

一、信用证诈骗罪与其余七种金融诈骗罪的关系

金融诈骗罪作为类罪,是基于特别保护金融秩序以及金融诈骗犯罪相对于普通诈骗罪更大的危害性而特别设立的特别罪名。诈骗罪与金融诈骗罪属于普通法与特别法的法条竞合关系。而八种金融诈骗罪内部为平行并立关系,不具有法条竞合关系,无论是包容竞合还是交叉竞合。换言之,集

[1] 参见黄某信用证诈骗罪案,广东省佛山市中级人民法院(2014)佛中法刑二初字第 4 号刑事判决书。

资诈骗罪与信用证诈骗罪的行为类型各自分立,相互之间无主次,也没有包含与被包含关系。其余六种金融诈骗罪与信用证诈骗罪的关系亦是如此。在实践中,一个行为既符合信用证诈骗罪又符合有价证券诈骗罪的情况不会出现,更不可能把八种金融诈骗罪中的某一个解释成普通罪名、兜底罪名。八种金融诈骗罪的分立基础是特定的诈骗方法,各方法针对的又是各异的细分金融工具与细分金融领域。因此,不存在一个兜底金融诈骗罪名,不应当试图将某一个金融诈骗罪解释成兜底罪名。当社会上出现了新型金融诈骗行为,无论如何解释都不能评价为八种金融诈骗罪中的任何一种时,只能比对新型行为与普通诈骗罪的构成要件,若符合普通诈骗罪的行为构造,则只能通过普通诈骗罪规制。当然,不排除实践中某一犯罪行为人为达到骗财目的,使用了两种以上的金融诈骗行为,甚至完全有可能既使用金融诈骗行为又使用普通诈骗行为,对此,应适用牵连犯之法理,择一重罪处断,不进行数罪并罚。

二、单位犯罪与自然人犯罪的量刑协调

【案例5-14】1997年至2013年,被告人陈某鸿采取以亲属、公司员工等关系人或者实际控制的公司的名义注册成立新公司或者参股、收购、控股他人已成立公司等方式,实际控制、经营多家公司。其中,2001年7月、2002年2月,陈某鸿先后在青岛成立青岛新某某公司、青岛鸿某公司,开始在某某公司开展氧化铝仓储及仓储融资业务;2004年9月,陈某鸿注册成立德某公司,并成立另外69家公司共同组成的公司集团体系(以下简称“德某系公司”),业务范围涉及氧化铝、铝锭、电解铜的国际、国内贸易生产等。另外,“德某系公司”投资、入股海某公司、某海鼎某公司等19家公司。自2008年起“德某系公司”出现较大亏损,为维系公司资金链延续,被告人陈某鸿的公司通过重复质押或将上述伪造货权凭证质押于银行的方式,以购买氧化铝、铝锭等货物为由骗取13家银行的信用证、贷款、承兑汇票,以欺骗手段取得银行承兑汇票、信用证,骗取银行资金共计36亿元。骗取的上述资金大部分用于归还银行借款、利息和其他到期债务。审理法院认为,被告单位德某公司被认定构成信用证诈骗罪、骗取票据承兑、金融票证罪,判决:(1)被告单位德某公司犯信用证诈骗罪,处罚金10亿元;犯骗取票据承兑、金融票证罪,处罚金1000万元;(2)被告人陈某鸿犯信用证诈骗罪,判处有期徒刑15年,

并处罚金50万元;犯骗取票据承兑、金融票证罪,判处有期徒刑6年,并处罚金20万元。[1]

该案例最引人关注之处是对犯罪单位判处的超高额罚金,且对单位判处罚金的同时,还对单位中的直接负责主管人员判处罚金。这可谓信用证诈骗罪罪刑规范的独特之处,只是这种独特不见得为合理。

《刑法》第200条规定:"单位犯本节第一百九十四条、第一百九十五条规定之罪的,对单位判处罚金,并对其直接负责的主管人员和其他直接责任人员,处五年以下有期徒刑或者拘役,可以并处罚金;数额巨大或者有其他严重情节的,处五年以上十年以下有期徒刑,并处罚金;数额特别巨大或者有其他特别严重情节的,处十年以上有期徒刑或者无期徒刑,并处罚金。"也就是说,信用证诈骗罪的犯罪主体可以是单位,也可以是自然人。《刑法》第195条是以自然人犯罪为规制对象制定的。对比《刑法》第195条和《刑法》第200条可以看出,单位犯信用证诈骗与自然人犯信用证诈骗罪的入罪条件、法定刑升格条件是一样的,不同的在于两点:(1)单位犯罪是无定额罚金,自然人犯罪是定额罚金;(2)单位犯罪中直接负责的主管人员和其他直接责任人员适用的是无定额罚金,且在适用基本法定刑时是"可处罚金"而非"必处罚金",而自然人犯罪时均是"必处罚金"且定额,即自然人犯罪时最高的处罚金额为50万元。

单位犯信用证诈骗罪实行绝对双罚制,单位受罚、自然人也受罚,对单位与自然人均适用无定额罚金,且单位中承担责任的自然人还要适用自然人犯罪同样的有期徒刑。这可以说是刑法中处罚最严厉的单位犯罪罚则。相比之下,其他单位犯罪的处罚相对缓和,如《刑法》第153条的走私普通货物、物品罪,当单位作为犯罪主体时,是对单位判处罚金,不再对单位中直接负责的主管人员和其他直接责任人员判处罚金,而是仅判处相应的自由刑即可。应当说,此种单位犯罪刑罚配置较为准确地体现了单位的组织体特征,是把单位真正视为独立的法律主体,即认为单位犯罪的主体是单位本身,单位中的自然人承担的只是补充刑事责任。由此,在走私普通货物、物品罪的单位犯罪中,判处的仍然是"罚金+有期徒刑"的刑罚,这与自然人犯

[1] 参见德某公司、陈某鸿骗取票据承兑、金融票证罪案,山东省青岛市中级人民法院(2017)鲁02刑初34号刑事判决书。

走私普通货物、物品罪的刑罚相同。信用证诈骗罪却呈现不同结构，自然人犯信用证诈骗罪适用“有期徒刑 + 罚金”刑罚，单位犯信用证诈骗罪适用的则是“有期徒刑 + 罚金 + 罚金”刑罚，明显有刑罚过剩之嫌，也是对单位作为犯罪主体的间接否认。在对单位判处罚金的同时，对单位中的自然人再判处有期徒刑加罚金，不啻把单位中的自然人作为单位犯罪的主导，单位变成一并处罚的附带角色，这与实然层面自然人在单位中的真实角色不匹配，更忽略了建立了现代公司运营制度的企业的实际议事、决策情况，也背离了相对合理的组织体责任论等单位犯罪理论之观点。

信用证诈骗罪对单位犯罪的如此刑罚结构不仅会不当抬高单位中自然人的处罚，导致单位中的自然人承受无法承受之重，还会导致引发消极效应。根据1999年6月25日最高人民法院发布的《关于审理单位犯罪案件具体应用法律有关问题的解释》第2条的规定：“个人为进行违法犯罪活动而设立的公司、企业、事业单位实施犯罪的，或者公司、企业、事业单位设立后，以实施犯罪为主要活动的，不以单位犯罪论处。”甄别是否为单位犯罪，需要揭开公司犯罪的“面纱”，不能把单位已沦为犯罪工具、单位人格早已湮没的情形仍认定为单位犯罪。可以说，构成单位犯罪具有一定门槛。这基本上已成为单位犯罪领域达成了共识的判别规则。在此规制背景下，信用证诈骗罪必然会遭遇尴尬情形：运营良好也总体上合法经营的企业偶尔触犯信用证诈骗罪，适用《刑法》第200条，判处“有期徒刑 + 罚金 + 罚金”刑罚，且是无定额罚金。由于信用证诈骗的金额通常非常大，在实践中罚金的金额也非常大。但涉案行为一样乃至诈骗金额也一样的自然人信用证诈骗，或者说，自然人成立了公司完全从事或主要从事信用证诈骗业务的，则不能适用《刑法》第200条，只能适用《刑法》第195条，认定为自然人犯罪，判处“有期徒刑 + 定额罚金”刑罚。毫无疑问，此种情形下的刑罚必然更轻。如此一来，客观上完全同样的信用证诈骗行为，总体上守法经营只是偶然触犯信用证诈骗罪的公司、企业，面临的可能是导致公司、企业破产的重刑，但以违法犯罪为业、把公司、企业作为信用证诈骗工具者反而获得相对的轻刑。此种行为越多、越重，反而刑罚轻的安排隐含着极大不公平，投射出不那么协调的刑事政策，对偶然触法的公司、企业不可能避免地会有消极诱发作用。

笔者认为，对此，最好的解决之策固然是修法，把单位犯信用证诈骗罪的刑罚改成与走私普通货物、物品罪一样的“有期徒刑 + 罚金”刑罚结构，不再对单位中的直接负责主管人员和其他直接责任人员重复适用罚金刑。而且,为了避免天价罚金的出现,对犯罪单位的罚金也应从当前的无定额罚金改成与自然人犯罪一样的定额罚金。在没有修法之前,量刑时对单位犯罪中应予承担刑事责任的自然人,若是可以并处罚金的,则尽量不判处罚金;若是并处罚金的,则应尽可能少判罚金。前述案例对犯罪单位中的直接负责主管人员陈某鸿判处信用证诈骗罪并处 50 万元罚金,一来在犯罪单位已被判处 10 亿元罚金的前提下,再对其中的自然人判处 50 万元罚金显属无必要;二来对陈某鸿并处 50 万元罚金其实是对照《刑法》第 195 条自然人犯罪给予最高额的罚金,这是不自觉地把单位犯罪中的责任人员作为纯粹自然人犯罪处理,内在逻辑也存在问题。比较合理的做法,只能是回归单位犯罪的本质,尽量减少对单位中责任人员的处罚金额,避免不必要的重复处罚,以此最大限度消解单位、自然人双重承担罚金的不公,也是对禁止重复评价、禁止重复处罚原则的坚持。

三、信用证诈骗罪的证据采集问题

信用证业务属于典型跨境业务,开证行、通知行、承兑行、议付行、开证申请人、受益人等可能在境外,那么,采集信用证诈骗案件的证据就必然涉及境外证据的搜集和运用问题。刑事侦查权属于司法主权的一部分,故我国的公安机关无法到境外向相关的银行、公司等调查取证,只能依据签署的刑事司法协助公约或条约等,由所在国家或地区的相关部门代为进行。信用证业务涵盖多个环节,如果缺失了境外环节的书证、证人证言等证据,可能会导致待证事实无法还原,案件的证据达不到证据确实充分、排除合理怀疑之证明标准。为此,信用证诈骗案件除了实体问题之外,程序问题、证据问题亦非常重要。没有证据,案件事实得不到证明,刑事审判也将为无本之木。目前,我国法律及相关司法解释对境外证据的搜集运用之规则还比较简单,只有 2003 年 11 月 19 日最高人民法院《关于对信用证诈骗案件有关问题的复函》对信用证诈骗案件的境外证据收集问题做了规定:"关于委托境外执法部门协助提供的证人证言可否作为证据使用的问题。根据刑事诉讼法第 18 条的规定,依照刑事司法协助的内容委托境外执法机构询问证人的情况可以作为证据使用。但如果境外执法部门所取得的证言上加盖有不得作呈堂证供的印章,应当经过适当形式的转换后使用。"仅此一条是不足以构筑境外采证规则的,长远来看,需要法律及司法解释针对包括信用证诈骗案在内的跨国犯罪案件制定具体且行之有效的证据采集运用规则,既不可片面矮化这类案件的采证要求,也不可不切实际地对这类案件设定吹毛求疵的采证要求。另外,信用证诈骗案的证据采集不可避免地会涉及国内行政管理部门,这就涉及相关证据材料在行政程序与刑事程序的衔接。根据《刑事诉讼法》第 54 条第 2 款的规定:"行政机关在行政执法和查办案件过程中收集的物证、书证、视听资料、电子数据等证据材料,在刑事诉讼中可以作为证据使用。"刑事司法实践中,由行政机关前期采集的证据材料,提交给公安机关的有的时候并不是原件,这与当前我国《刑事诉讼法》及相关司法解释的高标准证据规则有所抵触。这是不得不直面的现状,比较切合实际的做法也许是通过司法解释具体入微地设定行政刑事衔接的证据规则,避免司法机关的证据裁量陷入窘境。

第六章 信用卡诈骗罪

第一节 信用卡诈骗罪概述

一、本罪的由来与立法沿革

随着国家信用体系的不断建设和发展，即便是在支付宝、微信等第三方支付平台快速发展的今天，信用卡在当前的经济活动中仍然扮演着重要角色。也正是由于信用卡在社会生活和经济生活中的不断渗透，以"信用"二字引发的不确定因素的弊端逐渐暴露出来，并严重危害发卡机构、合法持卡人等的正当权益，国家不得不对信用业务实施高压监管和对信用卡相关犯罪实施严厉打击。我国信用卡使用初潮始于20世纪80年代，信用卡诈骗犯罪也是在20世纪80年代之后才开始在我国出现，因此我国1979年《刑法》中并未规定信用卡诈骗罪的相关内容。但是鉴于实践中出现外国人及我国港澳台居民在境内实施类似信用卡诈骗犯罪活动，1985年1月15日，最高人民检察院发布了《关于转发上海市人民检察院"处理利用'信用卡'进行诈骗活动的几点意见"的通知》[1]，认为，"凡持伪造的'信用卡'或者以非法手段获得他人的'信用卡'及已被列入取消名单的'信用卡'，在我国境内骗取外汇，数额较大、情节严重的，应追究刑事责任"。虽然该意见中并未明确指

---

〔1〕 此意见已于2002年2月25日因最高人民检察院《关于废止部分司法解释和规范性文件的决定》施行而废止。

明应当以何种罪名对该行为类型进行定性，但为当时来中国的外国人及我国港澳台居民在境内实施信用卡诈骗犯罪树立了应刑事追究的风向标。

随着信用卡业务的不断发展，信用卡在经济生活中已然不可或缺。信用卡犯罪的形式出现多样化，频率也越来越高。除了境外人员利用我国信用卡管理制度初创时期不完善的漏洞进行诈骗之外，境内人员也开始利用信用卡实施系列犯罪活动。鉴于此，1995 年 4 月 20 日，最高人民检察院、最高人民法院联合制发《关于办理信用卡诈骗犯罪案件具体适用法律若干问题的解释》〔1〕，对系列利用信用卡进行诈骗活动的行为以诈骗罪进行处理。之后，考虑信用卡诈骗的特殊性，全国人民代表大会常务委员会于 1995 年 6 月 30 日通过《惩治金融犯罪的决定》，加大对信用卡诈骗犯罪的打击力度，其中第 14 条规定为信用卡诈骗罪的处罚设置了明确的法律依据。〔2〕

1997 年《刑法》在吸收《惩治金融犯罪的决定》内容的基础上，将信用卡诈骗罪独立成罪，对恶意透支的概念进行解读，〔3〕同时在第三档法定刑的基础上增加“并处五万元以上五十万元以下罚金”的规定。至 2005 年，信用卡诈骗犯罪的表现形式更为丰富，犯罪模式也趋于集团化、规模化、专业化，并且在实践中大量涌现使用虚假的身份证明骗领信用卡的现象。于是，全国人民代表大会常务委员会于 2005 年 2 月 28 日通过《刑法修正案（五）》对原有的信用卡诈骗罪的行为类型进行了补充，即增加“使用以虚假的身份证明骗领的信用卡”这一新情形，使得信用卡诈骗罪的行为类型基本定型。

二、本罪的概念与构成

（一）信用卡诈骗罪的概念

目前，关于信用卡诈骗罪的概念在理论学界中存在不同表述。例如，有

---

〔1〕 此解释已于 2002 年 2 月 25 日因最高人民检察院《关于废止部分司法解释和规范性文件的决定》施行而废止。

〔2〕 《惩治金融犯罪的决定》第 14 条规定：“有下列情形之一，进行信用卡诈骗活动，数额较大的，处五年以下有期徒刑或者拘役，并处二万元以上二十万元以下罚金；数额巨大或者有其他严重情节的，处五年以上十年以下有期徒刑，并处五万元以上五十万元以下罚金；数额特别巨大或者有其他特别严重情节的，处十年以上有期徒刑或者无期徒刑，并处没收财产：（一）使用伪造的信用卡的；（二）使用作废的信用卡的；（三）冒用他人信用卡的；（四）恶意透支的。盗窃信用卡并使用的，依照刑法关于盗窃罪的规定处罚。”

〔3〕 恶意透支，是指持卡人以非法占有为目的，超过规定限额或者规定期限透支，并且经发卡银行催收后仍不归还的行为。

学者认为，信用卡诈骗罪，是指用虚构事实和隐瞒真相的方法，利用信用卡进行诈骗，骗取数额较大的公私财物的行为。[1] 也有学者认为，信用卡诈骗罪，是指违反有关信用卡管理规定，采用使用伪造或者作废的信用卡、冒用他人的信用卡或者恶意透支等方式，诈骗公私财物，数额较大的行为。[2] 还有学者认为，信用卡诈骗罪，是指以非法占有为目的，利用信用卡进行诈骗活动，骗取数额较大财物的行为。[3] 亦有学者认为，信用卡诈骗罪，是指使用伪造、作废的信用卡或冒用他人信用卡，以及以非法占有为目的的恶意透支，进行信用卡诈骗活动，数额较大的行为。[4]

笔者认为，对信用卡诈骗罪进行概念总结时应当考虑以下因素：第一，应当保持概念的简洁性和准确性。我国《刑法》明确规定信用卡诈骗罪是围绕着信用卡活动展开，且信用卡诈骗罪仍不能完全跳脱出诈骗罪的范畴，因此，应当具备诈骗罪的目的要素——非法占有目的。第二，准确区分概念的内涵和外延。《刑法》规定信用卡诈骗罪的几种表现形式属于信用卡诈骗罪的外延，不应当在概念中多加赘述。第三，避免重复论述。“虚构事实和隐瞒真相”一般是针对诈骗的解释，为避免语言上的重复，在使用“诈骗”这一词汇时，可省略使用“虚构事实和隐瞒真相”的表述方式。

综上所述，笔者认为，信用卡诈骗罪，是指以非法占有为目的，利用信用卡进行诈骗活动，骗取数额较大财物的行为。

（二）信用卡诈骗罪的犯罪构成

根据信用卡的概念，信用卡诈骗罪的构成要件内容应当是利用信用卡进行诈骗活动，骗取数额较大财物的行为。首先，需明确何为“信用卡”。根据全国人大常委会《关于〈中华人民共和国刑法〉有关信用卡规定的解释》的规定，《刑法》规定的“信用卡”，是指由商业银行或者其他金融机构发行的具有消费支付、信用贷款、转账结算、存取现金等全部功能或者部分功能的电子支付卡。因此，借记卡包含在信用卡的范围之内。其次，就行为类型来看，根据《刑法》第196条之规定，具体表现为以下几种：

第一，使用伪造的信用卡，或者使用以虚假的身份证明骗领信用卡的。

---

〔1〕 参见孙军工：《金融诈骗罪》，中国人民公安大学出版社2003年版，第149页。

〔2〕 参见周振想主编：《金融犯罪的理论与实务》，中国人民公安大学出版社1998年版，第448页。

〔3〕 参见张明楷：《刑法学》（下册）（第6版），法律出版社2021年版，第1037页。

〔4〕 参见李邦友、高艳东：《金融诈骗罪研究》，人民法院出版社2003年版，第316～317页。

“使用”不局限于对自然人，对“机器”的使用仍然可能构成信用卡诈骗罪。对使用者而言，无论其是伪造信用卡本人，还是通过购买等其他方式获取伪造的信用卡，都不影响其属于“使用伪造的信用卡”。对于伪造者而言，当其伪造和使用的属于同一张信用卡时，属于“伪造信用卡并使用”情形，而伪造和使用的不属于同一张信用卡时，则按照“伪造信用卡”和“使用伪造的信用卡”数罪并罚处理。

第二，使用作废的信用卡的。这里是指行为人故意使用因法定原因已经失去效用的信用骗取财物的行为。例如，信用卡超过有效使用期限、因挂失信用卡导致的失效等。另外，使用作废的信用卡的行为主体不限于持卡人本人，也包括其他人。

第三，冒用他人信用卡的。最高人民法院、最高人民检察院《关于办理妨害信用卡管理刑事案件具体应用法律若干问题的解释》（以下简称《办理信用卡刑事案件解释》）第 5 条第 2 款规定了冒用型信用卡诈骗罪的表现类型，具体包括：拾得他人信用卡并使用的；骗取他人信用卡并使用的；窃取、收买、骗取或者以其他非法方式获取他人信用卡信息资料，并通过互联网、通讯终端等使用的；其他冒用他人信用卡的情形。理论学界和司法实务中，针对“拾得型”和“骗取型”的争议较大，主要涉及“机器能否被骗”理论、被害人承诺的效力问题等相关内容，存在盗窃罪说、信用卡诈骗罪说等不同学说，下文将对冒用型下的“拾得型”和“骗取型”两种类型进行详尽阐述。

第四，恶意透支的。《办理信用卡刑事案件解释》第 6 条就恶意透支的概念、非法占有目的的判断标准作出了明确规定。由于恶意透支行为在经济生活中属于常见行为，表现形式丰富、产生原因多样、涉及民刑交叉领域，如何准确把握刑事犯罪中的“恶意透支”成为重要问题。恶意透支，也是正确理解和把握信用卡诈骗罪的一个重点类型，下文将对此行为类型涉及的理论及实务争议进行详述。

另外，本罪的主观要素除故意之外，还应当满足非法占有目的。不具备非法占有目的的善意的恶意透支行为，不构成信用卡诈骗罪。过失不构成本罪。

法律条文的不断更新和社会现实的纷繁复杂，引发了实践与理论研究的不断思考。在信用卡诈骗罪中，恶意透支型仍然是本罪构成的“重灾区”，必然成为本罪研究的重点对象之一。除此之外，因本罪中关于“冒用信用卡”“使用伪造的信用卡”等行为类型引申出来的相关争议仍没有形成一致意见，故有必要对本罪进行系统研究，以揭开本罪的神秘面纱，解决理论与实践中双重混乱的尴尬。下文将着重回答以上争议问题。

第二节　恶意透支的行为性质探析

一、恶意透支型信用卡诈骗罪的实践现状

（一）恶意透支型信用卡纠纷中的民刑纠葛

笔者在着手研究时，以“聚法案例”平台为数据检索来源，以“信用卡纠纷”为案由进行了全平台检索，显示民事裁判文书共计2,359,147份，其中一审案件为2,299,822份。通过进一步精准检索，在信用卡纠纷下涉及刑民争议的案件为5047件，其中因恶意透支产生刑民争议的有1376件。在这1376份民事裁判文书中，明确表示本案应当移送管辖、驳回起诉的有360件。相较于信用卡纠纷这一大类民事纠纷数据来看，实际转送侦查机关的案件数量极少。[1] 以上海市黄浦区人民法院在2008年至2016年8月间受理的信用卡纠纷的数据为例，在上述期间，上海市黄浦区人民法院共受理信用卡纠纷民事案件72,022件，但因民事案件涉嫌犯罪而全案移送侦查机关的仅有6件，其中3件为恶意透支。[2] 根据深圳市福田区人民法院发布的《深圳市福田区人民法院金融案件审判状况（2012－2017.08）》的内容可知，在此期间，法院共受理金融借款纠纷案件13,929件，其中银行卡纠纷案件33,111件，且信用卡纠纷占银行卡纠纷案件的90%以上。而同期金融犯罪案件为247件，以恶意透支的信用卡诈骗犯罪和以非法吸收公众存款罪、集资诈骗罪的涉众型犯罪为主。[3] 可见，在信用卡纠纷中，即便形式上满足恶

---

〔1〕上述在“聚法案例”平台中收集、整理的数据截止日期为2022年9月6日。

〔2〕参见姚竞燕、徐文进：《信用卡纠纷案件中刑民交叉问题司法应对的实证分析——以上海市黄浦区法院信用卡纠纷案件的处理为视角》，载《法律适用》2017年第3期。

〔3〕深圳市福田区人民法院：《福田法院发布深圳首份金融案件审判状况白皮书》，载微信公众号“深圳市福田区人民法院”2017年9月9日，https://mp.weixin.qq.com/s?__biz=MzI1MzEyMDkzNQ==&mid=2247525601&idx=1&sn=876457b5813a4e9291693251eaa46b67&source=41#wechat_redirect。

意透支型信用卡诈骗罪的案件数量较多,但对于形式上初步符合入罪条件的,法院并未直接采取移送侦查机关办理的做法,大多仍然按照民事纠纷中的相关规则进行裁判。

(二)恶意透支型为信用卡诈骗罪的主要行为样态

从全国范围来看,中国司法大数据研究院在2019年4月制作了《金融诈骗司法大数据专题报告》。该报告显示,在2016年1月1日至2018年12月31日,信用卡诈骗罪为主要的金融诈骗犯罪案件类型,占三年金融诈骗犯罪案件总量的78%。其中,恶意透支或者超限透支为信用卡诈骗罪的主要行为方式,相关案件占比约76.34%,骗取或者冒用他人信用卡类案件占比20.41%。[1] 根据深圳市中级人民法院发布的《深圳法院金融犯罪审判白皮书(2015-2019年)》可知,在2015年至2019年,深圳地区法院总受理信用卡诈骗犯罪一审案件数量为948件,从2015年信用卡诈骗犯罪占金融犯罪的约82.33%到2019年占金融犯罪的约48.49%,信用卡诈骗罪总体数量存在下降走向,但仍然属于金融犯罪的高发领域。[2] 而恶意透支仍然为信用卡诈骗罪构成的主要类型。

实践中出现的上述现象不得不让人进一步思考:第一,大量透支型的民事信用卡纠纷中只有少量的案件转为刑事案件办理,这些被移送的案件存在怎样共同的特征?换言之,恶意透支型信用卡诈骗罪与一般违法意义上的透支行为有何区别?第二,信用卡诈骗罪作为金融犯罪领域高频出现的罪名之一,恶意透支型又是信用卡诈骗犯罪的主要行为样态,可见研究恶意透支这一行为类型具有司法适用上的紧迫性。

二、恶意透支中"恶意"的具体指向

信用卡的透支功能,实际是发卡行允许持卡人在资金不足的情况下先行进行消费,而后在还款期限内补足相应资金的行为。这也就意味着发卡

---

〔1〕 参见《金融诈骗司法大数据专题报告》,载中国司法大数据服务网2019年4月3日,http://data.court.gov.cn/pages/uploadDetails.html?keyword=%E9%87%91%E8%9E%8D%E8%AF%88%E9%AA%97%E5%8F%B8%E6%B3%95%E5%A4%A7%E6%95%B0%E6%8D%AE%E4%B8%93%E9%A2%98%E6%8A%A5%E5%91%8A(2016.1-2018.12).pdf。

〔2〕 参见《深圳法院金融犯罪审判白皮书(2015-2019年)》,载深圳市中级人民法院官网2020年11月6日,https://www.szcourt.gov.cn/article/30197819。

行承担透支行为本身所带来的资金无法回收的部分风险。也正是基于发卡行与持卡人之间关于资金使用及返还的相关合意，实践中的大多数透支行为都进入民事领域进行审查。针对“透支”概念，有学者提出“恶意透支”“善意透支”“一般违法性的恶意透支”“犯罪性的恶意透支”等相关概念，[1]欲借此进一步明确《刑法》第196条中“恶意透支”的本质。为此，有必要对恶意透支中的“恶意”一词进行展开，了解其具体指向，以便更清晰地划分罪与非罪的界限。

（一）意思欺骗产生的时间

在诈骗罪的构成中，必不可少的就是行为人实施了欺骗行为。欺骗行为所针对的事实，既可以是自然事实，也包括他人的身份、已实施的行为、能力等内容。同时，除了外在的客观事实之外，还包括行为人的主观意思确认。意思欺骗常见的表现形式之一就是行为人对未来事项进行虚假许诺，如贷款人在根本没有还款意思的主观目的下向银行许诺保证按时足额还款继而申请贷款的行为。在恶意透支型信用卡诈骗罪中，其意思欺骗的表现形式即在于持卡人对透支款具有非法占有目的，隐瞒了自己内心不想归还的事实而进行透支借款的行为。在这一过程中，可将行为人的意思表示划分为几个阶段，即申领信用卡时—透支时—透支后，不同阶段持卡人的主观变化对判断是否具备非法占有目的、是否成立本罪具有重要影响。

第一，持卡人的意思欺骗产生在申领信用卡时，申领后也实施了超额或超限透支行为，经发卡行催收后拒不归还的，当然成立恶意透支型信用卡诈骗罪。

第二，持卡人在正当申领信用卡之后在进行透支时产生了非法占有目的的故意，后经发卡行催收后拒不归还，成立信用卡诈骗罪。

第三，持卡人基于按时归还的目的进行透支，但是在透支之后产生了拒不归还本息的故意，且经发卡银行催收后仍不归还。针对这一情况，主流观点认为此种类型不成立信用卡诈骗罪。[2] 笔者也持这一立场。理由如下：首先，根据责任与行为同时存在原则，犯罪行为的实施应当是在故意或者过

---

〔1〕 参见刘远主编：《金融诈骗罪立案追诉标准与司法认定实务》，中国人民公安大学出版社2010年版，第315页。

〔2〕 参见张明楷：《刑法学》（第6版），法律出版社2021年版，第1041页。

失的主观心态支配下进行。以“事后的故意”这样的概念去倒推行为时行为人的主观恶性,显然违反了责任主义原则的要求。其次,不构成本罪的结论亦符合刑法谦抑性的要求。合理使用信用卡进行透支属于发卡银行与持卡人之间的民事法律关系范畴,可通过民事纠纷解决途径挽回发卡行的相关损失。

(二)“超过规定期限透支”的范围界定

《刑法》第 196 条明确规定,恶意透支型信用卡诈骗罪需要满足“超过规定期限透支”这一要件。然而,司法实务中对于该要件时间范围的限定并没有得出一致答案,而是在认定行为人具备“经过发卡行催收后仍不归还”情形时,也一并认定行为人的行为满足了“超过规定期限透支”这一要件。“超过规定期限透支”作为构成本类型罪名的构成要件要素之一,必然为本罪的违法性判断提供了质料。因此,必须对该期限的实质内涵予以明确。

第一,信用卡“逾期”与“超期不还”中的“超期”的时间概念并不能等同。银行推出信用卡业务并赋予信用卡可以提前透支功能的作用之一,即在于收取在合理期限内持卡人在逾期之后的相应利息,以实现从信用卡业务中获取更多的盈利。换言之,信用卡逾期行为尚未造成对发卡行资金的实质危害。因此,并不能将信用卡逾期这一具备社会危害性的行为上升至刑法的法益侵害性高度。

第二,“超过规定期限”应当是认定发卡行资金具备实质受损危险的要素之一。在恶意透支型信用卡诈骗中,逾期不还可谓是“因”,银行遭受损失可谓是“果”,在这因果之间还需要一架桥梁进行互通,即确认有行为人不会归还透支款这一情形。根据《商业银行信用卡业务监督管理办法》第 92 条的相关规定,[1]商业银行对信用卡风险资产实行分类管理中就损失类的标

---

〔1〕《商业银行信用卡业务监督管理办法》第 92 条规定:“商业银行应当对信用卡风险资产实行分类管理,分类标准如下:(一)正常类:持卡人能够按照事先约定的还款规则在到期还款日前(含)足额偿还应付款项。(二)关注类:持卡人未按事先约定的还款规则在到期还款日足额偿还应付款项,逾期天数在 1-90 天(含)。(三)次级类:持卡人未按事先约定的还款规则在到期还款日足额偿还应付款项,逾期天数为 91-120 天(含)。(四)可疑类:持卡人未按事先约定的还款规则在到期还款日足额偿还应付款项,逾期天数在 121-180 天(含)。(五)损失类:持卡人未按事先约定的还款规则在到期还款日足额偿还应付款项,逾期天数超过 180 天。在业务系统能够支持、分类操作合法合规、分类方法和数据测算方式已经中国银监会及其相关派出机构审批同意等前提下,鼓励商业银行采用更为审慎的信用卡资产分类标准,持续关注和定期比对与之相关的准备金计提、风险资产计量等环节的重要风险管理指标,并采取相应的风险控制措施。”

准是“持卡人未按事先约定的还款规则在到期还款日足额偿还应付款项，逾期天数超过 180 天”。因此，在对“超期”这一构成要件的判断上至少持卡人已经超期 180 天以上才能认定发卡行具备实质资金损失的危险。

第三，归还“最低还款额”后的逾期问题。在还款日到来之前，就持卡人因暂时性的资金困难而无法支付全部透支款的情况，发卡行一般允许持卡人以归还最低还款额的方式偿还本期应还金额，以无法享受免息期为代价，且将未偿还部分金额自消费入账之日起进行全额计息并计入下一期账单。因此，只要持卡人在到期还款日偿还最低还款额以上金额，就不能被银行认定为逾期不还，也不存在“超过规定期限”问题。

（三）“非法占有目的”的具象判断标准

2018 年修正的《办理信用卡刑事案件解释》为判断非法占有目的提供了认定方法和思路。[1] 相较于 2009 年的《办理信用卡刑事案件解释》，修正后的解释删除了“肆意挥霍透支的资金，无法归还的”这一情形，增加“使用虚假资信证明申领信用卡后透支，无法归还的”这一要件。虽然 2018 年《办理信用卡刑事案件解释》对非法占有目的的判断提供了相关线索，但其中同样规定“但有证据证明持卡人确实不具有非法占有目的的除外”。因此，需梳理非法占有目的的判断标准与 2018 年《办理信用卡刑事案件解释》中列举的几项事实因素的关系，继而进一步明确非法占有目的的实质内涵，对于判断罪与非罪具有重要意义。

1. 明知没有还款能力而大量透支，无法归还的

目前，关于本项行为情状的争议，主要集中在如何判断“明知”及“大量”的范围。因“明知”对应的是“还款能力”，而还款能力可能随着时间、政策等因素变化，实践中一般对“明知”这一主观心理状态的推定放置在产生透支行为之前。“大量”是程度副词，是一种价值判断，目前尚未有明确法律条文对“大量”的范围进行明确规定，只是就“数额较大”“数额巨大”“数额特别

---

〔1〕《办理信用卡刑事案件解释》第 6 条第 3 款规定：“具有以下情形之一的，应当认定为刑法第一百九十六条第二款规定的‘以非法占有为目的’，但有证据证明持卡人确实不具有非法占有目的的除外：（一）明知没有还款能力而大量透支，无法归还的；（二）使用虚假资信证明申领信用卡后透支，无法归还的；（三）透支后通过逃匿、改变联系方式等手段，逃避银行催收的；（四）抽逃、转移资金，隐匿财产，逃避还款的；（五）使用透支的资金进行犯罪活动的；（六）其他非法占有资金，拒不归还的情形。”

巨大”的范围进行了阐明。因此，在判断是否符合“大量”要件时，应当具备以下认定思路：

第一，并非相对多数就可以认定为“大量”。一般而言，持卡人的还款能力，如收入水平、资产状况等在一定程度上体现了持卡人在一定范围内透支后还款的客观可能性。同样是透支1万元，对于部分收入和资产相对较低的人而言，可能已经属于是大量透支。但是本罪中的大量透支既然是为最终构罪服务，那么必然已经跳脱民事角度的社会危害性。因此，即便是收入仅3000元而透支2000元的情况，并不符合“大量”的实质内涵。在考虑是否满足“大量”要件时，应当考虑该透支金额是否具备刑事可罚性。具体的金额标准可以“数额较大”的规定金额为参照标准。

第二，注重“明知”与“大量”之间的对比差距，可作为非法占有目的的判断质料。持卡人在明知自己不具备还款能力的情况下，多频率、大金额地实施透支行为，表明了持卡人拒不归还透支金额的主观恶性越高。反之亦然。

2. 使用虚假资信证明申领信用卡后透支，无法归还的

本项中，单纯因使用虚假资信证明申领信用卡后透支的，不是认定构成本罪的重点。在实践中，存在持卡人使用虚假资信证明申领信用卡，在成功申领后进行透支并按时归还了相应应还账单的情形。因此，使用虚假资信证明这一客观事实尚不足以判断持卡人的还款能力与还款意愿，应当更进一步考察持卡人的还款能力、逾期后的应对表现等。

3. 透支后通过逃匿、改变联系方式等手段，逃避银行催收的

本项重点关注的是持卡人在透支后对是否还款的表现态度。一般而言，持卡人在逾期之后会重点关注银行还款政策，如最低还款计划、违约金、利息等相关内容，与银行保持积极联系，以免自己的征信受损。因此，个人以作为或不作为的方式逃避银行催收的，实为切断与银行之间的联系，反映其不愿偿还透支款的主观恶性较大。需要注意的是，应当仔细分辨持卡人“逃避”银行催收的原因是否基于自己自愿，是否存在不可抗力情况，持卡人对自身行为是否具有支配力，通过整体反观这些因素，评析持卡人的主观恶性程度。

4. 抽逃、转移资金，隐匿财产，逃避还款的

本项下在具体考察持卡人的还款意愿时，前提在于持卡人具备还款能力，存在一定财产。另外，还需要考虑“抽逃、转移资金，隐匿财产”是否与

"逃避还款"之间存在因果关系。只有满足持卡人的转移资金等行为是为了逃避还款而实施时,才能推定行为人具备非法占有目的。[1] 这里可借助据以判断的相关基础要素,如抽逃、转移资金行为实施的时间,抗辩事由的真实性与关联程度,是否还存在其他资金可供还款等方面予以综合考察。

5. 使用透支的资金进行犯罪活动的

从形式上看,本项具有一定特殊性,与前几项规定不同,本项并未直接联结还款能力与还款意愿。一般而言,如何使用透支的资金与是否正常还款、是否会造成银行资金受损并无直接的因果关联。即便该行为会导致银行资金受损的风险增高,但尚不能直接推定行为人的非法占有目的。但不可否认,本项与行为人的还款能力、还款意愿存在不容磨灭的间接关联。客观上,虽然不能否认一些犯罪行为会产生经济受益,但根据《刑法》相关规定,犯罪的违法所得都会被罚没。同时,当合法的资金用于违法犯罪活动,将会被界定为犯罪工具,也陷入被罚没的风险。并且,资金用于违法范围活动,行为人归还资金的能力与概率都大大降低。因此,将透支的资金用于犯罪活动并进一步推定行为人具备非法占有目的不仅是出于打击犯罪的政策考量,也内含着相当的政策期许。为避免银行信用卡业务间接成为犯罪活动的"帮凶",进一步遏制、切断犯罪活动的资金来源,推定行为人具备非法占有目的,可形成对本罪在社会效应上的一般预防。

6. 从兜底条款中把握非法占有目的的实质内涵

即便已经存在对非法占有目的进行推定判断的规则,但由于社会现实纷繁复杂,法律的滞后性必然不可能将所有犯罪具体情形一一归纳。非法占有目的作为主观超过要素,在未有客观事实对应的情况下,只能借助部分案件的相关事实进行推定。针对事实推定部分,当然允许犯罪嫌疑人举证推翻。为更好地理解和正确适用非法占有目的这一关键要素,应当注意理解以下几点:

第一,一般认为,非法占有目的中的"占有",是指排除权利人,将他人的财物作为自己的所有物进行支配,并遵从财物的用途进行利用、处分的意思。[2] 可见,非法占有目的的实质内容是由"排除意思"和"利用意思"组

〔1〕 参见江苏省东海县人民法院刑事判决书,(2015)连东刑初字第310号。

〔2〕 参见张明楷:《诈骗罪与金融诈骗罪研究》,清华大学出版社2006年版,第297页。

成。由于在恶意透支型信用卡诈骗罪中,行为人申领信用卡后采取欺骗等其他手段使用信用卡,造成透支后果后不归还透支款的情形中,必然包含了行为人的利用意思,对本罪非法占有目的的判断,应当是以排除意思作为判断重点。这里的“排除意思”,是指行为人排除他人对财产的所有,给发卡行造成财产损失的主观认识和意欲。在具体的判断素材上,根据上述司法解释的规定,非法占有目的的推定情形的核心就在于行为人的还款意愿和还款能力。[1]

第二,需要注意的是,在刑事司法实践中会出现各种事实、证据相互交叉冲突的情形。典型情形为:持卡人一直保持良好的还款记录和信用记录,只是在某一次信用卡透支后,与银行协商还款计划不成,进而逃避、拒绝还款。这类情形下,积极协商、良好的还款记录等事实并存,很可能出现正向认定则具备非法占有目的,反向解读则阻却非法占有目的。刑事实践中一般是认定此情形下具备非法占有目的,继而构成信用卡诈骗罪。对此,应当把握的原则是:在同一案件中,当出现相互矛盾的事实证据时,不能以哪一项事实出现得更多为判断标准,只有具备非法占有目的的实质质料——还款能力与还款意愿出现,可以证明行为人意欲给发卡行造成财产损失的,才可以认定行为人具备非法占有目的。至于行为人具备良好的还款记录、信用记录、积极协商的行为举动,可作为酌定的量刑情节予以对待。

(四)“经发卡银行催收后仍不归还”的角色定位

根据信用卡诈骗罪的立法规定,“经发卡银行催收后仍不归还”属于法定要素。对这一要素的理解与体系定位,不仅影响非法占有目的之判断,而且影响恶意透支行为入罪与出罪的判断路径。关于本要素的体系定位争议,目前学术理论界存在以下几种观点:

1. 构成要件论

本观点下“经发卡银行催收后仍不归还”与“恶意透支行为”同属于信用卡诈骗罪的客观要素,二者需同时具备才能构成本罪的既遂。“经催收不还”属于“恶意透支型”信用卡诈骗罪的构成要件。[2] 其被诟病的理由在

---

〔1〕 参见徐凌波:《金融诈骗罪非法占有目的的功能性重构——以最高人民检察院指导案例第40号为中心》,载《政治与法律》2018年第10期。

〔2〕 参见刘宪权、曹伊丽:《“恶意透支型”信用卡诈骗罪的刑法分析》,载《华东政法大学学报》2010年第6期。

于:其一,构成要件为违法性提供了实在根据,而在本观点下,恶意透支与经催收仍不归还处于相同地位,一齐作用于不法的有无与程度,显然是对诈骗犯罪构成的误读。其二,会在共同犯罪的判定上产生矛盾。按照本观点的说理逻辑,对于劝说他人不归还透支款的行为,劝说行为人应当被认定为信用卡诈骗罪的共犯。而事实上,当持卡人恶意透支行为完成之后,诈骗行为也随即结束,劝说行为人后续的劝说行为实际上对应的是侵占行为,即成为侵占罪的共犯。由此,构成要件论在理论运用和实践操作中均存在难以解释的障碍。

2. "非法占有目的"证明要素说

如文义所表,本观点认为,"经发卡银行催收后仍不归还"是非法占有目的的证明要素。即当发卡行催收之后,持卡人仍然不归还贷款的,就可以推定其具备非法占有目的。[1] 从侧面肯定了银行催收的司法推定效力。由此,对非法占有目的的判断,除了符合司法解释中的六种情形之外(归还能力与归还意愿),银行催收也作为非法占有目的独立的判断标准。另外,即便有证据证明行为人在非法占有目的的主观恶意下进行了恶意透支,但是缺少"经发卡银行催收后仍不归还"这一事实行为,仍不能认定构成信用卡诈骗罪。

笔者认为,"证明要素说"存在值得商榷之处,理由如下:

第一,《刑法》第196条第2款对恶意透支型信用卡诈骗罪的表述是"前款所称恶意透支,是指持卡人以非法占有为目的,超过规定限额或者规定期限透支,并且经发卡银行催收后仍不归还的行为"。可见,在语言文字的排序上,"经发卡银行催收后仍不归还"并不属于非法占有目的的子种类。

第二,倘若认为"经发卡银行催收后仍不归还"只是一种证明要素,那么"经发卡银行催收后仍不归还"实际上在条文中的体现并不具有实际意义,只是一种语感意义。因为经催收后仍不归还的行为在一定程度上反映了行为人还款的主观意愿,这与其他如"改变联系方式逃避银行催收的"并没有实际意义上的不同。而《刑法》条文中并没有将其他逃避银行催收的方式

---

〔1〕 参见赵运锋:《恶意透支型信用卡诈骗罪"非法占有目的"研究》,载《中国刑事法杂志》2020年第4期。

纳入法条之中,而是以司法解释的行为对非法占有目的的判断作出了列举规定。可见,“经发卡银行催收后仍不归还”具有在刑法意义上的独立意义。

第三,在判断是否具备非法占有目的时,可能出现多事实交叉的情形,在具备确实证据证明行为人具有非法占有目的的情况下,就不需要“经发卡银行催收后仍不归还”的再次印证。换言之,“经发卡银行催收后仍不归还”并不是“以非法占有为目的,超过规定限额或者规定期限透支”的同位语。〔1〕

3. 客观处罚条件说

该说认为,在满足恶意透支型信用卡诈骗罪的构成要件符合性、违法性、有责性之外,还需要就客观处罚条件是否满足进行判断。具体而言,恶意透支时具有非法占有目的,但发卡银行催收后予以归还的,虽然成立信用卡诈骗罪,但因为缺乏客观处罚条件,不能给予刑罚处罚。〔2〕 笔者也持这一立场,主要理由如下:

第一,对限定本罪的处罚范围具有重要意义。使用信用卡并进行透支的行为实属信用卡业务的正常功能之一,在民事违法与刑事违法的界限上,善意透支与恶意透支的判断是区分两者的关键。而非法占有目的或者拒不归还透支款的意图属于行为人的主观内心想法,从形式上看难以判断。将“经发卡银行催收后仍不归还”解释为客观处罚条件就可以避免将其作为犯罪的核心或者关键要素,以免不当扩大恶意透支型信用卡诈骗罪的处罚范围。即使持卡人以前是恶意透支,但只要经发卡银行催收后予以归还,就不能追究持卡人的刑事责任。透支后产生不归还的意思因而未归还的,以及透支后由于客观原因不能归还的,原本就不成立信用卡诈骗罪。

第二,与相关司法解释的精神保持一致。《办理信用卡刑事案件解释》第 10 条规定:“恶意透支数额较大,在提起公诉前全部归还或者具有其他情节轻微情形的,可以不起诉;在一审判决前全部归还或者具有其他情节轻微情形的,可以免予刑事处罚。但是,曾因信用卡诈骗受过两次以上处罚的除

〔1〕 参见张明楷:《恶意透支型信用卡诈骗罪的客观处罚条件——〈刑法〉第 196 条第 2 款的理解与适用》,载《现代法学》2019 年第 2 期。

〔2〕 参见张明楷:《恶意透支型信用卡诈骗罪的客观处罚条件——〈刑法〉第 196 条第 2 款的理解与适用》,载《现代法学》2019 年第 2 期。

外。”正是出于“经发卡银行催收后仍不归还”是客观处罚条件，因此认定不起诉或者免予刑事处罚具备合理性。

第三，本学说在适用上需要说明以下两点：其一，就归还主体而言，并不限制于归还透支款的是持卡人本人还是担保人。其二，就归还时间来看，持卡人在恶意透支后于提起公诉前或者一审判决前全部归还的，便具备了客观处罚条件。

三、对恶意透支展开目的性限缩：刑法不应对金融机构无限兜底

（一）对恶意透支展开目的性限缩的合理性基础

所谓目的性限制解释，是指对法律文义所涵盖的某一类型，由于立法者的疏忽，未将之排除在外，为贯彻规范意旨，将这一类型排除在该法律适用范围外的漏洞补充方法。[1] 这一概念与限缩解释的区别在于，限缩解释是将原本过于宽泛的文义概念限制在法律概念所要求的核心区域之内，但是并未超过文义本身的射程，而目的性限缩解释通过添加限制性规范的方式，需通过考察法律的规范意旨才能确定，在一定程度上可以突破法律的文义射程。

1. 金融市场自我调节和发展的内在需求

从前文关于恶意透支在民、刑之间的转化数据来看，大量的信用卡纠纷仍然通过民事纠纷途径解决，只有少量的民事案件转为刑事案件移送侦查机关办理。之所以会出现这一现象，除了对透支行为入刑慎重考虑之外，信用卡业务作为银行收益来源之一，具有促进消费、开拓投资等经济效用。因此，不应当由刑法对信用卡业务进行过多干预，以免过多束缚金融市场的自我健康发展。再者，信用卡逾期与信用卡恶意透支的不法性存在明显不同，为避免因结果导向使得刑法成为银行挽损的最后手段，也应当对恶意透支展开目的性限缩，刑法不应当为金融机构无限兜底。

2. 恶意透支型信用卡诈骗罪存在司法扩张的趋势

通过前文对恶意透支型信用卡业务民、刑数据的整理与分析不难得知，恶意透支型信用卡诈骗是民、刑纠纷中信用卡业务纠纷的主要行为样态。并且，恶意透支型信用卡诈骗在司法适用过程中存在明显的扩张化趋势，这

---

〔1〕 参见杨仁寿：《法学方法论》，中国政法大学出版社 1999 年版，第 204 页。

种趋势具体散布于本罪中的各个具体的构成要件要素之中，模糊了本罪在罪与非罪认定上的界限。主要体现在以下几个方面：

第一，有效催收流于形式化。2018 年《办理信用卡刑事案件解释》加强了对催收的时间、方式、间隔时段、合法性的规定，旨在限定催收，并防止催收的形式化导致不当扩大刑事处罚范围。在恶意透支型信用卡诈骗罪中，"催收"也被纳入考察重点范围。然则，实践中对催收的审查与认定并没有司法解释所起到的预设效果，相当多的案件将不符合有效催收的催收也认定为有效。具体体现在：其一，弱化了对有效催收的实质审查，表现为无论发卡行采取何种方式进行催收的，均被认定为"有效"催收，以催收的存在替代催收的认定；其二，催收主体是否仅限于发卡行，实践中存在银行将相关催收工作外包的情形，对于外包公司的催收行为是否可以认定，实践中处理结果不一。

第二，非法占有目的有名无实。前文中已涉及对非法占有目的实质内涵的论述，并就司法解释中对非法占有目的的六种推定情形进行阐明。然而，在实践中，由于非法占有目的属于行为人的主观内心意思，把握非法占有目的在民、刑之间的界限较为不易。因此，存在对非法占有目的解释标准混乱的现象。具体表现为：对行为人的还款能力与还款意愿的审查认定浮于表面、非法占有目的在本罪中的独立地位处于形式化等。

第三，持卡人身份认定的混乱。恶意透支型信用卡诈骗罪是特殊身份犯系当下刑法学界的主流观点，具体而言，恶意透支的主体是合法的持卡人。[1] 然而，在实践中存在大量无持卡资质的持卡人及实际用卡人不是持卡人透支后不还，被作为恶意透支处理的情况，这也是恶意透支型信用卡诈骗在司法适用上扩张化的主要表现之一。[2]

除上述所列举的本行为样态下罪名的扩张化表现之外，还存在对"超过规定期限""犯罪数额"等方面认定标准的不一。可以说，恶意透支型信用卡诈骗罪在司法适用中存在扩张化趋势，急需对此类型进行刑法解释，保证适用本罪的界限清晰和合理化。

---

〔1〕 参见张明楷：《刑法学》（第 6 版），法律出版社 2021 年版，第 1040 页。

〔2〕 参见白玥：《恶意透支型信用卡诈骗罪司法适用研究》，吉林大学 2021 年博士学位论文，第 26 页。

（二）目的性限缩的合理路径——明确本罪的保护法益

既然目的性限缩解释在形式上需要有限制性规范保驾护航，那么明确本罪的规范保护法益就尤为重要。目前，针对恶意透支型信用卡诈骗罪的保护法益多定位于违反信用卡管理法规、扰乱金融信贷制度等诸如此类的违反规范或者秩序的法益，而这种秩序或者规范的违反由于边界过于庞大和模糊，实难为恶意透支的本质或者实务中的司法扩张提供有效指引。因此，有必要重新梳理恶意透支型信用卡诈骗罪的保护法益。目前学界主要有以下几种学说：

1. 单一法益说

顾名思义，这类学说认为恶意透支型信用卡诈骗罪的保护法益是单一的财产权益或者信用利益。然而，单一法益说只看到了恶意透支型信用卡诈骗罪的某一侧面。就财产权益说而言，恶意透支行为所造成的直接后果是银行的资金损失，当然具备财产权益。而本罪被置于《刑法》第三章“破坏社会主义市场经济秩序罪”第五节“金融诈骗罪”之下，倘若本罪的保护法益为财产权益或财产保护，则将本罪名安置于第五章“侵犯财产罪”更显刑法体系安排上的自洽。故财产权益说并不周延。信用利益说也同理。倘若将信用利益作为本罪的唯一法益，那么在信用卡逾期不还的情况下很难不认为行为人已经破坏了信赖关系。因为按照信用卡申领合约的相关规定，持卡人具备按时还款的义务。可见，单纯以信赖利益作为本罪的保护法益不仅难逃概念模糊的诟病，且并没有为罪与非罪的界限提供指引。

2. 双重法益之财产保护与秩序违反说

区别于单一法益的片面性，双重法益认为，金融诈骗罪是从诈骗罪中分离出来的一种特别犯罪，因而必然兼具金融犯罪和财产犯罪的双重属性，即金融诈骗犯罪侵犯的是复杂客体：一方面，侵犯国家金融管理秩序；另一方面，侵犯公私财产所有权。[1] 时下有观点认为，财产保护与秩序违反说并不是恶意透支型信用卡诈骗罪的保护法益，更进一步认为秩序类法益已经具备时代脱节性，在以“效率”和“效益”为第一目标的经济发展轨道上，以“秩序”为主线发展起来的秩序法益无法适应新时代主题。

笔者认同金融诈骗犯罪的保护法益为双重法益，系金融管理秩序和财

〔1〕 参见刘宪权：《金融犯罪刑法学原理》（第2版），上海人民出版社2020年版，第13页。

产保护这一观点。正如《刑法》体系所安排的那样,在第三章第五节“金融诈骗罪”下除了信用卡诈骗罪,还包括集资诈骗罪、贷款诈骗罪等,这些金融诈骗犯罪必然存在共性才能被收纳于同一标题之下,那就是这些在金融领域出现的诈骗犯罪已然比普通的侵犯财产权的诈骗罪具有更多的刑事可罚性——破坏了金融管理秩序。无论社会经济节奏如何加快,秩序的稳定是效率和效益起飞的基石,因此,认为秩序法益过时的观点,笔者并不认同。

但需要注意的是,即便认为金融诈骗罪的保护法益具有秩序与财产的双重性,也不意味着可以直接适用于恶意透支型的信用卡诈骗罪。正如在第五章“侵犯财产罪”中,“盗窃罪”与“抢劫罪”同属于该章之下,但抢劫罪明显比盗窃罪有更高的人身权益保护的要求。可见,在大概念的保护法益之下,也可能出现个别类型的罪名保护法益不同的情形。

3. 双重法益之财产保护与信用保护说

本学说与前述学说的区别在于舍弃秩序法益,而增加信赖保护利益。而所谓的信用利益,是指信用主体都能通过信用卡信用交易而实现的经济利益。信用利益不是财产或者财产性利益的一种,是发卡行通过开展信用卡业务、发展信用产品而期待从中获取的经济利益。[1]

笔者对恶意透支型信用卡诈骗罪的保护法益也持这一立场。但是需要进一步说明的是,笔者认为,信用利益这一保护法益仅限于信用卡诈骗罪之中,并非囊括所有的金融诈骗犯罪。信用卡具备透支功能是以银行对合法持卡人的信任为基础,而恶意透支型无疑是典型的侵害银行与持卡人之间信赖关系的类型。因此,恶意透支型信用卡诈骗罪侵犯的是财产和信用双法益。

四、恶意透支型信用卡诈骗罪的出罪路径

(一)恶意透支的具体类型——罪与非罪的判断

根据恶意透支的表现形式,结合目前实务中关于恶意透支行为的处理情况来看,恶意透支行为可能触发刑法处罚的,存在以下几种类型:

第一,普通型恶意透支。这种类型表现为持卡人通过合法手段、途径申

---

〔1〕 参见白玥:《恶意透支型信用卡诈骗罪司法适用研究》,吉林大学 2021 年博士学位论文,第 56 页。

领信用卡,在使用信用卡之前或使用信用卡过程中具备非法占有目的,使用透支款后,经银行催收仍不归还的情形。这种情形在实践中较为普遍,定性为信用卡诈骗罪也无太大争议。

第二,套现型恶意透支。这种情形一般发生在持卡人急需大量资金的情况下,由于通过真实消费再变现的周期较长,持卡人往往选择与他人合作进行虚假交易,由提供套现服务的个人或者商家在扣除一定比例的报酬之后将消费金额返还给持卡人,使得持卡人在无真实消费情况下短期内获得银行资金。针对此种情况,实践中一般将提供套现服务者定性为非法经营罪或者妨害信用卡管理罪。至于持卡人本人,在满足对套现款具备非法占有目的及经银行催收后仍不归还的相关要件时,可成立信用卡诈骗罪。

第三,特殊身份型恶意透支。这种情况主要是指信用卡登记的持卡人姓名与实际用卡人不一致情形。如夫妻之间信用卡互用、债务人为还债将信用卡交给债权人使用等情形。当持卡人与实际用卡人存在共谋恶意透支的情形时,则双方就恶意透支型信用卡诈骗罪成立共同犯罪。实际用卡人恶意透支而持卡人并不知情的,则实际用卡人成立冒用型的信用卡诈骗罪。

(二)出罪的可考虑的相关因素

综上所述,从关于恶意透支型信用卡诈骗罪的争议中可引申出对本类型罪名的辩护要点,现总结如下,以期对律师辩护工作和司法办案有所裨益。

1. 客观构成要件要素——是否满足超过规定限额或者期限透支

对于"超过规定限额或者期限透支"这一构成要件要素,实践中存在由"经发卡银行催收后仍不归还"这一事实进行替代认定的情况。换言之,只要存在"经发卡银行催收后仍不归还"这一客观事实,基本上就默认"超过规定限额或者期限透支"这一要件已然满足。这实则是对"超过规定限额或者期限透支"这一要件在本罪中体系地位的忽视。"超过规定限额或者期限透支"并非仅具备语感意义上的同位语规定,而是为本类型罪名提供了违法性存在根据的重要依据,因此,对于规定期限中是超过了什么期限,必须有证据加以证明。目前,根据信用卡还款业务的实际运作流程及各银行的银行卡申领合约的规定内容来看,信用卡还款期限并没有形成一个统一的强制的还款日期。针对本部分内容,应当了解犯罪嫌疑人所申领发卡行信用卡还款政策(最低还款金额、日期;分期还款金额、日期等),重视针对这一内容提供证据证明。

2. 主观构成要件——非法占有目的的重点判断

关于“非法占有目的”的具象判断标准在前文已经详述,因此,在此部分重点阐述就“非法占有目的”在本类型罪名中应当把握的具体原则,以期对梳理辩护思路提供有价值的参考。

第一,犯罪嫌疑人不具备非法占有目的的,不可能构成本罪。可考虑的事实包括:是否通过合法途径申领信用卡、银行是否尽到审慎核查的义务、是否使用信用卡进行大额个人消费、消费金额是否与个人日常收入或消费水平不匹配,以及透支后是否存在逃避银行催收、故意失联等行为。

第二,有证据证明犯罪嫌疑人不具备非法占有目的的,不构成本罪。《办理信用卡刑事案件解释》第6条第2款明确规定:“对于是否以非法占有为目的,应当综合持卡人信用记录、还款能力和意愿、申领和透支信用卡的状况、透支资金的用途、透支后的表现、未按规定还款的原因等情节作出判断。不得单纯依据持卡人未按规定还款的事实认定非法占有目的。”持卡人虽在结果上表现为进行大额透支后尚未归还,但是倘若持卡人的还款能力系因突然意外情况大幅下降,如工作的突然变动、家庭的意外事故等原因导致不能及时还款,则不能强人所难。总之,一切有利于证明持卡人在使用信用卡消费时具备还款意愿和还款能力,及导致无法及时还款的原因属于客观不能的证据,都可以作为非法占有目的的抗辩理由。

3. 重视客观处罚条件的出罪作用

客观处罚条件的作用主要在于,当持卡人基于非法占有的目的申领信用卡或者基于非法占有的目的进行透支,且已经超额或者超过规定期限,但是经发卡银行催收后予以归还的,由于这种情况下,原本的透支行为已经构成信用卡诈骗罪,但是由于缺乏客观处罚条件,因此不能对持卡人追究刑事责任。[1]

理解这一要件时,需明白何为“有效催收”?首先,催收必须在透支超过规定限额或者规定期限后进行;其次,催收应当采用能够确认持卡人收悉的方式,但持卡人故意逃避催收的除外;最后,两次催收至少间隔30日。另外,还需要注意催收时的证据标准。2018年《办理信用卡刑事案件解释》明确了

---

〔1〕 参见张明楷:《刑法学》(第6版),法律出版社2021年版,第1041页。

有效催收的证据标准——对于是否属于有效催收,应当根据发卡银行提供的电话录音、信息送达记录、信函送达回执、电子邮件送达记录、持卡人或者其家属签字以及其他催收原始证据材料作出判断。针对司法实践中部分银行将催收业务外包给其他公司的情况,司法解释明确规定,发卡银行提供的相关证据材料应当有银行工作人员签名和银行公章。因此,倘若在证明是否存在有效催收时达不到上述证明要求,则应当认定为无效催收,继而对犯罪嫌疑人做无罪处理。

4. 对犯罪数额的辩解

第一,2018 年《办理信用卡刑事案件解释》第 9 条第 1 款规定:"恶意透支的数额,是指公安机关刑事立案时尚未归还的实际透支的本金数额,不包括利息、复利、滞纳金、手续费等发卡银行收取的费用。归还或者支付的数额,应当认定为归还实际透支的本金。"这也就意味着,犯罪嫌疑人已经归还的部分金额应当从认定的犯罪金额中予以扣除。

第二,2018 年《办理信用卡刑事案件解释》第 9 条第 2 款规定:"恶意透支的数额难以确定的,应当依据司法会计、审计报告,结合其他证据材料审查认定。"实践中对恶意透支的具体金额的认定并无十分明确的计算标准,因为在透支已经发生的情况下,往往伴随的还有违约金、利息等相关费用计算在本金内。因此,不能单纯以银行方面出具的相关证据为依据,应当尤其注重对犯罪数额相关证据的质证。

第三节　机器能否被骗之教义学论争与选择

根据《刑法》和相关司法解释的规定,拾得、骗取他人信用卡并使用的,窃取、收买、骗取或者以其他非法方式获取他人信用卡资料,并通过互联网、通讯终端等使用的,属于冒用他人信用卡类型,成立信用卡诈骗罪。而盗窃信用卡并使用的,则按照原有罪名构成盗窃罪。由此产生的疑问在于,同样是采用非法方式或手段使用信用卡的,为何最终在行为定性上进行区别对待?回本溯源,就必须将本罪背后机器能否被骗的法理基础及逻辑架构阐述清楚。

一、机器能否被骗的理论纷争

目前,关于机器能否被骗的问题,存在否定论、肯定论及“机器虽无法被骗,但背后操纵机器的人可以被骗”的折中说三种观点。

(一)否定论

否定论认为,机器属于人为产物,是人事先将特定程序和指令嵌入机器之内,机器只不过是一个按照特定程序工作的“工具人”,因而无论如何也不可能具备独立的意识和意志。而使得“被害人陷入错误认识”是构成诈骗罪必不可少的环节之一,因此否定论者认为诈骗罪的对象只能针对自然人。又因为信用卡诈骗罪的部分行为类型仍无法跳脱诈骗罪的构造,因此,对于非法使用信用卡在自动柜员机(ATM 机)上恶意取款的行为(包括拾得型)应当定性为盗窃罪。[1]

(二)肯定论

肯定论认为,人与机器在二者的范围之内确实可以认为“机器无法被骗”,但是基于人工智能的兴起和技术的不断更新,具有交付功能的机器已然被赋予部分“人”的特征。肯定论者认为,在信用卡诈骗罪中“机器可以被骗”体现在机器可以直接交付机器所有者、管理者的财产,并非通过背后操纵机器的人来实现财产的交付。如刘宪权教授就直接指出,“既然金融机构的业务人员可以成为诈骗的对象,那么,这些经过电脑编程后的机器人当然也可以成为诈骗罪的对象”。[2] 表明其持肯定论这一立场。

(三)折中说

折中说则是在事实基础上认定机器无法被骗,不能成为诈骗罪的对象。但是基于科技的发展和人机交互的事实,也应当承认机器背后的人可以被骗。问题在于,机器不能被骗是否意味着在 ATM 机上恶意取款的行为无法被认定具有诈骗性质?折中说对此持否定态度。理由在于,其一,信用卡诈骗罪并非诈骗罪的特殊类型,因此将诈骗罪的构成理论直接套用在信用卡诈骗罪中并不合适;其二,将《刑法》第 196 条中的“冒用”“使用”信用卡的

---

〔1〕 参见张明楷:《非法使用信用卡在 ATM 机取款的行为构成盗窃罪——再与刘明祥教授商榷》,载《清华法学》2009 年第 1 期。

〔2〕 刘宪权:《金融犯罪刑法学原理》(第 2 版),上海人民出版社 2020 年版,第 518 页。

行为限制在只能针对自然人,违反了罪刑法定原则;其三,拾得信用卡在ATM机上恶意取款并使用的,是通过电子营业员交付财物,不构成盗窃罪。这与直接在柜台取现的行为性质并没有什么不同,将两者区别对待将会造成定罪量刑双失衡。

二、限定条件下的机器被骗

笔者认为,机器可以被骗的观点存在一定合理性。但是在信用卡诈骗罪中应当更进一步说明什么样的机器才可以被骗。换言之,"机器可以被骗"存在一定的限制条件。人工智能发展到今天,现在机器的概念已经远超以往对机器的定义,科技赋予机器部分"人脑功能"。在信用卡诈骗罪中,倘若机器具备一定的识别功能,则应当肯定机器存在被骗的可能;反之,因机器故障等问题使得行为人非法取得财物的,则只能按照盗窃罪论处。基于上述前提,笔者对机器可以被骗理论进行如下阐述:

第一,关于本罪的交付对象问题。否定论认为机器无法被骗,不可能陷入错误认识,也不可能基于错误认识交付财物。折中说则认为成立诈骗罪的主要原因在于被骗的不是机器,而是机器背后的所有人、管理人等。实则两种观点是将经过设定特定程序的ATM机与一般性机械机器的功能和性质相混同了。就取款的手续来看,持卡人知晓信用卡密码基本可以顺利完成取款,是在ATM机上取款还是直接让银行柜台工作人员帮助取款在本质上并无不同。换言之,既然金融机构的工作人员可以成为被骗的对象,那么这些同样按照银行业务流程办理的机器当然也可以成为被骗的对象。

第二,即便信用卡为"真"、密码为"真",也仍然存在"骗"的问题。在拾得信用卡并在自动柜员机取款的情况下,银行方只需要验证信用卡和密码的真实性即可,无法识别正在使用信用卡的持卡人是否为真实的信用卡申领者。信用卡具备透支、取现、消费等经济功能,在非真实持卡人持有信用卡并进行相关经济功能操作时,很可能对真实持卡人和发卡行造成经济损失,因而实践中各发卡机构均要求所申领的信用卡只限于持卡人本人使用,不得转借或者转让。他人在掌握真实信用卡和密码的情况下,银行对他人的冒用行为难以辨别,无疑银行方处于受骗地位。

第三,机器是否能够被骗,不能单纯从事实层面加以考虑,更要从政策和规范角度去理解。诈骗罪的实质是行为人虚构事实或者隐瞒真相的行为使得处分者陷入了错误认识,并基于错误认识实施了交付财物的行为。由此可见,被骗对象的关键并非仅限于是否自然人,而在于被骗者是否具有判断能力,并以此作出对应反应与行为人进行互动。在人工智能高速发展的今天,很难说机器不具备这一特征。另外,机器能否被骗在信用卡诈骗罪中更多是一种政策选择。信用卡诈骗罪的限定词是"信用卡",换言之,是围绕着信用卡的申领、使用等过程进行的,而在这一过程中基本不能离开银行或者 ATM 机。《刑法》所列举的四种构成信用卡诈骗罪的情形,无论是"冒名顶替"还是"骗领"行为,都带有强烈的欺骗意味。因此,机器可以被骗在本罪中也是一种政策或者说本罪特殊性的考量。

第四,《刑法》设置信用卡诈骗罪及相关司法解释的规定就已然承认了机器可以被骗。2018 年《办理信用卡刑事案件解释》第 5 条"窃取、收买、骗取或者以其他非法方式获取他人信用卡信息资料,并通过互联网、通讯终端等使用的"的规定应当定性为《刑法》第 196 条第 1 款第 3 项中"冒用他人信用卡",以信用卡诈骗罪定罪量刑。可见,相关法律规定已然暗含了机器可以被骗这一理论精神。

三、信用卡诈骗罪中"机器可以被骗"的具体体现

(一)拾得他人信用卡并在 ATM 机上使用的行为定性

2008 年最高人民检察院发布的《关于拾得他人信用卡并在自动柜员机(ATM 机)上使用的行为如何定性问题的批复》中明确指出:"拾得他人信用卡并在自动柜员机(ATM 机)上使用的行为,属于刑法第一百九十六条第一款第(三)项规定的'冒用他人信用卡'的情形,构成犯罪的,以信用卡诈骗罪追究刑事责任。"虽然存在这一批复,刑法理论界对"拾得型"究竟如何定性仍然存在争议,除了认为构成信用卡诈骗罪之外,有观点认为应当构成盗窃罪或者侵占罪。

1. 拾得他人信用卡并在 ATM 机上使用的行为不构成盗窃罪

盗窃罪论认为,"盗窃"的含义应当是指以非法占有为目的,违反被害人的意志,将他人占有的财物转移为自己或者第三者占有的行为。拾得信用

卡并进行取款的行为完全符合盗窃罪的构成要件。[1] 有观点指出，用拾得的信用卡在取款机上取款，如同拾得他人的钥匙后用钥匙开门取走财物，应当属于盗窃而非诈骗。[2]

笔者认为，上述观点存在以下值得商榷之处：

第一，按照盗窃罪论者对盗窃的定义，拾得他人信用卡并使用的过程表现为：行为人具备非法占有为目的，违反了银行管理人员的意志，将银行所占有的资金转移给自己占有，如此便满足了盗窃罪的构成要件。问题在于，如此解释盗窃的含义存在宽泛解释的可能。在恶意透支型信用卡诈骗罪中，持卡人也同样具备非法占有为目的，违背被害人意志并最终将他人占有的财物转移给自己的行为，难道这也构成盗窃罪吗？更进一步说，倘若将盗窃的含义如此定义，那么基本上无论是否采用非法手段，使用信用卡在 ATM 机上进行取款的行为大多都将被认为构成盗窃罪，那么《刑法》第 196 条关于信用卡诈骗罪的规定就名存实亡了。

第二，上述类比并不具有合理性。"拾得他人的钥匙后用钥匙开门取走财物"存在一个"自己主动"行为，即行为人是"自己主动"取财，并非由财物的占有人主动转移占有。而在拾得信用卡并使用的情形中，信用卡及其密码作为"钥匙"，只是开启"房门"的第一步，相应地，会由 ATM 机将财物主动地交付给行为人，完全是出于主动、自愿的心理状态，并非违背了被害人的意志。

2. 拾得他人信用卡并在 ATM 机上使用的行为不构成侵占罪

有观点认为，对拾得者而言，捡到信用卡和密码等于取得了资金使用权，如同捡到活期存折而取款的行为一样，若拾得者拒不交出所取款项，可按侵占他人遗忘物的性质以侵占罪论处。[3]

笔者认为，侵占罪的观点存在以下问题：

第一，侵占罪的观点实际上是认为"拾得信用卡并使用"这一行为不构成犯罪，只是将后续拒不归还的行为定性为侵占罪。实际上，拾得者拾得信

---

〔1〕 参见张明楷：《非法使用信用卡在 ATM 机取款的行为构成盗窃罪——再与刘明祥教授商榷》，载《清华法学》2009 年第 1 期。

〔2〕 参见李文燕主编：《金融诈骗犯罪研究》，中国人民公安大学出版社 2002 年版，第 321 页。

〔3〕 参见黄祥青：《信用卡诈骗罪司法适用中的四个问题》，载陈兴良主编：《刑事法判解》（第 2 卷），法律出版社 2000 年版，第 135 ~ 136 页。

用卡时尚未占有信用卡上的资金,只有当拾得者通过占有信用卡、知悉信用卡密码并向 ATM 机进行操作取现时,才能说拾得者占有了取款资金。而拾得者的这一冒用行为并非不具有刑事可罚性。

第二,通过 ATM 机取出的现金,并非就是遗忘物。对于为何通过 ATM 机取出的财物可按照遗忘物进行处理,侵占罪说并没有给出合理解释。另外,若按照此观点进行判断,就拾得人直接拾得作为遗失物的资金的情形和通过取款行为取出资金的情形而言,前者因属于“遗失物”而不构成侵占罪,后者因按照“遗忘物”处理构成侵占罪,实质上是将两种本质上并无区别的案件进行不同处理,会造成入罪时标准混乱的局面。

第三,侵占罪的本质是合法占有他人所有的财物,而后非法地据为己有的行为。而取款并占有他人财物的先行为是否属于合法占有行为,恐怕答案是否定的。

3. 拾得他人信用卡并在 ATM 机上使用应当定性为信用卡诈骗罪

笔者基于机器可以被骗这一立场认为,拾得他人信用卡并在 ATM 机上使用的行为定性为信用卡诈骗罪具备合理性,主要理由如下:

第一,拾得型的冒用行为是如何构成诈骗行为的?按照原有的诈骗罪构成的逻辑顺序进行梳理:首先,行为人隐瞒了自己非真实持卡人或者不存在真实持卡人授权的事实真相;其次,银行方(ATM 机)在得到验证信用卡真实和密码真实的情况下,误认为正在使用信用卡的人就是真实持卡人或者已经得到了真实持卡人的授权,使得银行方(ATM 机)陷入了错误认识;再次,银行方(ATM 机)基于上述错误认识将卡内资金交付给行为人;最后,持卡人或者银行遭受财产损失。可见,拾得信用卡并使用的行为也完全符合一般诈骗罪的构造。

第二,定性为信用卡诈骗罪有利于解决相似案件罪名不一的现象。拾得他人信用卡并在 ATM 机上使用的行为与拾得信用卡后直接去银行柜台让银行工作人员帮助取款的行为在本质上并无不同,按照盗窃罪论的观点,则将前者定性为盗窃罪,后者定性为信用卡诈骗罪。由此产生的疑问是,倘若行为人既存在在 ATM 机上取款的行为,又存在向银行工作人员取款的行为,岂非要实行数罪并罚?这无疑加重了司法工作的负担。另外,倘若两次涉及的单次数额均未到达“数额较大”标准,而两次合计涉及的金额又超过

“数额较大”的规定，岂非无法进行定罪？[1]而将本行为类型直接定性为信用卡诈骗罪就不会出现上述难题。

（二）“盗窃信用卡并使用的构成盗窃罪”是注意规定还是法律拟制

我国《刑法》第196条第3款明确规定，盗窃信用卡并使用的，按照盗窃罪的相关规定定罪处罚。对此，有观点认为，本款规定属于法律拟制规定，即盗窃信用卡并使用的行为应当定性为信用卡诈骗罪，只是基于某种立法考量将本行为拟制规定为盗窃罪；也有观点认为，本款规定属于注意规定，即盗窃信用卡并使用的行为，原本就应当定性为盗窃罪；还有观点认为，盗窃信用卡并使用的行为，应当区别是对ATM机使用还是对银行柜台的工作人员使用，前者定性为盗窃罪，后者应当定性为信用卡诈骗罪，而立法将本款拟制规定为盗窃罪。

笔者认为，盗窃信用卡并使用的，按照盗窃罪的相关规定定罪处罚这一款的规定，属于法律拟制，并非注意规定。主要理由如下：

第一，从本罪设置的情形和所处的体系地位来看，除“恶意透支”具有较为隐晦的欺诈性质之外，其余的如“冒用”“伪造”“虚假的身份证明骗领”等词汇均带有较为强烈的欺骗意味。而上述类型均被定性为信用卡诈骗罪。为保证罪名在设置编排上的统一，采用盗窃这一非法手段取得信用卡并使用的行为也应当被定性为信用卡诈骗罪，而事实上却被另外规定为构成盗窃罪，这显然是立法对本类型行为性质进行了特殊考虑，拟制构成盗窃罪。

第二，单纯盗窃信用卡的行为并不构成盗窃罪，本行为类型下需要评价的是窃取信用卡之后的使用行为。盗窃针对的对象应当具备一定的财产价值属性，而信用卡的特殊之处在于，信用卡只是存放一定财物的载体，并非财物本身。想要获取信用卡内资金，需要有正确的账号和密码加以验证。因此，就信用卡本身而言，由于其价值微薄，尚不构成刑法意义上的财物。而窃取后在ATM机使用信用卡的行为，由于仍然存在隐瞒自己并非真实持卡人这一真相，使得银行方错误交付财物，造成真实持卡人或者银行存在损失，仍然满足诈骗罪的构造。因此，刘宪权教授也指出，使用所窃取的信用卡的行为应当构成信用卡诈骗罪，《刑法》将盗窃罪信用卡并使用的行为拟

---

[1] 参见刘明祥：《用拾得的信用卡在ATM机上取款行为之定性》，载《清华法学》2007年第4期。

制为盗窃罪,该规定明显不可推而广之。[1]

第三,将后续的冒用行为认定为盗窃行为的延续的观点[2],并不存在合理性。首先,若想将后续的冒用行为作为先前盗窃行为的延续,前提是先前的盗窃行为必须具有刑法上的盗窃行为的意义。而如前所述,单纯盗窃信用卡的行为并不构成犯罪。其次,盗窃的着手是对财物损失造成了紧迫危险,而盗窃信用卡时,未在 ATM 机上使用信用卡时难言对财物存在紧迫的危险。换言之,这一观点并不是将后续的使用行为看成先前行为的延续,仍然是单独在评价使用行为。因此,以“盗窃论证盗窃”实则是循环论证,不具备合理性。

综上所述,正是由于在信用卡诈骗罪中机器可以被骗这一立场存在合理性,盗窃信用卡并使用的行为出现在信用卡诈骗罪这一罪名中才并不显得突兀,属于法律的拟制规定,即将原本可以构成信用卡诈骗罪拟制规定构成盗窃罪。

(三)信用卡诈骗罪中的“冒用”“使用”的对象包括自然人和机器

有观点指出,基于诈骗罪只能是针对自然人实施的诈骗,故《刑法》第 196 条中的“冒用”“使用”应当限制解释为对人的冒用、使用。[3] 笔者对此持否定态度。

第一,“冒用”应当关注的是使用信用卡的人与信用卡及财物之间的关系,并非重点关注有无自然人受骗。所谓“冒用”,是指未经本人授权、非本人使用的一种行为。这显然是在强调持卡人使用信用卡合法性有无的问题。正如前所述,无论是通过银行柜台的工作人员进行取款,还是在 ATM 机上取款,只要持卡人交付真实有效的信用卡并输入正确的密码,自然能成功取款。因此,“冒用”针对的对象本身并不仅限于自然人。正如刘宪权教授所指出的,“冒用他人信用卡时信用卡诈骗罪的行为方式之一,至于是对柜员使用,还是对 ATM 机使用,刑法规定并未区分,事实上也无须作出区

---

〔1〕 参见刘宪权:《金融犯罪刑法学原理》(第 2 版),上海人民出版社 2020 年版,第 519 页。

〔2〕 参见马长生、王珂:《盗窃信用卡并使用行为之定性分析——兼评〈刑法〉第 196 条第 3 款》,载《法学论坛》2005 年第 5 期。

〔3〕 参见张明楷:《非法使用信用卡在 ATM 机取款的行为构成盗窃罪——再与刘明祥教授商榷》,载《清华法学》2009 年第 1 期。

分”。[1]

第二，并不能因“冒用”“使用”带有欺诈色彩就将机器对象排除在外。首先，倘若认为“冒用”一词含有欺骗的成分，那么“使用”一词就明显属于中性词汇。无论采用何种手段获取信用卡，都可以在 ATM 机上“使用”信用卡。并且，在 ATM 机上操作“使用”信用卡属于实践中最为常见、便捷的现象。其次，认为“冒用”“使用”带有欺诈成分继而排除对机器的适用，实则是站在“机器不能骗”的立场之上，除了这点理由之外，还需要更进一步解释“冒用”不能适配机器的理由，否则就存在自说自话之嫌。

第四节 受骗承诺的有效性：围绕“骗取他人信用卡并使用”展开

被害人承诺作为违法阻却事由对出罪具有重要意义。然而，并非所有形式的承诺都能被认定是适格承诺。在意思瑕疵情况下，如受欺诈、胁迫等情形下，还需要具体分析承诺的有效性。目前，我国司法和理论实践中争议较大的是受骗情形下被害人承诺的效力问题，诈骗类案件即是典型的存在被害人受骗承诺的类型。在诈骗类型案件中，由于行为人实施了虚构事实或者隐瞒真相的行为，使得被害人陷入了错误认识，并由此自愿处分了自己的财物。在这一过程中，被害人“自愿处分”的行为就是受骗承诺的标志。“骗取他人信用卡并使用”是信用卡诈骗罪的行为类型之一，仍然存在“受骗自愿处分财物”问题，受骗承诺的效力范围在此类型下发挥了怎样的作用，值得深入分析。

一、受骗情形下被害人承诺的效力界定

（一）现有理论辨析

1. 全面无效说

全面无效说并不关注被害人陷入错误的原因是由其本人导致还是由其

[1] 刘宪权：《金融犯罪刑法学原理》（第 2 版），上海人民出版社 2020 年版，第 535 页。

他外在因素导致,只要是基于认识错误进而做出的承诺,该承诺一律无效。[1] 换言之,仅根据存在欺骗的客观事实,就可以认定承诺无效。全面无效说由于对被害人承诺无效的认定范围过宽,导致刑法干预范围过广,因而鲜少有学者支持。[2]

2. 新全面无效说

新全面无效说在旧全面无效说的观点结论基础之上,区分了同意的效力判断和归责问题。具体来说,第一步,在效力判断问题上,坚持同意的作出是否符合同意人自身的价值体系。如果同意人因受欺骗陷入错误认识继而作出承诺,则同意无效。第二步,在判断归责问题上,当被欺骗的事实对于同意人作出承诺起着至关重要的作用时,行为人应当承担全部责任。

新全面无效说看似是在补救或者完善旧全面无效说的不足之处,然则这一观点实际上也产生了许多新的问题:其一,何为"至关重要的作用"在该观点中并未进行进一步的阐明,容易造成适用标准时的模糊与混乱;其二,既然在效力判断阶段就明确表示,因同意人受骗就会导致承诺无效的效果,为何还需要再进行下一步归责的判断?这明显存在阶层体系判断顺序上的矛盾。因此,笔者对新全面无效说的观点也不认同。

3. 法益错误论

顾名思义,法益错误论的基本观点是只有当被害人因受骗产生了与法益有关的错误时,承诺才属无效。关于"法益错误"的范围,不同学者作出了不同的总结。例如,黎宏教授认为,法益错误具体包括侵害法益结果的错误,对侵害法益的程度、范围即法益价值的错误,对侵害法益行为性质的误认。[3] 付立庆教授认为,可将法益错误分为两大类,第一类是对所引起的法益侵害内容本身的认识错误,具体可以分为侵害范围、强度、专业技能等;第二类是对法益的保护价值、要保护性等的认识错误。[4]

---

〔1〕 参见车浩:《德国关于被害人同意之错误理论的新进展》,载《环球法律评论》2008 年第 6 期。

〔2〕 王钢教授虽支持全面无效说,但仍对这一学说内容进行了部分新的解读。其认为,只有当承诺确实体现了权利人意志和自主决定之时才能是有效的。同时,其也指出,并非一切动机错误均能导致承诺无效。参见王钢:《动机错误下的承诺有效性问题研究》,载《中外法学》2020 年第 1 期。

〔3〕 参见黎宏:《被害人承诺问题研究》,载《法学研究》2007 年第 1 期。

〔4〕 参见付立庆:《有关被害人受骗同意的几个问题》,载江溯主编:《刑事法评论》(第 42 卷),北京大学出版社 2020 年版,第 423 ~427 页。

虽然法益错误论将受骗承诺的理论视角拉回至法益角度，但同时也因“法益”二字本身深受批判。在经典案例“医生出于报复心态，欺骗某一母亲需要捐献其眼角膜给儿子，否则她的儿子就会失明。母亲信以为真，并让医生摘除了其眼角膜”中，母亲显然对自己处分的是身体法益，也对处分行为将给自己带来的危险这样的法益内容是明知的，但如果否认医生构成故意伤害罪，显然不合适。这也是批判法益保护论者忽视承诺人存在动机错误的理由之一。

为此不少学者开始对这一理论内容进行修正。例如，黎宏教授指出，应当承认在某些动机错误情形下存在例外。当被害人误以为存在紧急状态时，其真实意思表示受到了很大程度的干扰，难言是真实自由的意思决定，因而作出的相关承诺无效。另外，当因欺骗导致被害人对侵害法益行为的性质产生认识错误时，也应承认承诺无效。[1] 张明楷教授则认为，法益错误的范围需要联系具体犯罪的法益进行认定。另外，还应当重点考察被害人作出承诺时所考虑的目的，被害人选择放弃一法益是为保护另一法益，如果这种重要目的未实现，承诺实属无效。除此之外，若欺骗行为使得被害人丧失了选择余地，也应当认定承诺无效。[2]

4. 折中说之自律的自我决定说和规范的自律性说

自律的自我决定说认可存在法益错误时，承诺的有效性就应当被否定这一观点。同时，该说也指出，当不存在法益错误时，还应当判断承诺是否具备任意性或者可选择性。若除了承诺之外别无选择，则该承诺就不是自我决定的结果。在自律的自我决定说内部，根据可选择性或者任意性的判断标准，主张通过权利人自身的价值观念进行判断的，为主观说。强调以一般人的观念去判断的，被称为客观说。[3]

罗克辛教授对规范的自律性说进行了详细说明。第一，在与法益有关的错误中，因同意人并未明确自己实际在何种范围内放弃了行为对象，故根本不存在同意一说。第二，同意人因为某种利他性目的而承诺对自己的侵害时，由于这种无私的目的是同意人作出承诺的决定性动机，因此对这种决

---

〔1〕 参见黎宏：《被害人承诺问题研究》，载《法学研究》2007 年第 1 期。

〔2〕 参见张明楷：《刑法学》（第 6 版），法律出版社 2021 年版，第 298～299 页。

〔3〕 参见张明楷：《外国刑法纲要》（第 3 版），法律出版社 2020 年版，第 149 页。

定性动机的误认将会导致承诺无效。第三,存在紧急状态,同意人误认为牺牲法益在所难免时,该承诺也属无效。[1]

笔者认为,折中说的出发点虽欲体现被害人承诺能够体现其自由处分意志,但是其观点,实则吸收了修正后的法益错误说的相关内容加以整理。正如规范的自律性说中所提到的"决定性动机""紧急状态下的不可选择性"等内容,实则在法益错误说中就有迹可循。

（二）立场选择

笔者认为,同意人作出承诺应当至少具备两个方面的条件:第一个方面,是对作出承诺的对象的真实性是否明知,这里涉及的是法益错误的问题。第二个方面,是同意人作出承诺时的意志自由程度,这里涉及的是意志自由被极度压制时承诺无效问题。被害人在受骗情形下,基于欺骗事实产生了对法益的认识错误,因此,判断受骗情形下承诺效力的关键就在于被害人此时所作出的承诺是否可以视为其自由行使自我决定权的体现。

一方面,同意人在作出承诺之时需要对自己即将处分的法益内容具备正确认知,存在法益的认识错误时,同意人已然丧失对作出承诺的基础材料的认识,故而承诺无效。这里的法益错误的内容基本与修正后的法益错误说的内容一致。但是万变不离其宗,需要与"法益"之间存在关联性才能认为属于法益错误的范畴。例如,以实施重伤害的目的欺骗他人实施的只是轻伤害,这种针对人的身体完整的法益保护的伤害程度的欺骗,影响了法益状态,属于法益错误的管辖领域;再如,以身体伤害换取对价财物的场合,由于对被承诺的身体受损法益的伤害没有错误认识,只是对给付对价的行为具备错误认识,因此不属于法益错误的类型。基于个人自治原则,刑法允许个人自由支配其所属权益,但是为避免他人恶意利用个人自治原则,刑法也对有效承诺作出了一定的门槛限制。法益错误只是判断受骗承诺的一方面,完整判断受骗承诺效力问题还需要考察意志自由程度问题。

另一方面,即便对法益有正确的认知,也很有可能无法基于意志自由作出承诺。对于这种意志自由被压制程度的判断标准,笔者持一般人的立场,认为应当以假设欺骗事实为真进行判断,综合当时一切事实情况,站在一般

---

〔1〕 参见[德]克劳斯·罗克辛:《德国刑法学总论》(第1卷),王世洲译,法律出版社2005年版,第376~379页。

人的立场,认为被害人的选择空间明显被压缩或完全压制,则对应所作出的承诺无效。

综上所述,笔者认为,在判断受骗承诺效力问题上,应当持"两步走"态度,即需要通过判断"法益认识是否错误"和"意志决定是否自由"两方面才能得出承诺最终是否有效的结论。

二、"骗取他人信用卡并使用"与受骗承诺之间的联动

(一)受骗承诺与欺骗行为

在信用卡诈骗罪中,由于行为人采取欺骗方式取得持卡人的信用卡并使用,在"使用"阶段使得持卡人(银行)遭受了财物损失。可见,"认识错误"这一要素贯穿了欺骗行为及处分行为全过程。那么,持卡人在受欺骗情况下作出的处分自己财物的承诺具有何种效力呢?

第一,在一般情况下,由于信用卡诈骗罪涉及财产保护法益,持卡人对涉及的财产保护法益存在认识错误时,会导致承诺无效。例如,行为人在骗得持卡人的信用卡使用权时,未经持卡人同意或者授权对信用卡内的资金进行超额提取,属于法益认识错误的范畴,成立信用卡诈骗罪;再如,行为人欺骗持卡人代为保管其信用卡、身份证、手机等重要物件,后利用持卡人的身份证、手机等设备使用信用卡进行消费等,也属于法益错误的范畴,构成信用卡诈骗罪。

第二,在实践中,由于采取的欺骗手段或者陷入认识错误的原因多样,还需要根据具体情况具体分析。常见情形如下:(1)持卡人同意交付信用卡及密码的目的具有利他性,如行为人告诉持卡人某一爱心活动需要筹集物资,于是持卡人给了行为人一张信用卡并交代行为人购买物资寄往该爱心活动指定地点,持卡人拿到信用卡消费后并没有将物资送往该爱心地点,而是送到另一爱心活动地点。如何分析?针对此种情况,笔者认为,倘若寄往何处并非持卡人所关注的重点,那么这样的动机错误并不是重要的,行为人对法益状态的认识并没有产生错误,该承诺应当有效。(2)如果持卡人交付行为人信用卡并授权其使用、消费具有强烈的主观目的,且该目的对持卡人至关重要,那么行为人对这种目的的欺骗将会导致持卡人的承诺无效。即便持卡人对交付信用卡及密码将会导致财产损失的这一事实没有认识错误,但是站在一般人的角度,持卡人的意志自由受到了挤压,因此导致承诺

无效。

(二)受骗承诺与财产损失

关于财产损失的认定,在刑法理论上,不少学者以"法益错误"作为财产损失的判断标准。例如,张明楷教授认为,若能认定被害人因为行为人的欺骗行为产生了法益错误,然后进行了财产处分,财产损失也就可以认定。[1]付立庆教授也认为,被害人在与财产法益密切相关的目的上受骗时,属于产生了法益错误,基于该错误而处分的财产属于"财产损失"。[2]

笔者认为,在认定是否存在财产损失的过程中,倘若未明确法益错误的范围,则无法得出是否存在财产损失的结论。这是由于被诈骗的类型可能是基于交付对价的误认、对象价值属性的误认,甚至是无关金钱交换的捐赠等社会公益的个人目的等。如前所述,本书将法益错误的范围限定在与法益有关的事项中,在判断财产损失上,具体表现在财产所有人对即将处分的财产、获得的对价产生价值的误认及希望获取财物使用价值的目的、与财物相关的个人目的等方面。例如,他人以捐赠公益的目的骗取持卡人的信用卡及密码,后并未将所取得的财物用于社会捐赠项目,而是进入了自己的口袋,持卡人所追求的捐款这一个人目的落空,因此存在财产损失。

三、"骗取他人信用卡并使用"涉及的其他问题

(一)骗得持卡人同意情形下使用信用卡的行为定性

【案例6-1】被告人严某某等人经预谋后在某农贸市场附近,由严某某故意在被害人徐某前面丢下现金,由其同伙拾得现金并谎称与徐某平分现金,获取徐某平的信任。随后,严某某返回,以要求被害人徐某等人证明没有拾得现金为由,骗得徐某的信用卡及取款密码。随后严某某等人持骗取的信用卡取现13,400元。审理法院认定,被告人严某某以非法占有为目的,结伙骗取他人信用卡并使用,数额较大,其行为已构成信用卡诈骗罪。[3]

【案例6-2】被告人陈某某参与作案19宗,其中一宗为:陈某某等人到深圳机场B号候机楼,以飞机晚点可帮忙改签机票为由,骗取被害人代某某

---

〔1〕 参见张明楷:《论诈骗罪中的财产损失》,载《中国法学》2005年第5期。

〔2〕 参见付立庆:《财产损失要件在诈骗认定中的功能及其判断》,载《中国法学》2019年第4期。

〔3〕 参见严某某信用卡诈骗案,浙江省温州市瓯海区人民法院(2017)浙0304刑初447号刑事判决书。

的招商银行信用卡1张(取走1600元),现金400元,手机2部(自报价1087元),机票1张,衣服、鞋等若干。合计被骗财物价值3087元。审理法院认定,被告人陈某某无视国家法律,以非法占有为目的,采用虚构事实的方法骗取他人财物,数额巨大,其行为已构成诈骗罪。[1]

另外,实践当中还存在这样一类案例:甲和乙在恋爱期间,甲告知乙自己在银行有关系,可以在短期内大幅度提高信用卡额度,但是需要使用信用卡进行多笔消费。乙信以为真,便将自己的信用卡及密码交付甲。甲取得乙的信用卡后使用该信用卡进行取现、消费,消费金额已经达到信用卡诈骗罪的数额较大标准。

针对上述案例中严某某、陈某某和甲的行为如何定性,理论与实践中均存在争议。一种观点认为,行为人以非法占有为目的,骗取他人信用卡并使用的,即便存在被骗者的同意,也属于利用信用卡骗取他人财物,符合信用卡诈骗罪中的冒用他人信用卡情形,应当定性为信用卡诈骗罪。[2] 另一种观点则认为,被害人交付信用卡及密码的行为即便是受到了行为人的欺骗所致,行为人持信用卡进行消费并取现的行为亦得到了被害人的同意,不属于“冒用”行为,且该行为没有妨害信用卡的管理秩序,因此应当将行为人的这一行为定性为诈骗罪。[3] 笔者认为,针对骗得被害人同意在一定额度内使用信用卡消费的行为应当定性为信用卡诈骗罪,主要理由如下:

第一,被害人的承诺属于无效承诺,是否承诺允许行为人持卡消费并非本罪评价的重点。其一,被害人之所以作出允许行为人持有自己信用卡和密码的行为,乃是受到了行为人虚构事实或隐瞒真相的误导而致,在真实情况下,被害人不可能作出这样的同意,被害人的承诺属于无效承诺。其二,不应当将行为人经同意使用信用卡这一行为割裂看待。行为人实施欺骗行为,当然包括欺骗被害人交付信用卡及密码,而基于信用卡本身的特殊性,在信用卡真实和密码真实的情况下,使用信用卡当然对卡内资金造成紧迫危险。因此,欺骗的目的当然将使用信用卡包括在内。这与直接骗取被害

〔1〕 参见陈某某等诈骗案,广东省深圳市宝安区人民法院(2010)深宝法刑初字第615号刑事判决书。

〔2〕 参见钱安定:《骗取他人信用卡并使用之司法认定》,载《法律适用》2011年第3期。

〔3〕 参见古加锦:《“冒用他人信用卡”型信用卡诈骗罪若干疑难问题研究》,载《政治与法律》2013年第5期。

人信用卡并使用的行为在本质上没有任何区别。

第二,符合“冒用”型信用卡诈骗罪的特征。一般而言,行为人以非法占有为目的,骗取他人信用卡并使用的,属于违背他人意志使用信用卡,属于信用卡诈骗罪。在行为人以非法占有为目的,骗取合法持卡人同意使用信用卡,非法占有合法持卡人财物的,由于行为人先行行为带有欺诈意味,合法持卡人同意使用信用卡的行为本质上是违反其意志的行为。因此,虽然行为人在形式上合法持有持卡人的信用卡,但本质上仍然具备刑事可罚性,属于“冒用”信用卡的类型。

第三,行为人骗取持卡人的同意并使用信用卡进行消费、取现的行为已然侵害了信用卡诈骗罪的保护法益。首先,信用卡诈骗罪保护的法益之一即在于个人财产法益的保护,而行为人的行为侵害了个人或银行的资金安全。特别是在行为人在使用信用卡进行消费时已经远超持卡人的授权额度且无力偿还时,实际是对持卡人和银行的资金安全造成了直接威胁。其次,行为人的行为无疑扰乱了金融管理秩序,无论是因为行为人的行为带来的民事纠纷还是刑事纠纷,都将使得合法持卡人及银行陷入诉讼纠纷之中,侵害了正常的金融管理秩序。

第四,认为后续取出资金的行为是为先前诈骗结果的手段行为,不影响行为定性,继而认定构成诈骗罪的观点并不妥当。首先,被害人同意作为违法阻却事由,是对行为不法性的否认,并非信用卡诈骗罪和诈骗罪之间的区别。一般情况下,具备了被害人同意这一要件,行为人可不构成犯罪。其次,信用卡诈骗罪与诈骗罪虽同含有被欺诈性质,但是不相同的是,信用卡诈骗罪是利用信用卡这一载体进行的诈骗,是否将信用卡作为诈骗他人钱财的工具是区分诈骗罪和信用卡诈骗罪的关键之一。经过持卡人同意使用信用卡的行为仍然无法逃脱对信用卡的使用。最后,由于信用卡是一种信用凭证,区别于货币,持有信用卡并知晓密码尚不能对卡内资金造成危险,重点应当评价的仍是后续的使用行为。[1] 因此,本行为类型定性为信用卡诈骗罪更为妥当。

---

〔1〕 参见聂昭伟:《骗取他人信用卡及密码并使用构成信用卡诈骗罪》,载《人民司法》2019 年第 2 期。

（二）骗得他人第三方网络支付账户并使用绑定的信用卡的行为定性

在电子支付日益成熟的今天，实体信用卡的使用越来越少，取而代之的是将信用卡绑定在支付宝或者微信等第三方平台上进行使用。这也意味着人们在操纵自己的支付宝或微信账户时，就可以直接使用账户内已经绑定的信用卡进行消费，而无须再次验证信用卡的相关资料。由此，在实践中也产生了一个新的问题，即骗取他人支付宝账户、微信钱包等账户并使用绑定的信用卡的行为是否等同于骗得他人信用卡并使用？此类型行为是定性为盗窃罪、诈骗罪还是信用卡诈骗罪？

笔者基于机器可以被骗的视角，将此类型的行为定性着重比较在诈骗罪和信用卡诈骗罪之间。有观点认为，如果行为人并没有利用他人信用卡资料，仅仅是利用了他人的支付宝、微信账户资料的，则属于欺骗第三方支付机构，应当构成诈骗罪。[1]

笔者并不同意上述诈骗罪论的观点。骗得他人第三方网络支付账户信息并在该平台使用信用卡的行为属于冒用他人信用卡行为，应当定性为信用卡诈骗罪。主要理由如下：

第一，第三方支付平台只是信用卡使用的媒介之一，可视为信用卡支付方式的延伸。传统信用卡在使用时，无论是在 ATM 机还是特约商户或银行人工柜台，都是只要持真实信用卡及正确密码即可使用信用卡的相关功能。支付宝、微信等第三方平台虽设有独立的支付密码，但是绑定信用卡时需要验证信用卡持卡人的真实信息，绑定完成后，只要在支付宝或微信页面选择信用卡并输入平台密码即可完成消费。这一使用过程本质上与上述传统信用卡使用过程并无本质区别。第三方支付平台作为互联网金融发展的产物之一，改变了传统信用卡的使用方式，但是仍然没有跳脱或者说超出原本信用卡使用的程序，只是作为一种新的支付方式供持卡人选择适用。

第二，信用卡的相关资料早已绑定在第三方平台之中，并不需要再次验证。骗取信用卡的重点在于后续的使用行为，而信用卡的使用需要正确的密码即可操作。既然信用卡的真实资料早已填写在支付宝或微信等第三方平台之中，这就意味着一旦拿到第三方支付平台的账户、密码，无疑意味着拿到了账户内绑定的银行卡的“通行钥匙”。在此意义上，无谓再将支付宝、

〔1〕 参见刘宪权：《金融犯罪刑法学原理》（第 2 版），上海人民出版社 2020 年版，第 536 页。

微信等第三方平台的账户资料与账户内绑定的银行卡账户资料做详细区分。

第三，在互联网时代，窃取、收买、骗取或者以其他非法方式获取他人信用卡信息资料与骗取他人信用的行为的界限并非泾渭分明。2018 年《办理信用卡刑事案件解释》第 5 条将“骗取他人信用卡并使用的”和“窃取、收买、骗取或者以其他非法方式获取他人信用卡信息资料，并通过互联网、通讯终端等使用的”作为并列项归属于“冒用他人信用卡”的行为类型之一，在行文架构上，就意味着二者应该是不同的行为类型。然而，由于第三方支付平台的兴起和成熟，二者之间的界限往往并没有那么清晰。正如前述，以骗取手段获得他人信用卡信息资料的目的还是在于最终的使用阶段，而第三方支付平台已然存在信用卡的信息资料，行为人骗取的第三方支付平台的账户信息不过只是形式表象，目的也在于最终的使用阶段。从这个意义上而言，骗得他人第三方网络支付账户等同于骗取他人信用卡。

第四，如上述所言，在本类型下，行为人在实施侵财过程中利用他人第三方支付平台的信息资料，冒用被害人身份向银行发出交易指令，属于冒用他人信用卡行为，应当定性为信用卡诈骗罪。骗取支付宝、微信等第三方支付平台账户所有人同意使用该账户并实施了信用卡消费的行为，也应当构成信用卡诈骗罪。

第五节　牵连犯规则的适用：伪造信用卡并使用的行为定性

我国《刑法》第 196 条第 1 款明确规定“使用伪造的信用卡”的，应当定性为信用卡诈骗罪。同时《刑法》第 177 条将“伪造信用卡”的行为定性为伪造金融票证罪。但是，对于伪造信用卡并加以使用的行为如何定性，《刑法》却没有给予具体规定。立法上的模糊性导致在刑法理论与实践中对这一类型行为的处理存在争议。有观点认为，应当定性为信用卡诈骗罪，有观点认为，应当定性为伪造金融票证罪，还有观点认为，在运用牵连犯的适用规则时也应当具体问题具体分析。下文以两例实践中的真实案例为分析素材，旨在对这一问题有所回应。

【案例6-3】张某利用自己超市员工的身份,趁顾客刷卡时利用读卡器盗取顾客的银行卡信息并偷记密码,并利用盗取的信息制成伪卡。后张某持伪卡进行取现,在最后一次取现时被公安机关抓获。公诉机关指控张某的行为构成信用卡诈骗罪。审理法院认为,张某窃取他人银行卡信息,并通过技术手段将盗取的他人银行卡信息重新制作成新卡,其实质就是一张伪造的信用卡。张某以非法占有为目的,使用伪造的信用卡盗取他人账户上的资金,数额巨大,其行为已构成信用卡诈骗罪。[1]

【案例6-4】拉某德里通过非法途径获取境外的VISA、MASTERCARD信用卡信息和密码后,使用笔记本电脑、磁卡读写器等工具,将上述信用卡信息写入购买的空白磁卡内,先后伪造境外VISA、MASTERCARD信用卡共194张。后拉某德里使用伪造的信用卡进行提现。审理法院认为,拉某德里伪造信用卡并使用,情节特别严重,其行为已构成伪造金融票证罪。[2]

上述两例案例的犯罪事实相似,却有着不同的判决结果,不得不让人对"伪造信用卡并使用"的这一行为进一步思考:第一,"伪造"的含义和所指对象究竟是什么?第二,刑法中的"使用"是否另有所指?第三,信用卡诈骗罪和伪造金融票证罪的界限在哪里?牵连犯的适用规范在此过程中又是如何发挥其机制的?厘清了这些问题,"伪造信用卡并使用"的行为定性问题自然迎刃而解。

一、相关概念辨析

(一)何为"伪造"

2018年《办理信用卡刑事案件解释》第1条规定,伪造信用卡的情形包括复制他人信用卡,将他人信用卡信息资料写入磁条介质、芯片,或者以其他方法伪造信用卡等内容。可见,司法解释以列举式的方式实则是将"伪造"的含义进行了说明,即伪造应当具备对信用卡的形式外观的伪造和实质内容的伪造。在"伪造信用卡"上应当注意以下内容:

第一,区别于冒用他人信用卡、骗领信用卡的"真卡",伪造的信用卡实

---

〔1〕参见张某信用卡诈骗案,河南省安阳市龙安区人民法院(2014)龙刑初字第27号刑事判决书。

〔2〕参见拉某德里等伪造金融票证罪、信用卡诈骗罪案,广东省高级人民法院(2011)粤高法刑二终字第229号刑事裁定书。

为“假卡”。这是因为,在冒用他人信用卡中被重点关注的应当是“冒用”行为,而冒用的含义正是未经他人同意或授权的行为,可见冒用并使用的信用卡为真卡。否则,则不存在冒用的问题,而是直接可以“使用作废的信用卡”加以规制。同理,在骗领信用卡中,由于行为人是在申领信用卡的过程中使用了虚假的身份证明,其目的就是获得一张真实有效的信用卡,因此骗领的对象为“真卡”。与上述两种情形不同的是,伪造的信用卡是行为人或复制他人信用卡,或采用非法手段将他人信息写入信用卡的行为,根本没有经过金融机构发放,因此只能是“假卡”。

第二,伪造的信用卡往往存在一张“真卡”与之对应。[1] 这是因为行为人在伪造信用卡时可能会采取非法手段获得银行已经发放的真实有效的信用卡中的有效资料,并加以复刻、转移至伪造的信用卡内,后达到对伪造的信用卡加以使用的目的。

第三,涂改卡是否应当被评价为伪造的信用卡,应当以涂改卡的性质加以判断。涂改卡,是指在原有信用卡的基础上实施部分改变行为的信用卡,如涂改卡号、修改有效期等。一般认为,对于原有的信用卡是属无效、作废还是真实、有效无须关心。但是,笔者认为,恰恰需要通过确认原有卡的性质才能确认对“部分改变”行为是定性为伪造还是变造。倘若原有卡就是真实有效的,那么在原本就是真实有效的信用卡上进行部分修改的,并没有改变原有卡的本质。对这种涂改行为应当认定为变造信用卡。倘若原有卡就是已经无效、作废的信用卡,那么行为人通过涂改信息等方式再次使用该信用卡,实则是一个从无到有的创设过程。对这样的涂改行为应当定性为伪造信用卡。

第四,伪造空白的信用卡不属于伪造信用卡的含义之内。《刑法》第177条将“明知是伪造的信用卡而持有、运输的”和“明知是伪造的空白信用卡而持有、运输”作为并列项同归于妨害信用卡管理罪,就意味着伪造信用卡与伪造空白的信用卡并非种属关系。另外,伪造空白的信用卡应当是伪造信

---

〔1〕 参见刘宪权:《伪造信用卡犯罪中的伪造行为内涵与对象研究》,载《政治与法律》2020年第4期。

用卡的预备行为,[1]因为伪造信用卡需要在外观上符合一张信用卡的特性,同时也需要在卡内实质注入真实有效的身份信息,二者一经结合才能成为真正意义上的“假卡”。而单纯伪造空白信用卡的行为的社会危害性远低于伪造一张完整的信用卡,不具有任何信息的空白信用卡在交易价值、信用价值的实现概率上更低。2018 年《办理信用卡刑事案件解释》第 1 条中关于“伪造空白信用卡十张以上的,应当认定为刑法第一百七十七条第一款第四项规定的‘伪造信用卡’”的规定,正是说明了伪造空白的信用卡需要达到一定的社会危害程度才能被拟制评价为伪造信用卡。可见二者在概念上并非包含与被包含关系。

第五,在把握是否属于伪造信用卡时应当紧扣“形式 + 实质”两方面。一方面,从外观、材料到卡内资料全部属于虚假的,毫无疑问属于伪造信用卡的范畴;另一方面,当对信用卡仅存在部分修改时,需要判断是否对信用卡作出了实质变更。例如,在不具有资料的空白信用卡中注入他人信息、原有卡是作废无效卡等。

(二)何为“使用”

按照通常意义上的理解,使用行为包括使用信用卡取现、消费、转账等全部功能的行为。至于使用的对象是针对人还是机器,由于前文已然表明了机器可以被骗的立场,因此,使用的对象并不局限于是人还是机器。另外,对使用者而言,无论其是本人伪造信用卡,还是通过购买等其他方式获取伪造的信用卡,都不影响其属于“使用伪造的信用卡”。对于伪造者而言,当其伪造和使用的属于同一张信用卡时,则属于“伪造信用卡并使用”情形,而伪造和使用的不属于同一张信用卡时,则按照“伪造信用卡”和“使用伪造的信用卡”数罪并罚处理。

另外,对于使用行为是否包括出售或赠与等行为,笔者持否定态度。我国《刑法》第 177 条之一规定的妨害信用卡管理罪已然包括“出售、购买、为他人提供伪造的信用卡或者以虚假的身份证明骗领的信用卡的”情形,若将

---

〔1〕 例如,在“彭某伪造金融票证案”中,湖北省武汉东湖新技术开发区人民法院在判决书中载明:“经查,被告人彭某购买克隆信用卡及其它含有磁道信息卡的设备和 30 张空白卡,由于不懂制作方法的原因而未着手实行犯罪,是犯罪预备。被告人彭某的辩护人提出的辩护意见,本院予以支持。”认可了伪造空白信用卡的行为性质属于预备行为。参见湖北省武汉东湖新技术开发区人民法院刑事判决书,(2013)鄂武东开刑初字第 00376 号。

出售等行为归于伪造者的使用行为之中,那么妨害信用卡管理罪等于形同虚设,且会将信用卡诈骗罪的处罚范围不当扩大。因此,对“使用”的理解不应做广义理解。

二、伪造信用卡并使用的定性之争

(一)观点聚讼

1. 伪造金融票证罪

持这一结论的学者认为,首先,应当承认伪造信用卡并使用的行为符合牵连犯的构成要件,因此应当按照牵连犯的“从一重处断”原则加以处理;其次,我国《刑法》虽未对伪造信用卡并使用的行为进行明确规制,且伪造金融票证罪和信用卡诈骗罪两罪的法定最高刑完全一致,在这种情况下可参照类似伪造货币行为的相关规定,即伪造货币并出售或者运输伪造的货币的,依照伪造货币罪定罪从重处罚。可见,《刑法》对于伪造货币并出售或运输的行为,是按照初始行为——伪造行为作为定罪依据。[1] 由此,不妨推断在伪造信用卡并使用的场合,也可以按照初始行为即伪造信用卡的行为进行定罪判断。换言之,本行为类型应当定性为伪造金融票证罪。

2. 信用卡诈骗罪

这一观点同样承认在伪造信用卡并使用的场合应当承认适用牵连犯的规则,但是通过对比伪造金融票证罪和信用卡诈骗罪,明显信用卡诈骗罪属于重罪——在于伪造金融票证罪法定最低刑可以单处罚金且数额较低,故信用卡诈骗罪为重罪。另外,在适用牵连犯规则时,应当以目的行为作为定性依据。因为伪造行为最终服务于使用行为,继而应当以使用伪造的信用卡对本行为类型进行规制,即定性为信用卡诈骗罪。[2]

3. 数罪并罚

顾名思义,数罪并罚理论并不认为伪造信用卡并使用的行为当然符合牵连犯的构造,应当按照各个阶段的不同行为,如窃取信息的行为、伪造信用卡的行为、使用伪造的信用卡的行为分别予以定性。但是在数罪并罚观

---

〔1〕 参见刘宪权:《金融犯罪刑法学原理》(第2版),上海人民出版社2020年版,第521页。

〔2〕 参见李耀杰:《伪造信用卡并使用的司法认定》,载《上海金融》2015年第1期。需要注意的是,该学者将伪造信用卡并使用的行为分为单组和数组情况分别加以定性,同时认为在数组复合情况下,应当数罪并罚。

点内部，就这一立场阐述的理由不尽相同。例如，有观点认为，数罪并罚的理由在于，在信用卡犯罪中，即便是基于最终的使用目的，但是在通往使用这一最终目的的过程中，仍然会产生派生目的。换言之，完全可能存在两个犯罪故意。而在客观上，也确实存在两个行为与之对应。另外，就罪行均衡的角度而言，伪造行为和使用行为的社会危险性并不比单独一罪的要小。因此，基于罪责刑相适应原则，也应当对这类行为予以数罪定性处罚。[1] 还有观点虽持数罪并罚的立场，却给予了新的理由——应当以信用卡信息为单位，先线性判断窃取、伪造、使用行为构成牵连犯，然后再剔除没有被牵连犯评价进去的内容，根据剩余犯罪行为的罪名异同，进行综合性的数罪并罚。[2]

（二）本书立场

笔者认为，伪造信用卡并使用的行为完全符合牵连犯的构成要件，应当按照牵连犯“择一重处断”规则定罪量刑。简言之，伪造信用卡并使用的行为应当根据具体情节适配伪造金融票证罪或信用卡诈骗罪之较重处罚，并不能从原则上直接定性是伪造金融票证罪或信用卡诈骗罪。详细说明如下：

第一，伪造信用卡并使用的行为符合牵连犯的构造。牵连犯，是指犯罪的手段行为或结果行为，与目的行为或原因行为分别触犯不同罪名，且数个行为之间存在牵连关系。这种牵连关系的判断，应当采取类型说的观点，即当采取某种手段通常用于实施某种犯罪，或者某种原因通常会导致某种结果时，才能认定存在牵连。伪造信用卡的行为往往最终服务于使用信用卡，因此，认定伪造与使用之间存在牵连关系具备合理性。

第二，认定存在牵连关系并非否认了只能构成一罪。这里需要说明的是，虽然承认牵连犯最后是以从一重罪这一罪来定性的，但是这只是针对最后的结果而言，不能忽视牵连犯的明示功能。具体而言，在牵连犯的场合，正确的逻辑思路应当是：伪造信用卡的行为可以定性为伪造金融票证罪，使用伪造的信用卡行为可定性为信用卡诈骗罪，但是由于伪造行为与使用行

---

〔1〕 参见周仰虎、于英君：《论信用卡犯罪的立法完善》，载《法学》1996 年第 9 期。

〔2〕 参见张佩如：《窃取他人信用卡信息、伪造信用卡并使用行为的罪数认定——基于司法实践中两种裁判思路的分析》，载《中国检察官》2019 年第 6 期。

为存在牵连关系，因此应当择一重罪论处。可见，牵连犯最后的行为定性是法律选择的结果，而如何选择还得回归法定刑的轻重判断上。

第三，既然我国刑法并没有对牵连犯明示规定，那么仅根据目的行为作定性依据的判断就不具备合理性。应当根据案件的不同情况选择适用较高刑罚的罪名进行定性。具体而言：(1)2018 年《办理信用卡刑事案件解释》关于伪造金融票证罪的情节严重规定为“伪造信用卡五张以上不满二十五张的”；信用卡诈骗罪的数额较大规定为使用伪造的信用卡进行信用诈骗活动，“数额在五千元以上不满五万元”，数额巨大规定为“数额在五万元以上不满五十万元”。因此，倘若在某一案件中，行为人伪造信用卡 20 张，但是使用伪造的信用卡取现只有 3 万元，此时，按照伪造金融票证罪定性应当在 5 年以上 10 年以下有期徒刑之间处罚，而按照信用卡诈骗罪则应当在 5 年以下有期徒刑处罚。因此，对该行为应当最终定性为伪造金融票证罪。(2)倘若伪造行为与使用行为处于同一法定刑幅度之内，也就意味着量刑对行为人而言并没有区别，考虑使用行为是最终的目的行为，应当以信用卡诈骗罪进行定性。

第四，需要注意的是，上述关于牵连犯的处理仅是针对同一行为主体既实施了伪造行为，又实施了使用行为，且使用与伪造的是针对同一信用卡的情形。倘若行为人实施了伪造信用卡的行为，同时又使用了他人伪造的信用卡，则应当对其以伪造金融票证罪和信用卡诈骗罪进行数罪并罚。

三、伪造信用卡并使用行为定性的延伸思考

(一)盗窃伪造的信用卡并使用的行为定性

我国《刑法》虽明确规定盗窃信用卡并使用的，应当构成盗窃罪。但是，刑法理论通说认为，“盗窃信用卡并使用”中的“信用卡”应当是指真实有效的信用卡，并不包括伪造、作废的信用卡。[1] 因此，行为人明知是伪造的信用卡还进行盗窃并使用的，应当以“使用伪造的信用卡”进行规制，构成信用卡诈骗罪。若行为人主观上认为是真实有效的信用卡进行盗窃，得手后发现是伪造的信用卡，后仍然加以使用的，仍然构成信用卡诈骗罪。

---

〔1〕 参见刘远主编：《金融诈骗罪立案追诉标准与司法认定实务》，中国人民公安大学出版社 2010 年版，第 314 页。

（二）窃取信用卡信息资料后伪造信用卡并使用的行为定性

与“伪造信用卡并使用”的处理规则一致，笔者认为，“窃取信用卡信息资料后伪造信用卡并使用的行为”仍应以牵连犯定性处断。“窃取信用卡资料后伪造信用卡并使用”这三个阶段，分别构成窃取信用卡信息罪、伪造金融票证罪和信用卡诈骗罪，但因行为人实施的窃取行为和伪造行为皆是手段行为，因此在最终的定性上应以一罪处断。而一罪的最终选择则需要充分考虑行为人的犯罪情节、犯罪数额、社会危害性等内容。具体判断的逻辑步骤如下：

首先，窃取信用卡信息资料后伪造信用卡并使用的行为属于实质的数罪。所谓实质的数罪，是指数个犯罪行为，能够分别符合数个犯罪构成要件，成立数个独立的犯罪的罪数形态。窃取信用卡信息资料后伪造信用卡并使用的行为显然存在三个阶段：(1)窃取信用卡信息资料阶段构成窃取信用卡信息罪；(2)伪造信用卡阶段构成伪造金融票证罪；(3)使用伪造的信用卡阶段构成信用卡诈骗罪。

其次，存在数罪情形不意味着数罪并罚。窃取信用卡信息资料后伪造信用卡并使用的行为属于处断的一罪。在本行为类型下，窃取行为、伪造行为和使用行为存在密切关联，三个阶段具有手段与目的、原因与结果的牵连关系。因此，窃取信用卡信息资料后伪造信用卡并使用的行为虽然在实质上成立数罪，但按照牵连犯的处断规则进行一罪处理更为妥当。

最后，在择重处理的选择上，应当分别对本行为类型下的三个阶段定罪量刑，然后选取法定刑最重的某一罪作为最终的定性。至于被排除出定性的其他两罪，量刑阶段可作为量刑情节，在一重罪的基础上从重处罚。

第七章 有价证券诈骗罪

第一节 有价证券诈骗罪概述

一、本罪的基本犯罪构成

《刑法》第 197 条规定："使用伪造、变造的国库券或者国家发行的其他有价证券，进行诈骗活动，数额较大的，处五年以下有期徒刑或者拘役，并处二万元以上二十万元以下罚金；数额巨大或者有其他严重情节的，处五年以上十年以下有期徒刑，并处五万元以上五十万元以下罚金；数额特别巨大或者有其他特别严重情节的，处十年以上有期徒刑或者无期徒刑，并处五万元以上五十万元以下罚金或者没收财产。"

从法条规定来看，构成有价证券诈骗罪必须具备的基本要件如下：(1)犯罪主体只能是个人。因无明文规定，单位实施的有价证券诈骗行为不以本罪论处。(2)行为人有使用有价证券进行诈骗的主观故意，同时应具备诈骗类罪所必需的非法占有目的，并实施了隐瞒事实、虚构真相的行为。(3)罪量标准上，条文规定需犯罪数额较大、巨大或特别巨大，或者情节严重或特别严重。

二、本罪的司法实践状况

从案件数量来看，有价证券诈骗罪的案发率极低，截至 2022 年 8 月 14 日，中国裁判文书网公开的以有价证券诈骗为案由的案件不过 47 件，在金融诈骗罪全部的92,707件中所占比例仅为约0.051%。相比之下,其余同类金融诈骗犯罪均有相当的案发量,如信用卡诈骗罪的案件量达到66,225件、集资诈骗罪达到13,564件、贷款诈骗罪达到4666件、保险诈骗罪达到4394件、票据诈骗罪达到3474件,另有金融凭证诈骗罪511件、信用证诈骗罪165件。进一步观察这47件以有价证券诈骗为案由的案件则会发现,绝大部分系刑罚变更执行裁定书、减刑裁定书等行刑阶段的文书,另有相当数量的二审裁定书。若剔除行刑阶段的公开文书以及同案不同阶段重复公开的案件,则真正公开的有价证券诈骗罪数量不超过20件。在时间上,最新公开的有价证券诈骗案是2020年的案件,此后再无新的案件公开,即近几年来案发量极低。

与同类金融诈骗罪相比,有价证券诈骗罪不仅案发量低,且与同类金融诈骗罪存在断崖式差距。或许是因案发量较低,目前并未针对有价证券诈骗罪出台直接相关的司法解释,也无权威判例。也因为样本数量稀少,对于有价证券诈骗罪,理论界并未达成共识性的争议焦点或理论盲点,而这在理论研究和实践规律上呈现几个特点:一是讨论该罪的文献数量极少,如中国知网中以"有价证券诈骗罪"为主题的文献不超过50篇,但大部分是在探讨金融诈骗罪类罪的同时顺带提及该罪,而不是直接以该罪为主题;二是相关文献年代较为久远,内容相对陈旧,如自2019年开始再无新的学术文献讨论该罪名。概括来看,受限于案发数量,理论界与实务界对有价证券诈骗罪的关注度及讨论质量不高,对司法实践的指导性不强,论题也需要进一步细化。

有鉴于此,综合既有文献及实践案例所指向的争议焦点,本章聚焦四个方面,细化对该罪的认知,以求对实务操作或理论反思有所助益。

第二节 有价证券诈骗罪的对象限定

一、兜底规定引发的犯罪对象争议

从《刑法》第197条的规定来看,本罪的犯罪对象是两类有价证券:国库券或者国家发行的其他有价证券。国库券是国家发行国债的主要形式,记载的是债权关系——债务人是国家,债权人是国库券持有人。国库券到期时,国家应按时向国库券持有人还本付息。[1] 所谓的"国家发行的其他有价证券",通常被概括为保值公债、财政债券、国家建设债券、国家银行金融债券等证券,也包括地方政府依法发行的各种债券,但不包括企业发行的股票和债券,也不包括国家发行的邮票或者车船票、机票等有价票证。与"国家发行的有价证券"相对应的是"企业有价证券",包括股票、公司债券、企业债券等。因条文以"等"字概括之,对有价证券概念范围的解释不乏实务争议。

在下述案例7-1中,实务部门对"其他有价证券"的解释即存在不同立场。

【案例7-1】李某系民政福利彩票发售中心所雇的临时工作人员,其主要职责为帮助彩票发售点公开发售即开即兑型彩票。张某系当地某废品收购站的店主,长期从事废品收购业务。2007年7月13日,张某经人介绍认识了李某。二人合谋在彩票上"做点文章",具体实施方案是由张某将收购的废弃彩票进行简单的复原加工后,由李某把这些彩票混在正常彩票中出售,从而获取不法利益。2007年7月15~30日,按照上述计划实施后,通过售出复原彩票非法获利共计5万元,犯罪所得由二人平分。[2]

办案部门对案例7-1的处理存在多重分歧,如因对行为人主体性质认知不同而产生职务侵占罪与贪污罪的争议,有观点认为,李某的行为构成贪污罪,理由是,李某属于国家机关(民政部门)委托管理、经营国有财产的人员,因此其侵吞国有财产的行为应构成贪污罪,而张某为贪污罪的共犯,并借助李某的国家机关工作人员身份而构成贪污罪。该案罪数上的争议则聚焦于牵连犯的定性,一种观点认为,李某和张某的行为同时触犯了伪造有价票证罪和有价证券诈骗罪两个罪名,但因为本案中伪造有价票证的行为是有价证券诈骗行为的手段行为,而有价证券诈骗系目的行为,最终应当按照牵连犯从一重处断的原则,将李某、张某的共同犯罪行为认定为有价证券诈骗罪;另一种观点则否定本案伪造有价票证与有价证券诈骗牵连关系的存在,主张对行为人数罪并罚。

然而,案例7-1最基础的争议实为彩票的定性,即彩票是否属于本罪的

---

〔1〕 参见王贤德:《有价证券诈骗犯罪的侦查研究》,载《辽宁警察学院学报》2018年第2期。

〔2〕 参见陈伟:《加工复原废弃彩票并重新出售构成何罪》,载《人民检察》2008年第3期。

犯罪对象。肯定者认为，由财政部主管的彩票可以解释为“有价证券”，并得到理论界的认同。[1] 若认可彩票属于“国家发行的有价证券”，则案例7－1中的行为人构成有价证券诈骗罪不再有基础性的争议。

案例7－1也说明，实践中适用有价证券诈骗罪时，不免会困惑于犯罪对象的范围，也说明理论上有必要对“有价证券”的范围进一步界定。

二、彩票之有价证券性质探讨

刑法本身并未直接针对彩票的发行和管理设置罪名进行保护，因而将之解释为有价证券进行刑事规制具有现实需求、处罚必要性，也就是说，实务部门有利用刑法遏制相关犯罪的强烈动机。但刑法的解释不单是对处罚必要性的论证，还需要结合条文语义范围及立法目的进行实质检验，而在案例7－1中，首先需要探讨彩票的法律性质。该案适用的是2002年3月1日发布的《彩票发行与销售管理暂行规定》[2]，其中第3条第1、2款规定：“彩票机构指国家特许负责彩票发行和销售的专门机构。彩票发行分别由隶属于民政部的中国福利彩票发行中心和隶属于国家体育总局的体育彩票管理中心（以下简称彩票发行机构）承担，按省级行政区域组织实施。”从发行主体来看，无论是民政部还是国家体育总局，抑或省级行政区域，都符合《刑法》第197条“国家发行”的要求。2009年发布的《彩票管理条例》第2条第1款则规定：“本条例所称彩票，是指国家为筹集社会公益资金，促进社会公益事业发展而特许发行、依法销售，自然人自愿购买，并按照特定规则获得中奖机会的凭证。”这一条更加说明，仅从发行主体来看，彩票符合“国家和地方政府发行”的要件已不存在争议，关键在于判断彩票是否属于“有价证券”。

换言之，《彩票管理条例》第2条对彩票的定性——“凭证”，是否等同于《刑法》第197条有价证券罪中规定的“有价证券”。有学者指出，“所谓有价证券，是指标有票面金额，代表一定财产所有权或债权的书面凭证。它证明并代表持券人的财产权益，即持有证券的人拥有一定财产所有权或债权，如国库券、公债券、公司债券、股票、提单、仓单、汇票、本票、支票等。这类证券

---

〔1〕 参见张明楷：《刑法学》（下册）（第6版），法律出版社2021年版，第1048页。

〔2〕 本规定已于2013年1月1日因财政部《彩票发行销售管理办法》施行而废止。

本身没有价值,但由于它代表一定量的财产权利,持有者可凭借财产权益的可转让性直接取得一定量的商品、货币或利息、股息收入,因而其客观上具有一定的交易价格,故被称为有价证券。"[1]这一定义来自《金融法》,且能够在相当程度上反映"有价证券"的形式特征,与《彩票管理条例》第2条对彩票的定义亦有相似之处,例如,二者都是"凭证",且均表明持有者依此凭证具有相当的私权利。但是,这一金融法定义在年代上略显陈旧,其对有价证券的定性在当下有不足之处:一方面,随着商业组织形式与金融技术的发展,有价证券是否一定是"书面凭证"存在疑问,如现代股权凭证可能以电子形式记载;另一方面,以"权利凭证"为核心的概念定义容易扩张证券的范围,如车船票甚至私人之间记载欠款信息的借据,也可能落入这一概念范围。因此,对"有价证券"范围的解释理应超越形式要件,也可以借鉴证券市场监管视角下对证券的实质性定义。

借鉴会计准则,行政监管同样强调"实质重于形式",即对监管事项内的概念界定不应受制于形式标准,尤其是在金融领域,形式化的概念界定容易招致监管漏洞,而被从业机构以"金融创新"为名义实施实质性规避措施。但是,对市场概念进行过度的实质化界定又容易损害被监管方的创新空间和信赖利益。因此,在监管层面,"有价证券"的概念界定同样存在两难,既要保证监管机构的实质渗透力,又要保证概念边界的确定性。对于法定犯来说,相关概念如果能够在前置法中具有明确的含义,同样有利于提高相关罪名的明确性,如能从监管层面到《刑法》第197条对"有价证券"进行相同的概念界定,便有提升法定犯明确性的效果。以此为视角,则对证券进行准确的实质定义不仅能够服务于监管需求,也是为间接实现罪刑法定的明确性要求。

世界范围内对"证券"的定义具有相通性,其中美国在资本市场监管上领先于全球,其监管机构、司法判决对"证券"的实质性定义对于确立"有价证券"的扩张解释边界具有参考价值。美国《1933年证券法》(Securities Act of 1933)构成美国证券监管法律的核心内容。"证券"概念的定义决定了联邦证券法的适用广度,特别是美国证券交易委员会(United States Securities and Exchange Commission)监管执法的范围。1946年的"SEC诉W. J.

[1] 强力:《金融法》,法律出版社1997年版,第460页。

Howey Co. 案”确立了日后美国法院和美国证券交易委员会认定证券的基本框架——Howey 测试。根据 Howey 测试，构成证券的“投资合同”应当满足四个要素：(1)提供资金；(2)投资于共同事业；(3)期望从投资中获利；(4)主要依赖他人努力。Howey 测试的优点是，功能主义的取向使其涵射范围广，降低了法律规避的可能性，便于监管目标的实现。如果参考美国监管机构对证券的实质性界定，则彩票显然不属于“主要依赖他人努力”以实现间接营利；彩民与彩票发行机构是否属于“投资于共同事业”，同样在标准上存疑，因为购买彩票进行抽奖的活动在民法上通常被理解为射幸合同，射幸合同意味着，持有彩票者是否取得利益主要依赖幸运，因而很难定性为“投资”。实际上，我国《证券法》及证券监管实践也存在从形式化定义到实质化定义的扩张趋势，但也同样难以将彩票囊括入“证券”的概念范围。根据我国 1999 年《证券法》第 2 条的规定，证券是股票、公司债券和国务院依法认定的其他证券。在该定义中，政府债券被排除在外，其发行和交易由法律、行政法规另行规定，因而具有更为狭窄的内涵。2005 年《证券法》进行修订时，扩张了证券的概念边界，即证券衍生品种的发行与交易、政府债券和证券投资基金份额的上市交易被纳入《证券法》调整范围。

从金融市场的整体运作规律来看，证券是资本市场的产物，所以不免要顾及金融市场对金融产品的创新需求，因而立法者对“证券”的概念规定是开放式列举，并将实践中的定义权能委托给了国务院，[1] 因此，无论是监管层面还是《刑法》第 197 条的具体规定，对证券的概念界定应当考虑证券市场运作的基本规律和实践需求。正如“有价证券诈骗罪”规定在第三章“破坏社会主义市场经济秩序罪”的第五节“金融诈骗罪”之中，其背后要保护的是资本市场的正常运行。但不同于资本市场的核心要素——资本流通，彩票并不具有市场流通性，所以仅符合证券概念中财产性权利这一要件。彩票的取得是有偿的，且的确是一份权利凭证，其记载着彩票持有人“获奖的权利”。人们可以在公开销售点付出市场价格买卖彩票，而且彩票是由不特定的中奖人获得预期利益，是射幸合同。但无论从监管理论还是《证券法》的实定法定义出发，均无法将彩票解释为“证券”。虽然从刑事司法实践对

---

〔1〕 参见黄辉、王超：《证券概念边界的中美比较：〈证券法〉改革进路评析》，载《多层次资本市场研究》2020 年第 2 期。

该罪的适用来看,对“证券”进行扩张解释具有现实必要性,但对“有价证券”的解读不应扩张至所有“有价凭证”,进而以“有价凭证”实质性偷换“有价证券”的概念。

三、预测可能性限定有价证券概念的从属性

前述论证实际上是默认《刑法》用语中的“有价证券”的概念应当等同于前置法或监管层面的定义,可以说在某种程度上是违法一元论的立场。然而,违法相对论的立场会认为,刑法用语与前置法用语具有相对性,因为《刑法》的规定更实质,例如,《刑法》对事实婚姻的承认超出了《民法典》婚姻家庭编对“婚姻”的概念界定,同样地,信用卡诈骗罪中的“信用卡”也被扩张性地解释为包含借记卡〔1〕,从而在刑法上赋予“信用卡”独立于前置法的特殊含义。具体至本罪,争议在于“有价证券”是否要遵从前置法及资本市场的常识性定义,其是否应在《刑法》上强调条文用语含义的独立性,进而扩张这一概念。方法论背后的立场选择最终是刑法与前置法的“法际衔接”问题。刑法与前置法的“法际衔接”体现于违法相对论与法秩序统一的立场与方法论之辩。要解答《刑法》第197条“有价证券”概念的解释立场,应当首先揭示违法相对论与违法一元论各自侧重的解释目标,进而作出合理取舍。就当下的理论实际来看,违法一元论与违法相对论的立场对立已经并不绝对,因为大多数学者均不同程度地采纳了折中学说。因此,要获得有价值的进展,应先厘清该问题域下的诸多概念背后的立场及方法论的运用,这里需要清理的概念包括“法秩序统一”“违法一元论”“违法判断统一性”“缓和的违法一元论”“违法相对论”“违法多元论”“违法判断相对性”“缓和违法相对论”,附带的方法论概念包括“违法从属性”“违法相对性”“相对从属说”“绝对从属说”“可罚的违法性”,等等。

上述概念中,或因翻译导致用语不同,或因理论产地(德国与日本)导致用语不同,但在我国刑法学语境下,考据概念的细微流变反而是平添烦恼,并无必要。暂且抛开折中派的主张,本文将两派基本的立场和方法论对立

---

〔1〕 全国人民代表大会常务委员会《关于〈中华人民共和国刑法〉有关信用卡规定的解释》规定:“刑法规定的‘信用卡’,是指由商业银行或者其他金融机构发行的具有消费支付、信用贷款、转账结算、存取现金等全部功能或者部分功能的电子支付卡。”

简明概括如下:(1)违法一元论认同法秩序统一理念,其主张,违法判断需要顾及全体法秩序,因为所有法秩序都共同地渊源自宪法;(2)违法相对论则主张,因部门法各有其任务,前置法上的违法并不必然意味着刑法上的违法,反之亦然。另一组衍生而来的方法论对立是:(1)依据违法一元论,可推导出"违法从属性说",其认为前置法与刑法的概念使用应当具有一致性;(2)依据违法相对论,可推导出"违法相对性说",其认为前置法与刑法的概念使用不必一致。

具体至有价证券诈骗罪及前引案例,就概念使用而言,案例7-1体现的是抛开前置法的违法相对论立场,但这一立场容易扭曲公众对刑法条文的文义感知,因为前置法或行业规范所使用的概念在相当程度上反映了国民对特定概念的日常性感知,从而间接反映国民对《刑法》条文的语义感知以及对条文语义射程的预测可能性。如德国刑法学者罗克辛所主张的,刑法语言的范围限定应当是"可能的口语词义",而口语含义正是得自公众的使用习惯。[1] 如果认为刑法可以无限制地绕开社会文化中已有的术语使用习惯,则容易导致罪刑法定原则明确性标准的落空。就扩大解释的边界而言,刑法条文文义扩张的界限是国民对《刑法》条文用语的预测可能性,而前述案例7-1对"有价证券"采取的是无限制的扩张解释方案。为尊重罪刑法定原则在文义上的限制,即便不主张刑法上的"证券"概念从属于前置法及监管实践,至少也应将"投资共同事业""借助他人努力"等实质标准作为"有价证券"语义范围的界限。除了"证券"的日常语义以及遵循监管标准的操作便利,更深层次的理由可在第三节有价证券诈骗罪的客体或曰保护法益界定中予以进一步深化。

第三节 有价证券诈骗罪的客体辨析

对有价证券罪主要客体的明确,有助于说明罪与非罪、此罪与彼罪的界限,因而应予详尽地辨析。

---

〔1〕 参见[德]克劳斯·罗克辛:《德国刑法总论》(第1卷),王世洲译,法律出版社2005年版,第84~86页。

一、以“流通秩序”为客体影响罪与非罪的解释

无争议的是，有价证券诈骗罪的客体或保护法益是复合的、多元的。一方面，有价证券诈骗罪位于《刑法》第三章“破坏社会主义市场经济秩序罪”，又处于第五节“金融诈骗罪”之中，其客体或保护法益很容易概括为市场经济秩序下的金融管理秩序，[1]抑或更具体的“有价证券管理秩序”，但“管理秩序”的概括多少有笼统之嫌；另一方面，因其属于特殊领域诈骗，其保护客体还如一般诈骗罪一样，包含“公私财产的所有权”。以上理解符合主流观点对金融诈骗罪一节中的其他罪名保护法益或保护客体的解读，而对有价证券管理秩序与公私财产所有权主次地位的理解，将间接决定该罪的解释逻辑，进而影响有价证券诈骗罪罪与非罪、此罪彼罪的理解。如果认为该罪的主要客体是有价证券管理秩序，那么自然意味着“有价证券”的界定需要以监管意义上的“证券”为前提，如此则如同本章第二节所强调的，应当以证券的实质要件作为“有价证券”范围的解释限制。这是因为，“有价证券管理秩序”实际地存在于监管实践，而非在刑事司法的视角下独立于监管层面而存在。既然其犯罪客体是“有价证券管理秩序”，那么必然需要尊重监管领域现有的有价证券管理实践。进一步说明，在“有价证券”的概念界定上应当强调对前置法的从属性。在明确“有价证券”范围的基础上，另一待解决的问题是，“有价证券管理秩序”的概括是否需要进一步限缩，以为实务部门提供更确切的解释指引？实务中出现过的重要争议是，该罪的主要客体是国家发行有价证券管理秩序还是国家发行有价证券的市场流通性。在定义上，“管理秩序”更上位，也必然将“流通性”标准包含在内。但如果能够进一步限缩犯罪客体，则无疑能够增加该罪解释方向的明确性。

在下文所述案例中，对此问题的理解成为辩护人重要的无罪辩护思路，也为学界留下理论思考的空间。

【案例7-2】2013年12月下旬，被告人陈某甲用30万元从他人手中非法购买的一张票面金额为4900万元的虚假凭证式国债收款凭证，向景德镇市农商银行申请质押贷款4000万元。经景德镇市农商银行向景德镇市人民

---

[1] 参见高铭暄、马克昌主编：《刑法学》（第10版），北京大学出版社、高等教育出版社2022年版，第421页。

银行核实，发现陈某甲向该行提供的凭证式国债收购凭证是虚假的，后向公安机关报案。为证明上述指控，公诉人当庭提供被告人供述、书证、证人证言、辨认笔录等证据；公诉机关认为，被告人陈某甲从他人手中非法购买虚假的票面金额为4900万元的凭证式国债收款凭证，后以该虚假的国债收款凭证向银行申请质押贷款4000万元，数额特别巨大，被告人陈某甲的行为构成了有价证券诈骗罪，但属未遂。就案情来看，如果认为“凭证式国债收款凭证”属于国家发行的有价证券，则在构成要件符合性上并无大的争议。但是，若试图将《刑法》第197条的犯罪客体限缩为“国家发行有价证券的市场流通性”，则能够反过来对犯罪对象的适格性进行检验。针对以上案发事实，该案辩护律师发表如下辩护意见：(1)陈某甲所持有的凭证式国债收款凭证不是有价证券。根据《财政部公告2015年第10号—凭证式国债发行等有关事宜的公告》的规定，凭证式国债为记名国债，记名方式采用实名制，可以挂失，但不能更名，不能流通转让。因此，凭证式国债收款凭证不具有流通性，该行为也就不会侵害证券流通秩序。(2)有价证券是证明持券人有权按期取得一定收入并可自由转让和买卖的所有权或债权凭证。这类证券本身没有价值，但由于它代表着一定量的财产权利，持有者可以此为筹码，通过交易取得一定量的商品、货币，或是取得利息、股息等收入，因而可以在证券市场上买卖和流通，客观上具有了交易价格。综上所述，凭证式国债收款凭证虽具有权利凭证的性质，也在事实上具有交易价值，即便监管层面并不认可该交易。从监管的视角出发，因其不可以流通转让，不具有有价证券的可流通性，所以凭证式国债收款凭证不是有价证券。[1]

概括而言，上述辩护思路具有两点理论启示：一是辩护人试图将有价证券诈骗罪的主要犯罪客体解释为国家发行有价证券的流通秩序，而非笼统的“国家发行有价证券的管理秩序”；二是“有价证券”的概念范围应当从属于行政及监管层面的定性，即以国家发行有价证券本身在市场上的流通性为前提，而非在刑法上自创一个独立的“证券”概念。这两点启示并非互相独立、互不干涉，而是具有内在统一的逻辑次序，即都是基于实质解释对该罪的犯罪客体作限缩解释，进而对行为对象作限缩解释。在证券交易实践

---

〔1〕 参见陈某甲有价证券诈骗案，江西省景德镇市昌江区人民法院(2016)赣0202刑初35号刑事判决书。

中,凭证式国债,是指国家采取不印刷实物券,而用填制国库券收款凭证的方式发行的国债。[1] 它是以国债收款凭单的形式来作为债权证明,不可上市流通转让,从购买之日起计息。在持有期内,持券人如遇特殊情况需要支取现金,可以到购买网点提前兑取。提前兑取时,除偿还本金外,利息按实际持有天数及相应的利率档次计算,经办机构按兑付本金的2‰收取手续费。若按照此定义,则辩护人的辩护思路的确言之有据,也与监管层面、证券交易实践中的规定吻合。而从最终判决来看,辩护人的这一辩护思路也的确得到了法院的采纳。法院认为:“关于辩护人辩称陈某甲所持有的凭证式国债收款凭证不是有价证券意见,根据《中华人民共和国财政部公告2015年第10号》规定,凭证式国债为记名国债,记名方式采用实名制,可以挂失,但不能更名,不能流通转让。因此,凭证式国债收款凭证不具有流通性。有价证券是证明持券人有权按期取得一定收入并可自由转让和买卖的所有权或债权凭证,这类证券本身没有价值,但由于它代表着一定量的财产权利,持有者可凭以直接取得一定量的商品、货币,或是取得利息、股息等收入,因而可以在证券市场上买卖和流通,客观上具有了交易价格。综上所述,凭证式国债收款凭证因不可以流通转让,不具有有价证券的可流通性,所以凭证式国债收款凭证不是有价证券。故辩护人的意见,以法有据,予以采纳。”

然而,这一辩护及类似的判决思路只是极少数,在大部分涉国债收款凭证的有价证券诈骗案中,国债收款凭证都被评价为有价证券诈骗罪中“国家发行的有价证券”。

【案例7-3】2018年3月,被告人赵某宾伙同他人预谋使用伪造国债收款凭证向银行质押贷款,并以10万元的价格购买了伪造的票面金额为1860万元的国债收款凭证。2018年3月21日,被告人苗某林与居间人河南陆华公司签订《居间服务协议》,苗某林向居间人支付3万元,16时许,被告人苗某林持伪造的储蓄(凭证式)国债收款凭证到居间人介绍的工商银行郑汴路支行办理质押贷款业务时被抓获。经查,苗某林使用的凭证式国债收款凭证,系伪造。[2]

---

[1] 参见百度百科“凭证式国债”词条:https://baike.baidu.com/item/%E5%87%AD%E8%AF%81%E5%BC%8F%E5%9B%BD%E5%80%BA/266185。

[2] 参见赵某宾、苗某林有价证券诈骗案,河南省郑州市中级人民法院(2019)豫01刑终876号刑事裁定书。

在该案例中,辩护人并未将否定犯罪对象的适格性作为不构成有价证券诈骗罪的辩护思路,而是率先否定行为人的违法性认识。其辩护人提出的辩护意见是,被告人赵某宾的行为不构成有价证券诈骗罪,公诉机关指控苗某林持伪造国债收款凭证办理质押贷款业务,与本案事实不符,苗某林去银行的目的不是办理贷款业务,而是为了验证票证是否真实,是否可以质押贷款;公诉指控的数额特别巨大,属于对案件事实的错误认识,没有证据证明苗某林提出要通过质押从银行贷出多少数额的贷款,没有犯罪数额。相较于案例7-2中辩护人否定国债收款凭证属于"有价证券"的辩护思路,该案的辩护思路稍显保守。就最终定罪而言,法院认可了有价证券诈骗罪的定性。比较之下,郑州市中级人民法院对国债收款凭证的定性也不同于景德镇市昌江区人民法院,其采取的是扩张解释有价证券概念范围的思路,更深层次的考量则是否认"国家发行有价证券的流通性"是该罪的犯罪客体。

【案例7-4】2013年年初,上诉人盛某喜在山东省淄博市对其同乡刘某某称其有一张署名盛某喜、票号为皖007651××、面额为4800万元的凭证式国债收款凭证,并谎称该凭证式国债为一山西煤矿的老板存在其处的钱。实际上,该凭证式国债并非盛某喜通过合法途径从银行获取。盛某喜授意刘某某持该凭证式国债来到内蒙古自治区呼伦贝尔市海拉尔区寻找贷款人,并允诺如果刘某某以该凭证式国债在银行办理质押贷款成功,就将从贷款人处获得的好处费分一部分给他。刘某某将该凭证式国债传真给其在呼伦贝尔市海拉尔区的朋友曲某某问是否可以贷款,曲某某说可以,并联系到贷款人李某某。2013年3月,刘某某在呼伦贝尔市海拉尔区实地考察了李某某的企业,并取走李某某的营业执照手续在网上进行查询,证实李某某确有能力偿还贷款。回到山东省淄博市后,刘某某将李某某及另一贷款企业的资料交给盛某喜看,盛某喜以李某某有厂子为由同意给其贷款。2013年4月初,刘某某再次由山东省淄博市来到呼伦贝尔市海拉尔区。4月10日10时许,刘某某在呼伦贝尔市海拉尔区工商银行西大街支行持该凭证式国债进行质押贷款时,经银行工作人员核对发现该凭证式国债系伪造,于是向公安机关报案。最终,内蒙古自治区呼伦贝尔市中级人民法院认为,盛某喜使用伪造的有价证券为他人担保向银行办理质押贷款,并希望以此从贷款人处获取非法利益,情节严重,其行为构成有价证券诈骗罪。[1]

【案例7-5】自2015年10月至本案案发前,被告人郭某米、杨某、李某与薛某军(另案处理)、王某成(另案处理)等人结成相对固定的团伙,以非法占有为目的,使用伪造的"国债认购凭证""银行存单",以帮助被害人融某的名义,骗取多名被害人钱财。其中,涉及金融诈骗罪的案件事实是:(1)2016年5月至7月,被告人郭某米、李某、杨某等人虚构可以帮助办理融资质押担保的事实,使用伪造的银行存单,骗取被害人任某1,299,998元;(2)2016年6月至8月,被告人郭某米、李某、杨某等人虚构可以帮助办理融资质押担保的事实,使用伪造的银行存单,骗取被害人黄某139万元;(3)2016年9月,被告人郭某米、李某、杨某等人虚构可以帮助办理融资质押担保的事实,使用伪造的银行存单,骗取被害人田某35万元;(4)2017年3月,被告人郭某米、李某等人虚构可以帮助办理融资质押担保的事实,使用伪造的银行储蓄存单,骗取被害人黄某235万元。涉及有价证券诈骗罪的案件事实是:(1)2016年7月29日,被告人郭某米、李某、杨某等人虚构可以帮助办理融资质押担保的事实,使用伪造的"国债认购凭证",骗取被害人任某159万元;(2)2015年10月至2016年2月,被告人郭某米、李某、杨某等人虚构可以帮助办理融资质押担保的事实,使用伪造的"国债认购凭证",先后骗取被害人吴某、周某1共计33万元;(3)2017年5月,被告人郭某米、李某、杨某等人虚构可以帮助办理融资质押担保的事实,使用伪造的国债凭证,骗取被害人马某2万元。[2]

从法院区别列举事实的做法来看,其认为使用伪造的国债凭证不同于常规的金融凭证诈骗行为,应当有所区分,应评价为有价证券诈骗行为。

总体来看,将国债收款凭证视为有价证券进而认定行为人构成有价证券诈骗罪的判例在该罪公开案例中所占比例较高,反之,否定国债收款凭证属于有价证券的判决反而是极少数。

前述矛盾判决可引起对有价证券诈骗罪的一系列思考:(1)既然只有具有流通可能性的、国家发行的债权凭证才可能受该罪保护,那么国家发行的

[1] 参见盛某喜有价证券诈骗案,内蒙古自治区呼伦贝尔市中级人民法院(2014)呼刑终字第71号刑事裁定书。

[2] 参见郭某米、李某金融凭证诈骗、有价证券诈骗案,安徽省淮南市中级人民法院(2019)皖04刑终170号刑事裁定书。

有价证券在范围上是否具有一定的限制？（2）既然只有具有流通可能性的有价证券才可以受到保护，那么可否将有价证券诈骗罪的客体限缩为国家发行有价证券的流通秩序，而非笼统地称为国家发行有价证券管理秩序？从前引案例来看，将有价证券诈骗罪的主要客体限定为国家有价证券流通秩序更具合理性，也更具指向性。如本章第二节讨论的，如果将视角放在经济学或监管上，那么有价证券的概念既有相对确定的范围，也不失广泛和弹性，因为根据“有价证券”的广义定义，各类金融票据以及货运合同中常见的提单、仓单等单据，还包括股票、债券等权利凭证，都属于“有价证券”。根据《刑法》第 197 条的规定，有价证券诈骗罪的行为对象是国库券和“国家发行的其他有价证券”。因《刑法》对“国家发行”的限定，本章第二节中“有价证券”的范围还需要进一步限缩，如股票、公司企业债券系私主体发行，不符合《刑法》第 197 条对有价证券范围的限定，而仅作为持券人权利凭证却不具有流通合法性、可能性的国家发行的有价证券，应当予以排除。

前文已对有价证券的概念范围作出限定，且整体上借鉴了监管部门、前置法对资本证券即狭义“有价证券”的定性。按照一般定义，广义的有价证券包括商品证券、货币证券与资本证券。而监管层面通常将“有价证券”这一概念等同于资本证券，其采取的是狭义定义。所谓资本证券（Capital Security），是指由金融投资或与金融投资有直接联系的活动而产生的证券。持券人对发行人有一定收入的请求权，包括股票、债券及其衍生品种，如基金证券、期货合约等。

一种观点认为，所谓有价证券应当泛指广义的有价证券。但如此解释的话，“国家发行的其他有价证券”在范围上容易泛化，例如，甲伪造一批具有流通价值的邮票在集邮市场上兜售，最终被查获。甲具有非法占有目的，而且其行为属于隐瞒事实，虚构真相，评价为普通诈骗罪当无疑问，那么，这一诈骗行为是否应进一步定性为有价证券诈骗罪？邮票在广义的有价证券类别上可勉强解释为“商品证券”。所谓商品证券，是证明持券人有商品所有权或使用权的凭证，按照一般理解，取得这种证券就等于取得这种商品的所有权，而持券者对这种证券所代表的商品所有权受法律保护。市场上常见的商品证券包括货运合同中的提货单、运货单、仓库栈单等。邮票是供寄递邮件贴用的邮资凭证，但若将邮票解释为商品证券，比对有价证券诈骗罪的主要课题——“国家发行有价证券的流通秩序”，则显然是扩大了有价证券诈骗罪犯罪对象的范围。在这一立场下,上文案例会按有价证券诈骗罪进行处理,理由是邮票属于有价证券,且发行主体是国家的政府部门——邮票上明确地标有“中国邮政”的字样,因而甲的行为符合有价证券诈骗罪的构成要件,是使用伪造的国家发行的其他有价证券,进行诈骗活动。

另一种观点则试图以同类解释原则为基础,进一步限缩“有价证券”的范围。这一观点认为,前述案例中甲的行为不符合有价证券诈骗罪的构成要件,而只需要按一般诈骗罪定罪量刑即可。其理由是,《刑法》第 197 条规定的“国家发行的其他有价证券”是兜底性规定,与“国库券”并列,实际上构成一组开放式列举。按照同类解释规则,此处所谓的“国家发行的其他有价证券”应当与国库券具有相当程度的同质性。国家发行的其他有价证券内涵具有限定性,是指和国库券在性质上类似的有价证券。从“法不言废语”的精神出发,对该条可作如下分析:《刑法》第 197 条已经列举有价证券诈骗罪的第一个犯罪对象——国库券,而如果“国家发行的其他有价证券”并无内涵上的限定,那么《刑法》法条确无必要将国库券单列出来。换言之,刑法条文中列出“国库券”实际上是以举例子的方式说明“国家发行的其他有价证券”在概念上并非漫无边际。以国库券为例同样说明,《刑法》第 197 条要保护的不是所有类型的国家有价证券,而是具有市场流通价值和流通可能性的国家有价证券。基于这一论断,可以说,邮票虽然属于广义上的有价证券,但其作为权利凭证记载的权利内容与国库券迥异,其市场流通性也较国库券等狭义有价证券弱。因此,甲的行为并不符合有价证券诈骗罪的构成要价,而应当以普通诈骗罪进行定罪处罚。

这样的观点是根据条文语序对有价证券的范围进行实质性限缩。这一思路能够在犯罪客体的探究上找到佐证。若从立法体例出发,有价证券诈骗罪规定在《刑法》第三章“破坏社会主义市场经济秩序罪”中的第五节“金融诈骗罪”中。有价证券诈骗罪所处的章节位置说明该罪的法益侵害性侧重于金融管理秩序,但如果将有价证券解释为广义证券,那么该罪所保护的实际上就不再是金融管理秩序。以使用伪造的彩票、邮票等进行诈骗为例,此类行为实际上并非对金融领域管理秩序的侵害,而是对“财产性利益”本体的侵害,因为彩票、邮票、车票、传票等凭证仅仅具备一般性的财产利益,而不具备金融属性,其只符合有价证券诈骗罪的次要客体,不具备主要客体的性质,即相关行为并未损害国库券及其类似的其他有价证券在使用及流通中的权威、信誉。简言之,利用伪造的邮票或彩票等广义上的有价证券进行诈骗犯罪,只能评价为普通诈骗犯罪,因其行为尚不足以危及国家金融管理秩序,也就不能以有价证券诈骗罪定罪处罚。

通行的刑法教科书往往对该罪所描述的"有价证券"进行详尽列举。除了国库券,通常理解的国家发行的有价证券还包括财政债券、保值债券、国家重点建设债券等少数几类有价证券。需要解释的问题是,为何立法者并不追求细致地、多样地列举,而是以"国家发行的其他有价证券"进行概括规定?一方面,刑事立法的条文表达有精简的需求,所以现有的表达方式是文字简练的追求所致;另一方面,立法者设置有价证券诈骗罪时,我国社会尚处于变动不居的时代,金融领域的基本立法、基本监管和基本运作还未稳固,加之金融工具本就有创新的重大需求,刑法立法用穷举的方式过早地限定该罪的保护对象,有损于法律的灵活性。

因此,用"国家发行的其他有价证券"代替一一列举,不仅避免了法条文繁杂、冗长之弊,还为法条的灵活、扩张适用保留了余地。这样的弹性立法更是表明,对国家发行的有价证券进行概念界定,应当充分参考前置法及监管实践对有价证券的定义,因为监管及行政执法层面的概念界定所反映的是监管机构及行政执法机关根据当下的实际需求进行的及时修正。总之,有价证券诈骗罪的主要客体应定性为国家发行有价证券的流通秩序,在此犯罪客体的定性下,"有价证券"的概念范围应当与前置法、行政执法保持一致性。

二、以"流通秩序"为客体影响此罪彼罪的辨析

通过界定有价证券诈骗罪的主要犯罪客体,能够更进一步地检讨"有价证券"的概念边界,从而限缩该罪的适用。而在进一步明确有价证券诈骗罪罪与非罪问题的基础上,相关结论对有价证券诈骗罪所涉相关犯罪此罪与彼罪的界定同样有相当的助益。

首先,有价证券诈骗罪与伪造、变造有价证券罪存在界限。在司法实践中,因为犯罪链条并不发达,行为人只能亲自制作有价证券,继而实施有价证券诈骗行为,因而往往会同时触犯伪造、变造有价证券罪与有价证券诈骗罪,且二者系手段与目的关系,并具有手段、目的的牵连性而以牵连犯的定性从一重罪处罚。罪数问题之外,两罪存在重大区别,需要细致的罪名辨

析。主要区别是,两罪侵犯的客体不同。一方面,伪造、变造有价证券罪的犯罪客体是一元的而非复合的,因为不具有非法占有目的,也不存在财产客体。伪造、变造有价证券罪侵犯的客体是单纯的国家对国家有价证券的管理制度,但有价证券诈骗罪不仅侵犯国家对国家有价证券的管理制度,尤其是其中的金融管理秩序,还作为特殊诈骗犯罪侵犯受害人的公私财产所有权。另一方面,伪造、变造有价证券罪并非选择性地保护国家发行的有价证券及国库券,而是同时保护市场私主体发行的各类有价证券,其保护对象更加宽泛。

其次,因两罪的客体不同,有价证券诈骗罪与伪造、变造有价证券罪的客观行为表现同样存在相当的差异。总的来说,伪造、变造有价证券仅仅是伪造、变造有价证券的行为,行为人主观上并无非法占有受害人财物之目的,而有价证券诈骗罪是以使用伪造、变造有价证券为手段,在非法占有目的的驱动下,对受害人实施诈骗活动。换言之,有价证券诈骗罪是以使用伪造、变造的有价证券为前提事实,至于该证券是行为人本人伪造、变造,还是接手他人伪造、变造的有价证券则在所不问。因有价证券诈骗罪以国家发行证券的自由流通秩序为主要犯罪客体,行为人虽然在主观上有非法占有目的,但在方式上并非使用伪造、变造的有价证券实施诈骗活动,而是以其他各类方法事实诈骗活动,因而并不构成有价证券诈骗罪,而是构成其他金融诈骗罪或一般诈骗罪。

需要附带讨论的是,若行为人本人亲自伪造、变造国家发行的有价证券,又使用其伪造、变造的有价证券实施诈骗行为,骗取他人财物,应该如何处理?理论上可以区分两种情况进行讨论:

第一种情况,伪造、变造国家发行有价证券或国库券的行为人本人使用伪造的凭证进行诈骗活动。在这一情况下,可以推定行为人自主实施伪造、变造有价证券的行为是进一步实施有价证券诈骗行为的手段行为,因而存在手段行为与目的行为的牵连关系。因此,如果行为人的行为同时符合伪造、变造国家有价证券罪和有价证券诈骗罪的构成要件,且具有手段和目的的牵连关系,则应按牵连犯从一重罪处罚的原理进行处理。

第二种情况,伪造、变造国库券或国家发行的有价证券的行为人将伪造、变造的国库券或其他有价证券转交给其他人,并实施骗取财物的行为。若出现这种情况,那么最终实施有价证券诈骗行为的他人在主观上未必知晓该国库券或国家发行的有价证券是伪造的。理论上,如果行为人不知道使用的国库券或其他有价证券是伪造或变造的,则不构成有价证券诈骗罪;如果行为人主观上系明知,则构成有价证券诈骗罪。实际上,这一逻辑在实践中已被尝试着作为无罪辩护的辩护思路。在下文案例 7－6 中,辩护人即试图论证行为人主观上并不明知其使用的有价证券系伪造而为行为人进行无罪辩护。

【案例 7－6】2013 年,被告人富某甲与尹某甲一同前往河南省漯河市找陈某甲低价办理了编号为豫 IXIX00416 × × × 的中华人民共和国凭证式国债收款凭证(户名富某甲、面额为 4900 万元、开户行为工商银行河南省周口七一路支行国债券)。2016 年 3 月 29 日,富某甲与王甲、马某甲、许某甲口头商定,以富某甲的国债向海东市乐都区工商银行抵押办理 100 万元的贷款,用于马某甲名下的华泽燃气公司的周转资金,马某甲将华泽燃气公司或河北曹妃甸的工程项目抵押给富某甲。次日,富某甲、王甲、马某甲、许某甲一行四人前往海东市乐都区工商银行办理国债贷款业务。经海东市乐都区工商银行向该国债开户行证实,此国债凭证为虚假凭证。海东市乐都区工商银行遂以复核为由未办理该业务,并于同年 3 月 31 日向海东市乐都区公安局报警。在该案中,辩护人发表辩护意见称:上诉人富某甲不具有非法占有的目的,去银行也只是一种咨询行为;凭证式收款凭证只有复印件,且对该凭证没有专业部门的说明及司法鉴定意见,不能认定其真伪;凭证式国债收款凭证是从尹某甲手中购买的,富某甲文化程度有限,不能辨别真伪。二审法院认为,上诉人富某甲在侦查阶段称其通过朋友尹某甲办理伪造的国债凭证,该供述与证人尹某甲的证言相互印证,能够证实其主观上明知该凭证式国债系伪造的,并且故意持该凭证式国债到银行质押贷款。书证工商银行系统内汇划查询书及查询复查书、凭证式国债收款凭证复印件、身份证均证实,工商银行河南省周口七一路支行未签发凭证号为 IXIX00416 × × ×,户名富某甲,账号 00110074002 × × × × × × × ×,金额 4900 万元的凭证式国债收款凭证,即该国债凭证属伪造凭证,与上诉人富某甲的供述及证人尹某甲的证言相印证。证人申某甲、熊某甲均证实办理贷款业务要对该凭证进行真伪审查,购买国债需要交纳同等价值的金额,并能辨认出上诉人富某甲向银行交付身份证和国债凭证原件办理贷款业务,因审核系伪造凭证后未予办理贷款,且证人马某甲、许某甲证实,当时去海东市乐都区工商银行意欲用上诉人富某甲的国债凭证办理贷款100万~200万元,并非上诉人所称只是咨询国债凭证的真伪。抓获经过证实,其在贷款未果后离开案发现场,直至网上追逃后被抓获,其主观上不能排除具有非法占有的目的。上述证据能够证实上诉人富某甲使用伪造的凭证式国债收款凭证进行贷款诈骗,其与辩护人称原判认定事实不清,证据不足,请求依法宣告无罪的诉辩理由不能成立,法院不予采纳。〔1〕

上述辩护意见并未得到法院认可,法院基于经验法则认定行为人主观上明知其使用的有价证券是伪造的。在证明规则上,对罪过心理的证明依赖经验法则和推定,所以笔者认为,法院所作的事实认定应予肯定。

除了实践中常发的伪造、变造国家有价证券罪与有价证券诈骗罪难以分辨,伪造、变造股票、公司、企业债券罪与有价证券诈骗罪同样在犯罪对象上存在混淆。如前所述,国家发行的有价证券并不包含私主体发行的有价凭证,如企业股票、债券等,所以使用伪造的企业股票、债权实施诈骗的行为可构成相应金融诈骗罪,而不属于有价证券诈骗罪的规制范围。至于其伪造、变造私主体发行证券的手段行为,则可以适用《刑法》第178条规定的伪造、变造股票、公司、企业债券罪。而若是伪造邮票或车船票、机票等有价票证的,则可以适用《刑法》第227条规定的伪造有价票证罪。存有争议的问题在于,伪造、变造外国政府发行的有价证券进行诈骗是否构成有价证券诈骗罪?笔者认为,应构成有价证券诈骗罪。理由如下:

第一,我国《刑法》虽然以本国为适用范围,但并没有明确规定只有使用伪造、变造中国发行的有价证券才构成本罪。从文义来看,法条使用的词汇是"国家",而不是"中国",那么自然可以解释为包含国外政府发行的有价证券。这一理由还可得到体系解释的印证,如持有、使用假币罪从未将货币的范围局限于人民币,而是包括外币,其背后的逻辑是,只要相应的货币、票证受到市场认可,则不必考虑该法定货币的产地或来源国,例如,2000年最高人民法院发布的《关于审理伪造货币等案件具体应用法律的若干问题的解释》第7条第1款规定:"本解释所称'货币'是指可在国内市场流通或者兑换的人民币和境外货币。"

〔1〕 参见富某甲金融凭证诈骗、有价证券诈骗、贷款诈骗案,青海省海东市中级人民法院(2017)青02刑终55号刑事裁定书。

第二,国外政府发行的证券在市面上因各国中央政府的信用保障,具有与我国国家发行的有价证券相似的信誉加持。我国《刑法》之所以区分国家发行的有价证券与一般有价证券,并以不同金融诈骗罪名区别保护,理由是,政府尤其是中央政府部门发行的有价证券具有更高的信誉,在资本市场上的流通秩序也更稳固,因而不同于私主体发行的证券,需要特别保护,而这一理由对于国外政府发行的有价证券同样成立。

第三,考虑今后在证券领域可能出现的国际条约或司法合作,应当前瞻性地对国外政府发行的有价证券一视同仁地加以保护,免去将潜在的国际条约转化为国内法的烦琐步骤。随着金融市场的全球化以及我国坚定金融市场开发、促进人民币国际化的政策推进,与其他国家或地区在金融监管上落实国际法对等原则至关重要,而从司法实践中给予国外政府发行的有价证券以同等保护,符合我国的金融改革政策。

第四,即便是国内,也存在香港特别行政区、澳门特别行政区、台湾地区发行的有价证券流通于内地市场的状况,而港澳台地区的跨境金融合作已有逐步深入的迹象,例如,香港投资者可通过"港股通"[1]投资购买A股的股票或国债、基金。随着股票市场上跨境ETF[2]种类的逐步丰富,跨境间接持有其他国家或地区发行的有价证券的情形将越来越多,因而同等保护将成为服务于潜在金融协作的重要方式。

以"国家发行有价证券流通秩序"为主要客体的定性同样有助于解释另一争议问题——使用作废、无效的国家有价证券进行诈骗活动该如何定性的问题。截至本书写作完成时,尚无此类型的案例公开,但考虑此行为的可预见性较高,应当从理论上先予前瞻性探讨。从有价证券诈骗罪的主要犯罪客体来看,作废、无效的国家有价证券并不具有流通价值,其在市场上的流通本身即为对该债权凭证交易价值的虚构,因而并未侵犯国家发行有价

〔1〕 投资者委托上海证券交易所会员,通过上海证券交易所证券交易服务公司,向香港联合交易所进行申报,买卖规定范围内的香港联合交易所上市股票。它的范围是香港联合交易所恒生综合大型股指数、恒生综合中型股指数的成分股和同时在香港联合交易所、上海证券交易所的A+H股公司股票。

〔2〕 跨境ETF,是指以境外资本市场证券构成的境外市场指数为跟踪标的、在国内证券交易所上市的ETF,是基金的一种。ETF是Exchange Traded Funds(交易型开放式指数基金)的简称,通常又被称为交易所交易基金。

证券的流通秩序本身,而是普通诈骗行为。相反的思路是,国家发行有价证券的作废、无效本就是国家有价证券流通秩序的一部分,因为在公权力视角上,监管部门及发行部门有权力决定哪些国家发行的有价证券能够在市场上继续流通,也有权力决定哪些国家发行的有价证券已经不能在市场上继续流通。

因此,若行为人违背监管机构意志,虚构作废、无效的国家发行有价证券的交易价值,其不仅侵害了受害人的财产利益,也是对国家发行有价证券流通秩序的侵害,只不过这里的"流通秩序"被理解为包含国家发行有价证券进入与退出市场的流通秩序,是更广义的概念界定。这样的解释思路存在体系解释的根据,如信用卡诈骗罪的犯罪对象并未排斥作废、无效的信用卡,因为使用作废的信用卡本身也是对信用卡管理秩序的冲击,其他类似的立法或司法解释逻辑也存在于合同诈骗罪对"作废的票据或者其他虚假的产权证明作担保"的规定,包括票据诈骗罪中"明知是作废的汇票、本票、支票而使用"的规定,以及信用证诈骗罪中"使用作废的信用证"的规定。但是,这一解释思路对"流通秩序"采取的是广义的概念,实际上大大扩张了"流通秩序"的概念范畴,甚至是将该罪的犯罪客体等同于"管理秩序",因而并无限缩犯罪认定的效果,也无法准确指引该罪的解释。根据前文的论证,即便认为行为侵害了本罪的犯罪客体,也无法将作废、无效的国家有价证券解释为适格的犯罪对象,而且前述体系解释的例证均来自实定法的明文规定。由于有价证券诈骗罪无此列举,在罪刑法定的立场上,反而证明该类行为不构成有价证券诈骗罪。

第四节　数罪并罚的限制适用

在犯罪学视角上考察有价证券诈骗罪,可以看出,有价证券诈骗罪并无完整的犯罪链条,不涉及严密的"黑灰产"问题,所以实践中往往需要行为人实施较多的铺垫性、手段性行为,才能够最终利用有价证券实施诈骗行为,因而容易同时触犯其他罪名,在罪数上存在较大争议,例如,是否适用牵连犯及牵连犯适用边界问题。此外,由于有价证券诈骗罪的犯罪行为同时符合普通诈骗罪及其他金融诈骗罪,其还存在想象竞合与法条竞合问题。

就小前提而言,有价证券诈骗罪往往伴随其他犯罪行为,下文将对常见的附带性、类型性犯罪列举说明。

一、与伪造、变造金融票证罪的牵连

伪造有价证券的内涵,是通过模仿真正的有价证券,在外观上以假乱真,使买家、受转让者无法辨别。从体系解释出发,对伪造有价证券的理解可借鉴伪造货币罪的解释思路:"伪造"是"从无到有",不同于在真实素材上继续加工的"变造"。但是,犯罪人伪造的有价证券必然具有现实的证券模型。如果行为人并非基于现实证券的模型,而是以自己杜撰出的"国库券或其他有价证券"实施诈骗行为,则不属于该罪的涵摄范围,只能以一般性的诈骗罪定罪处罚。同理,变造,是指犯罪人以真实的、实际流通的有价证券为基本素材,对其内容进行裁剪、拼接、涂改等加工,从而影响原真实有价证券的市场信誉。若以学理方式定义,那么所谓伪造有价证券,是指仿照国家发行的有价证券的票面、颜色、形状,采用各种方法制作的冒充其有价证券的假证券,而所谓变造有价证券,是利用真实有价证券,采用挖补、剪贴、涂改等方法,增大票面面额的行为。伪造、变造有价证券仅是有价证券诈骗罪的手段和铺垫行为,如果行为人没有伪造、变造行为,而是在明知有价证券是伪造、变造的情况下,仍然用以骗取公私财物,仍然构成有价证券诈骗罪。如果这些有价证券是行为人自己伪造、变造的,则又触犯《刑法》第197条规定的伪造、变造有价证券罪,如果对牵连犯采取较为宽泛的定性,仅关注其手段与目的关系,则应视其为牵连犯,从一重罪处罚。由于牵连犯的定性较为模糊,实践中在伪造、变造金融票证罪与有价证券诈骗罪是否属于牵连犯的问题上存在不小的争议,但以肯定的裁判立场居多。

在下述案例7-7中,行为人实施的有价证券诈骗行为与其伪造、变造有价证券的行为是并发的,而最终只定了有价证券诈骗罪一罪。该案的公开判决真实反映出伪造、变造金融票证罪与有价证券诈骗罪的并发性、类型性。

【案例7-7】2001年2月上旬,被告人邹某利、吴某川商定由邹某利出面联系外地公司,吴某川负责找人冒充银行工作人员给假国债券核保,进行行骗。随后,邹某利使用伪造的三张面额均为1000万元的"九九式"国债收款凭证,户名为海南盛财福利扶贫发展有限公司(系虚假公司),账号为

01012104710，称此凭证可以进行质押贷款，骗得河北天元公司法人代表梁某成的信任。后于同年2月16日，邹某利利用伪造的海南盛财福利扶贫发展有限公司企业法人营业执照（副本）、企业法人代码书、公司公章、董事会章、合同专用章、财务专用章、法定代表人张某的私章、海南盛财福利扶贫发展有限公司董事会决议和法人授权委托书，以海南盛财福利扶贫发展有限公司法人代表张某的名义，与河北天元公司在海口市签订了一份2000万元的国债质押协议书。2月25日，被告人邹某利让被告人吴某川找人冒充银行工作人员给假国债收款凭证核保。第二天，吴某川通过"阿海"（在逃）联系到的"老林"（在逃），在梁某成等人面前冒充中国银行海南省分行营业部工作人员，对两份《国债质押冻结证实书》和假的国债收款凭证作了虚假核保。为此，被告人邹某利向梁某成索要预付款20万元，2月27日，梁某成先付给邹某利15万元，邹某利分给吴某川146,000元，吴某川将46,000元给了"老林"和"阿海"。在该案中，行为人实施的伪造、变造有价证券行为同时触犯伪造、变造金融票证罪，但因其手段性以及与有价证券诈骗行为的牵连性，只认定为有价证券诈骗罪。[1]

二、与诈骗罪的牵连

以伪造、变造的有价证券抵销债务或设立抵押、提供担保，容易触犯多类型的诈骗罪，包括诈骗罪、合同诈骗罪及"金融诈骗罪"一节中的其他罪名。司法实践中存在犯罪人在自身所欠的债务到期后，并不以现金予以偿还，而是寻找各种借口以伪造、变造的有价证券进行抵销的行为方式。类似的行为是，行为人先行购入虚假的有价证券，又在后续交易中以之作为交易对价，或以此提供担保。前述案例7－6即属于此种类型的犯罪。在该案中，行为同时符合《刑法》多个分则法条规定的构成要件，如金融凭证诈骗罪和贷款诈骗罪，以及案由中并未提及的合同诈骗罪和诈骗罪。若无统一的罪数理论指导，忽略罪名之间的想象竞合与法条竞合关系，则极容易导致重复评价或遗漏评价。

---

〔1〕 参见邹某利等伪造、变造金融票证案，海南省海口市中级人民法院（2001）海中法刑初字第78号刑事判决书。

三、手段行为与相关犯罪的关联

行为人实施有价证券诈骗的方式不局限于有价证券本身,还可能为骗取信任而使用虚假身份证、工作证等身份证明,或使用虚假的债务合同、裁判文书等证明自己急需用钱还债,迫不得已将所持有的有价证券低价变现等,此时其手段行为容易同时触犯其他多种犯罪。

【案例7-8】行为人为实施有价证券诈骗行为,采取一系列附带的违法犯罪行为:2012年开始,储某柱向多家投资担保公司借款。2013年4月至2014年4月,储某柱向被害人陈某、丁某、李某、付某、唐某、王某、刘某1经营的担保公司借款622.706万元,为在借款时取得被害人的信任,储某柱以伪造的国有土地使用证、机动车登记证书作抵押。判决认为,被告人储某柱明知自身已丧失偿还债务的能力,仍隐瞒事实真相,以伪造的国有土地使用证、机动车登记证书等作抵押,从他人处骗取钱款,用于归还借款及高息或供其个人任意支配,最终致使巨额款项无法返还,后在无力继续偿还债务、被他人追债的情况下失联,进一步表明其已无归还债务的意愿,非法占有的故意明显,而其骗取他人钱款数额特别巨大,其行为已构成诈骗罪。法院认为,公诉机关指控被告人储某柱犯有诈骗罪的犯罪事实及罪名成立,予以支持。法院同时认为,被告人储某柱使用伪造的国有土地使用证、机动车登记证书是为骗取被害人的钱款而创造条件的行为,该手段行为应被目的行为所吸收,属牵连犯。在该案中,罪数理论的适用成为控辩双方的争论焦点。检方提出行为人伪造国家机关证件、印章罪的指控,而辩方则认为伪造国家机关证件、印章与后续的有价证券诈骗行为系牵连犯,应以一罪论处。[1]

该案说明,罪数理论的适用成为控辩双方的争论焦点:检方提出行为人伪造国家机关证件、印章罪的指控;辩方则认为伪造国家机关证件、印章与后续的有价证券诈骗行为系牵连犯,应以一罪论处。行为人实施有价证券诈骗的方式不局限于有价证券本身,还可能为骗取信任而使用虚假身份证、工作证等身份证明,或使用虚假的债务合同、裁判文书等证明自己急需用钱还债,迫不得已将所持有的有价证券低价变现等,此时其手段行为容易同时

---

〔1〕 参见储某柱诈骗、有诈骗、有伪造国家机关证件、印章、伪造国家机关证件、印章案,新疆维吾尔自治区喀什地区中级人民法院刑事裁定书(2017)新31刑终170号。

触犯其他多种犯罪。

四、有价证券诈骗与其他犯罪关联的总置评

前述行为类型及实践案例中的罪数疑难有两点:一是数行为触犯数罪时,应数罪并罚还是适用牵连犯的处断规则;二是一行为触犯数罪时,应当如何适用法条竞合或想象竞合。牵连犯在理论上属于处断的一罪,但因其标准模糊而难以在实践中准确运用,容易成为控辩双方的争议焦点。上文提及的案例7-8中,控辩双方在伪造国家机关证件、印章是否要单独定罪的问题上即存在重大分歧,虽然法院最终采纳了辩方的主张,认为应以牵连犯定罪处罚,但本案仍体现了有价证券诈骗及相关犯罪作为牵连犯的定性难题。对此,应回溯牵连犯的理论基础,对其司法适用进行简要评析,以求改进有价证券诈骗罪及其手段性犯罪的关系认定。

牵连犯,是指行为人为实施某种犯罪,而其手段行为或者结果行为又触犯其他罪名的情形。牵连犯本身是实质数罪,但为了限制数罪并罚的范围,一般不实行数罪并罚,[1]例如,以伪造国家机关公文的方法(方法行为)骗取公私财物(目的行为),分别触犯伪造国家机关公文罪和诈骗罪,但只从一重罪论处。此即牵连犯的典型样态。[2] 拆解其要件,可以将牵连犯认定的要点概括为:(1)牵连犯以实施一个犯罪为目的;(2)牵连犯必须有数行为;(3)数行为触犯不同罪名;(4)数行为之间存在牵连关系。就有价证券诈骗罪的实务问题而言,要件(1)、(2)、(3)都较容易判断,真正标准模糊的是要件(4)。传统理论对"牵连关系"的判断并未给出明确的操作标准,而涉及的学说立场则被笼统地概括为主观说、客观说以及折中说。主观说认为,应以行为人的主观意思为标准,判断牵连关系的有无;客观说认为,应以客观事实是否具有牵连性质为标准;折中说则主张在主观说与客观说之间寻求综合标准。[3] 但是,对何为主观的"牵连关系",何为客观的"牵连关系",及二者的折中形态为何,理论界并未给出清晰明朗的答案。也因此,理论界多倾

---

[1] 参见陈兴良:《从罪数论到竞合论——一个学术史的考察》,载《现代法学》2011年第3期。

[2] 参见高铭暄、马克昌主编:《刑法学》(第10版),北京大学出版社、高等教育出版社2022年版,第193页。

[3] 参见高铭暄、马克昌主编:《刑法学》(第10版),北京大学出版社、高等教育出版社2022年版,第194页。

向于检讨牵连犯的概念本身，其中不乏“牵连犯废除论”的主张。相应地，实务部门对牵连犯的判断标准同样莫衷一是，甚至并未遵循一致的理论标准，例如，《刑法》第399条第4款对司法主体受贿后实施徇私枉法罪，民事、行政枉法裁判罪，执行判决、裁定失职罪及执行判决、裁定滥用职权罪，采取的是牵连犯的立法思路，从一重处罚。但对其他一般国家主体受贿后实施的渎职行为则采取数罪并罚的立场。

而在总体趋势上，如学者所总结的，牵连犯存在从不并罚到并罚的发展趋势，《刑法》与相关司法解释中也逐渐倾向于规定并罚的牵连犯。[1] 罪数理论的根本目的是服务于准确定罪与适当量刑，而以牵连犯理论限制数罪并罚的根本理据正在于行为人主观上仅有一个犯罪目的，其人身危险性决定了从一重论处的合理性。如果无限制地采取数罪并罚的策略，容易导致罚不当罪。对于有价证券诈骗行为中的牵连犯问题，应当以类型性、通常性、惯常性，确定实现有价证券诈骗必经的手段行为，如伪造、变造金融票证行为，并将惯常并发的数罪定性为牵连犯，从而限制数罪并罚的适用。以此标准检验本节所引的诸多案例，则不难看出，实务中更大的问题在于牵连犯的适用过于谨慎，理应多加援引，以限制刑罚力度。

除了以牵连犯理论对有价证券诈骗行为的数罪并罚加以限制，还需要避免对诈骗类罪所产生的竞合关系进行数罪并罚。与所有金融诈骗罪一样，有价证券诈骗罪的次要客体通常被概括为公私财产的所有权，因而与普通诈骗罪及“金融诈骗罪”一节中的各类诈骗犯罪存在法条竞合或想象竞合关系。在理论上，想象竞合与法条竞合统一归入“竞合论”，二者的共同点是一行为触犯数罪，且最终都是从一重论处。因为我国《刑法》并未对罪数问题进行细致规定，所谓的“竞合论”也都是以学术理论的形式存在，并非被司法实践彻底贯彻。从司法实践的态度来看，为了实现罪行均衡，司法机关通常会以“竞合论的思维”限制数罪并罚的滥用，但“限制”的标准并不稳定，且几乎不会在裁判文书中写明判决所依据的理论是想象竞合还是法条竞合。想象竞合与法条竞合在界限上很难清晰辨认，但二者的共同点是只有观念意义上的一行为。[2]

---

〔1〕 参见陈兴良：《从罪数论到竞合论——一个学术史的考察》，载《现代法学》2011年第3期。

〔2〕 参见陈兴良：《教义刑法学》，中国人民大学出版社2017年版，第708～709页。

然而,即便是观念上的、物理意义上的行为数量判断,也并非没有分歧。例如,《刑法》第 204 条规定:“以假报出口或者其他欺骗手段,骗取国家出口退税款,数额较大的,处五年以下有期徒刑或者拘役,并处骗取税款一倍以上五倍以下罚金;数额巨大或者有其他严重情节的,处五年以上十年以下有期徒刑,并处骗取税款一倍以上五倍以下罚金;数额特别巨大或者有其他特别严重情节的,处十年以上有期徒刑或者无期徒刑,并处骗取税款一倍以上五倍以下罚金或者没收财产。纳税人缴纳税款后,采取前款规定的欺骗方法,骗取所缴纳的税款的,依照本法第二百零一条的规定定罪处罚;骗取税款超过所缴纳的税款部分,依照前款的规定处罚。”虽然《刑法》第 204 条所规定的构成要件行为在观念和物理意义上只有一个,但为实现罪行均衡,立法者在第 2 款中仍强调对该情形数罪并罚。换言之,事实上的一行为可能对应着规范上的数行为。司法解释同样在相当多的情形下否定“竞合论”的存在,例如,最高人民法院、最高人民检察院《关于办理贪污贿赂刑事案件适用法律若干问题的解释》第 17 条规定:“国家工作人员利用职务上的便利,收受他人财物,为他人谋取利益,同时构成受贿罪和刑法分则第三章第三节、第九章规定的渎职犯罪的,除刑法另有规定外,以受贿罪和渎职犯罪数罪并罚。”也就是说,虽然行为本身可能是一个完整的受贿行为——收取行贿者给付的财物并为其谋取不法利益,而且受贿者在为行贿者谋取不法利益的同时触犯滥用职权罪,但仍以数罪并罚论处。

从已公开判例来看,对“竞合论”的“不稳定适用”在已公开判例中有相当明显的体现:有相当数量的案件并不直接以有价证券诈骗为案由,而是控辩过程中提及被告人行为同时该当有价证券罪的构成要件。甚至有相当数量的案件存在公诉与定罪罪名不一致的情况,即法院对检方指控的罪名不认可,或是将其从有价证券诈骗罪改为其他犯罪定性,或是将其从其他金融诈骗罪名的指控变更为有价证券诈骗罪定性。例如,在部分公开案例中,有价证券诈骗行为同时触犯合同诈骗行为,容易被定性为数罪。“马某有有价证券诈骗罪”即是一例。[1] 下文案例 7－9 中,因为行为人同时涉嫌触犯金融凭证诈骗罪与有价证券诈骗罪,检方采取的指控方案是在小前提上不区分两罪所对应的事实,统一举证,但在规范评价上却主张数罪并罚。

---

〔1〕 参见安徽省马鞍山市中级人民法院刑事裁定书,(2019)皖 05 刑终 354 号。

【案例7－9】寿县人民检察院指控：自2015年10月以来，被告人王某成伙同郭某米(已判决)[1]、李某(已判决)、杨某(已判决)、薛某军等人，以非法占有为目的，分工合作，冒充银行行长、民政局局长等虚假身份，使用虚假的国债凭证、银行存单，以帮助被害人融某的名义，骗取被害人钱财1,979,998元。具体事实如下：

(1)2016年5月至7月，王某成伙同郭某米、李某、杨某、薛某军等人，虚构可以帮助办理融资抵押，使用伪造的银行存单，骗取被害人任某1,299,998元；(2)2016年6月至8月，王某成伙同郭某米、李某、杨某、薛某军等人，虚构可以帮助办理融资抵押，使用伪造的银行存单，骗取被害人黄某39万元；(3)2016年9月，王某成伙同郭某米、李某、杨某、薛某军等人，虚构可以帮助办理融资抵押，使用伪造的银行存单，骗取被害人田某35万元；(4)2016年7月29日，王某成伙同郭某米、李某、杨某、薛某军等人，虚构可以帮助办理融资抵押，使用伪造的国债凭证，骗取被害人任某159万元；(5)2015年10月至2016年2月，王某成伙同郭某米、李某、杨某、薛某军等人，虚构可以帮助办理融资抵押，使用伪造的国债凭证，骗取被害人吴某、周某133万元；(6)2017年5月，王某成伙同郭某米、李某、杨某、薛某军等人，虚构可以帮助办理融资抵押，使用伪造的国债凭证，骗取被害人马某2万元。[2]

针对以上犯罪事实，检方主张应以金融凭证诈骗罪和有价证券诈骗罪数罪并罚。对“有价证券”是否包含国债收款凭证暂且存而不论，仅从寿县人民检察院指控犯罪的方式来看，在其立场上，前述列举的六项事实实际上既可以统一评价为有价证券诈骗罪，也可以统一评价为金融凭证诈骗罪，因存在商事合同，自然也可以同时评价为合同诈骗罪，乃至普通诈骗罪。但是，寿县人民检察院并未区分涉案金融凭证与有价证券的界限，而是笼统地将两个罪名涉及的事实作“混淆式”列举，有对同一事实进行双重评价的倾向，进而主张数罪并罚。数罪并罚的指控意味着，同一“诈骗行为”只要符合多个金融诈骗类罪的构成要件，即可双重评价。针对这一指控，审理法院未在判决书中对涉案罪数理论进行细致的说明，而是按照公诉机关的逻辑，将

---

〔1〕 见前述案例7－5。

〔2〕 参见王某成金融凭证诈骗、有价证券诈骗案，安徽省寿县人民法院(2020)皖0422刑初178号刑事判决书。

行为同时评价为金融凭证诈骗罪和有价证券诈骗罪。审理法院认为,被告人王某成伙同他人以非法骗取、占有他人钱财为目的,多次使用伪造的“金融机构出具”的“银行存单”,以帮助被害人融某的名义,骗取多名被害人钱财,其行为构成金融凭证诈骗罪,且属数额特别巨大;被告人王某成伙同他人以非法占有为目的,使用伪造的“国债认购凭证”,骗取多名被害人钱财,其行为构成有价证券诈骗罪,且属数额特别巨大。公诉机关指控成立,应予支持。被告人王某成犯金融凭证诈骗罪和有价证券诈骗罪,应两罪并罚。

在案例7-9中,其辩护人是否针对公诉机关和法院数罪并罚的定性进行申辩,因判决文书并未提及,笔者不便揣测。但在案例7-9的关联案件前述案例7-5中,行为人同时构成金融凭证诈骗罪与有价证券诈骗罪是否属于数罪,成为控辩双方争议的焦点。且值得注意的是,公诉机关在此两个关联案件中指控犯罪事实的方式有相当大的区别。在案例7-9中,检方对金融凭证诈骗罪、有价证券诈骗罪的涉案事实采取的是笼统的“混淆指控”模式,但在案例7-5中则采取了分列式的指控方式,即在金融凭证诈骗罪与有价证券诈骗罪项下,分别列举案件事实。公诉机关指控行为人犯金融凭证诈骗罪的事实内容可概括为:被告人李某、郭某米、杨某等人虚构可以帮助办理融资抵押的事实,使用伪造的银行存单,骗取多名被害人财物。但公诉机关对涉及有价证券诈骗罪相关事实作出了独立于金融凭证诈骗罪的列举,即独立列举被告人郭某米、李某、杨某构成有价证券诈骗犯罪,且区别表明犯罪数额。

从控诉的逻辑来看,行为人所涉有价证券诈骗罪与金融凭证诈骗罪是被分开控诉并区别列举事实的。抛开“国债认购凭证”是否属于有价证券诈骗罪犯罪对象这一争论点,笔者认为,仅在“国债认购凭证”的事实上,检方针对控诉的两个罪名所引证据具有重合之处,例如,检方主张行为人构成有价证券诈骗罪,其列举的基本证据是,涉案“国债认购凭证”、建设银行西华支行出具的协助查询财产通知书(回执)证实:被告人郭某米、李某、杨某等人交给任某1的面额“2000万元”的“国债认购凭证”系伪造。而该事实与检方主张行为人构成金融凭证诈骗罪时所列举的事实有重合,其余证据及事实同样存在多处“两用”,作为指控两罪的事实根据。对此,辩护人提出,行为既已被评价为有价证券诈骗罪,则不能再重复评价为金融凭证诈骗罪,进而对之数罪并罚。但针对此辩护意见,审理法院并未认可,而是同意将犯罪对象进行区分,并进行分别定罪:上诉人郭某米等人实施诈骗犯罪所使用的银行储蓄存单是金融凭证,侵犯的是国家有关金融凭证的管理制度,所使用的凭证式国债收款凭证和储蓄国债(电子式)认购确认书,属于《刑法》第197条所界定的“国库券或者国家发行的其他有价证券”的范畴,行为人侵犯的是国家有价证券管理制度,但对银行储蓄存单、国债收款凭证及储蓄国债(电子式)是否同属国家发行的有价证券则未置可否。从实际量刑来比较,公诉机关及法院认同数罪并罚的思路极大地加重了被告人的刑罚,与“竞合论”指导下的从一重论处在刑度上大相径庭。

笔者的立场是,若相关行为针对的犯罪对象能够同时被视为不同种类金融诈骗罪的犯罪对象,那么司法机关应当进一步采取法条竞合或想象竞合的逻辑,研讨数罪并罚的限制使用,但实务部门在该罪的罪数问题上未见详尽论述。

第五节 单位犯罪罚则与个人责任的具体落实

一、有价证券诈骗行为中的单位意志

因有价证券诈骗罪并未规定单位犯罪主体,实践中遇到的另一难题在于,以单位名义实施有价证券诈骗行为时,如何具体落实行为人的个人责任。在已公开的有价证券诈骗案例中,除了年代较久远的伪造国库券案,有一定数量的有价证券诈骗行为都是以公司名义实施。前文列举的常见犯罪形态,也多以公司名义实施合同签订及交易行为。

例如,前文提及的案例7-6中,所谓伪造的有价证券实际上被用来抵押公司债务。虽判决书并未提及决策主体,但可以合理推测,相关犯罪行为可能由公司决策并以公司名义实施,系公司意志支配下的有价证券诈骗行为,因而不同于纯粹的个人犯罪,在归责上需要特别考虑。又如,在“马某有、孙某余等有价证券诈骗案”中,行为人以商业合同签订为幌子实施合同诈骗或有价证券诈骗行为。[1] 再如,在“苗某、张某海有价证券诈骗案”中,虽控诉

〔1〕 参见安徽省宿州市中级人民法院刑事裁定书,(2015)宿中刑终字第00126号。

及判决均以涉案自然人主体为视角展开案情,但在证据提交中可见企业决策意志的端倪。判决书对事实的认定是:2013年七八月间,齐某通过山东人董某(另案处理)与李某甲达成协议,由齐某支付20万元手续费,李某甲为齐某办理一张票面金额4000余万元的国债收款凭证。后李某甲与陈某甲(另案处理)联系被告人张某海及张某海的上线刘某(另案处理),约定由李某甲等人支付20万元,刘某为李某甲办理一张票面金额4000余万元的国债收款凭证。张某海收取20万元并交给刘某,但未能按约定期限将国债收款凭证交付给齐某等人,后齐某向山东省泰安市警方报案。但检方列举的证人证言则说明,该案行为决策系企业和持有国债的人合作。[1]

借助单位实施的个人犯罪如何惩处,需要思考企业的意思结构,尤其需要体系性地关注我国刑法对单位犯罪的规定及实践。具体而言,出于刑法理论的体系性考虑,对以单位名义实施的仅能由个人实施的犯罪,应当对单位及个人意思的构造进行基础考察。虽然有价证券诈骗罪的公开案件中,即便涉及企业,也大多是小微企业,甚至是为实施犯罪而设立的"皮包公司",但理论上至少可以假设,当企业具有独立人格,且主导了有价证券诈骗行为的实施,企业与企业成员的意思能力分立将是无法否认的法律现实。首先,即便是民法意义上的民商事活动,企业也具有足够的意思能力和责任能力,否则如何成为"法人",又如何进行民商事交往并承担民商事责任?其次,在刑法上,既然《刑法》分则可以将单位入罪,即意味着单位尤其是意思能力完整的企业已经被视为在刑法上具有意思能力、责任能力的主体。因此,单位尤其是企业具备独立的意思能力是不言而喻的。但是,企业的法律主体资格可以说是法律拟制而来,且这里的法律拟制以企业具有自然人成员为基础。

二、意志分离下的罪轻辩护空间

考虑企业尤其是犯罪率更高的中小企业与主要成员在意志上的重合性,由直接责任人员承担以企业名义所犯罪行具有合理性,但也需要辨析企业与成员在意志上的分立,这一点可以近期司法实践部门对企业、企业成员在自首、认罪认罚等问题上的区别处遇为借鉴。在民营企业犯罪的双罚制

〔1〕 参见安徽省宿州市中级人民法院刑事判决书,(2014)宿中刑终字第00452号。

背景下，大部分犯罪实际上是企业成员支配了企业决策，进而实施单位犯罪。只要刑法以及前置法未附加职业禁止的处罚，受刑事处罚的企业成员仍将继续作为企业成员，参与企业未来的经营活动。在这种情形下，由于已受刑事处罚的企业成员都是企业的关键成员，对企业具有控制力，且对所受的刑事处罚保有记忆。表面上看，企业直接责任人员的意思表示与企业本身的意思表示通常情况下并无不同。以认罪认罚或自首为例，在司法实践中，对企业、企业直接责任人员同时追究刑事责任的情形下，企业与直接责任人员分别签署认罪认罚的具结书，是较为普遍的做法。然而在特殊情况下，企业自身可能失去意思表示能力，也可能其意思表示能力受到直接责任人员支配。在这种情况下，对企业表达认罪认罚的意愿还需要实质化考虑。

在目前的司法实践中，企业认罪认罚体现为独立地签署认罪认罚具结书，与直接责任人员的意思表示互不干涉。例如，在“自由大道公司、高某朋走私普通货物、物品罪”案中，法院判决认定，直接责任人员高某朋到案后如实供述所犯罪行，自愿认罪认罚，签署了认罪认罚具结书，并自愿将其在流亭机场海关缉私分局缴纳的取保候审保证金 10 万元抵顶自由大道公司罚金；被告单位自由大道公司自愿认罪认罚，签署了认罪认罚具结书，退缴全部偷逃税款，预缴罚金 117 万元。[1] 类似的逻辑也体现在“黄某某、迪煌公司犯走私普通货物、物品罪”案中。根据判决书显示，公诉机关认为，迪煌公司、黄某某均系自首，可以从轻处罚；被告单位、被告人均自愿认罪认罚，可以依法从宽处理。建议判处被告单位迪煌公司罚金 85 万元，判处被告人黄某某有期徒刑 1 年至 1 年 2 个月，适用缓刑。[2] 可见，原则上，企业与企业直接责任人员无论是自首还是认罪认罚，均有互相独立的意思表示行为。那么合理的推理是，在犯罪行为中，企业意志与主要责任人员的意志也存在互相的独立性，只不过在程度上有所区别。

然而，尽管企业犯罪中企业本身与直接责任人员原则上具有相互独立的意思表示，但却可能存在例外，其原因是多方面的，这里可以企业直接责任人员对企业意思表示的支配力来说明。所谓直接责任人对企业意思表示的支配力，即双罚制背景下的单位直接责任人员个人对企业整体意思表示

---

〔1〕 参见山东省青岛市中级人民法院刑事判决书，(2019)鲁 02 刑初 72 号。

〔2〕 参见上海市第三中级人民法院刑事判决书，(2019)沪 03 刑初 49 号。

的支配力。企业可能因为各种原因失去意思表示能力。例如，企业意思表示取决于直接责任人、公司法理论上的企业人格混同、企业进入破产清算程序、涉诉企业经营资格被吊销，等等。这个时候，认定企业有独立的决策意志会在企业意思表示过程中遭遇障碍。在这种情况下，要实质地考虑企业意思表示受谁支配。企业意思表示受个别成员支配是很常见的情形，并非例外，尤其是在中小企业中。[1] 以一人有限责任公司为例，在这一法人结构下，直接责任人员本就支配着企业这一“拟制人”的意思表示。

在最高人民法院作出的一份民事裁定书中，一人有限公司股东财产被认定为独立于公司财产的证明责任被归于公司股东。也就是说，公司股东被推定为对公司具有绝对的控制能力。[2] 因此，在刑事诉讼程序中将二者强行割裂，不符合该企业生产经营的实际状况，也不符合该企业结构在私法上的定性。

具体到有价证券诈骗行为，除了以伪造的国库券实施诈骗，其余以伪造的有价证券进行抵押或签订合同的行为，往往需要借助企业名义进行，而这也导致企业行为与个人行为的区分困难。在方法上，应当根据企业规模及公司人格混淆程度，在证明上设置不同的推定规则：企业规模越小、公司与成员人格混淆程度越重，则越应当推定公司行为即主要成员之行为；反之，如果有价证券诈骗行为的实施纯粹出于公司意志，如行为系公司经过集体决策作出，而非个人意志裹挟企业行为，则应当弱化个人所承担的责任，即至少成为量刑辩护的重要依据。在具体应用上，一方面，如最高人民法院《关于审理单位犯罪案件具体应用法律有关问题的解释》第 2 条所规定的，个人为进行违法犯罪活动而设立的公司、企业、事业单位实施犯罪的，或者公司、企业、事业单位设立后，以实施犯罪为主要活动的，不以单位犯罪论处。实践中存在自然人为实施有价证券诈骗行为而专门设立皮包公司的情形，此时应否定单位意志的存在。另一方面，若公司规模较小，与成员存在人格混淆，同样应肯定直接责任人员的刑事责任。

例如，在案例 7 -5 中，证据表明，行为人是以公司名义实施有价证券诈

---

〔1〕 实质性考虑也体现在单位自首与直接责任人员自首的交叉层面。参见马荣春、关立新：《论单位犯罪的自首制度》，载《河北法学》2004 年第 1 期。

〔2〕 参见最高人民法院民事裁定书，(2019) 最高法民申 4435 号。

骗行为，而公司意志并未独立于自然人，无法减轻其刑事责任，排除了这一思路上罪轻辩护的可能性。具体事实如下：（1）寿县敏旺公司经营人任某1因资金周转出现困难，意欲向银行办理贷款，2016年5月任某1经朋友介绍与“融资中介人”李某取得了联系。李某到寿县与任某1“商谈”相关“融资”事宜，李某许诺在收取相关费用后，可以提供大额的“国债存单”为任某1办理贷款作质押担保。骗取任某1信任后，将任某1骗至河南省周口市，团伙乘员李某、杨某、郭某米在周口市汇合后，由李某出面要求任某1先期支付相关费用。（2）黄某1受公司委派于2016年5月找李某办理融资业务，李某联系了2个人，声称为一个团队，帮助任某办理。在办理融资过程中，李某、杨某、王某成、郭某米等人先后向黄某1提供了户名为“黄某1”、面值为“3000万元”的储蓄存单2张。笔者经查询国家企业信用信息公示系统获知，寿县敏旺公司是一人有限责任公司，即企业意志与本案中行为人的意志并未分离，人格上存在混淆甚至等同的状况，应当认定单位决策或意志并不存在，因而无法据此减轻行为人的刑事责任。反之，如果是在单位意志支配下并以单位名义实施的有价证券诈骗罪，通过论证主要责任人员在某种程度上从属于单位意志，则存在罪轻辩护的空间。

第八章 保险诈骗罪

◇ 第一节 保险诈骗罪概述

一、本罪的立法沿革与依据

保险作为现代金融业的重要组成部分，在市场经济体制下发挥着风险管理的重要功能。由于我国保险事业起步较晚，早年并未形成专项的法律体系，后在不断地发展与探索中，逐步构建形成了目前较为完善的、行政规范与刑事规制相配合的规制体系。

1995 年 6 月 30 日，为规范保险业活动、加强对保险业的监督管理，全国人民代表大会常务委员会颁布了《保险法》，并于第 131 条明确规定了"故意虚构保险标的""未发生保险事故而谎称发生保险事故的"等五类保险欺诈犯罪情形。同日，全国人民代表大会常务委员会颁布《关于惩治破坏金融秩序犯罪的决定》，其中明确将"投保人故意虚构保险标的，骗取保险金的""投保人、被保险人或者受益人对发生的保险事故编造虚假的原因或者夸大损失的程度，骗取保险金的""投保人、被保险人或者受益人编造未曾发生的保险事故，骗取保险金的""投保人、被保险人故意造成财产损失的保险事故，骗取保险金的""投保人、受益人故意造成被保险人死亡、伤残或者疾病，骗取保险金的"这五类情形作为犯罪进行处理。至此，保险诈骗罪从普通诈骗罪中彻底剥离，成为独立罪名。

1997 年，结合保险诈骗的犯罪实践，在吸收前述单行立法的部分内容的基础上,《刑法》于第198条具体规定"保险诈骗罪",并将其置于"金融诈骗罪"一节之下,明确对保险诈骗犯罪"亮剑",并一直沿用至今。

二、本罪的焦点问题概述

随着风险社会理念深入人心,以及人们防范、抵御风险的意识提升,保险行业蓬勃、迅猛发展。据权威数据统计,按可比口径,2022年8月保险行业汇总原保险保费收入同比增长约4.83%,保险金额增长约42.50%;[1] 2022年9月保险行业汇总原保险保费收入同比增长约4.94%,保险金额增长约38.01%。[2]

然而,相关保险诈骗犯罪亦愈演愈烈。据实务部门统计,在案件数量上,2014年至2016年全国法院审结的保险诈骗刑事案件数量呈逐年上升趋势;在涉案金额上,虽各省份关于保险诈骗罪的数额标准有所不同,但总体而言,自2014年开始被认定为"数额较大"的保险诈骗罪案件占比呈逐年上升趋势;在行为手段上,车险、农业保险、互联网保险领域内骗保现象频发,骗保手段日益多样;在共犯结构上,保险行业内外勾结、亲属之间相互顶包等问题严峻。[3]

审视司法实务可以发现,对于保险诈骗罪,在行为主体、犯罪形态、共犯认定、量刑规则、刑民交叉等问题上存在明显争议,尚未统一裁判口径,亟待刑法理论与刑事实务予以澄明。

---

〔1〕 参见《2022年8月保险业经营情况表》,载中国银行保险监督管理委员会网,2022年9月26日,http://www.cbirc.gov.cn/cn/view/pages/ItemDetail.html?docId=1074850&itemId=954&generaltype=0。

〔2〕 参见《2022年9月保险业经营情况表》,载中国银行保险监督管理委员会网,2022年10月26日,http://www.cbirc.gov.cn/cn/view/pages/ItemDetail.html?docId=1078789&itemId=954&generaltype=0。

〔3〕 参见宁波市海曙区人民法院课题组:《关于保险诈骗罪案件的调研报告》,载宁波法院网,2018年3月30日,http://www.nbcourt.gov.cn/art/2018/3/30/art_3414_505969.html。

第二节　保险诈骗罪的特殊主体认定

一、行为主体的规范解读

(一)主体身份解读

根据《刑法》第 198 条的规定,保险诈骗罪的行为主体为投保人、被保险人及受益人,即限定在作为保险关系当事人范围内。《保险法》第 10 条第 2 款规定:“投保人是指与保险人订立保险合同,并按照合同约定负有支付保险费义务的人。”第 12 条第 5 款规定:“被保险人是指其财产或者人身受保险合同保障,享有保险金请求权的人。投保人可以为被保险人。”第 18 条第 3 款规定:“受益人是指人身保险合同中由被保险人或者投保人指定的享有保险金请求权的人。投保人、被保险人可以为受益人。”因此,在人身保险中,受益人(或为投保人、被保险人)有权向保险公司请求赔偿金理赔。在财产保险中,被保险人(或为投保人)有权提出理赔请求。

基于此,根据行为方式的不同,《刑法》分则对各行为模式下的主体范围进行了逐一罗列。针对故意虚构保险标的行为,由于该行为发生于保险合同订立过程中,故仅投保人可采取欺骗及隐瞒行为。针对编造虚假的保险事故原因或者夸大损失的程度、编造未曾发生的保险事故行为,由于在人身保险、财产保险中均可能发生,故行为主体为投保人、被保险人、受益人。针对财产保险中故意造成财产损失的保险事故行为,因并不存在受益人,故投保人、被保险人即为行为主体。针对故意造成被保险人死亡、伤残或者疾病行为,立法限定为投保人及受益人,将被保险人排除在主体之外。

这一规定引发了自伤、自残、自杀的被保险人(尤其在与投保人、受益人身份不重合的情况下)是否构罪的争议。有观点认为:“第五项规定的情形比较复杂,虽然也涉及投保人、受益人和保险人,但故意造成被保险人死亡、伤残或者疾病的,通常情况下,多是投保人和受益人所为。当然也不排除实践中会发生被保险人为使受益人取得保险金而自杀、自残的情况,这类情况按照保险法的规定是不予赔偿的,可不作为犯罪处理。"[1]

对此,笔者认为,虽《刑法》第198条第1款第5项中并未列明被保险人的入罪身份,但在被保险人自伤、自残的情况下,其行为本质上属于故意编造未发生的保险事故行为,可依《刑法》第198条第1款第3项规定进行追责;在被保险人自杀的情况下,由于追责主体消亡,并无追究的必要。除此之外,《刑法》第198条第4款还将保险事故的鉴定人、证明人、财产评估人纳入了主体范畴。

(二)特殊主体说与一般主体说争锋

虽然立法对于保险诈骗罪采特殊主体说,但实务及理论界亦有呼声主张应将该罪主体转变为一般主体。正如刘宪权教授主张投保人、被保险人和受益人以外的其他一般主体也可以构成该罪,主要理由是:"投保人、被保险人和受益人等均是由保险行为所产生的,也即是随着保险合同的存在而存在的,并非刑法对本罪主体所规定的特定身份。刑法上某一犯罪的主体是否为特殊主体,关键是看刑法有无特别规定以及这种特定的身份是否会影响到此罪与彼罪的界限。"[2]

除此之外,一般主体论者认为,特殊主体说已经无法回应当今时代关切。1995年,全国人民代表大会常务委员会颁布《惩治金融犯罪的决定》,将保险诈骗罪从诈骗罪中剥离、独立成罪。此后《刑法》几经修正,保险诈骗罪未见重大调整。在近30年内,随着社会变革与经济发展,作为社会保障体系重要组成部分的保险行业迅猛发展。相应地,保险欺诈及保险诈骗犯罪也日益增多,甚至出现了"人伤黄牛"等规模化职业骗保团体,保险诈骗罪特殊主体的要求已经无法满足愈加急切的全链条、全方位打击保险诈骗犯罪的需求。

二、行为主体的司法实况素描

实际上,刑事司法实践已经直接或间接地显露出处罚一般主体的审判倾向。

---

〔1〕 郎胜主编:《关于惩治破坏金融秩序犯罪的决定释义》,中国计划出版社1995年版,第164~165页。

〔2〕 刘宪权:《保险诈骗罪疑难问题的司法认定》,载《浙江大学学报(人文社会科学版)》2008年第4期。

(一)投保人的扩张认定

根据《保险法》的规定,投保人指与保险人订立保险合同的合同相对人。但司法实践中对于投保人的认定范围往往超出了保险合同载明的投保人范围。下文将结合具体案例进行说明。

1. 根据挂靠、融资租赁等法律关系穿透认定投保人

【案例 8-1】2002 年 6 月,徐某雷个人购买了一辆"凤凰"牌重型自卸货车,挂靠在原无锡市北郊运输队,并以北郊运输队的名义向保险公司办理了盗抢险保险业务,所有上牌、年检、保险的相关费用均由徐某雷个人支出。2005 年 5 月 4 日,徐某雷将自己购买的上述货车出售给他人,次日即向公安机关及保险公司谎报假案,称车辆失窃。2005 年 9 月,徐某雷通过北郊运输队从保险公司骗得盗抢险保险金 63,130.97 元。法院审理认为,在保险领域内,车主挂靠的单位自然成为名义上的投保人或被保险人,而实际上,保险标的为挂靠者实际所有,各类保险费用也全部由挂靠者支付,挂靠者应认定为保险合同的权利义务实质承受主体。并且挂靠者作为车辆的实际所有者和经营者,与车辆有着切身的利害关系,一旦投保车辆发生意外事故,直接财产的损失承受者就是挂靠者。因此,挂靠单位对保险车辆只具有形式上的保险利益,挂靠者对投保车辆才存在实质的保险利益。挂靠者是实际的投保人和被保险人。[1]

【案例 8-2】邹某驾驶货车与行人邹某强相撞,造成邹某强死亡。当晚经酒精呼吸检测,邹某酒精含量为 45 毫克/毫升左右,并抽取了邹某血液样本。为能获得保险公司商业理赔,邹某找到担任交警大队大队长的龚某请求帮忙。龚某利用其职务便利,指使他人将该案做成非酒驾交通事故。据此,保险公司支付商业保险赔偿金 30 万元。在该案审理过程中,辩护人主张峡江县某达汽车公司才是投保人和被保险人,邹某既不是投保人、被保险人,也不是受益人。法院审理认为,峡江县某达汽车公司与邹某之间签订了融资租赁方式的购车合同,公司虽在分期付款期间保留车辆所有权,但邹某对所购车辆的使用权具有完全自主的支配权利,且支付了保费,是实际的投

[1] 参见方海朗、闻仕君、范莉:《徐开雷保险诈骗案——被保险车辆的实际所有人利用挂靠单位的名义实施保险诈骗行为的,构成保险诈骗罪》,载熊选国主编:《刑事审判参考》2008 年第 2 集(总第 61 集),法律出版社 2008 年版,第 1~7 页。

保人，而峡江县某达汽车公司仅系显名的投保人。被告人邹某作为肇事车的使用权人、实际投保人，符合保险诈骗罪之主体要件。[1]

2. 根据亲属等特别利益关系穿透认定投保人

【案例8-3】2015年2月3日，被告人朱某饮酒后驾驶所有人、投保人及被保险人均为其妻子徐某的小型轿车发生道路交通事故。朱某为掩盖饮酒后驾驶机动车的违法事实，通过电话联系张某，让张某谎称自己为肇事驾驶员并报警。同日，张某又应朱某的要求，向肇事车辆的保险人报险。后该保险公司理赔共计30,850元。法院审理认为，朱某虽然并非本案名义上的投保人及被保险人，但其与投保人及被保险人为夫妻关系，且涉案保险合同由朱某经办，在其酒驾肇事后，也由其找他人顶替报警及报险，后又由其使用保险金委托他人修车，而名义上的投保人、被保险人即朱某妻子并未实际参与，因此，朱某作为保险标的的实际投保人及被保险人，对于保险标的具有直接的保险利益。[2]

综合前述案例可见，实务中在认定投保人身份时会采取穿透认定的方式，或根据挂靠、融资租赁等法律关系，结合保费实际支付人、财产实际使用人、财产利益实际归属人等因素区分“名义投保人”与“实际投保人”；或结合行为人与“名义投保人”之间的夫妻、父子等特殊亲缘关系认定“实际投保人”，从而在效果上扩张了投保人的认定范围。

（二）受益人的扩张认定

根据《保险法》的规定，受益人指在人身保险中享有保险金请求权的人。实践中出现了将交通事故受害人作为受益人进行处罚的司法倾向。下文将结合具体案例进行说明。

【案例8-4】杨某军、李某经营的上海某祥法律咨询事务所代理交通事故理赔业务过程中，因交通事故受伤的黄某等人事先商量，伙同朱某福以某政鉴定中心名义出具虚假司法鉴定意见书，向保险公司索赔。一审法院认为，杨某军、李某成立诈骗罪，检察机关抗诉认为不应以《保险法》中“受益人”的概念来认定《刑法》中“受益人”的概念，且不应将保险诈骗中“受益人”局限于人身保险。二审法院判决二人构成保险诈骗罪：其一，法院认为

---

〔1〕 参见邹某、龚某保险诈骗罪案，江西省吉安县人民法院（2021）赣0821刑初328号刑事判决书。

〔2〕 参见朱某诈骗罪案，浙江省海宁市人民法院（2016）浙0481刑初658号刑事判决书。

机动车交通事故责任强制保险具备人身保险的性质，黄某等人在交通事故中受伤，对保险人提出给付保险金的直接请求，并基于该请求获取了保险人所支付的保险赔偿金，实际从保险赔付过程中获得了相应的保险利益，应当认定为保险诈骗罪中的“受益人”。其二，法院进一步认为，作为交通事故受害人的法定代理人的杨某军、李某虽然不是机动车辆保险的投保人、被保险人、受益人、鉴定人、证明人以及财产评估人，但其在协助受益人进行伤势鉴定以及诉讼过程中，通过非法手段，许诺受益人可以帮助其提高伤残等级，勾结鉴定人出具虚假的伤势、伤残鉴定意见，夸大损伤程度，以受益人名义通过民事诉讼等手段欺骗涉案保险公司支付高于其应当支付的事故理赔款，符合保险诈骗罪的构成要件。[1]

【案例 8-5】2014 年 3 月 2 日，新某路公司聘请一辆货车运送货物。次日，该货车发生追尾交通事故，导致运载的部分货物损毁。经交警部门认定，对方车辆承担此次事故全部责任。对方车辆实际使用人广西某宏公司指派黄某处理赔偿及理赔事宜。为获得更多的事故保险金，黄某与时任新某路公司昆明办事处负责人的许某商议后，由许某安排搬运工人将存放于仓库内已经损坏的货物，与此次事故损毁的货物一起堆放，冒充此次事故损毁货品，并在制作定损清单时故意扩大和虚构事故损毁的货物品种、数量、价值，黄某则负责通知保险公司定损。后保险公司根据夸大和虚构的损毁货物进行定损，定损数额为 121,212 元，实际货损价值仅为 61,679.76 元，虚构和夸大的货损数额为 59,532.24 元。公诉机关指控黄某及徐某触犯诈骗罪。审理法院认为，黄某作为交通事故保险投保人、被保险人委托的具体处理保险赔偿事务的代理人，许某作为交通事故保险赔偿的受益人，成立保险诈骗罪。[2]

（三）被保险人的扩张认定

根据《保险法》的规定，被保险人指其人身或财产安全受到保障，并享有保险金请求权的人。对此，《机动车交通事故责任强制保险条例》第 41 条拓宽了被保险人的范围，即“被保险人，是指投保人及其允许的合法驾驶人”。

---

〔1〕 参见李某、朱某福诈骗案，上海市第二中级人民法院（2020）沪 02 刑终 968 号刑事判决书。

〔2〕 参见黄某、许某诈骗案，广西壮族自治区南宁市青秀区人民法院（2015）青刑初字第 469 号刑事判决书。

因此,实务中控辩审三方就“允许的合法驾驶人”是否属于保险诈骗罪的被保险人这一问题产生较大争议。对此,有裁判认为应对被保险人概念做实质性解读,并将“允许的合法驾驶人”纳入该罪主体范畴。

例如,在“周某伟、苗某意等保险诈骗罪、诈骗案”中,公诉机关主张:《刑法》规定保险诈骗罪中故意制造财产损失的保险事故,骗取保险金的主体是投保人和被保险人,只能是保险合同明确记载的人员,其他人以被保险人名义向保险公司骗取保险金的,应认定为诈骗罪。辩护人提出,机动车保险“被保险人”概念不应限于保险合同所记载的人员。对此,审理法院认为:法律规定机动车第三者责任险被保险人指被保险人及其允许的驾驶人,且在司法实务中,被保险人允许的驾驶人驾驶车辆发生事故,保险公司仍需赔偿,故对“被保险人”应作实质性理解,不能拘泥于合同相对性,故涉案被告人均符合保险诈骗罪主体要件。[1]

三、行为主体严格限制解释之提倡

笔者认为,上述部分案例的裁判结论令人惋惜。在立法明确规定保险诈骗罪系特殊主体的情况下,司法应严格限制对该罪主体的认定,避免犯罪主体一般化。

(一)前提:明确真正的身份犯的定位

行为人特殊身份,是指其在身份上的特殊资格,以及其他与一定的犯罪行为有关的,行为主体在社会关系上的特殊地位或者状态,如男女性别、亲属关系、国籍、国家工作人员、司法工作人员、证人等。[2] 刑法中设立身份犯,系因部分犯罪仅能由具备特定身份者实施,或因其特殊身份而在法益侵害程度上有所区分、在刑事责任上有所增减。根据现行立法及保险诈骗行为原理,应肯定保险诈骗罪系真正的身份犯。

第一,并非任何人都具有保险金请求权。在保险诈骗犯罪中,行为人因与保险人订立保险合同而取得投保人这一特殊身份,被保险人是受到特定人身或财产保险合同保障的主体,受益人则由被保险人或者投保人具体指定。上述身份均在民事保险法律关系缔结时或缔结后依法取得。也正是基

---

〔1〕 参见江苏省苏州市相城区人民法院刑事判决书,(2018)苏 0507 刑初 501 号。

〔2〕 张明楷:《论身份犯的间接正犯——以保险诈骗罪为中心》,载《法学评论》2012 年第 6 期。

于这种保险法律关系,投保人、受益人、被保险人被赋予合同项下的赔偿金请求权利。因此,虽然在事实上任何人都有可能成为投保人、被投保人与受益人,看似并无特殊主体的限制,但在规范上未经保险法律关系确认,并非任何人都可依据保险合同向保险人主张权利。而保险诈骗罪处罚的是编造虚假理赔事由向保险人骗取保险金的行为,故仅具有投保人、被保险人、收益人身份的行为人才能作为保险诈骗罪的犯罪主体。

第二,行为人的身份影响此罪与彼罪的认定。投保人、被保险人或者受益人骗取保险金的,成立保险诈骗罪,不具有上述身份的人骗取保险金的,依法只能成立普通诈骗罪。因此,行为人的身份直接影响此罪与彼罪认定,对犯罪的认定有重要意义。

罪刑法定原则是刑法的生命。[1] 而身份犯是由刑法规定的,是罪刑法定原则的基本要求和体现,也是与普通犯罪的区别标志。在解释法律、适用法律的过程中均应遵循罪刑法定原则的指导,应是法律职业共同体的基本共识。虽有论者认为,从本罪主体范围过窄,但这属于立法论的讨论范畴,而非解释论的应有态度。

(二)认定:分类把握身份犯认定的具体标准

综合前述案例可见,审理法院为扩张保险诈骗罪的主体范围,多突破保险合同载明的人员范围,引入“实质投保人”“实质被保险人”“实质受益人”等概念。对此,一方面,应肯定刑事领域的独立判断;另一方面,作为刑事裁判者应注意保持足够的克制与冷静,注重刑民关系的协调。

1. 应对行为人与名义投保人之间的关系进行区分

《保险法》第 10 条第 2 款规定:“投保人是指与保险人订立保险合同,并按照合同约定负有支付保险费义务的人。”第 14 条规定:“保险合同成立后,投保人按照约定交付保险费,保险人按照约定的时间开始承担保险责任。”可见,投保人可理解为订立保险合同并支付保费的人,因此将实际支付保费者作为投保人并不违反民事规则。同时,《保险法》第 12 条第 6 款规定:“保险利益是指投保人或者被保险人对保险标的具有的法律上承认的利益。”故从所有权、使用权、收益权等角度来穿透认定投保人与被保险人具有一定的合理性。

---

〔1〕 参见张明楷:《罪刑法定原则与法律解释方法》,载《华东刑事司法评论》2003 年第 1 期。

第一,对于行为人与名义投保人之间存在挂靠、融资租赁等法律关系的,应基于保费来源及保险利益实际归属判断,肯定其主体身份。鉴于行为人与名义投保人之间的合同约定,所涉保险标的的保险利益在客观上发生了实际转移,因此将实际使用、管理并自担财产损失的挂靠方、融资租赁方作为投保人符合《保险法》立法原意,亦符合民事领域内的裁判做法。

第二,对于行为人与名义投保人之间存在亲缘关系的,仍应遵循上述判断原则,但不可仅因为存在密切亲属关系即认可其保险当事人身份。例如,在"任某峰、王某军保险诈骗案"中,被告人任某峰无证、酒后驾驶无牌小轿车(在保险公司投保有机动车强制险和商业险,投保单载明该保险的投保人、被保险人为任某峰的胞弟(任某军)发生事故。任某峰为逃避法律追究,联系被告人王某军帮忙找人处理该起事故,王某军安排他人顶替处理事故。保险公司向任某峰支付保险赔偿金53,940元。审理法院判定被告人不具备保险诈骗罪的主体资格。[1]

笔者不赞同该案的判定结论。审理法院认为,构成保险诈骗罪,必须以行为人与保险人之间存在保险合同关系为前提,而该案保险合同载明的投保人和被保险人均是任某军,而非公诉机关指控的任某峰、王某军二人,故认为二人不具有保险诈骗主体资格。对此笔者认为,在行为人与保险合同载明的投保人存在较为亲密的亲缘关系时(如夫妻、父子、兄弟关系),由于极有可能存在共同使用、赠与使用等特殊情形,故不应仅根据保险合同载明的当事人进行形式判断,应充分考虑实际支付保险费用、实际使用保险标的等因素。在该案中,虽涉事车辆由任某峰的弟弟投保,但车辆实际使用人为任某峰,理赔款亦为其占有支配,故理应认定其为实际的投保人或被保险人。

第三,对于行为人与名义投保人不存在亲属关系、合同关系的,应严格按照保险合同予以认定。下面以一个案例具体展开说明。王某原是某乡政府民政办公室工作人员,其子因患肌肉萎缩症去世,因给儿子买了保险,王某得到保险公司赔偿。工作中,王某了解到村民张某的儿子小张患有严重的肌肉萎缩症,便趁张某夫妇外出之际,从张某岳父陈某手中骗走小张及其父亲的身份证。2012年4月6日至7月3日,王某隐瞒小张患病事实,以张

〔1〕 参见山西省沁源县人民法院刑事判决书,(2017)晋0431刑初50号。

某的名义分别向5家保险公司为小张购买了5份人寿保险,保额共计120万元。次年8月26日,小张因病离世,王某指使陈某以张某的名义向各保险公司申请理赔,各保险公司均以隐瞒疾病为由拒赔并报案。[1] 此案存在保险诈骗罪、合同诈骗罪以及诈骗罪的定性之争。

笔者认为,应认定王某构成诈骗罪。首先,根据《保险法》第31条的规定,人身保险合同的投保人只对本人、配偶、父母、子女等具有保险利益,故该案中王某对小张并无保险利益。其次,王某在张某不知情的情况下,以张某名义擅自为小张购买人寿保险,保险合同的投保人为张某而非王某,故其不属于投保人。

2. 应在人身与财产混合保险中引入受益人概念

根据《保险法》的规定,受益人系人身保险中的特殊身份。人身保险以人的寿命和身体为保险标的,财产保险以财产及其有关利益为保险标的。实务中有观点认为,受益人的概念不应局限在人身保险之中。对此,笔者认为,应在兼具人身与财产属性保险中引入受益人概念,在财产保险中不应对受益人进行认定。

一方面,对于交强险等兼具人身、财产属性的险种而言,引入受益人概念并不存在实质障碍。责任保险,是指以被保险人对第三者依法应负的赔偿责任为保险标的的保险。以交强险为例,《机动车交通事故责任强制保险条例》第3条规定:"本条例所称机动车交通事故责任强制保险,是指由保险公司对被保险机动车发生道路交通事故造成本车人员、被保险人以外的受害人的人身伤亡、财产损失,在责任限额内予以赔偿的强制性责任保险。因此,从法律规定来看,交强险具备人身性。"在发生交通事故后,根据被保险人的请求,保险人应直接向事故受害人等第三者赔偿保险金,且避免被保险人消极请求,受害人可直接请求保险人赔付,因此受害人实际上享有保险金请求权,符合受益人的核心要求。

另一方面,对于纯财产保险而言,民事及行政规则已呈否定态度。保险行业内交易形式不断革新,某些财产保险出现了"第一受益人"等约定。对此,民事及行政领域多持否定态度。例如,富德财产保险股份有限公司镇江

---

[1] 参见阮能文:《无特定身份者骗保如何定性》,载江苏检察网,2017年1月20日,http://www.jsjc.gov.cn/hd/fayanshiping/201701/t20170120_126203.shtml。

中心支公司因未按照规定使用经批准的保险条款,被原中国银保监会镇江监管分局给予行政处罚:2018 年至 2019 年 8 月,该公司承保车险业务时在涉及含第一受益人保单的特别约定中,约定当一次事故的保险赔款高于一定金额时,保险人需征得第一受益人书面同意后方可款项赔付被保险人制度,涉及保险单 122 份、保费 57.41 万元。基于此,出于法秩序统一原理,刑事领域内亦不应在纯粹财产保险中对受益人予以认定。

第三节　犯罪形态:保险诈骗罪的着手认定

一、保险诈骗着手的审判分歧

(一)案例引入

【案例 8-6】2007 年 12 月 8 日,李某某租用建湖县某建筑公司场地开设 KTV,并为 KTV 财产投了 100 余万元保险。之后,由于李某某经营不善,KTV 生意一直不好,以致拖欠建筑公司租金近 10 万元无力支付。建筑公司在几次索要未果的情况下,将该场地封锁,并声称李某某必须在一个月内付清全部租金才会解封。后李某某决定放火烧毁 KTV,一来可解自己对建筑公司封场地之恨,二来反正 KTV 生意不好,自己可以从保险公司获取保险赔偿金,重新找项目投资。2008 年 11 月 6 日,李某某在 KTV 营业结束后,将事先准备好的汽油浇在 KTV 四周,然后点火。李某看着大火熊熊燃烧,正准备离开时,被巡逻警察发现并控制,随后火势也得到控制,未造成人员伤亡。[1]

【案例 8-7】2019 年 7 月 11 日,王某某隐瞒其哥哥王某 1 于 2019 年 7 月 10 日病故的事实,至两家保险公司分别替王某 1 投保了人身意外伤害保险(被保险人身故最高保险金额为 20 万元)和机动车驾驶人意外伤害保险(最高保险金额为 30 万元)。2019 年 7 月 12 日,被告人王某某向保险公司报案谎称王某 1 意外溺水死亡,2019 年 7 月 13 日向另一家保险公司报案谎称王某 1 骑电瓶车意外落水死亡,欲骗取保险金。后因无法提供保险理赔所

---

〔1〕 罗真:《该案是否应当数罪并罚》,载中国法院网,2009 年 2 月 12 日,https://www.chinacourt.org/article/detail/2009/02/id/345180.shtml。

需材料,王某某未向上述两家保险公司提出理赔申请。[1]

(二)司法争议

在上述案件处理的过程中,控辩审三方均就案件的定性问题产生了较大的争议。

在案例8-6的审理过程中,法院内部产生了两种截然不同的审判意见:第一种意见认为,李某某为了骗取保险赔偿金而放火烧KTV的行为已构成放火罪。虽然李某还未向保险公司索赔,但其放火行为应当认定为保险诈骗罪的预备行为。故李某某的行为同时构成放火罪和保险诈骗罪(预备),应当数罪并罚。第二种意见认可李某某放火烧KTV的行为构成放火罪,但由于李某并未向保险公司提出索赔,其行为不符合《刑法》第198条第1款第4项的规定,故只能以放火罪定罪处罚。最终法院根据第二种意见进行了判罚。

在案例8-7的审理过程中,公诉机关指控王某某成立犯罪未遂,辩护人对此未提出异议。然而法院认为,王某某为其哥哥王某1办理人身意外伤害保险,后向投保的保险公司报案的行为属于蓄意为保险诈骗制造条件的行为,后王某某因无法提供相关理赔材料,最终未向保险公司提出理赔申请,保险公司也未启动理赔程序,故王某某尚未着手实施保险诈骗犯罪,只是实施了为保险诈骗犯罪制造条件的行为,属于犯罪预备。最终法院判决王某某犯保险诈骗罪,免予刑事处罚。

在上述两则案例中,李某某、王某某实施了为《刑法》所明确禁止的故意制造保险事故、虚构保险标的、编造未曾发生的保险事故的行为,同样因为意志以外的原因而未向保险公司申请理赔,控辩审三方却对行为性质及犯罪形态给予了完全不同的评价,这直接影响保险诈骗罪的成立与否问题。以实例切入,可以窥见司法实务的一系列困惑之处:什么是保险诈骗罪的实行行为?如何区分保险诈骗案件的预备、未遂形态?如何判断保险诈骗行为的着手起点?

---

[1] 参见王某某保险诈骗罪案,浙江省绍兴市上虞区人民法院(2020)浙0604刑初116号刑事判决书。

二、保险诈骗着手的理论争讼

实务领域的争点，亦是学术理论的痛点。在保险诈骗案件高发的当下，有必要就该罪的实行行为及着手起点问题进行深入解读及厘定。

（一）理论分歧：本罪着手学说的争鸣

在保险诈骗罪着手问题的判断上，理论聚讼已久：

1. 法定行为开始说及修正说

法定行为开始说将开始实施《刑法》分则条文所规定的构成要件行为的时间节点作为着手。该学说认为，保险诈骗行为系复合行为，故在实施第一行为（手段行为）时即为犯罪着手。因此，根据《刑法》第 198 条的规定，行为人在实施故意虚构保险标的、对发生的保险事故编造虚假的原因或者夸大损失的程度、编造未曾发生的保险事故、故意造成财产损失的保险事故、故意造成被保险人死亡、伤残或者疾病这五种行为之一时，便已着手实行保险诈骗行为。

法定行为开始说在论争的过程中受到了较多的指摘，后支持论者对该学说进行了修正，提出应对《刑法》第 198 条第 1 款规定的五种行为进行类型区分。具体而言，若行为人实施了第 1、2、3 项行为，着手的判断以实施第一个行为基准；若行为人实施了第 4、5 项行为，则将隐瞒保险事故真实原因、编造虚假理赔事由作为着手的起点。

2. 索赔说

索赔说立足考察行为对法益侵害的直接性与紧迫性程度，认为行为人向保险公司提出索赔请求时成立着手。与法定行为开始说不同的是，索赔说认为前述虚构保险标的、伪造保险事故等行为尚未对国家保险管理制度以及保险人合法财产法益产生紧迫的侵害或威胁，故只是创造条件行为，并非保险诈骗的实行行为。

3. 虚假信息传递说

虚假意思表示说主张结合诈骗罪的犯罪构造来判断着手问题，即将行为人向保险公司传达虚假理赔信息的时点作为着手。由于《刑法》第 198 条第 1 款规定的五种行为模式有其各自的行为构造，故应根据保险关系的存在与否进行进一步区分。具体而言，在行为人为诈骗建立保险关系的场合，着手的标志是行为人虚构事实或隐瞒真相而与保险人建立保险关系的行为。

因此,行为人就虚构的保险标的与保险人订立保险合同的行为就是保险诈骗罪的着手;在行为人身居真实合法的保险关系后才产生诈骗故意的场合,其着手的标志就是行为人将虚假情况向被害人传递的行为。[1]

根据上述不同的学说,案例 8-6 与案例 8-7 将得到不同的处理结果。若根据法定行为开始说,则李某某故意放火损毁 KTV 的行为以及王某某故意虚构保险标的的行为均已经成立着手,两人应成立保险诈骗罪(未遂)。若根据修正的法定行为开始说,虽李某某故意制造了火灾事故,但由于其尚未向保险公司报告保险事故便被抓获,因此应认为尚未着手实施犯罪。若根据索赔说,由于李某某与王某某均未向保险公司提出索赔请求,故均不成立着手。若根据虚假信息传递说,王某某在明知其兄已经死亡的情况下,隐匿真相与保险公司建立保险关系,系着手;李某某尚未将虚假的保险事故信息向保险公司传递,故尚未着手。

在以上纷纭的学说争议背后,其实是对更加宏观、抽象的实行行为以及未遂理论问题的学理之争。要分辨上述学说孰优孰劣,有必要对着手理论整体进行介绍与阐明。

(二)学说基底:着手及未遂学说的分歧

一直以来,各国刑法学者始终不遗余力地追求着手认定标准的精确化、科学化、统一化,期待能够找到一个万能的"公式",来计算与度量形色各异行为的着手起点。其间逐渐产生了主观说、客观说的理论分野。

主观说认为,"犯罪是行为人危险性格的发现",因此当行为人的犯罪意思被发现,或当行为表现出行为者的犯罪意思没有二义的、不可能取消的确定性,或行为已经可以被理解为违背了规范时成立着手。[2] 可见,主观说更重视犯罪人犯罪计划的外露程度。

客观说则强调对行为人客观行为的评价。其中,形式客观说主张行为人实施一部分符合构成要件行为时构成着手,如日本学者松宫孝明认为形式的客观说根源在于"弗兰克公式",即将"构成要件行为的开始"作为"实行的着手",并将"组织犯罪构成要素的举动"和"与之接近的举动"一并囊括在

〔1〕 参见赵秉志、杨诚主编:《金融诈骗罪研究》,法律出版社 2004 年版,第 366 页。

〔2〕 参见张明楷:《刑法学》(上)(第 6 版),法律出版社 2021 年版,第 439 页。

内。[1] 而实质客观说更关注行为本身及行为对法益的侵害程度，如认为只有某一行为直接地、紧迫地对法益产生了侵害或威胁，才成立着手，如日本学者桥爪隆主张只要从实质的角度来看存在法益侵害之具体危险性，该阶段即成立未遂犯。[2] 我国张明楷教授亦持该立场。

在主观说和客观说争论不休的过程中，折中说也逐渐兴起，认为应同时考虑行为人的犯罪意图与客观行为的危险程度。但正如多数学者抨击的那样，折中说始终未能提供清晰的判断标准，本质上仍是主观说与客观说的杂糅，在两者之间摇摆。基于此，可见我国保险诈骗罪的着手理论实质上都在客观说的框架下展开，同时受“主客观相一致”的思想影响，在一定程度上吸纳了行为人的主观故意作为考量因素，其中占据通说地位的法定行为开始说便是形式客观说在保险诈骗罪中的具体应用。

三、保险人财产权保护为基点的客观说之提倡

（一）前提：保险诈骗罪（预备）的不可罚性

着手是实行行为的起点，系各国理论与实务界的共识。在大多数国家中，着手亦被作为可罚行为的起点，直接区分可罚的未遂行为与不可罚的预备行为。[3] “以处罚犯罪预备为例外”，系因预备行为对法益的侵害及威胁程度尚不紧迫，不需要对其苛以刑罚，亦因预备行为从外观看多属于日常生活行为（如准备生活用具等），若对其不加节制地予以严厉打击，无疑将干扰生活安宁，使国民陷入人人自危的惶恐境地。遗憾的是，我国立法呈现“以处罚犯罪预备为原则”的样态，并未将犯罪预备局限在严重犯罪的范畴内，而司法实践亦针对部分明显不属于严重犯罪的预备行为进行科处，前述案例 8 -7 便是例证。

对此，笔者认为，应严格限制犯罪预备的可罚范围，保险诈骗罪（预备）不具有可罚性。保险诈骗罪（未遂）的处罚以“情节严重”为限。根据最高人民法院、最高人民检察院《关于办理诈骗刑事案件具体应用法律若干问题的

---

〔1〕 参见［日］松宫孝明：《“实行的着手”的判断标准——形式的客观说再提倡》，孙文译，载《法学》2022 年第 7 期。

〔2〕 参见［日］桥爪隆：《实行的着手》，王昭武译，载《苏州大学学报（法学版）》2016 年第 2 期。

〔3〕 参见［美］乔治·P. 费莱彻：《刑法的基本概念》，王世洲等译，中国政法大学出版社 2004 年版，第 233 页。

解释》[1]、最高人民检察院法律政策研究室《关于保险诈骗未遂能否按犯罪处理问题的答复》[2]的相关规定,对于"以数额巨大的财物为诈骗目标",或者"情节严重"的保险诈骗未遂行为应追究刑事责任。可见立法已对保险诈骗未遂犯罪的成立进行了严格限制,而保险诈骗(预备)作为行为法益侵害性更小、距离侵害结果更远的犯罪形态,从严把握其可罚性更是应有之义。

因此,保险诈骗的着手起点直接关系到行为是否可罚,承载可罚性分水岭的重要功能,理应对其予以更为明晰、准确的界定。

(二)基调:坚持客观说在我国的运用

在具体探讨《刑法》分则某一个罪的着手时点把握标准之前,有必要探讨着手学说整体的认定方向。前述论及的主观说、客观说都存在自身的理论局限性:主观说无法回应迷信犯、幻觉犯可罚性的质疑,形式客观说多被指摘其判断结论的不合理性,实质客观说又陷入不能犯的理论泥沼。于是,支持论者通过不断地解释例外来对所持观点修修补补,以期能够完美地回应不能犯、迷信犯、原因自由行为等诸多特殊问题。

面对纷繁复杂的理论聚讼,有学者将着手解构为五大变量:(1)受威胁法益的重大程度。(2)与构成要件行为的密接程度。(3)与构成要件结果实现之间的距离。(4)行为人的主观意图与计划。(5)刑事政策方面的考虑。[3] 基于此,主观说与客观说其实是五大变量占比轻重的不同选择:主观说强化了行为人的主观意图及犯罪计划要素;客观说则更为强调与构成要件行为之间的密接程度以及实现距离。而归根结底,上述占比轻重的权衡实质上受到不同的刑法机能观的影响。当社会治理更加强调法益保护及犯罪打击时,对未遂犯罪的处罚需求增加,着手的认定时点发生前移;当社会治理更侧重自由与人权保护时,则着手的认定标准理应更加严格,限缩未遂犯罪的处罚空间,尤其是需要克制刑法对犯罪人主观犯意的打击冲动。

---

〔1〕 最高人民法院、最高人民检察院《关于办理诈骗刑事案件具体应用法律若干问题的解释》第5条第1款规定:"诈骗未遂,以数额巨大的财物为诈骗目标的,或者具有其他严重情节的,应当定罪处罚。"

〔2〕 最高人民检察院法律政策研究室《关于保险诈骗未遂能否按犯罪处理问题的答复》规定:"行为人已经着手实施保险诈骗行为,但由于其意志以外的原因未能获得保险赔偿的,是诈骗未遂,情节严重的,应依法追究刑事责任。"

〔3〕 参见劳东燕:《论实行的着手与不法的成立根据》,载《中外法学》2011年第6期。

可见，实际上并不存在绝对正确的着手理论，只存在最适合社会治理目标的理论选择。这一点，亦可从晚近以来各国着手理论的发展样态上窥见一二。

受到风险社会理念影响，面对日益严峻的诈骗犯罪态势及高涨的打击犯罪需求，大多国家的着手理论逐渐向主观说演化。例如，在大陆法系的德国，费尔巴哈等人倡导的客观说逐渐衰落，兼采主客观理论的印象理论占据主流。印象理论通过行为人的客观行为来解读其法敌对意识，并主张当公众对法秩序有效性的信赖受到动摇、法安定性的情感和法和平受到影响时，犯罪行为的可罚性才能被肯定。[1] 支持论者最强有力的论据莫过于《德国刑法典》第22条的立法表述。该条文规定："依其对犯行之想象，直接着手于构成要件之实现者，为犯罪之未遂。"可见立法上对未遂的认定亦兼采犯罪计划与构成要件行为的主客观因素。又如在普通法系的英国，则从"R. 诉 Eagleton 案"确立的虚假信息传递说[2]演变成由"DDP 诉 Stonehouse 案"奠基的超越预备说[3]。而在2006年《诈骗罪法案》颁布后，英国更是将诈骗罪作为行为犯，惩戒重心直接从被害人受骗并交付财物的欺诈后果向欺诈

---

〔1〕 参见[德]刚特·斯特拉腾韦特、洛塔尔·库伦：《刑法总论 I：犯罪论》，杨萌译，法律出版社2006年版，第258～263页。

〔2〕 被告人 Eagleton 与地方行政区域负责救济的人员签订了书面合同，按照约定，Eagleton 负责为穷人提供面包，每个面包重量为3.5磅，负责救济的人员向穷人发放了领取面包的票证，穷人们凭票证领取面包，并将票证交给 Eagleton。Eagleton 却擅自减少面包重量，没有按照合同约定的面包重量标准向穷人分发面包。后来，Eagleton 将收集的面包票证交给地区负责救济的人员，据以领取合同约定的报酬。结果，Eagleton 被指控犯有多项罪，其中包括意图以虚假理由获取钱财。本案中，行为人实施了他认为实现既遂的所有必需行为中的最后一个行为，即已经把收到的面包票证送交给了地区负责救济的人员（等待对方支付钱款），上诉法院法官 Parke 认为，Eagleton 构成骗取财物未遂罪，因为行为人已将诈骗信息传递给对方，其已经实施的行为与诈骗既遂产生了实质性联系。

〔3〕 上诉人在英格兰的五家保险公司以他妻子为受益人投保了寿险。当时上诉人身陷经济困境，为了使他的妻子能够在他死后获得根据保险单支付的款项，他在美国的迈阿密伪造了溺水死亡的假象后持假护照前往澳大利亚。他妻子及其保险公司通过新闻媒体报道获悉了他死亡的消息。但是他在澳大利亚被发现之前没有提出任何索赔。他的妻子一直不知道他实施的行为。上诉人被逮捕并引渡到英国，他被控多项罪名，其中包括企图使他的妻子能够通过欺骗手段从五家保险公司获得保险金。法官 Diplock 认为：未遂与既遂存在直接联系，而"直接联系"意味着"越过了未遂认定的临界点"，即行为人已经实施了"能力范围内的所有行为"，故其行为成立未遂罪。

行为转移,之前属于欺诈未遂的行为更是直接可认定成立欺诈既遂。[1] 如此一来,在“犯意—犯行”的二分评价模式下,犯行的要求明显放宽。

在世界着手理论嬗变的进程下,我国应该何去何从?这一问题的回答离不开对我国刑法机能及法治现状的综合考察。在人权保护已成为国际共识的当下,作为一个历来有着重刑轻民传统的国家,为改变以往的沉疴旧疾,我国更应强调国民自由与权利的保障,更应关注犯罪嫌疑人合法权益的维护,因此凸显刑法的自由保障机能乃首要之需。基于此,客观说更为符合我国目前法治需要,尚且无须进行主观说的理论更迭。

(三)立场:以保险人财产权保护为基点的学说选择

如前所述,在判断保险诈骗罪的着手时点问题上,仍应坚持客观说的基本导向。纵观近年来国内学者对这一问题的探讨,也几乎仍在法定行为开始说、索赔说、虚假信息传递说中进行选择与补强,偶有观点提出“法律关系进入说”等新学说,但究其实质逻辑,仍然是上述三种理论的变形。综合分析后,本书采取索赔说的立场:

1. 对法定行为开始说的评判

法定行为开始说严格根据罪刑法定原则对《刑法》分则的条文规定进行解释,同时为司法实践提供了操作性强的统一适用标准。但是其局限性十分明显:

第一,隐含《刑法》分则构成要件行为均为实行行为的前提假设。法定行为开始说回避了实行行为如何认定这一重要问题,并默认《刑法》分则的构成要件行为均系实行行为。这一结论在立法技术精湛的理想社会与立法体例下或许合理。然而囿于立法技术的局限及刑事立法的滞后,不应将分则条文中规定的行为直接等同于实行行为,对实行行为的判断仍应保持独立性。

---

[1] 依据英国2006年《诈骗罪法案》第1条、第2条以及第5条的规定,以虚假表示方式实施的诈骗罪的构成要件为:行为人做出了虚假表示,即不真实的或者误导性的表示;行为人明知他的表示为不真实或者误导性的,或者明知他的陈述可能是不真实的或误导性的;行为人意图使自己或他人获利,或者意图造成他人损失或陷他人于损失的风险之中;行为人是不诚信的。据此,诈骗罪不要求被害人事实上受骗并交付财物,更不要求行为人实际取得或者控制了被害人的钱财。只要行为人实施了前述行为并符合了其他的主观要件,哪怕被害人并没有上当受骗,也可认定诈骗罪既遂。

第二,存在不当的重复评价。根据《刑法》第 198 条第 2 款的规定,行为人故意造成财产损失的保险事故、故意造成被保险人死亡、伤残或者疾病的,同时可构成故意伤害罪、故意杀人罪、放火罪等其他犯罪,应与保险诈骗罪数罪并罚。因此,支持论者认为,在案例 8－6 中,王某某应同时成立放火罪(既遂)与保险诈骗罪(未遂,由于已经实施故意制造保险事故这一构成要件行为)。然而王某某实际上只实施了放火一个行为,如认定两个罪名而给予其双重否定性评价,有违禁止重复评价的基本原则。对此,有论者对该学说进行了修正,认为《刑法》第 198 条第 1 款中规定的第 4、5 项行为的着手起点应当后移至隐瞒真相、编造虚假原因之时。这一修正看似解决了不当重复评价的问题,但实则动摇了该理论的根基——同是分则规定的构成要件行为,为何给予区别对待?因此,与其补漏式地创设例外规定,不如反思该学说的理论支撑是否牢固。

第三,未回应复合行为着手判断的争议。该学说从构成要件行为出发,界定保险诈骗罪系手段行为与目的行为(骗取保险金)组成的复行为犯,并将复合行为的第一行为作为着手起点。这一观点表面上论证逻辑严密,但回避了复合行为犯的实行行为认定争议。对于复合行为犯而言,理论上并非无争议地将第一行为作为实行行为的起点。对此,有观点认为,行为人开始实施第一个要素行为即实行的着手(如法定行为开始论者)。亦有观点强调,需要将复合行为区分为紧密整体型与松散整体型,并强调对于紧密整体型复行为犯的着手应以后一行为实行为准。

2. 对虚假信息传递说的评判

虚假信息传递说对"诈骗"的内涵做了充分的解构。早在 1988 年,最高人民法院《关于贯彻执行〈中华人民共和国民法通则〉若干问题的意见(试行)》第 68 条即规定:"一方当事人故意告知对方虚假情况,或者故意隐瞒真实情况,诱使对方当事人作出错误意思表示的,可以认定为欺诈行为。"这一规定虽然随着《民法通则》的失效而失效,但其中对欺诈行为的定义或许可以给予刑法学者一定的启示。在民事领域内,"欺诈"强调"故意告知"或"故意隐瞒"要素,可见需要欺诈方将虚假的意思表示传达给被欺诈方。基于此,该理论从五种行为各自的行为构造出发,分别判断所涉虚假意思表示的传递时点。然而这种复杂的判断方式也极易导致不同的裁判者对裁判尺度的把握不同,从而影响司法统一性。除此之外,虚假信息传递说侧重强调虚假意思的表示,即“诈”的一面。但在理解“诈骗”时应同时考虑“诈”的因素及“骗”的因素。对此,该学说力有不逮。

3. 对索赔说质疑的回应

索赔说考虑行为人的行为对保险诈骗罪保护法益的侵害紧迫性,认为当行为人申请理赔时保险人财产权受到了直接、紧迫的侵害,故以索赔时点作为着手。对这一观点有诸多质疑的声音。最为激烈的批判莫过于认为该种观点有违《刑法》分则的明文规定以及罪刑法定原则。此外,亦有观点抨击该理论将保险诈骗构成要件行为的部分行为作为预备行为、部分行为作为实行行为,系割裂了行为的整体过程。还有观点认为,行为人在采取虚构保险标的、伪造保险事故等手段行为时,亦侵害或威胁到国家保险制度,故彼时已经成立着手。

第一,如前所述,应独立地判断实行行为,不应拘泥于《刑法》分则的条文表述。例如《刑法》第243条规定的诬告陷害罪,若行为人仅实施了捏造事实的行为,而并未向有关机关告发,不认定其捏造事实的行为是实行行为。更有论者认为,捏造事实并向有关机关告发时法益侵害仍未陷入紧迫危险,直到有关机关决定启动相应程序之时才成立着手。

第二,本罪的法益应强调对保险人财产权的保护。保险诈骗罪位于“金融诈骗罪”一节,通常认为其保护法益系复合法益,即国家保险管理秩序及保险人的财产利益。反对论者认为,保险管理制度为首要法益,受害人的财产权利为次要法益,笔者认为不然。首先,保险诈骗罪以“数额较大”作为入罪标准,明确强调财产损失的损害后果,若将保险管理秩序作为核心法益,该规定未免显得“画蛇添足”。其次,若将保险管理秩序作为首要法益,则在虚构标的订立保险合同的场合,已然对国家保险制度造成了实际的侵害,已构成既遂,如此便极度压缩了犯罪未遂成立的空间。因此,在判断着手时,理应考察该行为对保险人财产的侵害程度,诸如在虚构保险标的的场合下,虽行为人采用欺骗的方式与保险人订立保险合同,但保险人仅基于错误认识订立民事法律关系,并未陷入处分财物的错误认识,仅对其财产利益造成潜在威胁,而当行为人基于保险合同提出索赔请求时,才对其财产权利产生紧迫危险,故成立着手。

值得肯定的是,实务中已有采纳索赔说的裁判指引。例如,在“曾劲青、黄剑新保险诈骗、故意伤害案”(《刑事审判参考》第296号案例)中,2003年

4 月,被告人曾劲青因无力偿还炒股时向被告人黄剑新所借的 10 万元债务,遂产生保险诈骗的念头,于三家保险公司分别投保意外伤害保险。后曾劲青找到被告人黄剑新,劝说黄剑新砍掉他的双脚,用以向上述保险公司诈骗。2003 年 6 月 17 日,在二人按照计划砍下曾劲青的双脚后,曾劲青向公安机关、保险公司报案谎称自己是被三名陌生男子抢劫时砍去双脚,以期获得保险赔偿。2003 年 8 月 11 日,曾劲青的妻子向保险公司提出 30 万元理赔申请,后因公安机关侦破此案而未能得逞。对此,审理法院认为,公诉机关认定曾劲青为实施保险诈骗制造条件,系犯罪预备的指控不当,因曾劲青通过其妻子廖秋英于 2003 年 8 月 11 日,已向保险公司申请金额为 30 万元的人身意外伤害团险理赔,从其开始申请理赔之日起,系其着手实施了保险诈骗的行为,由于其意志以外的原因而未能骗得保险金,因此,该案犯罪形态属犯罪未遂而不是犯罪预备。

又如,在"王志峰、王志生故意杀人、保险诈骗案"(《刑事审判参考》第 198 号案例)中,法院评述时明确强调:只有行为人开始向保险公司虚构保险事故,申请赔付保险金时,才可能对保险诈骗罪的所保护法益造成实际的威胁。在行为人自行制造已发生保险事故的假象,但尚未来得及据此向保险公司申请赔付前,实质上仍是在为保险诈骗做准备,还谈不上保险诈骗罪的着手。

第四节　不同模式下共同犯罪的认定

由于保险诈骗犯罪行为实施过程涉及投保环节以及投保后投保人、被保险人、受益人等虚构保险标的的行为,涉及事故认定以及后续核损、理赔等多个环节,这就必然导致保险诈骗罪在多数情况下都表现为共同犯罪。也由于这一特性,在保险诈骗犯罪的不同环节会有不同身份的成员加入,不仅是投保人、被保险人、受益人,更有鉴定人、证明人、查勘员、核损员、理赔员,乃至于一些车辆维修公司人员、车辆检测人员也可能牵涉其中,在车辆理赔型保险诈骗中甚至会有个别交通民警参与共同犯罪。

不同的环节、不同的身份,以及在各环节所发挥作用的区分,这些都导致保险诈骗罪的共犯处理异常复杂,不仅在刑法理论界引起较大争议,更使实务中的判决结果不一。因此,有必要从理论上对保险诈骗罪的共同犯罪形态加以研究。

根据保险诈骗参与人的不同身份,保险诈骗罪的共同犯罪大致可分为以下四种情况:(1)投保人、被保险人、受益人等相互勾结骗取保险金的;(2)保险事故的鉴定人、证明人、财产评估人参与实施保险诈骗的;(3)投保人等与保险公司的工作人员内外勾结骗取保险金的;(4)车辆维修人员、事故认定人员与投保人等共谋实施骗取保险金的。第一种情况是保险诈骗罪较为典型的共犯形式,理论上争议较小,在此不再赘述。值得研究的是后三种情况。以下笔者对其分别进行探讨。

一、投保方与中间机构人员"分工协作型"骗保的处理

(一)学说争议

《刑法》第198条第4款规定:"保险事故的鉴定人、证明人、财产评估人故意提供虚假的证明文件,为他人诈骗提供条件的,以保险诈骗的共犯论处。"

但根据《刑法》第229条第1款的规定,承担资产评估、验资、验证、会计、审计、法律服务、保荐、安全评价、环境监测等职责的中介组织人员故意提供虚假证明文件,情节严重的,构成提供虚假证明文件罪。那么,应当如何理解这两个法条之间的关系呢?对此,有的学者认为,《刑法》第198条第4款与第229条第1、2款实际上属于法条竞合关系。既然《刑法》明确规定对上述人员按保险诈骗罪的共犯处理,显然是为了加重为保险诈骗提供条件的该类人员的刑罚。所以对保险事故的鉴定人、证明人、财产评估人故意提供虚假的证明文件为他人诈骗提供条件的应适用《刑法》第198条的规定,而不得适用《刑法》第229条的规定。[1]

另有学者认为,前述两个法条之间的关系更符合想象竞合犯的特征。所谓法条竞合,是由于立法者基于复杂社会关系而予以刑法保护的复杂性、多层次性而作出的错综复杂之规定,反映了刑法对具体社会关系保护侧重点的不同,因而这种法条竞合往往发生在《刑法》分则条文之间,而《刑法》第229条与第198条第4款的关系并非《刑法》分则条文之间的关系,因为《刑

[1] 参见于改之:《保险诈骗罪的司法认定》,载《法律适用》2003年第7期。

法》第 198 条第 4 款之规定实质上是《刑法》总则性内容的规定，属于一种注意规定。即使没有该款的规定，对这种情况也应按照《刑法》总则关于共同犯罪的规定以保险诈骗的共犯处理，因而两者并不属于法条竞合。

具体而言，保险事故的鉴定人、财产评估人明知他人有骗取保险金的目的而故意提供虚假证明文件，为他人诈骗提供条件的，依法构成保险诈骗的共同犯罪。但由于《刑法》第 229 条另外将这种行为规定为提供虚假证明文件罪，即一行为同时触犯两个罪名，这时应比较法定刑的轻重。由于保险诈骗罪的法定刑重于提供虚假证明文件罪，故对其应以保险诈骗罪定罪量刑〔1〕。

（二）本书观点

笔者认为，前述两种观点都有待商榷，且均易引起司法实践的混乱。从法理上而言，前述两位学者的观点都有其合理之处，但无论是将两个法条之间的关系认定为法条竞合，还是想象竞合，最终的落脚点都认为应以保险诈骗罪定罪量刑。更为关键的是，这两种解释都无法将《刑法》第 198 条第 4 款所规定之“证明人”涵括其中，都存在明显的缺陷。进一步说，两种观点都只是拘泥于现行法的规定而进行的探讨，而未从根本上考虑《刑法》第 198 条第 4 款这一规定本身的合理性问题。

保险诈骗罪只是金融诈骗犯罪中的一种，从社会危害性上看，保险诈骗罪并不比同属于金融诈骗犯罪的集资诈骗罪、票据诈骗罪、贷款诈骗罪等犯罪的社会危害性更大，而只会更小。也正因如此，在法定最高刑的设置上，保险诈骗罪最高刑仅为 10 年以上，而其他金融诈骗罪的法定最高刑则可判处无期徒刑。

在集资诈骗罪、贷款诈骗罪等金融犯罪过程中同样可能存在鉴定人、财产评估人等中介组织人员提供虚假证明文件的情况，但笔者注意到，在这些金融诈骗犯罪的法条中，却并没有规定相应的中介组织人员故意提供虚假证明文件而为他人诈骗提供条件的应以共犯论处。

假设财产评估人员陈某明知李某准备实施贷款诈骗罪，请求陈某帮忙出具一份财产评估报告，陈某按照李某要求出具了该报告，后李某骗取某农业银行 1500 万元贷款非法占为己有。根据《刑法》的规定，对于陈某只能适

〔1〕 参见杜国强：《保险诈骗罪共犯问题研究》，载《人民检察》2005 年第 1 期。

用《刑法》第229条的规定,以提供虚假文件罪定罪处罚,法定刑为5年以下有期徒刑。

同样,李某告知陈某其需要一份财产评估报告用于骗取保险金,后李某使用陈某提供的虚假财产评估报告向某保险公司骗取保险金150万元。根据《刑法》第198条的规定,属于数额特别巨大,法定刑在10年以上,根据该法条第4款的规定,陈某的行为构成保险诈骗罪的共犯,即使认定为从犯,陈某亦可能判处5年以上有期徒刑。

相比较之下,可以直观看到两者之间量刑上的巨大差异。在同样作为帮助犯的情况下,在同样的提供虚假证明文件行为之下,帮助他人骗取贷款1500万元,仅需承担5年以下的刑罚;而帮助他人仅骗取保险金150万元,情节显然较轻且社会危害性更小,但却可能面临5年以上的刑罚。可见,量刑明显失衡。更为关键的是,贷款诈骗罪更多的是"空手套白狼",但是保险诈骗罪则必然是在前期购买保险缴纳一定金额的保费的基础之上。从社会危害性上讲,相对于其他金融诈骗行为而言,刑法对保险诈骗犯罪的被害人采取的是一定程度弱保护的刑事政策立场,即对行为人的入罪门槛设置相对较高,法定刑的设置也相对较低。但在保险诈骗犯罪活动中实施故意提供虚假证明文件的帮助行为却要面临更重的刑罚,显然不合理。

笔者认为,鉴定人、证明人、财产评估人员在保险诈骗犯罪活动中所实施的故意提供虚假证明文件的行为与其他金融诈骗犯罪活动中提供虚假证明文件的帮助行为在实质上并无不同,更不存在所谓社会危害性更大而需通过刑法特别规定予以从重处罚的必要。因此,有必要调整,乃至于删除《刑法》第198条第4款,以实现刑罚的统一性,确保刑罚适用的均衡性。此外,在实务中仍需关注的一点是,《刑法》第198条第4款规定的是"保险事故的鉴定人、证明人、财产评估人故意提供虚假的证明文件,为他人诈骗提供条件的,以保险诈骗的共犯论处。"

那么,需要进一步探讨的是,该条款所规定的"故意提供"是否包含间接故意呢?例如,投保人为了得到更多的保险金,通过唆使鉴定人等为其出具虚假的证明文件,但却并未向鉴定人等说明其骗赔的意图。在此情况下,投保人与中介组织人员彼此或许是心照不宣的,但是中介组织人员与投保人之间并不存在骗取保险金的实质共谋,中介人员也从未期待从中获取利益,其顶多属于一种放任的心态。如果投保人等在实施保险诈骗骗取保险金后也并未与前述中介人员分赃，在此情况下，直接认定保险事故的鉴定人、证明人、财产评估人为保险诈骗罪的共犯，本身也是值得推敲的。

二、投保人等与保险工作人员“内外勾结型”骗保的处理

（一）理论争议

对于这一问题，有的学者主张以主犯的行为性质决定犯罪的性质，如果保险公司工作人员是保险诈骗的主犯，而投保人等处于从属地位，则按贪污罪或职务侵占罪处罚，反之则按保险诈骗罪处罚。有的学者认为此类内外勾结型保险诈骗犯罪，保险公司工作人员的作用最为关键，应以贪污罪或职务侵占罪定罪。除前述观点以外，还存在“区别对待说”“核心角色说”等多种观点。

以上观点自然各有各理由，也各有其合理之处。但笔者认为，对于“内外勾结”型的保险诈骗共同犯罪的处理，应从司法实践出发，考虑司法实践的具体情况，还应关注此类“内外勾结”的保险诈骗犯罪活动中主要都有保险公司内部哪些人员参与，这直接涉及前述观点中“贪污罪或职务侵占罪”是否能够成立的问题。

从实践看，并非所有公司员工都符合贪污罪或职务侵占罪的主体要件，认定构成该罪名的前提是该员工具备“职务上主管、管理、经手、经营公共财物的权力和方便条件”或“具备主管、管理或经手公司财物的职务便利”，具备这一前提才能认定为贪污罪或职务侵占罪之“职务便利”。

但通过案例检索，笔者发现，参与“内外勾结”型保险诈骗犯罪活动的保险公司内部人员大多为查勘定损员、理赔员。从保险理赔程序上看，具体流程是报案—查勘定损—核赔—理算复核—理赔主管审批—赔付结案。在整个保险理赔程序中，有且仅有“赔付结案”环节存在财物处置问题，也只有在该环节才可能发生公司财物发生转移，也即只有该环节的保险公司人员才可能具有主管、管理、经手公司财物的职务便利，而前面的从报案到审批环节实质上都只发生理赔材料的递转与审批，而不存在资金支付的审批与管理。因此，严格意义上讲，无论是查勘定损员、核赔员或理算人员，均不具有主管、管理或经手公司财物的职责权限，更不具有相关职务便利，显然不属于贪污罪或职务侵占罪的犯罪主体。

因此，无论是“区别对待说”、“核心角色说”，还是“以主犯的行为性质决

定犯罪的性质”的观点,都存在一个误区,都默认保险公司所有内部人员都符合贪污罪或职务侵占罪的主体要件,都默认设置保险公司所有内部人员都具有贪污罪或职务侵占罪之职务便利。

(二)本书观点

因此,笔者认为,在处理投保人等与保险公司的工作人员内外勾结骗取保险金的共犯问题时,应优先考察涉案人员的主体情况,如果保险公司内部人员确实符合贪污罪或职务侵占罪的主体要件,再根据犯意提出主体、主犯行为性质进行判断。如果保险公司工作人员是保险诈骗的主犯,系由其发起、组织实施犯罪,而投保人等处于从属地位,则按贪污罪或职务侵占罪处罚;如果投保人等是保险诈骗罪的主犯,犯罪由其发起、组织实施,而保险公司工作人员处于从属配合地位,只起次要作用,则按保险诈骗罪处理即可。也即笔者认为,按照“主犯决定说”进行处理更为妥当。

因为“主犯决定说”不仅有可资参考的司法解释依据,也已被我国司法人员广泛接受。早在1985年最高人民法院、最高人民检察院《关于当前办理经济犯罪案件中具体应用法律的若干问题的解答(试行)》就指出:“内外勾结进行贪污或者盗窃活动的共同犯罪(包括一般共同犯罪和集团犯罪),应按其共同犯罪的基本特征定罪。共同犯罪的基本特征一般是由主犯犯罪的基本特征决定的。”虽然该司法解释在2013年1月18日已经被废止,但它对后来的司法解释仍然产生了积极正面影响。2000年6月27日最高人民法院发布的《关于审理贪污、职务侵占案件如何认定共同犯罪几个问题的解释》第3条即进一步指出:“公司、企业或者其他单位中,不具有国家工作人员身份的人与国家工作人员勾结,分别利用各自的职务便利,共同将本单位财物非法占为已有的,按照主犯的犯罪性质定罪。”

上述两个司法解释虽然不是专门针对保险诈骗共同犯罪做出的,但无疑对司法实践中处理保险诈骗犯罪共同犯罪问题具有重要参考意义。因此,关于投保人、被保险人、受益人与保险公司内部人员相互勾结共同实施的保险诈骗行为,按照主犯行为性质定性,不仅有司法传统可循,也更易于被司法人员接受,更具有合理性。

◇ 第五节　数额递进式量刑标准的评析

一、严厉还是轻缓的法定刑评价

（一）争议问题

对于保险诈骗罪的量刑问题，我国刑法实务界和理论界存在较大争议。

有的观点认为，保险诈骗罪属于贪利性的经济犯罪，并属于典型的数额犯，骗取数额较大的保险金正是保险诈骗行为人的犯罪目的，而且实践中诈骗巨大数额乃至特别巨大数额保险金的行为恐不在少数，表现出了行为人极大的贪婪性。但该罪的法定最高刑是10年以上有期徒刑，而与此相对应，同属欺诈类犯罪的诈骗罪和合同诈骗罪的法定最高刑均为无期徒刑。另外，需要注意的是，在与保险诈骗罪的同类客体相同的其他金融诈骗犯罪中，其他罪名的法定最高刑也都是无期徒刑，甚至还有死刑。由此可见，保险诈骗罪在所有欺诈类犯罪中法定最高刑是最低的。因此，我国保险诈骗罪在自由刑设置方面存在罪刑失衡的状况。[1]

但同时也有的观点认为[2]，虽然金融诈骗罪是复杂客体，不仅侵犯公私财产所有权，还侵犯社会主义市场经济秩序，而诈骗罪仅是单一客体，即侵犯的是公私财产所有权，但同等诈骗数额情况下的贷款诈骗等几类金融诈骗行为的社会危害性应当轻于普通诈骗行为。首先，金融诈骗犯罪行为发生在金融交易过程中，以交易关系为依托，交易双方均应负有较高的金融交易注意义务，即被害人也应负有一定的金融交易注意义务。如贷款诈骗案件中，作为被害方的金融机构在审核贷款时就应严格审核行为人提供材料的真实性。其次，与普通诈骗行为相比，金融诈骗犯罪中被害人参与程度一般较高，也进一步降低了金融诈骗行为的社会危害性。在普通诈骗罪中，被害人多数情况下是陷入错误的纯粹被害人，但是金融诈骗罪中的被害人对于犯罪的发生并非完全不知情。例如，集资诈骗罪的被害人对于犯罪的

---

〔1〕 参见杨俊：《关于完善保险诈骗罪刑罚设置的几个问题》，载《云南大学学报（法学版）》2015年第4期。

〔2〕 参见庄丽蓉：《金融诈骗量刑数额标准应调整》，载《检察日报》2014年10月13日，第003版。

发生往往有所怀疑,对于可能被骗并非毫无思想准备,却仍然基于贪利动机,向行为人提供资金。因此,在相同数额的情况下,金融诈骗犯罪行为的社会危害性应适当轻于普通诈骗犯罪行为,处罚上也应当轻于普通诈骗犯罪。

(二)本书立场

笔者倾向于部分认同第二种观点。保险诈骗罪作为金融诈骗罪的一种,与其他同属于金融诈骗犯罪的集资诈骗罪、贷款诈骗罪等罪名相比,有其独特之处。所有保险诈骗犯罪都是以存在保险合同关系为依托,作为交易一方的被害人本身应负有较高的金融交易注意义务,且作为交易方的投保人也为此投入相应保险费。事实上,保险公司所占有的财产本身就是通过投保人所缴纳的保费汇集而成,而投保一方只有在支付相应对价后才可能获得保险理赔的机会。而且,商业保险天生即具有对赌博弈的性质,这一性质决定了投保一方以小博大是被允许的。

因此,对于保险交易中保险公司的财产,不可能采取对一般财物所设定的财产犯罪那样的刑法保护。若是刑法提供这样的全面保护,无异于通过刑法来确保保险公司处于稳赚不赔的位置。可见,刑法对被害人采取的是一定程度弱保护的刑事政策立场,即对行为人的入罪门槛设置相对较高,而法定刑规定则相对较低。

之所以有的学者认为保险诈骗罪的刑罚设置过低,实质上将保险诈骗罪视为财产犯罪的一种,而未关注到保险诈骗罪属于金融犯罪的特殊属性,更没有关注到保险诈骗罪相比其他金融犯罪的独特之处。对保险诈骗罪法定刑设置的合理性考量,必须摆脱财产犯罪模式的误区。保险诈骗罪作为金融犯罪的一种,意味着在对其保护法益、构成要件以及与其他罪名的关系进行解读时,必须考虑保险诈骗罪不是为了保护保险公司的财物不受侵害,更多的是为了保护金融机制的正常运转,且应当结合商业保险的基本特性与保险领域的运作机制来作出界定。

因此,保险诈骗罪相比较于普通诈骗罪乃至于其他金融犯罪而言,社会危害性相对较小。下面通过三个案例的对比进行说明。案例一:王某 2010 年购买宝马汽车一辆,购车后每年在某保险公司投保,每年保费在 10,000 元左右,2015 年王某驾驶车辆发生事故,为了获取更多保险金赔付,王某伙同定损员,将原本仅为 2 万元的车损编造成 5 万元,进而骗取保险公司支付保险金5万元。案例二:陈某为获取某银行贷款,伪造个人征信记录及工资流水,骗取某银行贷款5万元后拒不归还。案例三:赵某虚构住院治疗疾病的事由,骗取朋友提供的借款5万元后拒不归还。

以上三个案例中,王某、陈某、赵某分别构成保险诈骗罪、贷款诈骗罪及诈骗罪。从案例一来看,我们很难说王某在2010年购买车辆保险时即有骗取保险金的犯罪故意,虽然其在2015年发生事故后起心动念骗取了20万元保险费,但不可忽略的是,即使王某不实施该编造虚假车损的行为,亦能获取10万元的赔付,且王某为了该20万元的赔付,已经连续5年每年投保1万余元。相比较于案例二、案例三中的陈某、赵某的"空手套白狼"式的诈骗行为,王某实施保险诈骗犯罪的社会危害性明显更小。

但从量刑上看,三个案例都属于各自罪名中的数额较大标准,王某和陈某的涉案数额对应的量刑为5年以下,而赵某的涉案数额对应的量刑却是在3年以下。王某虽然将2万元的车损虚增了3万元,骗取了5万元的保险金,但王某实际上为此支付了5万元的犯罪成本,但最终要面临的是5年以下刑罚,而赵某未付出任何犯罪成本而完全诈骗5万元却仅需面临3年以下的刑罚。

因此,笔者认为,保险诈骗罪相比较于普通诈骗罪,乃至于其他金融诈骗犯罪而言,不存在法定刑设置过低的问题,反而存在没有考虑保险诈骗罪的特殊性而导致法定刑设置过高,且与其他国家保险诈骗罪的法定刑相比,我国保险诈骗罪的刑罚设置明显偏高。鉴于保险诈骗罪相较于其他金融犯罪的特殊性,有必要进一步降低其法定刑。

(三)域外经验

《芬兰刑法典》第36章第4条(保险欺诈罪)(1990年/769号)规定:"凡为本人或他人取得不正当的保险赔偿,而对投保火灾保险的财产纵火的,以保险欺诈论处,处以罚金或一年以下监禁,除非为了取得保险赔偿其犯有针对该财产的欺诈罪或欺诈罪的未遂行为。"[1]

《意大利刑法典》第642条(欺诈性毁坏自己财物和欺诈致残自己身体)规定:"以为自己或其他人获取意外事故保险赔偿为目的,毁灭、损耗、破坏或者隐匿归其个人所有的物品的,处以6个月至3年有期徒刑和200万里拉

〔1〕《芬兰刑法典》,肖怡译,北京大学出版社2005年版,第103页。

罚金。”[1]

《挪威一般公民刑法典》第 272 条(保险欺诈罪)第 1 款规定:“毁坏被保险物或者采取其他方法意图主张保险权利,使自己或者他人获得保险理赔的,处 6 年以下监禁。为了主张保险权利,虚假报险或者使保险权利不真实产生,主张对没有投保、不存在或者没有出险物品进行理赔的,亦同。可以附加罚金。”该条第 2 款规定:“实施下列行为的,处罚金、2 年以下监禁或者并罚:(1)在保险合同的签订过程中,对知道或者应当认识到对保险人有重要作用的信息予以隐瞒或者提供不真实的信息;(2)为使自己或者他人获得保险理赔或者保险合同规定的明确数额,提供与实际发生的损失明显不符的报告。共谋实施本条规定的重罪的,亦同。”[2]

《荷兰刑法典》第 328 条规定:“以为自己或者他人获取对投保人不利的不法利益为目的,对已投保防火的财产纵火或引爆该财产,或者以同样的目的,使已投保的船舶、航空器沉没、坠毁或者使载货或运费有保险的船舶或航空器搁浅或触礁,或者以同样的目的,对已投保的船舶、航空器或者载货或运费有保险的船舶、航空器损毁、损害或使其失去效能的,处 4 年以下监禁或第 5 类罚金。”[3]

从前述几个国家保险诈骗罪的量刑上看,芬兰最高量刑仅为 1 年,意大利最高量刑为 3 年,挪威最高量刑为 6 年,荷兰最高量刑为 4 年。相比较之下,我国刑法对保险诈骗罪的最高量刑高达 10 年以上,明显过重。

二、金额与责任关系的合理性分析

对于普通财产犯罪而言,所骗取他人财物的金额越大,给被害人所造成的损害也更大,社会危害性也同样更为严重。但这一标准并不具有普适性,就保险诈骗罪而言,骗取保险金的大小并不一定意味着给保险公司造成的损失大小,也不意味着社会危害性的大小。

保险诈骗的前提是与保险公司存在保险合同关系,每一个保险诈骗犯罪行为所骗取保险金的金额基本都与投保人等所缴纳的保费成一定的比例

[1] 《意大利刑法典》,黄风译,中国政法大学出版社 1998 年版,第 191 页。
[2] 《挪威一般公民刑法典》,马松建译,北京大学出版社 2005 年版,第 54 页。
[3] 《荷兰刑法典》,颜九红、戈玉和译,北京大学出版社 2008 年版,第 147 页。

关系。

例如,李某于 2020 年 1 月购买二手丰田雅阁汽车一辆,随机向某保险公司投保,当年保费 3000 元,为骗取保险金,李某在投保 2 个月后伙同他人故意制造保险事故,骗取保险金 6 万元。

又如,陈某于 2010 年购买价值 100 万元宝马汽车一辆,并于当年向某保险公司投保,每年缴纳保费 20,000 元左右,2020 年陈某驾驶车辆时发生事故,根据其投保情况及车损状况,陈某原本可以获得保险金赔付 35 万元,但其为了获取更多的赔付,串通定损员将车损评估为 40 万元,后骗取保险金 40 万元。

如果简单从最终骗取保险公司赔付的保险金的数额上看,陈某所骗取保险金数额远远高于李某所骗取的保险金数额,似乎陈某的犯罪行为所产生社会危害性更大;对应量刑上看,李某的涉案金额所对应的量刑为 5 年以下,而陈某的涉案金额所对应的量刑为 5 年以上 10 年以下。对于这两个案例,可以做一个简单的犯罪成本收益分析。在李某案中,李某付出的犯罪成本仅为3000 元,两个月后犯罪收益为60,000 元,收益率是2000%;陈某案的犯罪成本是 20 万元,犯罪收益是 40 万元,即使不考虑陈某原本即可获得 35 万元的赔付,收益率亦仅为 200%。从实际损失上看,由于李某属于故意制造保险事故的情形,保险公司根据保险合同是完全不予赔付的,而陈某案中如果陈某不夸大损失骗取保险金,原本保险公司即应赔付 35 万元。因此,李某案保险公司的实际损失是 6 万元,而陈某案保险公司的实际损失是 5 万元。

可见,并非骗取保险金额越大,对保险公司造成的损失亦越大,更不代表实施保险诈骗犯罪的行为人的主观恶性越大。但是在司法实践中,对于保险诈骗罪犯罪数额的认定,常见做法是直接按照保险公司赔付的金额认定,在对保险犯罪的定罪量刑过程中,并不对故意制造型保险诈骗犯罪和夸大损失型保险诈骗罪进行区分,也不会在处理夸大损失型保险诈骗罪的过程中将保险公司依据保险合同原本应赔付的金额予以扣减。

例如,在“柳某、陶某岗等保险诈骗案”中,关于可能获得的理赔款是否应从犯罪数额中扣减的问题,审理法院认为,车辆受损后获取保险金,不仅需要符合保险理赔的实质条件,还需要按相应流程申报理赔,将相关车辆可能获得的理赔款从犯罪数额中扣减没有法律依据,应按照被害单位平安保险重庆分公司实际支付的保险金数额认定保险诈骗的犯罪数额。[1]

按照这一裁判规则,就必然导致前述2个案例中,陈某实际仅骗取了5万元的保险费但却要面临5年以上刑罚,而李某实际骗取保险金6万元却仅需承担5年以下的刑罚,显然是有失公平、公正的。

笔者认为,如果对于保险诈骗罪的量刑完全仅考虑骗取保险金的数额,以此作为定罪量刑的单一标准,按照数额达到不同较大、巨大或特别巨大而递进加重量刑,而不对实施各种类型的保险诈骗的行为人的主观恶性进行区分对待,则不仅无法实现罪责刑相适宜,更可能造成量刑的不公平。

第六节 刑民交叉视野下的提示义务与不可抗辩条款

一、《保险法》与《刑法》适用冲突的实务争议

对于《保险法》与《刑法》视角下合同效力及犯罪认定问题,下面本书将结合十余年前引起巨大争议的一起"帅某保险诈骗案"进行探讨。

【案例8-8】1998年和2000年,帅某分别为其母亲投保某一终身险人身保险。根据该终身险合同规定,被保险人的年龄需要低于70周岁。1998年投保时,帅某母亲已满77周岁。2003年,帅某母亲突发脑出血因病去世。在保险公司对此展开理赔调查之时,帅某再次对其母入党志愿书的年龄进行了修改。2003年6月,帅某成功获得了27万元的保险金赔付。

此事案发后,2003年7月23日,达州市公安局以涉嫌保险诈骗罪将帅某刑事拘留。2003年8月8日,帅某被达州市人民检察院批准逮捕。同年10月16日,本案交由渠县人民检察院审查起诉。对此检察院认为,帅某两次所签合同均已超过两年期限,根据《保险法》第54条第1款[2]之规定,该合同属有效合同,应该支付保险金,帅某无刑事责任,故决定不予起诉。达州市公安局对此决定不服,要求达州市人民检察院进行复核。2004年2月

〔1〕参见重庆市江北区人民法院刑事判决书,(2016)渝0105刑初125号。

〔2〕本案中适用的是2002年修正的《保险法》,相关规定参见2015年修正的《保险法》第32条第1款。

25 日，达州市人民检察院撤销渠县检察院的不起诉决定书，指定由大竹县人民检察院审理。同年 2 月 25 日，帅某再次被拘留。2004 年 6 月 10 日，大竹县人民检察院指控帅某犯保险诈骗罪，向大竹县人民法院提起公诉，法院审理后作出"被告人帅某无罪、合同有效"的判决。对此判决结果，大竹县人民检察院提起刑事抗诉，达州市中级人民法院受理了此案。2004 年 8 月 30 日，达州市中级人民法院审理后难以得出结论，遂报请四川省高级人民法院定夺，后四川省高级人民法院又将该案报请最高人民法院决定，最终经历两次公诉之后，检察院决定对帅某不予起诉。[1]

上述案例一出，立刻引起理论与实务界的热切关注，尤其是该等案件中突显的《保险法》与《刑法》的冲突适用问题，引发了广泛讨论。

二、刑民视角下定罪争议的观点解析

（一）不可抗辩条款内涵

在案例 8 -8 中，重要争议问题即为保险合同不可抗辩权对保险诈骗罪认定产生的影响。具体而言，根据《保险法》第 16 条[2]的规定，因投保人故意或重大过失而未如实告知产生的合同解除权于合同成立超过两年之时消灭。此后，即便发生了相应的保险事故，保险人仍应依约履行赔付责任。这一条款即被称为不可抗辩条款。

该条款自英美法引入，作用在于从法律上明确保险合同的有效性判断标准，例如，在人身保险合同生效起满一定期限之后，且被保险人在该期间内没有发生保险事故，则保险人便不能再对保险合同的有效性质疑和争论。自 2009 年随着《保险法》的修改而增设该条款以来，批判之声不绝如缕，例如，"该模式的两极化法律后果，使得保险合同双方为了避免完全丧失利益而激烈对抗，引起了严重的对立情绪，并且保险人在缔约前往往对投保人提

---

〔1〕 参见何海宁：《难倒法官的骗保案》，载《南方周末》2005 年 4 月 14 日 A6 版。

〔2〕 《保险法》第 16 条第 1 ~3 款："订立保险合同，保险人就保险标的或者被保险人的有关情况提出询问的，投保人应当如实告知。投保人故意或者因重大过失未履行前款规定的如实告知义务，足以影响保险人决定是否同意承保或者提高保险费率的，保险人有权解除合同。前款规定的合同解除权，自保险人知道有解除事由之日起，超过三十日不行使而消灭。自合同成立之日起超过二年的，保险人不得解除合同；发生保险事故的，保险人应当承担赔偿或者给付保险金的责任。"

供的信息怠于审查,在保险事故发生后又多以投保人不实告知为由拒绝给付保险金,致使有关纠纷有增无减,并逐渐成为保险案件增多的最大诱因之一。"[1]然而《保险法》几经修改,均未回应学界呼声进行调整。

因此,笔者认为,仍有必要在现有立法框架内对不可抗辩条款的适用及效力等问题进行探讨与明晰。基于此规定,在民事领域内,即便投保人隐瞒重要事实进行投保,只要经过两年的可抗辩期间,保险人便不可再基于投保人未履行如实告知义务而解除所涉保险合同。而在刑事领域内,《刑法》对保险诈骗罪设置了15年的追诉时效,在已满两年可抗辩期间、但未满15年追诉时效时,能否追究投保人刑事责任?

(二)保险诈骗定罪争议

对于上述问题,形成了定罪论与无罪论的对峙。有无罪论支持者认为,民法规范规定的是权利与义务,而刑法规范则规定了一定条件下人们违反了这些权利义务规范所应承担的责任,两者相辅相成,共同构成了一个完整的法律逻辑过程。因此,"当民法将一种行为规定为合法行为时,法律的逻辑过程即到此结束。刑法不得再对民法认可的行为给予刑事制裁"。[2]有定罪论者主张,对于刑法上的概念不能完全按照民商法上的定义进行解释,而应根据刑法的性质与目的进行解释,"保险合同有效,也不影响行为构成保险诈骗罪。"[3]

将上述两派论者的观点进行汇总整理可见,在这一问题上主要存在以下几种学说:(1)违法一元论:符合不可抗辩条款案件已被民事立法所容许,阻却刑事违法性。(2)风险分配论:根据先民后刑的顺序进行判断,符合不可抗辩条款的案件阻却客观处罚条件。(3)法律效果论:应区分行为人的具体主观意思,不可抗辩条款适用于投保人重大过失的场合,保险诈骗罪适用于投保人故意欺诈的场合,民事规范和刑事规范并不同时适用。(4)违法多元论:符合不可抗辩条款并不意味着承认民商法上的合法性,刑法应独立进行构罪与否的判断。

---

〔1〕王家骏:《我国保险法告知义务"全有全无模式"之批判与制度改革选择》,载《法律科学(西北政法大学学报)》2018年第1期。

〔2〕于改之、吴玉萍:《刑、民冲突时的法律适用——以帅英骗保案为中心》,载《法律适用》2005年10期。

〔3〕张明楷:《实体上的刑民关系》,载《人民法院报》2006年5月17日,第B01版。

三、坚守刑法独立判断的立场选择

（一）前提：存在合同解除权

不可抗辩条款的设立系为了限制保险人不当地滥用合同解除权，从而保障投保人的信赖利益，提升公众对保险行业的信心。由此看来，不可抗辩条款的适用应以保险人本就依法享有合同解除权为必要前提。具体而言，在保险人依法行使解除权之前，必须先存在投保人未妥善地履行其负有的如实告知义务的行为。

对此，应引入对保险人是否尽到充分的提示与告知义务这一先决判断。《民法典》第496条第2款规定："采用格式条款订立合同的，提供格式条款的一方应当遵循公平原则确定当事人之间的权利和义务，并采取合理的方式提示对方注意免除或者减轻其责任等与对方有重大利害关系的条款，按照对方的要求，对该条款予以说明。提供格式条款的一方未履行提示或者说明义务，致使对方没有注意或者理解与其有重大利害关系的条款的，对方可以主张该条款不成为合同的内容。"作为典型的格式合同，在保险合同订立过程中应先行判断保险人有无对保险条款有无尽到充分提示义务，而后才能判断投保人有无尽到如实告知义务。

实务中，例如，在"太平洋人寿张家口支公司、段某伟人身保险合同纠纷案"中，2016年9月12日，段某伟为其父段某向太平洋人寿张家口支公司投保恶性肿瘤疾病保险。2017年5月17日，被保险人段某因肺部恶性肿瘤入住医院进行治疗，同年6月25日病故。2017年10月26日，段某伟申请理赔；保险公司出具理赔决定通知书，以投保前疾病未如实告知段某曾因病住院治疗，违反《保险法》第16条为由解除合同并不承担保险金给付责任。审理法院认为：根据最高人民法院《关于适用〈中华人民共和国保险法〉若干问题的解释（二）》第6条的规定，投保人的告知义务限于保险人询问的范围和内容，当事人对询问范围及内容有争议的，保险人负举证责任。保险公司以个人人身保投保单中第二部分的健康告知事项主张段某伟在投保时故意隐瞒被保险人的真实情况，未履行如实告知义务。经审查，个人人身保投保单系保险公司公司打印，不能反映其就健康告知事项所列病种及详细内容进行了询问，且保险代理人刘某兰陈述，"我询问过被保险人是否有住院史，段某伟和其父母都没有回答，我也没有再问，其他的事项我没有问过，但我让段某伟看了健康告知事项……签合同时我看段某精神状态挺好，不像有病的人"，故保险公司所提供证据不能证明其在投保前对认为足以影响其决定是否同意承保或者提高保险费率的重大情况向投保人详细进行了询问。法院对其主张不予支持。[1]

（二）立场：坚持刑法独立判断

法秩序统一性，是指由宪法、刑法、行政法、民法等多个法领域所构成的法秩序之间不存在矛盾，更为准确地说，这些个别的法领域之间不应作出相互矛盾、冲突的解释。[2] 问题的实质在于违法判断相对性与违法判断多元性这两种判断理念之间的对立，正确的方法是在法秩序统一性的视野下，以违法统一性为基础进行违法的相对性判断。[3] 基于法秩序统一原理，刑法作为社会治理的最后一道防线，对于在民商法、行政法等前置法领域内完全合法的行为，当然不应作为犯罪处理；对于违反前置法律的行为，则未必具有刑事违法性，需要结合犯罪构成理论进行独立的刑事违法性判断。可见，前置法领域内行为合法与否的评价对刑事犯罪追责至关重要。

对于不可抗辩条款，该规定旨在限制保险人解除权的不当行使，而非对投保人行为给予肯定评价。首先，在该等案件中，一旦可抗辩期间届满，保险合同的效力即进入相对固定的状态，即便保险人通过调查发现确存在可解除保险合同的条件，也因抗辩期的经过而不能发动解除权。其次，如前所述，不可抗辩条款的适用以保险人此前依法存在解除权为前提条件，可见立法已对投保人因故意或重大过失隐瞒重要告知事项的行为给予了否定性评价，且赋予保险人解除合同的法定权利。这一否定性评价并不会因经过一年、两年或十年的期限而发生本质性变化。最后，从立法意图来看，该条款的设置不是为了鼓励投保人隐瞒重要事项进行投保，并千方百计地拖延被察觉的期间，在两年期限后"高枕无忧"，而是为了敦促保险人在投保时审慎调查重要事项、在投保后及时行使法定权利。因此，即便可抗辩期间经过后保险合同被确认合法有效，但并不妨碍刑法的介入。

因此，对于不可抗辩案件，仍有成立保险诈骗罪的可能性，刑法对行为

---

〔1〕 参见河北省张家口市中级人民法院民事判决书，(2020)冀07民终1841号。

〔2〕 参见[日]松宫孝明：《刑法总论讲义》（第4版补正版），钱叶六译，中国人民大学出版社2013年版，第81页。

〔3〕 参见王昭武：《法秩序统一性视野下违法判断的相对性》，载《中外法学》2015年第1期。

人的行为应进行独立的构罪与否的判断。值得注意的是,并非所有不可抗辩案件都可以保险诈骗罪追究行为人的刑事责任。一方面,保险诈骗罪系故意犯罪,行为人因重大过失而未尽告知义务的,不属于该罪的打击范围;另一方面,刑法对虚构保险标的行为的认定具有独立的标准,有观点认为应对其作狭义理解:"投保人违背法律关于诚实信用的原则,在与保险人订立保险合同时,故意虚构了一个并不存在的保险对象与保险人订立保险合同的行为。"[1]

[1] 周道鸾、张军主编:《刑法罪名精释》(上册)(第4版),人民法院出版社2013年版,第402页。